D1698738

BECK'SCHE GESETZESTEXTE
MIT ERLÄUTERUNGEN

Schulte/Trenk-Hinterberger
Bundessozialhilfegesetz

Bundessozialhilfegesetz (BSHG)

mit Durchführungsverordnungen
und Erläuterungen

von

DR. BERND SCHULTE
Wissenschaftlicher Referent am Max-Planck-Institut
für ausländisches und internationales Sozialrecht,
München

und

DR. PETER TRENK-HINTERBERGER
Universitätsprofessor an der Universität –
Gesamthochschule Siegen

2., neubearbeitete Auflage

C. H. BECK'SCHE VERLAGSBUCHHANDLUNG
MÜNCHEN 1988

CIP-Kurztitelaufnahme der Deutschen Bibliothek

Schulte, Bernd:
Bundessozialhilfegesetz : (BSHG) ; mit Durchführungsverordnungen ; Textausg. / mit Erl. von Bernd Schulte u. Peter Trenk-Hinterberger. – 2., neubearb. Aufl. – München : Beck, 1988
(Beck'sche Gesetzestexte mit Erläuterungen)
ISBN 3 406 31851 7
NE: Trenk-Hinterberger, Peter:

ISBN 3 406 31851 7

Druck der C. H. Beck'schen Buchdruckerei Nördlingen

Vorwort

Seit dem Erscheinen der 1. Auflage ist das BSHG an zahlreichen Stellen geändert und insgesamt neu bekanntgemacht worden. Andere gesetzliche Neuregelungen haben mittelbar Auswirkungen auf das Sozialhilferecht gehabt. Ferner haben Rechtsprechung, Lehre und Wissenschaft sowie die allgemeine sozialpolitische und sozialrechtliche Diskussion dazu beigetragen, daß die Erläuterungen zu erheblichen Teilen völlig überarbeitet werden mußten. Die 2. Auflage berücksichtigt die zum 1. Juli bzw. zum 1. September 1987 in Kraft getretenen neuen Regelsätze und Einkommensgrenzen, die am 1. 4. 1988 in Kraft getretene VO zu § 88 Abs. 2 Nr. 8 des BSHG sowie Judikatur und Schrifttum bis zum 1. 1. 1988.

Die im Vorwort zur 1. Auflage dargelegte Zielsetzung ist uneingeschränkt beibehalten worden. Darüber hinaus haben wir uns bemüht, durch vermehrte Hinweise auf Rechtsprechung und Literatur sowie durch eine größere Anzahl von Beispielen, Arbeitshinweisen und ähnliches die Verwendbarkeit des Erläuterungsbuches in der Praxis zu erhöhen. Neu ist vor allem eine gesonderte Darstellung des sozialhilferechtlichen Verfahrens. Aus Vereinfachungsgründen wird in den Erläuterungen die männliche Form (der Hilfeberechtigte u. a.) verwandt. Paragraphen ohne Angabe des Gesetzes sind solche des BSHG.

Wir danken allen jenen, die durch Rezensionen, in Briefen und im persönlichen Gespräch auf Fehler hingewiesen und Anregungen zur Verbesserung des Buches gemacht haben. Wir haben uns bemüht, dieser Kritik so gut wie möglich zu entsprechen.

Auch künftig sind wir für Anregungen und jede Kritik, die dem Buch zuteil wird, dankbar.

München/Siegen, März 1988 — *Bernd Schulte/Peter Trenk-Hinterberger*

Aus dem Vorwort zur 1. Auflage

Mehr als 2 Millionen Bürger erhalten Sozialhilfe, weil sie eine Notlage nicht aus eigener Kraft bewältigen können und die erforderliche Hilfe auch nicht von Angehörigen oder von anderer Seite erhalten. Die Ausgaben für Sozialhilfe nehmen an Umfang und Bedeutung ständig zu: allein von 1970 bis 1981 stiegen die Unterstützungsleistungen von 3,34 Milliarden DM auf 14,78 Milliarden DM. Innerhalb von nur

11 Jahren erhöhten sich die Ausgaben damit auf das Viereinhalbfache. Heute müssen rd. 20 Milliarden DM für Sozialhilfeleistungen aufgewendet werden. Die Sozialhilfe ist dadurch zum Hauptausgabenfaktor bei den Kommunen geworden.

Ganz im Gegensatz zu seiner praktischen Bedeutung ist das Sozialhilferecht in Gestalt des Bundessozialhilfegesetzes (BSHG) nicht nur weiten Kreisen der Bevölkerung, sondern auch vielen Juristen kaum bekannt. Die Erläuterungen der vorliegenden Textausgabe sollen deshalb dem interessierten Nichtjuristen, aber auch dem auf andere Rechtsgebiete spezialisierten Juristen eine Orientierung im Sozialhilferecht ermöglichen. Als ,,Arbeitshilfe für den ersten Zugriff" beschränken sich die Erläuterungen auf knappe Hinweise zu wesentlichen Grundproblemen, wichtigen Zusammenhängen, Leitentscheidungen der Rechtsprechung und typischen praktischen Fragen, die sich bei der überwiegenden Zahl der alltäglichen Fälle ergeben. Eine vertiefte Auseinandersetzung mit dogmatischen oder speziellen Fragen muß dabei ebenso vernachlässigt werden wie eine Analyse von Schwächen einzelner Regelungen und eine Auseinandersetzung mit Reformvorschlägen. Insoweit wird auf die im Anhang genannte Literatur verwiesen.

Anschriften der Verfasser:

Dr. B. Schulte, Max-Planck-Institut für ausländisches und internationales Sozialrecht, Leopoldstr. 24, 8000 München 40

Prof. Dr. P. Trenk-Hinterberger, Universität-Gesamthochschule Siegen, FB 5 (Wirtschaftswissenschaft), Hölderlinstr. 3, 5900 Siegen 21

Inhaltsverzeichnis

Bundessozialhilfegesetz (BSHG) mit Erläuterungen

Abschnitt 1. Allgemeines

Abschnitt 2. Hilfe zum Lebensunterhalt

Unterabschnitt 1. Personenkreis, Gegenstand der Hilfe

Unterabschnitt 2. Hilfe zur Arbeit

Unterabschnitt 3. Form und Maß der Leistungen

Unterabschnitt 4. Ausschluß des Anspruchs auf Hilfe, Einschränkung der Hilfe

Abschnitt 3. Hilfe in besonderen Lebenslagen

Unterabschnitt 1. Allgemeines

Unterabschnitt 2. Hilfe zum Aufbau oder zur Sicherung der Lebensgrundlage

Unterabschnitt 4. Vorbeugende Gesundheitshilfe

Unterabschnitt 5. Krankenhilfe, sonstige Hilfe

Unterabschnitt 5a. Hilfe zur Familienplanung

Unterabschnitt 6. Hilfe für werdende Mütter und Wöchnerinnen

Unterabschnitt 7. Eingliederungshilfe für Behinderte

Abschnitt 9. Kostenerstattung zwischen den Trägern der Sozialhilfe

Abschnitt 10. Verfahrensbestimmungen

Abschnitt 11. Sonstige Bestimmungen

Abschnitt 12. Sonderbestimmungen zur Sicherung der Eingliederung Behinderter

Abschnitt 13. Tuberkulosebekämpfung außerhalb der Sozialhilfe

(weggefallen)

Abschnitt 14. Übergangs- und Schlußbestimmungen

Abkürzungsverzeichnis

A.	Auflage
aaO	am angeführten Ort
Abs.	Absatz
a. E.	am Ende
ÄndGes.	Änderungsgesetz
a. F.	alte Fassung
AFG	Arbeitsförderungsgesetz
AGBSHG	Ausführungsgesetz zum Bundessozialhilfegesetz
AO	Abgabenordnung
AOK	Allgemeine Ortskrankenkasse
AP	Arbeitsrechtliche Praxis
ArchsozArb	Archiv für Wissenschaft und Praxis der sozialen Arbeit
Art.	Artikel
AuslG	Ausländergesetz
BAföG	Bundesausbildungsförderungsgesetz
B.-W.; Bad.-Württ.	Baden-Württemberg
bay; Bay.	bayerisch; Bayern
Bd.	Band
Bearb.	Bearbeiter
BEG	Bundesentschädigungsgesetz
Beitr.	Beitrag, Beiträge
BerHG	Beratungshilfegesetz
BGB	Bürgerliches Gesetzbuch
BGBl.	Bundesgesetzblatt
BGH	Bundesgerichtshof
BKGG	Bundeskindergeldgesetz
BldW	Blätter der Wohlfahrtspflege
BMA	Bundesministerium für Arbeit und Sozialordnung
BMJF(F)G	Bundesministerium für Jugend, Familie, (Frauen) und Gesundheit
BR-Dr.	Bundesrats-Drucksache
BT-Dr.	Bundestags-Drucksache
BSG	Bundessozialgericht
BSGE	Entscheidungen des Bundessozialgerichts, Amtliche Sammlung
BSHG	Bundessozialhilfegesetz
BSHG-E	Entwurf des BSHG
BVerfG	Bundesverfassungsgericht
BVerfGE	Entscheidungen des Bundesverfassungsgerichts, Amtliche Sammlung
BVerwG	Bundesverwaltungsgericht
BVerwGE	Entscheidungen des Bundesverwaltungsgerichts, Amtliche Sammlung
BVG	Bundesversorgungsgesetz

bzw.	beziehungsweise
ca.	circa
d.	der, die, das
ders.	derselbe
d.h.	das heißt
dies.	dieselben
Diss.	Dissertation
DÖV	Die Öffentliche Verwaltung
DuR	Demokratie und Recht
DRV	Deutsche Rentenversicherung
DV	Deutscher Verein für öffentliche und private Fürsorge
DVBl.	Deutsches Verwaltungsblatt
E	Entscheidung; Entwurf
EFA	Europäisches Fürsorgeabkommen
EG	Europäische Gemeinschaft(en)
EheG	Ehegesetz
EinglVO	Eingliederungshilfe-Verordnung
Einl.	Einleitung
EKD	Evangelische Kirche in Deutschland
Erl.	Erläuterung
EStG	Einkommensteuergesetz
etc.	et cetera
EuGH	Europäischer Gerichtshof
evtl.	eventuell
f., ff.	folgende(r)
FamRZ	Zeitschrift für das gesamte Familienrecht
FEVS	Fürsorgerechtliche Entscheidungen der Verwaltungs- und Sozialgerichte
gem.	gemäß
G	Gesetz
GG	Grundgesetz
ggf.	gegebenenfalls
GMBl.	Gemeinsames Ministerialblatt
GV	Gesetz- und Verordnungsblatt
H.	Heft
h. A.	herrschende Ansicht
HE	Hilfeempfänger
Hg., hg.	Herausgeber, herausgegeben
h. M.	herrschende Meinung
HPG	Heilpraktikergesetz
HS	Halbsatz
HStruktG	Haushaltsstrukturgesetz
i. d. F.	in der Fassung
i. d. R.	in der Regel
i. e. S.	im engeren (eigentlichen) Sinne
InfAuslR	Informationsbrief Ausländerrecht
info also	Informationen zum Arbeitslosenrecht und Sozialhilferecht
insbes.	insbesondere
i. S. v., i. S. d.	im Sinne von, im Sinne des/der

i. V. m.	in Verbindung mit
i. w. S.	im weiteren Sinne
JA	Juristische Arbeitsblätter
Jg.	Jahrgang
JWG	Gesetz für Jugendwohlfahrt
Kap.	Kapitel
Kfz.	Kraftfahrzeug
KJ	Kritische Justiz
krit.	kritisch (dazu)
KSVG	Künstlersozialversicherungsgesetz
KVLG	Gesetz über die Krankenversicherung der Landwirte
LAG	Lastenausgleichsgesetz
LPK-BSHG	Lehr- und Praxiskommentar zum BSHG (vgl. Literaturverzeichnis)
lt.	laut
m. a. W.	mit anderen Worten
MedR	Medizinrecht
Mio.	Million(en)
Mitt.	Mitteilungen
Mrd.	Milliarden
Ms.	Manuskript
mtl.	monatlich
m. w. N.	mit weiteren Nachweisen
NDV	Nachrichtendienst des Deutschen Vereins für öffentliche und private Fürsorge
n. F.	neue Fassung
NJW	Neue Juristische Wochenschrift
Nr.	Nummer
NRW	Nordrhein-Westfalen
NVwZ	Neue Zeitschrift für Verwaltungsrecht
o. ä.	oder ähnliche(s)
o. J.	ohne Jahresangabe
OVG	Oberverwaltungsgericht
RehaAnglG	Gesetz über die Angleichung der Leistungen zur Rehabilitation
rd.	rund
RFV	(Reichs-)Verordnung über die Fürsorgepflicht
RGBl.	Reichsgesetzblatt
RGr.	Reichsgrundsätze über Voraussetzung, Art und Maß der öffentlichen Fürsorge
Rh.-Pf.	Rheinland-Pfalz
rk.	rechtskräftig
RKnG	Reichsknappschaftsgesetz
Rspr.	Rechtsprechung
RVO	Reichsversicherungsordnung
Rz.	Randziffer
s.	siehe
S.	Seite; Satz; Siehe
SchwbG	Schwerbehindertengesetz
SF	Sozialer Fortschritt
SGB	Sozialgesetzbuch

SGB I . . . . Sozialgesetzbuch Erstes Buch
SGB IV . . . . Sozialgesetzbuch Viertes Buch
SGB X . . . . Sozialgesetzbuch Zehntes Buch
SGb. . . . . Die Sozialgerichtsbarkeit
SGG . . . . Sozialgerichtsgesetz
SHR . . . . Sozialhilferichtlinien
SHTr . . . . Sozialhilfeträger
s. o. . . . . siehe oben
sog. . . . . sogenannte(r)
SozR . . . . Sozialrecht (Loseblatt-Entscheidungssammlung)
StGB . . . . Strafgesetzbuch
st. Rspr. . . . . ständige Rechtsprechung
StVollzG . . . . Strafvollzugsgesetz
s. u. . . . . siehe unten
Tb. . . . . Tuberkulose
u. . . . . und, unten, unter
u. a. . . . . und andere, unter anderem
u. ä. . . . . und ähnliches
u. a. m. . . . . und anderes mehr
u. E. . . . . unseres Erachtens
USG . . . . Unterhaltssicherungsgesetz
usw. . . . . und so weiter
u. U. . . . . unter Umständen
v. . . . . von, vom
v. a. . . . . vor allem
Verf. . . . . Verfasser
VG . . . . Verwaltungsgericht
VGH . . . . Verwaltungsgerichtshof
vgl. . . . . vergleiche
VO . . . . Verordnung
Vorbem. . . . . Vorbemerkung
VSSR . . . . Vierteljahresschrift für Sozialrecht
VwGO . . . . Verwaltungsgerichtsordnung
VwVG . . . . Verwaltungsvollstreckungsgesetz
VwVfG . . . . Verwaltungsverfahrensgesetz
W.-L. . . . . Westfalen-Lippe
WSI . . . . Wirtschafts- und sozialwissenschaftliches Institut des Deutschen Gewerkschaftsbundes
WoGG . . . . Wohngeldgesetz
TuP . . . . Theorie und Praxis der sozialen Arbeit
z. B. . . . . zum Beispiel
ZfF . . . . Zeitschrift für das Fürsorgewesen
ZfS . . . . Zentralblatt für Sozialversicherung, Sozialhilfe und Versorgung
ZfSH/SGB . . . . Zeitschrift für Sozialhilfe und Sozialgesetzbuch, bis Heft 2/1983: ZfSH
ZSR . . . . Zeitschrift für Sozialreform
z. T. . . . . zum Teil
zw. . . . . zweifelhaft
z. Z. . . . . zur Zeit

Einführung in das Sozialhilferecht

I. Die Konzeption des Bundessozialhilfegesetzes (BSHG)

1. Die **Ablösung des alten Fürsorgerechts,** welches auf der Verordnung über die Fürsorgepflicht (Reichsfürsorgepflichtverordnung) v. 13. 2. 1924 und den Reichsgrundsätzen über Voraussetzung, Art und Maß der öffentlichen Fürsorge v. 4. 12. 1924 basierte, wurde im **Entwurf eines Bundessozialhilfegesetzes (BSHG)** v. 20. 4. 1960 (BT-Dr. 3/1799) insbesondere damit begründet, daß das damals geltende Fürsorgerecht in wichtigen Punkten nicht mehr mit den vorherrschenden sozialen Anschauungen in Einklang stehe und überdies insofern nicht mehr der sozialen Wirklichkeit entspreche, als ein weit größerer Personenkreis als früher in Systeme der sozialen Sicherung einbezogen sei und diese Systeme auch eine wesentliche Ausdehnung nach Art und Höhe der Leistung erfahren hätten. Unter dem alten Fürsorgerecht habe die Hilfe überwiegend darin bestehen müssen, Hilfsbedürftige für den laufenden Lebensunterhalt zu unterstützen. In den letzten Jahren (d.h. vor 1960; d. Verf.) sei es demgegenüber sowohl infolge der Besserung der wirtschaftlichen Verhältnisse als auch aufgrund der Schaffung besonderer Leistungsgesetze möglich gewesen, sich mehr und mehr individuellen Notständen zuzuwenden, die nicht mehr den reinen Lebensunterhalt beträfen. Darüber hinaus sei es wünschenswert, das gesamte Fürsorgerecht sowohl in materieller als auch in verfahrensmäßiger Hinsicht in einem einzigen Gesetz zusammenzufassen, um so der einheitlichen Grundkonzeption des reformierten Fürsorgerechts auch rechtlich Ausdruck zu verleihen. Da der Begriff „öffentliche Fürsorge" noch mit der Vorstellung der Armenfürsorge früherer Zeiten behaftet war und mit der richtsatzmäßigen Unterstützung für den Lebensunterhalt gleichgesetzt wurde, das Bundessozialhilfegesetz (BSHG) aber seine eigentliche Bedeutung auf dem Gebiet der sog. Hilfe in besonderen Lebenslagen erlangen sollte, ersetzte man die Bezeichnung „öffentliche Fürsorge" durch **„Sozialhilfe".** Mit diesem Begriff sollte zum Ausdruck gebracht werden, daß es sich bei den Sozialhilfeleistungen um Hilfen der Allgemeinheit für den einzelnen handelt. Charakteristisch für die Sozialhilfe sowohl im Vergleich zum früheren Fürsorgerecht als auch zu entsprechenden ausländischen Leistungssytemen, die sich zumeist auf die Gewährung monetärer Hilfen zur Sicherung des notwendigen Lebensunterhalts beschränken, ist die **Zweigleisigkeit,** die in der Unterscheidung der beiden Hilfearten „Hilfe zum Lebensunterhalt" und „Hilfe in besonderen Lebenslagen" zum Ausdruck kommt. Die **Hilfe zum Lebensunterhalt** (§§ 11–26)

soll die allen Menschen eigentümlichen Grundbedarfe des täglichen Lebens (Ernährung, Unterkunft, Kleidung, Hygiene, Gegenstände des persönlichen Bedarfs u. a.) abdecken und damit gleichsam einer **allgemeinen Hilfsbedürftigkeit** begegnen.

2. Die Hilfe in besonderen Lebenslagen (§§ 27–65) erfaßt demgegenüber qualifizierte Bedarfssituationen, bei denen regelmäßig davon auszugehen ist, daß der Hilfesuchende zwar in der Lage ist, für seinen Lebensunterhalt selbst oder mit Hilfe Dritter und ohne Inanspruchnahme der Sozialhilfe aufzukommen, die Aufbringung der Mittel zum Bestreiten eines besonderen – einmaligen oder laufenden – Bedarfs aber seine Kräfte übersteigt. Die **Hilfe in besonderen Lebenslagen** soll mithin einer **besonderen Hilfsbedürftigkeit** abhelfen. Die beiden Hilfearten unterscheiden sich im Hinblick auf die wirtschaftlichen Voraussetzungen für die Leistungsgewährung, d. h. hinsichtlich des Einsatzes von Einkommen und Vermögen des Hilfesuchenden und seiner unterhaltspflichtigen Angehörigen. Die gegenüber den einmaligen Leistungen zum Lebensunterhalt in der Praxis im Vordergrund stehenden laufenden Leistungen der Hilfe zum Lebensunterhalt werden in Gestalt **schematisierter** Geldbeträge, die sich an den sog. Regelsätzen (§ 22) ausrichten, erbracht (mit der wichtigen Ausnahme der grundsätzlich in tatsächlicher Höhe zu erstattenden Kosten der Unterkunft). Bei der Leistungsausgestaltung und -gewährung der einzelnen Arten der Hilfe in besonderen Lebenslagen kommt demgegenüber der **Individualisierung der Hilfe** größere Bedeutung zu. Dies wiederum entspricht der Zielsetzung dieser Hilfeart, in solchen qualifizierten Bedarfssituationen Abhilfe zu schaffen, in denen der jeweilige besondere Bedarf das individuelle Leistungsvermögen übersteigt.

3. Der **Katalog der „vertypten" Arten der Hilfe in besonderen Lebenslagen** umfaßte bei **Inkrafttreten des Bundessozialhilfegesetzes**
- die **Hilfe zum Aufbau oder zur Sicherung der Lebensgrundlage,**
- die **Ausbildungshilfe,**
- die **vorbeugende Gesundheitshilfe,**
- die **Krankenhilfe,**
- die **Hilfe für werdende Mütter und Wöchnerinnen,**
- die **Eingliederungshilfe für Behinderte,**
- die **Tuberkulosehilfe,**
- die **Blindenhilfe,**
- die **Hilfe zur Pflege,**
- die **Hilfe zur Weiterführung des Haushalts,**
- die **Hilfe für Gefährdete,**
- die **Altenhilfe.**

Dieser Katalog, der sich von der früheren Fürsorge durch einen sehr viel höheren Grad an Ausdifferenzierung und Spezialisierung unterscheidet und der seit Inkrafttreten des Bundessozialhilfegesetzes nur in wenigen Fällen geändert wurde, erfährt in § 27 Abs. 2 eine zumindest theoretisch wichtige Ergänzung. Die Vorschrift bestimmt nämlich, daß Hilfe auch in (eben nicht „vertypten") **„anderen besonderen Lebenslagen"** gewährt werden kann, wenn diese den Einsatz öffentlicher Mittel rechtfertigen. Diese Bestimmung, von der in der Praxis allerdings kaum Gebrauch gemacht wird, entspricht dem (im folgenden noch näher erläuterten) Grundsatz der Individualisierung, weil dadurch neu auftretenden Bedarfssituationen flexibel Rechnung getragen werden kann.

4. **Hilfeberechtigt** ist grundsätzlich jedermann, der hilfsbedürftig ist, unabhängig von Vorleistungen (Beiträgen) und ohne Rücksicht auf den Grund der Hilfsbedürftigkeit. Neben wirtschaftlicher Hilfe in Form von **Geldleistungen,** die vor allem im Rahmen der Hilfe zum Lebensunterhalt gewährt werden, stellt die Sozialhilfe **Sach-** und **Dienstleistungen** – mit besonderem Augenmerk auf der **persönlichen Hilfe** – bereit, um Mängellagen sowohl ökonomischer als auch nicht-ökonomischer Art zu begegnen (§ 8).

5. In Anbetracht des „offenen" Kreises der Hilfeberechtigten, des Umfanges der erfaßten Bedarfslagen und des weit gefächerten Instrumentariums der Hilfen spricht man auch von der **Universalität** und der **Totalität der Sozialhilfe** (Frank VSSR 1982, 220; von Maydell NDV 1978, 341).

6. Der Begriff „Sozialhilfe" ist vorstehend zur Bezeichnung der Rechtsmaterie verwandt worden, die im Bundessozialhilfegesetz ihren Niederschlag gefunden hat. Das Recht der Sozialhilfe nach dem Bundessozialhilfegesetz stellt allerdings nur einen Ausschnitt aus der Palette der Rechtsvorschriften dar, die unter „Fürsorge" im Rechtssinne subsumiert werden. Die konkurrierende Gesetzgebung des Bundes, die gem. Art. 74 Ziff. 7 GG auch die **„öffentliche Fürsorge"** umfaßt, wird nämlich nicht allein durch die Sozialhilfe nach dem Bundessozialhilfegesetz, sondern auch durch die im Jugendwohlfahrtsgesetz (JWG) geregelte Jugendhilfe ausgefüllt. Die Jugendhilfe umfaßt die Maßnahmen der Förderung der Jugendwohlfahrt, d. h. des Wohlergehens von Kindern und Jugendlichen. Die – im übrigen lange umstrittene – Einbeziehung der Jugendhilfe in das Sozialgesetzbuch (vgl. § 8 SGB I) unterstreicht die Zugehörigkeit der erzieherischen Hilfen zu den Sozialleistungen und trägt dem Bedeutungszuwachs Rechnung, den derartige Hilfen – wie die sozialen Dienstleistungen allgemein – in der neueren Sozialpolitik gegenüber den allerdings nach wie vor dominierenden Geld- und Sachleistungen erfahren haben. Die persönliche Hilfe im Rahmen des BSHG (§ 8) hat hier prägend gewirkt und vor allem auch in das Sozialgesetzbuch ausgestrahlt (vgl. §§ 11 ff. SGB I).

II. Die Fortentwicklung des Sozialhilferechts 1962–1987

Seit seinem Inkrafttreten am 1. 6. 1962 ist das BSHG durch fast 30 Gesetze geändert worden (zu einem instruktiven Rückblick auf „25 Jahre Bundessozialhilfegesetz – Entstehung, Ziele, Entwicklung" vgl. Giese ZFSH/SGB 1986, 249, 305, 374; s. auch Schellhorn NDV 1987, 241).

1. Das **Gesetz zur Änderung und Ergänzung des BSHG** v. 31. 8. 1965 brachte geringfügige Änderungen in bezug auf die Höhe der Mehrbedarfszuschläge (§§ 23, 24) und der Blindenhilfe (§ 67) sowie hinsichtlich der besonderen Einkommensgrenze des § 81. Im übrigen wollte man noch weitere Erfahrungen mit dem Gesetz abwarten.

2. Das **Zweite Gesetz zur Änderung des Bundessozialhilfegesetzes** v. 14. 8. 1969 trug dann diesen Erfahrungen Rechnung. Durch die Einführung neuer bzw. die Änderung bestehender Vorschriften (§§ 15a, 27 Abs. 2 S. 2) wurden die Möglichkeiten der Träger der Sozialhilfe erweitert, durch die Gewährung von **Darlehen** tätig zu werden. Die **Sonderbestimmungen zur Sicherung der Eingliederung Behinderter** (§§ 123ff.) wurden im Hinblick auf die Zielsetzung des im übrigen die Sozialhilfe nicht erfassenden Rehabilitations-Angleichungsgesetzes (RehaAnglG) umgestaltet, um zu erreichen, daß Behinderte frühzeitig über die für sie in Betracht kommenden Maßnahmen der Eingliederung beraten werden und so früh wie möglich die erforderliche Hilfe erhalten. Darüber hinaus wurden zahlreiche **Leistungsverbesserungen** vorgenommen: Der Mehrbedarf für Personen, die mit Kindern unter 16 Jahren zusammenleben und allein für deren Pflege und Erziehung sorgen, wurde erhöht (§ 23 Abs. 2), der Leistungskatalog der Hilfe für werdende Mütter und Wöchnerinnen (§ 38) an die geänderten Vorschriften der Reichsversicherungsordnung (RVO) über die Mutterschaftshilfe angepaßt, der Kreis der Berechtigten, die Eingliederungshilfe beanspruchen können, um Personen mit wesentlichen seelischen Behinderungen erweitert (§ 39 Abs. 1), die Blindenhilfe (§ 67) angehoben, das Pflegegeld (§ 69 Abs. 3) aufgestockt u. a. Die Befugnis des Trägers der Sozialhilfe, die Hilfe zum Lebensunterhalt „bis auf das zum Lebensunterhalt Unerläßliche" einzuschränken, wurde auf den Fall erstreckt, daß ein Hilfesuchender vor oder während der Hilfegewährung sein Einkommen oder Vermögen in der Absicht vermindert hat, die Voraussetzungen für die Gewährung oder Erhöhung der Hilfe herbeizuführen (§ 25 Abs. 1 Nr. 1). Neu eingeführt wurde eine unter bestimmten Voraussetzungen eintretende Ersatzpflicht des Hilfeempfängers im Falle des Bezuges einmaliger Leistungen oder laufender Leistungen für einen Zeitraum von nicht mehr als drei zusammenhängenden Monaten.

3. Das **Dritte Gesetz zur Änderung des Bundessozialhilfegesetzes** v. 25. 3. 1974 stärkte vor allem die Stellung des Hilfesuchenden. Zu diesem Zweck wurden im Rahmen der Hilfe in besonderen Lebenslagen die Bestimmungen über die vorbeugende Gesundheitshilfe (§ 36), die Eingliederungshilfe für Behinderte (§§ 39–47) und die Hilfe zur Pflege (§§ 68, 69) in ihrem Anwendungsbereich bzw. hinsichtlich ihres Leistungsumfangs erweitert. Aufgehoben wurde die Bestimmung des § 26 a. F. Danach konnte ein Hilfeempfänger, der sich trotz wiederholter Aufforderung beharrlich weigerte, zumutbare Arbeit zu leisten (§§ 18ff.) mit der Folge, daß ihm oder einem Unterhaltsberechtigten laufende Hilfe zum Lebensunterhalt gewährt werden mußte, in einem gerichtlichen Verfahren in einer **Arbeitseinrichtung** untergebracht werden. Die Befugnis des Trägers der Sozialhilfe, **Unterhaltsansprüche** eines Hilfeempfängers gegen unterhaltspflichtige Verwandte auf sich überzuleiten, wurde unter Berufung auf den Wandel der familiären Lebensverhältnisse eingeschränkt; damit wurde der Nachrang der Sozialhilfe gegenüber der bürgerlich-rechtlichen Unterhaltspflicht gelockert (§ 91).

4. Durch das **Gesetz über ergänzende Maßnahmen zum Fünften Strafrechtsreformgesetz** (Strafrechtsreformergänzungsgesetz) v. 28. 8. 1975 wurde der Unterabschnitt 5. Krankenhilfe (§ 37) um Bestimmungen über die **Hilfe bei Schwangerschaft oder bei Sterilisation** (§ 37a) ergänzt. Ferner wurde ein Unterabschnitt 5a. **Hilfe zur Familienplanung** (§ 37b) eingefügt.

5. Am 2. 2. 1979 wurde dem Deutschen Bundestag von der Bundesregierung der **Entwurf eines Vierten Gesetzes zur Änderung des Bundessozialhilfegesetzes** zugeleitet, der jedoch nicht Gesetz wurde. Der Entwurf enthielt Leistungsverbesserungen zugunsten alleinstehender Elternteile, die für die Pflege und Erziehung eines Kindes sorgen, sowie zugunsten pflegebedürftiger Personen in häuslicher Pflege, zum anderen aber auch – so die Begründung – „geringfügige Korrekturen des Leistungsrechts in solchen Fällen, in denen nach gewandelten Erkenntnissen oder den Erfahrungen der Praxis Leistungshöhe und anzuerkennender Bedarf nicht mehr übereinstimmen". Obgleich es ausdrücklich hieß, der Gesetzentwurf diene nicht der Kostendämpfung, war er „kostenneutral": Mehrausgaben in Höhe von 49 Mio. DM sollten Minderausgaben von 46,2 Mio. DM gegenüberstehen. (Demgegenüber waren im Entwurf des 1. Änderungsgesetzes zum BSHG Mehraufwendungen von 14 Mio. DM, im Entwurf des 2. Änderungsgesetzes von 55,4 Mio. DM, und im Entwurf des 3. Änderungsgesetzes von 158,9 Mio. DM in Ansatz gebracht worden.) Einige der in diesem Entwurf vorgeschlagenen Änderungen wurden jedoch Gesetz im Rahmen des **Zweiten Haushaltsstrukturgesetzes** v. 22. 12. 1981 und des **Dritten Kapitels. Zusammenarbeit der Leistungsträger**

und ihre Beziehungen zu Dritten des **Zehnten Buches des Sozialgesetzbuchs – Verwaltungsverfahren (§§ 86–119 SGB X).**

6. Mit dem **zweiten Gesetz zur Verbesserung der Haushaltsstruktur** (2. Haushaltsstrukturgesetz) vom 22. 12. 1981 hat dann eine Entwicklung eingesetzt, die Giese (ZfS 1982, 285ff.) mit dem plastischen Ausdruck „Reduktionsgesetzgebung" charakterisiert hat. Art. 21 des 2. HStruktG brachte eine Reihe von Änderungen, die im wesentlichen auf **Leistungseinschränkungen** hinausliefen. Durch den neu geschaffenen § 15b ist den Trägern der Sozialhilfe das Recht eingeräumt worden, nach ihrem Ermessen in Fällen, in denen laufende Leistungen zum Lebensunterhalt voraussichtlich nur für kurze Dauer zu gewähren sind, Geldleistungen nurmehr in Gestalt von – ggf. auch zu verzinsenden – **Darlehen** zu vergeben. Die Vorschriften über die **Ausbildungshilfe** (§§ 31–35 BSHG a. F.) wurden ersatzlos gestrichen mit der Folge, daß es im Rahmen des BSHG keine Ausbildungsförderung mehr gibt; nur noch bei der Eingliederungshilfe für Behinderte (§ 40 Abs. 1 Nr. 3 – Nr. 5) und bei der Hilfe zur Überwindung besonderer sozialer Schwierigkeiten (§§ 9, 10 VO zu § 72 BSHG) finden sich besondere Ausbildungsförderungsmaßnahmen. Durch die neu eingeführte Bestimmung des § 26 ist zugleich klargestellt worden, daß **Auszubildende,** deren Ausbildung im Rahmen des Bundesausbildungsförderungsgesetzes (BAföG) und des Arbeitsförderungsgesetzes (AFG) dem Grunde nach förderungsfähig ist, keinen Anspruch auf Hilfe zum Lebensunterhalt haben. („In besonderen Härtefällen" nur „kann" gemäß § 26 S. 2 Hilfe zum Lebensunterhalt gewährt werden.) Im Rahmen der Vorschriften über die Hilfe zur Arbeit (§§ 18–20) ist durch eine entsprechende Ergänzung des § 18 Abs. 2 verdeutlicht worden, daß auch Hilfesuchenden, die keine Arbeitserlaubnis nach dem AFG haben, „Gelegenheit zu gemeinnütziger und zusätzlicher Arbeit" i. S. des § 19 Abs. 2 gegeben werden kann. Diese Bestimmung zielt insbesondere auf Asylbewerber, die nach § 19 AFG i. V. mit der Arbeitserlaubnisverordnung fünf Jahre lang keine Arbeitserlaubnis erhalten und deshalb kein reguläres Arbeitsverhältnis eingehen können. Für die Empfänger von Hilfe zum Lebensunterhalt besonders einschneidend war der neu geschaffene § 22 Abs. 4, demzufolge die am 1. 1. 1983 an sich fällige **Anpassung der Regelsätze** an die gestiegenen Lebenshaltungskosten um ½ Jahr auf den 1. 7. 1983 hinausgeschoben wurde; zugleich wurde die Erhöhung für 1982 und 1983 auf 3% – und damit deutlich niedriger als der Anstieg der Lebenshaltungskosten – festgesetzt. Die Bestimmung des § 4 VO zu § 22 BSHG, welche die Wahrung eines Abstandes zwischen Regelsätzen und durchschnittlichem Netto-Arbeitsentgelt zuzüglich Kindergeld vorschreibt, ist als neuer § 22 Abs. 3 S. 2 in das BSHG selbst aufgenommen worden. In § 81 wurde die durch das 3. Änderungsgesetz zum BSHG eingeführte Bezugnahme

auf die Bemessungsgrundlage der Rentenversicherung (und damit auf die Lohnentwicklung) durch die Bezugnahme auf den Regelsatz (das 3fache des Regelsatzes) ersetzt. Weitere Änderungen betrafen die Einschränkung des **Zusatztaschengeldes** nach § 21 Abs. 3 S. 3 für Hilfeempfänger in stationären Einrichtungen und die Neugestaltung des § 43 Abs. 2, der die Beteiligung der Eltern an den **Kosten der Unterbringung** ihrer in Einrichtungen lebenden behinderten Kinder regelt; diese Änderungen sind allerdings durch **Art. II § 14 Sozialgesetzbuch (SGB) – Zusammenarbeit der Leistungsträger und ihrer Beziehungen zu Dritten** – v. 4. 11. 1982 wieder. rückgängig gemacht bzw. erneut geändert worden. Seitdem erhalten alle Hilfeempfänger, die in stationären Einrichtungen leben und überhaupt einen Teil der Kosten selbst tragen, einen zusätzlichen Barbetrag in Höhe von 5% ihres Einkommens, jedoch höchstens 15% des Regelsatzes eines Haushaltsvorstandes (§ 21 Abs. 3 S. 3).

7. Durch **Art. 12 Nr. 1 des Gesetzes zur Wiederbelebung der Wirtschaft und Beschäftigung und zur Entlastung des Bundeshaushalts (Haushaltsbegleitgesetz 1983)** v. 20. 12. 1982 wurde die Bestimmung des § 22 Abs. 4 dahin geändert, daß für 1983 an die Stelle einer Neufestsetzung der Regelsätze nach § 22 Abs. 3 lediglich eine Erhöhung der seit dem 1. 1. 1982 geltenden Regelsätze um 2% getreten ist; diese Erhöhung ist überdies erst vom 1. 7. 1983 an wirksam geworden. Die Erhöhung der Blindenhilfe und des Pflegegeldes wurde an die Versorgungsbezüge nach § 56 BVG gekoppelt. Ihre Anpassung wurde auf den 1. 7. 1984 verschoben (§§ 67 Abs. 6, 69 Abs. 6).

8. Nach **Art. 26 des Gesetzes über Maßnahmen zur Entlastung der öffentlichen Haushalte und zur Stabilisierung der Finanzentwicklung in der Rentenversicherung sowie über die Verlängerung der Investitionshilfeabgabe (Haushaltsbegleitgesetz 1984)** hatten die zuständigen Landesbehörden oder die von ihnen bestimmten Stellen die seit dem 1. 7. 1983 geltenden Regelsätze der Hilfe zum Lebensunterhalt für die Zeit vom 1. 7. 1984–30. 6. 1985 neu festzusetzen; der Umfang der Neufestsetzung durfte das Maß der für diesen Zeitraum zu erwartenden Entwicklung der tatsächlichen Lebenshaltungskosten nicht übersteigen.

9. In § 79 Abs. 1 und Abs. 2 S. 1 wurde jeweils in Nr. 2 nunmehr ausdrücklich bestimmt, daß die Aufwendungen für die Kosten der Unterkunft nur in angemessenem Umfang zu berücksichtigen sind (§ 79). Kostenersatz durch den Erben kann seither auch für die Kosten der Sozialhilfe verlangt werden, die innerhalb eines Zeitraums von 10 Jahren (bisher 5) vor dem Erbfall aufgewendet worden sind (§ 92c). Die Länder sind ermächtigt worden, die in § 100 den überörtlichen Trägern zugeschriebenen Aufgaben den örtlichen Trägern zuzuweisen. Der **Grundsatz des Vorrangs ambulanter vor stationärer Hilfe**

ist nunmehr ausdrücklich im BSHG verankert (§ 3a). Dem **„Wunschrecht"** des Hilfesuchenden im Hinblick auf das Verlangen nach Hilfegewährung in einer Einrichtung soll demnach nur noch dann entsprochen werden, wenn die stationäre Hilfe „nach der Besonderheit des Einzelfalles" erforderlich ist (§ 3 Abs. 2 Satz 2). Zugleich wurde die Stellung der Träger der Sozialhilfe gegenüber den Trägern stationärer Einrichtungen in der Weise gestärkt, daß eine Kostenübernahmeverpflichtung nurmehr besteht, wenn für die betreffende Einrichtung mit deren Träger oder Spitzenverband eine Vereinbarung über die Höhe der zu übernehmenden Kosten abgeschlossen worden ist. Eine solche Vereinbarung soll der Träger der Sozialhilfe nur abschließen, wenn ein entsprechender Bedarf für die Einrichtung besteht, die Einrichtung für die Gewährung von Sozialhilfe geeignet ist, und die Gewähr für eine wirtschaftliche und sparsame Verwendung öffentlicher Mittel besteht. Durch diese Regelung soll der Ausweitung der Inanspruchnahme stationärer Hilfe und der damit verbundenen Kostenentwicklung entgegengewirkt werden (§ 93 Abs. 2).

Die **„Reduktionsgesetzgebung"**, die Anfang der 80er Jahre einsetzte, hat nicht nur zu Leistungseinschränkungen, sondern auch zu einer Straffung des Sozialhilferechts in dem Sinne geführt, daß Möglichkeiten für eine restriktivere Handhabung eingeführt worden sind. Dies gilt nicht nur für die in der Öffentlichkeit viel diskutierten Regelungen im Zusammenhang mit den §§ 3, 3a und 93, sondern vor allen Dingen auch etwa im Hinblick auf die Bestimmung des § 15b, der die Gewährung von Darlehen bei vorübergehender Notlage vorsieht. Ein möglicher Anwendungsbereich dieser Bestimmung ist in Fällen von Arbeitskämpfen gegeben. Die Neufassung des § 116 AFG mag dieser Vorschrift einen noch weiteren potentiellen Anwendungsbereich geben, als sie ohnehin schon hat. (Das im Zusammenhang mit der Diskussion um den § 116 AFG vielfach insbesondere von Gewerkschaftsseite vorgebrachte Argument, die Neuregelung führe dazu, daß „man vom Arbeitskampf betroffene Arbeitnehmer zum Sozialamt schicke", gewinnt im Zusammenhang mit der Regelung des § 15b insoweit noch eine zusätzliche Brisanz, als den Trägern der Sozialhilfe durch diese Vorschrift die Möglichkeit eröffnet wird, den Betroffenen an Stelle einer nicht rückzahlbaren Beihilfe lediglich ein rückzahlbares Darlehen zu gewähren [s. § 15b, Erl. 3].)

10. Das **Vierte Gesetz zur Änderung des Bundessozialhilfegesetzes** v. 21. 6. 1985 (zur Begründung des Gesetzes vgl. BT-Dr. 10/1079) ist am 1. 7. 1985 in Kraft getreten. Durch dieses Gesetz ist im Rahmen der Hilfe zum Lebensunterhalt die Altersgrenze für den **Altersmehrbedarf** (§ 23 Abs. 1 Nr. 1) von 65 auf 60 Jahre herabgesetzt worden. Der **Mehrbedarfszuschlag für Alleinerziehende** wird nunmehr auch alleinerziehenden Elternteilen mit nur einem Kind unter 7 Jahren ge-

währt (§ 23 Abs. 2). Die **Grundbeträge der Einkommensgrenzen für die Hilfe in besonderen Lebenslagen** (§§ 79, 81) werden in Zukunft jährlich durch Rechtsverordnung entsprechend der Entwicklung der allgemeinen Bemessungsgrundlage der Arbeiterrentenversicherung angepaßt. Eine entsprechende Regelung enthält der neu eingeführte § 82, der damit die durch das 2. Haushaltsstrukturgesetz eingeführte Anbindung der Einkommensgrenze an die Regelsatzstruktur (vgl. oben II. 6.) wieder rückgängig machte. Die künftigen Anpassungen werden an den zum 1. 7. 1985 gleichfalls neu eingeführten Festbeträgen für die genannten Einkommensgrenzen vorgenommen. Die Einkommensgrenzen sind zum damaligen Zeitpunkt auf 736 DM, 1104 DM bzw. 2208 DM festgesetzt worden. Dies ist nach der Gesetzesbegründung deswegen geschehen, weil angesichts des gleichzeitig eingeführten neuen Bedarfsmengenschemas („Alternatives Warenkorb-Modell“) und der dadurch eingetretenen Erhöhung der Regelsätze der bisherige Modus – Bildung der Grundbeträge durch Vervielfachung des Eckregelsatzes (d. h. des Regelsatzes eines Haushaltsvorstandes) – zu einer für untragbar angesehenen finanziellen Mehrbelastung der Träger der Sozialhilfe geführt hätte. (Zur Erhöhung der Regelsätze seit dem 1. 7. 1985 s. § 22 Erl. 8.)

11. Das **Fünfte Gesetz zur Änderung des Bundessozialhilfegesetzes** v. 28. 10. 1986 (zur Begründung des Gesetzes vgl. BT-Dr. 10/4662) hat § 76 Abs. 1 dergestalt geändert, daß Renten oder Beihilfen für Schäden an Körper, Gesundheit oder Leben nach dem Bundesentschädigungsgesetz (BEG) bis zur Höhe vergleichbarer Grundrenten nach dem Bundesversorgungsgesetz (BVG) nicht zum Einkommen i. S. d. BSHG gehören. Damit soll die unterschiedliche Behandlung von Kriegsopfern und Verfolgten nationalsozialistischer Gewaltmaßnahmen und deren Hinterbliebenen beseitigt werden, die darin besteht, daß bei Kriegsopfern die Grundrente nach dem BVG nicht als Einkommen i. S. d. BSHG berücksichtigt wird, während Rentenleistungen für Verfolgte als Einkommen angerechnet werden. Die Auswirkungen dieser Rechtsänderung sind angesichts der kleinen Zahl der von der Neuregelung betroffenen Personen relativ gering: sie werden bundesweit auf rd. 1,8 Mio. DM geschätzt (mit für die Zukunft „abnehmender Kostentendenz“). Die Bundesregierung hat in ihrer Stellungnahme dem Gesetzentwurf zugestimmt, zugleich aber betont, daß grundsätzlich an dem Prinzip der Nachrangigkeit festgehalten werden müsse, allein in diesem besonderen Fall dem diesem Grundsatz zuwiderlaufenden Vorschlag des Bundesrates gefolgt werde.

12. Durch das **Zweite Rechtsbereinigungsgesetz** v. 16. 12. 1986 (zur Begründung des Gesetzes vgl. BT-Dr. 10/5532) wurden im wesentlichen die Sondervorschriften des BSHG über die **Tuberkulosehilfe** (§§ 46 bis 66) und die Tuberkulosebekämpfung außerhalb der So-

zialhilfe (Abschnitt 13 des BSHG) aufgehoben; diese Vorschriften hatten ihre praktische Bedeutung verloren (s. dazu noch unten Erl. zu Abschnitt 3, Unterabschnitt 8 sowie zu Abschnitt 13).

Unter dem Datum vom 20. 1. 1987 wurde der Text des BSHG in seiner **Neufassung** bekanntgemacht (BGBl. I S. 401; Berichtigung v. 27. 1. 1987, BGBl. I S. 494).

13. Zieht man eine **Bilanz** der Fortschreibung des Bundessozialhilfegesetzes bis Mitte der 80er Jahre, so waren die ersten drei Änderungsgesetze zum BSHG von dem Bemühen getragen, durch Ausweitung des Berechtigtenkreises, Ausdifferenzierung des Leistungsangebots, Anhebung des Leistungsniveaus und Verbesserung der Leistungsmodalitäten die soziale Lage der auf Inanspruchnahme von Sozialhilfeleistungen angewiesenen Personen zu verbessern. Die z. T. bereits aus dem alten Fürsorgerecht stammenden, unter der Geltung des Grundgesetzes fortentwickelten und im BSHG in zeitgemäßerer Form niedergelegten Grundsätze des Fürsorgerechts bzw. nunmehr des Sozialhilferechts wurden nicht angetastet, sondern eher noch akzentuiert. Die Einbeziehung der Sozialhilfe in das **Sozialgesetzbuch,** dessen Erstes Buch (SGB I) am 1. 1. 1976 in Kraft getreten ist, hat schließlich dazu beigetragen, die eigenständige und gleichberechtigte Stellung dieses Sozialleistungsbereichs neben den anderen Sozialleistungsbereichen als elementaren Baustein des verfassungsrechtlich fundierten Sozialstaats (Art. 20 GG) zu verdeutlichen (§ 9 SGB I).

III. Die Grundzüge und Leitprinzipien des Sozialhilferechts

1. Bereits in der Begründung zum Entwurf des Bundessozialhilfegesetzes (BSHG) wurde darauf hingewiesen, daß die vorgesehene Neuordnung des Fürsorgerechts **evolutionären** Charakter habe und weitgehend bewährte Regelungen des bisherigen Fürsorgerechts übernehme (BT-Dr. 3/1799, S. 31 f.). Die maßgeblichen **Grundsätze des Sozialhilferechts** waren deshalb auch bereits im alten Fürsorgerecht, wie es 1924 normiert und dann – insbesondere auch unter der Geltung des Grundgesetzes – fortentwickelt worden ist, vorgezeichnet. Dies gilt etwa für die **Aufgabe der Sozialhilfe,** dem Hilfeempfänger die Führung eines Lebens zu ermöglichen, das der Würde des Menschen entspricht (§ 1 Abs. 2 S. 1), das **Ziel der Sozialhilfe,** den Hilfeempfänger zu befähigen, unabhängig von ihr zu leben (§ 1 Abs. 2 S. 2), den **Grundsatz des Nachrangs der Sozialhilfe** (§ 2 Abs. 1), den **Grundsatz der Individualisierung** (§ 3 Abs. 1), sowie den **Anspruch auf Sozialhilfe** (§ 4 Abs. 1). Diese Prinzipien, die ihre spezifische Ausprägung aus der überkommenen sozialpolitischen Systematik des Sytems der sozialen Sicherung, aus dem Verfassungsrecht und nunmehr auch aus

dem Sozialgesetzbuch, welches das BSHG als besonderen Teil gelten läßt (Art. II § 1 Ziff. 15 SGB I), beziehen, kommt eine besondere Steuerungsfunktion für den Gesetzesvollzug zu, d. h. sie geben Leitlinien vor für die Auslegung und Anwendung der einzelnen sozialhilferechtlichen Bestimmungen.

2. Soweit es sich dabei um die Strukturprinzipien handelt, die herkömmlicherweise zur Charakterisierung der Sozialhilfe bzw. Fürsorge als eigenständigen **Teilsystems der sozialen Sicherung** und zu ihrer Abgrenzung von anderen Teilsystemen dienen – Bedarfsdeckungsprinzip, Grundsatz des Nachrangs (Subsidiaritätsprinzip) u. a. – spielt es im übrigen keine Rolle,

- ob man das System der sozialen Sicherung in herkömmlicher Weise anhand der Trias (Sozial-)Versicherung – (Sozial-)Versorgung – Fürsorge einteilt (Sozialenquête 1966, 60ff.),
- die Teilsysteme des Gesamtsystems der sozialen Sicherung in schadensausgleichende und nachteilsausgleichende Systeme unterteilt (Bley 1986, 32ff.), oder
- zwischen sozialen Vorsorgesystemen, sozialen Entschädigungssystemen und sozialen Hilfs- und Förderungssystemen unterscheidet (Zacher 1985, 20ff.).

3. Die prägenden Charakteristika der Sozialhilfe werden von diesen unterschiedlichen Systematisierungen nicht beeinflußt. Allerdings sind die in den letzten Jahren verstärkt spürbar gewordenen Bemühungen um eine Neusystematisierung der sozialen Sicherung nicht zuletzt auch auf einen die Sozialhilfe stark beeinflussenden Umstand zurückzuführen, nämlich die Schaffung neuartiger Sozialleistungen, die – so das **Wohngeld** und die **Ausbildungsförderung** – wegen ihrer Einkommensabhängigkeit der Sozialhilfe nahestehen, sich jedoch durch ihre Beschränkung auf einen spezifischen Bedarf (Wohnen bzw. Ausbildung), die Schematisierung und Pauschalierung der Leistungen (und damit das höhere Maß der „Nicht-Individualisierung") sowie die begrenzte Ausrichtung am Bedarfsdeckungsprinzip von der Sozialhilfe unterscheiden. Die Sozialhilfe ist deshalb in wachsendem Maße in „Konkurrenz" zu solchen, zumindest partiell **sozialhilfeähnlichen Sozialleistungssystemen** zu sehen. Auch die Diskussion um die **Ausgrenzung einzelner Bereiche des Sozialhilferechts** aus dem Bundessozialhilfegesetz – so der **Hilfe zur Pflege** nach §§ 68, 69 (Stichwort „Pflegeversicherung"), der **Eingliederungshilfe für Behinderte** nach §§ 39ff. (Stichwort „Rehabilitationsgesetz" oder „Behindertenhilfe-Leistungsgesetz"), und der Gewährung von Sozialhilfe an asylsuchende **Ausländer** (Stichwort „eigenständiges Bundesgesetz im Rahmen des Ausländerrechts") – im Rahmen von Reformüberlegungen sind auf diesem Hintergrund zu sehen.

Im Zusammenhang mit der Sozialhilfe sind auch die **Beratungshilfe** und die **Prozeßkostenhilfe** zu erwähnen, die als eine Art der „Sozialhilfe in besonderen Lebenslagen" ausgestaltet sind und regeln, in welchen Fällen Bedürftigen außergerichtliche Rechtsberatung und Vertretung sowie die Führung eines Rechtsstreits auf Kosten der Allgemeinheit ermöglicht wird (vgl. Lindemann/Trenk-Hinterberger 1987; Schoreit/Dehn 1987). Vgl. auch **Anhang 2,** I. 11. u. II. 12.

4. Das **Sozialgesetzbuch** formuliert das **soziale Recht der Sozialhilfe** und damit zugleich die Grundprinzipien der Sozialhilfe in § 9 SGB I folgendermaßen:

„Wer nicht in der Lage ist, aus eigenen Kräften seinen Lebensunterhalt zu bestreiten oder in besonderen Lebenslagen sich selbst zu helfen und auch von dritter Seite keine ausreichende Hilfe erhält, hat ein Recht auf persönliche und wirtschaftliche Hilfe, die seinem besonderen Bedarf entspricht, ihn zur Selbsthilfe befähigt, die Teilnahme am Leben in der Gemeinschaft ermöglicht und die Führung eines menschenwürdigen Lebens sichert."

5. Es gibt zwischen den in dieser Vorschrift sowie in detaillierterer Form im BSHG niedergelegten Grundsätzen keine eindeutige Rangordnung. Allerdings kommt der **Aufgabe der Sozialhilfe,** dem Empfänger der Hilfe die Führung eines Lebens zu ermöglichen, das der **Würde des Menschen** entspricht, wegen des verfassungsrechtlichen Bezuges (Art. 1 GG) ein besonderer Rang zu, und auch dem Grundsatz des Nachrangs, der die Sozialhilfe in besonderem Maße prägt und sie von anderen Zweigen des Systems der sozialen Sicherheit deutlich unterscheidet, wird gemeinhin besonderes Gewicht beigemessen. Der Sozialstaat des Grundgesetzes ist verpflichtet, die Menschenwürde, deren hoher Rang durch die Verankerung in der ersten Bestimmung des Grundgesetzes (Art. 1 GG) unterstrichen wird, zu schützen. Das Sozialhilferecht konkretisiert diese Verpflichtung (§ 1 Abs. 2 S. 1). Die Sozialhilfe ist somit Garantin für ein menschenwürdiges Leben jedes einzelnen **(Garantiefunktion der Sozialhilfe).** Insofern wirkt die Verankerung des Grundwertes der Menschenwürde im Grundgesetz nicht lediglich negatorisch, d. h. im Sinne einer Abwehr staatlicher Eingriffe in den geschützten Bereich des einzelnen, sondern sie verbrieft positiv die Teilhabe an einem bestimmten gesellschaftlichen Mindeststandard, ohne daß allerdings dieser Mindeststandard – jenseits der bloßen physischen Subsistenz (§§ 25 Abs. 2, 120 Abs. 2 S. 4) – der Höhe nach festgelegt wäre. Immerhin dürfte heute weitgehend unstreitig sein, daß von Art. 1 GG und überdies von Art. 2 Abs. 2 S. 1 GG (Recht auf Leben und körperliche Unversehrtheit) ein **Existenzminimum** garantiert wird, welches letztlich allerdings nur durch gesellschaftliche Werturteile (mit der Folge, daß „Menschenwürde" gleichsam als „Abbreviatur für gesellschaftliche Werturteile" erscheint) bestimmt und wohl auch nur verfahrensmäßig konkretisiert werden kann (Stolleis NDV 1981, 99; Bieback/Stahlmann SF 1987, 1).

6. **Ziel der Sozialhilfe** ist es, den Hilfeempfänger zu befähigen, unabhängig von ihr zu leben (§ 1 Abs. 2 S. 2). Die Sozialhilfe soll also die Situation des Hilfeempfängers dergestalt verändern, daß die Gewährung der Hilfe für die Zukunft überflüssig wird. Sozialhilfe, die demnach grundsätzlich nur vorübergehender („transitorischer") Natur sein soll, ist also dem Gedanken der **Selbsthilfe** verpflichtet. So knüpft beispielsweise auch die Hilfe zur Arbeit der §§ 18–20, der die Verpflichtung des Hilfesuchenden zum Einsatz seiner Arbeitskraft zugrundeliegt, an die Fähigkeit zur Selbsthilfe an. In dem Maße, in dem es als der Menschenwürde immanent angesehen wird, unabhängig von fremder Hilfe zu leben (BVerwGE 23, 149ff., 156), ist die „Hilfe zur Selbsthilfe" als Ziel der Sozialhilfe auch auf die Menschenwürde „rückgekoppelt" (Trenk-Hinterberger ZfSH 1980, 46). Selbsthilfe meint in diesem Zusammenhang eine Art von Fremdhilfe, die den Empfänger der Hilfe befähigt, unabhängig von ihr zu werden und ein menschenwürdiges Leben zu führen. (Selbsthilfe in diesem Sinne hat grundsätzlich nichts zu tun mit der „Selbsthilfe", unter der man die gerade heute viel diskutierte Tätigkeit kleinerer Solidargemeinschaften zur Lösung ihre Mitglieder selbst betreffender Probleme namentlich im Bereich des Gesundheitswesens und hier insbesondere in der psycho-sozialen Versorgung, aber zunehmend auch in anderen Bereichen versteht.)

7. Die Sozialhilfe zielt ab auf die Befriedigung der elementaren Bedürfnisse des einzelnen, ohne welche die Führung eines menschenwürdigen Lebens nicht möglich ist, und zwar in umfassender Weise ohne „Vorbedingungen" (etwa in Form von Vorleistungen in Gestalt von Beiträgen – wie in der Sozialversicherung – oder „Sonderopfern" – wie im sozialen Entschädigungsrecht, z. B. in der Kriegsopferversorgung –). Auch der Grund („causa") der Bedürftigkeit spielt keine Rolle. In der Sozialversicherung wird der Mangel an Erwerbseinkommen nach dem Präsumtionsprinzip befriedigt. Beispielsweise wird bei einem Arbeitnehmer, der infolge Krankheit arbeitsunfähig ist und kein Arbeitseinkommen erzielen kann, unterstellt, daß er auf dieses Arbeitsentgelt und dann auch Krankengeld angewiesen ist, um seinen Lebensstandard aufrechtzuerhalten (gleichgültig, ob er über sonstige Einkünfte verfügt oder Vermögen hat). Demgegenüber gilt im Sozialhilferecht das **Faktizitätsprinzip,** d.h. es kommt auf das Bestehen einer tatsächlichen Notlage und eines tatsächlichen Bedarfs an (Bley SGb. 1979, 363). Die sozialhilferechtlich relevante Notlage kann alle möglichen Ursachen haben: solche, die in der Person des Hilfesuchenden liegen, wie solche, die in äußeren Umständen wurzeln (z. B. Arbeitslosigkeit). Neben wirtschaftlicher Hilfe in Form von Geldleistungen, die im Rahmen der Hilfe zum Lebensunterhalt das Existenzminimum sichern und das Absinken des Hilfsbedürftigen in die materielle Armut verhindern soll, werden Sach- und Dienstleistungen gewährt,

um Mängellagen nicht-ökonomischer Art zu begegnen. Die Sozialhilfe strebt damit an, jedermann diejenigen (Geld-, Sach- oder Dienst-) Leistungen zur Verfügung zu stellen, die erforderlich sind, um es dem Hilfsbedürftigen zu ermöglichen, den **gegenwärtigen** (i. S. des „Grundsatzes der Gegenwärtigkeit der Notlage") sozialhilferechtlich anerkannten Bedarf zu befriedigen **(Grundsatz der Bedarfsdeckung).** Leistungsgrund der Sozialhilfe ist mithin der anderweitig nicht gedeckte Bedarf, Leistungsmaß der Sozialhilfe die Art und Größe dieses Bedarfs. Dementsprechend lautet die „Hilfeformel der Fürsorge": Bedarf minus Eigenmittel = Hilfe (Giese ZfSH 1975, 129ff., 132; vgl. auch Giese ZfF 1986, 97). Aus dieser Gleichung ergibt sich aber auch, daß der Träger der Sozialhilfe nicht allein die „Bedürftigkeit" bzw. den Bedarf des Hilfesuchenden, sondern auch seine Eigenmittel bzw. sonstigen Hilfemöglichkeiten prüft. Diese Bedürfnisprüfung (in angelsächsischer Terminologie „means-test") ist je nach Strenge der Durchführung in der Praxis wesentlich verantwortlich für das der Sozialhilfe innewohnende Element der sozialen Kontrolle und die ihr nicht zuletzt von den Betroffenen selbst zugeschriebene stigmatisierende Wirkung (Schulte/Trenk-Hinterberger 1986, 465ff.). Das Bedarfsdeckungsprinzip, das sich schlagwortartig auf die Formel bringen läßt, „Wer etwas braucht, bekommt das, was er braucht" (Schäfer 1966, 159), steht in scharfem Gegensatz – und hier liegt einer der zentralen Punkte, in denen sich die Sozialhilfe von den anderen Zweigen des Systems der sozialen Sicherung unterscheidet – zum Äquivalenzprinzip, das auf der Verknüpfung von (Sozial-)Leistung und Vor- bzw. Gegenleistung (in Gestalt des Beitrages) beruht und welches den auf Vorleistungen basierenden **Vorsorgesystemen** (Sozialversicherung und Beamtenversorgung) zugrunde liegt. Die „klassischen" sozialen Risiken (Krankheit, Mutterschaft, Invalidität, Alter, Arbeitsunfall und Berufskrankheit, Arbeitslosigkeit) werden in erster Linie durch die **Sozialversicherung** aufgefangen, die durch die weitgehende Entsprechung von Vorleistungen (Beiträgen) und Leistungen sicherstellt, daß die auf dem Leistungsprinzip beruhende Verteilung von Primäreinkommen (z. B. Löhnen) in die Sphäre der Sekundär- bzw. Sozialeinkommen (z. B. Krankengeld, Arbeitslosengeld, Rente) hinein verlängert wird. Wegen des Äquivalenzprinzips ist die Sozialversicherung im Gegensatz zur Sozialhilfe mithin weitgehend „marktkonform", d. h. sie stimmt mit den Regeln überein, die auch ansonsten im wirtschaftlichen Bereich gelten. In dem Umstand, daß dem Äquivalenzprinzip eine hohe legitimatorische Funktion innewohnt und beispielsweise der Sozialversicherte das Gefühl hat (und ihm auch dieses Gefühl vermittelt wird), Leistungen zu erhalten, die er zuvor durch Beiträge „bezahlt" hat, liegt ein wesentlicher Grund für das bessere „Image" der Sozialversicherung im Vergleich zur Sozialhilfe. Diese auch sozialpsychologisch verankerte unterschiedliche Bewertung von Leistungen, die auf dem

Äquivalenzprinzip beruhen, und Leistungen, die ohne Vorleistungen gewährt werden (obgleich die in der Vergangenheit von zahlreichen Sozialhilfeempfängern gezahlten Steuern auch als eine Form von „Vorleistung" zu betrachten sein mögen), ist zu einem guten Teil auch für die **Vollzugsdefizite,** die **„Dunkelzifferproblematik"** und insgesamt für die **Diskrepanz zwischen „Theorie und Praxis der Sozialhilfe"** Schulte/Trenk-Hinterberger, aaO) verantwortlich.

8. Sozialhilfe nach den vorstehenden Grundsätzen erhält allerdings nicht, wer sich selbst helfen kann oder die erforderliche Hilfe von dritter Seite erhält. Vor der Inanspruchnahme von Sozialhilfe muß der einzelne sein eigenes Einkommen oder Vermögen zur Bedarfsdeckung verwenden und seine Arbeitskraft zum Erwerb des Lebensunterhalts sowie – im Rahmen der Zumutbarkeit (§ 28) – zur Deckung besonderer Bedarfe einsetzen. Ferner ist die Sozialhilfe **nachrangig** gegenüber tatsächlich gewährten Leistungen Dritter, die geeignet sind, die Hilfsbedürftigkeit zu beseitigen oder gar nicht erst entstehen zu lassen. Auch Verpflichtungen Dritter bleiben von der Sozialhilfe unberührt; muß die Sozialhilfe eingreifen, obgleich der Hilfsbedürftige einen Anspruch auf Leistungen gegen Dritte, z. B. auf Unterhalt gegenüber Familienangehörigen hat, so kann der Träger der Sozialhilfe den Anspruch des Hilfsbedürftigen gegen den Dritten auf sich überleiten und sich auf diese Weise „schadlos" halten (§§ 90, 91). Zu den Leistungen Dritter, die nach dem Grundsatz der Nachrangigkeit der Sozialhilfe der Gewährung von Sozialhilfeleistungen vorgehen, gehören auch Ermessensleistungen anderer Leistungsträger, welche die Gewährung ihrer Leistungen nicht mit Rücksicht auf die Sozialhilfe verweigern dürfen (§ 2 Abs. 2 S. 2).

9. Bei der Anwendung des Instrumentariums der Hilfeleistung ist der Träger der Sozialhilfe gehalten, den „Mitteleinsatz" umfangmäßig anhand einer Gegenüberstellung des sozialhilferechtlich anerkannten Bedarfs – z. B. nach Maßgabe des im konkreten Fall anwendbaren Regelsatzes (§ 22) – einerseits und der vom Hilfesuchenden einzusetzenden Ressourcen andererseits dem Umfang nach festzustellen. Neben dieser **individuellen Ermittlung** des sozialhilferechtlich anzuerkennenden **Bedarfs** tritt die **individuelle Ausgestaltung** und Gewährung **der Hilfe** nach Art, Form und Maß selbst (§ 3 Abs. 1). Hier ist als für die Sozialhilfe charakteristisch die – in § 8 Abs. 1 deshalb auch bewußt an erster Stelle genannte – **persönliche Hilfe** zu nennen, die zuweilen auch als eigenständiges Prinzip der Sozialhilfe bezeichnet wird. Durch diese hervorgehobene Bedeutung der Dienstleistungen unterscheidet sich die Sozialhilfe von anderen Sozialleistungsbereichen, und in diesem Punkt hat sie auch dem Sozialgesetzbuch (§§ 11 ff. SGB I) als Vorbild gedient. Die Hilfe wird einer einzelnen Person (und nicht – wie es in Anbetracht des Umstandes, daß die Mehrzahl der

Hilfeempfänger in einer Haushaltsgemeinschaft mit anderen Personen z. B. der Familie lebt, der Fall sein könnte – einer Personengemeinschaft) gewährt und soll in der Weise erfüllt werden, daß Wünschen des Hilfeempfängers soweit wie möglich entsprochen wird und die besonderen Verhältnisse in der Familie des Hilfesuchenden berücksichtigt werden (§§ 3, 7). Die Wahrnehmung dieser Aufgabe, die Ortsnähe und Flexibilität verlangt, obliegt nicht zufällig auch heute noch **Gemeinden** und **Gemeindeverbänden,** denen sie historisch zugewachsen ist (Sachße/Tennstedt 1980), weil sie am ,,bürgernächsten" sind. Der Umstand, daß der **einzelne** einen Anspruch auf Hilfe hat, mag in gewisser Weise gleichfalls als eine Ausprägung des Individualisierungsprinzips gedeutet werden (Giese ZfSH 1981, 321). Der **Grundsatz der Individualisierung** mit seinem Gebot, nach Lage des Einzelfalles angemessen zu handeln, steht allerdings zwangsläufig in einem Spannungsverhältnis zum **Rechtsanspruch auf Sozialhilfe** (§ 4), der nach inhaltlicher Konkretisierung der zu gewährenden Hilfe drängt. Dabei ist insbesondere im Bereich der wirtschaftlichen Hilfen, namentlich der Hilfe zum Lebensunterhalt mit der in jüngster Zeit im Bereich der Sozialpolitik kritisch gesehenen Verrechtlichung der Sozialhilfe – Verrechtlichung hier verstanden als Normierung von Leistungsvoraussetzungen, Leistungshöhe und Anspruchsberechtigung auf Leistungen – auch ein Gewinn an Rechtssicherheit, an Sicherheit schlechthin, an Möglichkeiten der Selbstverwirklichung und damit an Freiheit für den Hilfeempfänger bzw. Hilfeberechtigten verbunden. Auf diesem Hintergrund wäre für eine künftige Reform der Sozialhilfe auch zu überlegen, ob man nicht in Teilbereichen – so insbesondere bei den einmaligen Hilfen zum Lebensunterhalt (§ 21 Abs. 1), die heute weitgehend im Ermessen der Träger der Sozialhilfe stehen – das Ermessen zurückdrängen und stärker pauschalieren und schematisieren sollte, etwa dergestalt, daß die laufende Hilfe zum Lebensunterhalt um den Betrag erhöht wird, der erfahrungsgemäß zusätzlich an einmaligen Leistungen noch gewährt wird. Auf diesem Hintergrund scheint vielleicht auch mancher wegen des Grundsatzes der Individualisierung in der Sozialhilfe als ,,sachfremd" empfundene ,,Automatismus" – z. B. die Anbindung der Blindenhilfe an Versorgungsleistungen, die Anpassung von Leistungen unter Bezugnahme auf einkommensbezogenen Größen – durchaus sinnvoll, weil dadurch ein zusätzliches Element der Vorhersehbarkeit, der Berechenbarkeit und damit auch der Rechtssicherheit in die Sozialhilfe eingebracht wird. Allerdings ist nicht zu verkennen, daß die jüngsten Änderungen des BSHG und auch die gegenwärtig angestellten Reformüberlegungen zu einem Mehr an Individualisierung und zu einem Weniger an Schematisierung drängen. In diese Richtung weisen auch die ,,Vorschläge zur Weiterentwicklung der Sozialhilfe" des Deutschen Vereins für öffentliche und private Fürsorge (DV, 1976).

10. Die Individualisierung der Hilfe verlangt einen freien Gestaltungsspielraum für die Tätigkeit der Träger der Sozialhilfe. Der **Anspruch auf Sozialhilfe** besteht deshalb lediglich „dem Grunde nach“, während über Form und Maß der Hilfe vom zuständigen Träger nach pflichtmäßigem Ermessen zu entscheiden ist, es sei denn, das Gesetz schließe das Ermessen aus (§ 4). Ein wichtiger Unterschied gegenüber der früheren Armenpflege und der klassischen Fürsorge besteht darin, daß der Hilfeempfänger im Grundsatz unabhängig von der Ursache seiner Notlage und von der ethischen Bewertung seiner Person und seines Verhaltens Unterstützung verlangen kann. Im einzelnen unterscheidet das BSHG zwischen Muß-Leistungen, Soll-Leistungen und Kann-Leistungen, die sich voneinander durch das Fehlen bzw. den Umfang von Ermessen unterscheiden. Der – durch die Geltung des Grundsatzes der Individualisierung allerdings abgeschwächte – Rechtsanspruch auf Sozialhilfe, dem das BVerwG in einer richtungsweisenden Entscheidung bereits unter Geltung des alten Fürsorgerechts in den 50er Jahren zum Durchbruch verholfen hat (BVerwGE 1, 159ff.), spiegelt die Abwendung des Fürsorge- bzw. Sozialhilferechts von (armen-)polizeilichen Vorstellungen wider und trägt der Subjektstellung Rechnung, die der einzelne unter Geltung des Grundgesetzes dem Staat gegenüber innehat. In der Praxis sind unterschiedliche Handhabungen des Ermessens durch die Träger der Sozialhilfe, eine häufig wenig „bürgernahe“ Verwaltung der Sozialhilfe (die „passiv institutionalisiert“ ist und nicht „aktiv“ soziale Probleme aufgreift, wie es das BSHG an sich verlangt), sowie ein offenkundig erheblicher Grad der Nichtinanspruchnahme von Leistungen der Sozialhilfe durch An-Sich-Berechtigte (Problematik der „Dunkelziffer“) Indizien für Vollzugsdefizite des Sozialhilferechts (Schulte/Trenk-Hinterberger 1986, 465ff.). Die unbefriedigende Praxis der Sozialhilfe zeigt zugleich, daß sich das Recht auf Sozialhilfe nicht nur in der Gewährleistung des Anspruchs auf eine bestimmte Leistung mit einem bestimmten Inhalt und in einer bestimmten Höhe bzw. auf eine bestimmte Form der Ermessensausübung erschöpfen darf, sondern der besonderen Lage des „typischen“ Sozialhilfeberechtigten namentlich in verfahrensmäßiger Hinsicht Rechnung tragen muß. Der Amtsgrundsatz (§ 5), der den Träger der Sozialhilfe verpflichtet, von sich aus tätig zu werden, der in der Praxis aber eher „defensiv“ und „reaktiv“ gehandhabt wird, gebietet eine darartige Vorgehensweise.

11. Zu den Charakteristika des Sozialhilferechts – und dadurch unterscheidet sich die deutsche Sozialhilfe sehr stark von den Fürsorgesystemen anderer Länder – gehört auch die – mit dem vorstehend erwähnten Grundsatz des Nachrangs nicht zu verwechselnde – **institutionelle Subsidiarität der Sozialhilfe.** Zum einen macht das BSHG nämlich die Sozialhilfe zu einer öffentlichen Aufgabe, die Gemeinden

und Gemeindeverbänden als örtlichen und überörtlichen Trägern obliegt (§§ 9, 96 Abs. 1), zum anderen trägt das Gesetz dem Umstand Rechnung, daß zahlreiche – insbesondere nicht-monetäre – Leistungen, die zum Leistungskatalog der Sozialhilfe gehören, seit jeher von nichtstaatlichen Verbänden der **freien Wohlfahrtspflege** (namentlich Arbeiterwohlfahrt, Deutscher Caritasverband, Deutscher Paritätischer Wohlfahrtsverband, Deutsches Rotes Kreuz, Diakonisches Werk der EKD, Zentralwohlfahrtsstelle der Juden in Deutschland) erbracht werden. Das BSHG läßt die Tätigkeit der Verbände der freien Wohlfahrtspflege grundsätzlich unberührt (§ 10 Abs. 1) und gibt den Trägern der Sozialhilfe auf, mit ihnen **zusammenzuarbeiten** (§ 10 Abs. 2). Darüber hinaus besteht ein gewisser **Vorrang der freien Wohlfahrtspflege** (mit der Folge, daß die Träger der Sozialhilfe von der Durchführung eigener Maßnahmen in gewissem Umfang absehen) bei der Hilfe im Einzelfall (§ 10 Abs. 4), bei der Hilfe, die in stationären Einrichtungen erbracht wird (§ 93 Abs. 1), und bei der Beratung (§ 8 Abs. 2). Im Ergebnis ist eine gewisse Funktionssperre für die Träger der Sozialhilfe zu konstatieren.

IV. Die Rechtsgrundlagen des Sozialhilferechts; Rechtsprechung und Literatur

1. Das **BSHG** ist die grundlegende gesetzliche Rahmenordnung für Prinzipien, Leistungen und Organisation der Sozialhilfe. Als Textausgaben des BSHG gibt es z. B.: Beck'sche Rote Textausgabe „Bundessozialhilfegesetz“ mit Ausführungsgesetzen der Länder und anderen ergänzenden Vorschriften (21. Aufl., München 1987); W. Schellhorn, BSHG-Textausgabe mit den wichtigsten Durchführungsverordnungen und einer systematischen Darstellung (3. Aufl., Neuwied und Darmstadt 1987).

2. Das BSHG enthält neun Ermächtigungen zum Erlaß von **Rechtsverordnungen** (vier für die Bundesregierung, fünf für das BMJFFG). Diese Rechtsverordnungen sind im folgenden Text jeweils bei den einschlägigen Vorschriften des BSHG abgedruckt (z. B. bei § 22).

3. Alle Bundesländer haben **Ausführungsgesetze** zum BSHG (teilweise mit ergänzenden Durchführungsverordnungen) erlassen. Diese Ausführungsgesetze regeln im wesentlichen organisations- und zuständigkeitsrechtliche sowie finanzielle Fragen. Von ihrem Abdruck muß hier abgesehen werden (s. dazu die bei 1. genannten Textausgaben).

4. Im Bereich des Sozialhilferechts gelten drei **internationale Abkommen** (s. auch § 120 Erl. 5), nämlich

- das Europäische Fürsorgeabkommen v. 11. 12. 1953 (BGBl. 1956 II, 563),

- die Deutsch-schweizerische Fürsorgevereinbarung v. 14. 7. 1952 (BGBl. 1953 II, 32),
- das Deutsch-österreichische Fürsorgeabkommen v. 17. 1. 1966 (BGBl. 1966 II, 2).

Diese Abkommen stellen vor allem die Angehörigen der Vertragsstaaten, die sich erlaubt im Gebiet eines anderen Vertragsstaates aufhalten, bei der Gewährung von Hilfeleistungen den Staatsangehörigen des Aufenthaltsstaats gleich. Sie regeln ferner die Beschränkung des Rechts der Rückschaffung wegen Hilfsbedürftigkeit, die Zusammenarbeit mit ausländischen Stellen sowie die Erstattung oder Übernahme der Kosten.

5. In Ergänzung der Vorschriften über die Kostenerstattung zwischen den Sozialhilfeträgern (§§ 103 bis 112 BSHG) besteht die **Fürsorgevereinbarung** v. 26. 5. 1965 (Text in NDV 1965, 326; Verfahrensordnung in NDV 1966, 54). Aufgrund einer Schiedsgerichtsklausel werden Kostenerstattungsstreitigkeiten von regionalen Spruchstellen sowie von der Zentralen Spruchstelle für Fürsorgestreitigkeiten als Berufungs- und Beschwerdeinstanz entschieden.

6. Die meisten Sozialhilfeträger haben **Verwaltungsvorschriften** erlassen („Sozialhilferichtlinien", „Empfehlungen"). Diese Verwaltungsvorschriften, die für die tägliche Praxis große praktische Bedeutung haben, binden lediglich die Verwaltung bei Anwendung des BSHG, entfalten also keine unmittelbare Rechtswirkungen für den Hilfesuchenden. Sie enthalten im wesentlichen Entscheidungshilfen und Handlungsanweisungen für die Sachbearbeiter der Sozialämter (vor allem für die Auslegung und Abgrenzung von unbestimmten Rechtsbegriffen und Ermessensvorschriften; s. auch § 4 Erl. 9). In einigen Bundesländern sind diese „Sozialhilferichtlinien" im Verlag publiziert und allgemein erhältlich (so in Baden-Württemberg, Bayern, Rheinland-Pfalz, Saarland). Für die übrigen Bundesländer gilt:

Außerhalb eines konkreten Sozialhilfeverfahrens kommt die im Ermessen der Behörde stehende Gewährung der Einsicht in (nicht veröffentlichte) Sozialhilferichtlinien nur in Betracht, wenn der Anspruchsteller ein „berechtigtes Interesse" hat; ein solches Interesse ergibt sich nicht schon daraus, daß der die allgemeine Einsicht Begehrende Rechtsanwalt ist und in dem Sachgebiet „Sozialhilfe" beratend und vertretend tätig wird (so BVerwGE 69, 278; s. **Anhang 2** I. 8.).

7. Gemäß § 37 SGB I gelten das Erste und Zehnte Buch des **Sozialgesetzbuchs** für alle Sozialleistungsbereiche des SGB, soweit sich aus seinen besonderen Teilen (zu denen gemäß Art. II § 1 Nr. 15 SGB I auch das Bundessozialhilfegesetz gehört) nichts Abweichendes ergibt. Der **Vorbehalt** gilt allerdings **nicht** für die §§ 11–17, 31–36 des SGB I sowie für das Zweite Kapitel des SGB X (Schutz der Sozialdaten). Soweit der Vorbehalt des § 37 SGB I dementsprechend gilt, erfaßt er

nicht nur Abweichungen in Gestalt ausdrücklicher Vorschriften, sondern auch solche, die nach den für den einzelnen Sozialleistungsbereich geltenden Strukturprinzipien zwingend sind (BVerwGE 58, 68; 60, 240; 66, 90).

Auf die Vorschriften des SGB wird in den folgenden Erläuterungen jeweils im Zusammenhang mit Vorschriften des BSHG sowie im **Anhang 2** eingegangen.

8. Die wichtigsten **Kommentare** zum BSHG sind:
- Bundessozialhilfegesetz – Lehr- und Praxiskommentar (LPK-BSHG), Weinheim und Basel 1985;
- Gottschick, H./Giese, D.: Das Bundessozialhilfegesetz, 9. Aufl., Köln u. a. 1985;
- Knopp, A./Fichtner, O.: Bundessozialhilfegesetz, 5. Aufl., München 1983;
- Mergler, O./Zink, G./Dahlinger, E./Zeitler, H.: Bundessozialhilfegesetz, 4. Aufl., Köln 1984 ff. (Loseblatt);
- Oestreicher, E. u. a.: Bundessozialhilfegesetz mit Recht der Kriegsopferfürsorge, 3. Aufl., München 1983 ff. (Loseblatt);
- Schellhorn, W./Jirasek, H./Seipp, P.: Das Bundessozialhilfegesetz, 12. Aufl., Neuwied u. Darmstadt 1985.

9. Als **systematische Darstellungen** gibt es z. B.:
- Nees, A./Neubig, W./Zuodar, G.: Sozialhilfe. Leistungs- und Verfahrensrecht, Frankfurt/M. u. a. 1986;
- Schulte, B./Trenk-Hinterberger, P.: Sozialhilfe, 2. Aufl., Heidelberg 1986.

10. Auf das Sozialhilferecht haben sich insbesondere folgende **Fachzeitschriften** spezialisiert: Informationen zum Arbeitslosenrecht und Sozialhilferecht (info also), Zeitschrift für das Fürsorgewesen (ZfF), Zeitschrift für Sozialhilfe und Sozialgesetzbuch (ZfSH/SGB), Nachrichtendienst des Deutschen Vereins für öffentliche und private Fürsorge (NDV), Zentralblatt für Sozialversicherung, Sozialhilfe und Versorgung (ZfS).

11. **Entscheidungen zum Sozialhilferecht** werden vor allem in den unter 4. genannten Zeitschriften abgedruckt, darüberhinaus in den allgemeinen juristischen Zeitschriften (insbesondere DÖV, DVBl., NJW und NVwZ). Eine besonders wichtige („reine“) Entscheidungssammlung (neben der Amtlichen Sammlung der Entscheidungen des Bundesverwaltungsgerichts = BVerwGE) ist die monatlich erscheinende Sammlung „FEVS“ (= Fürsorgerechtliche Entscheidungen der Verwaltungs- und Sozialgerichte).

12. Der **Deutsche Verein für öffentliche und private Fürsorge** in Frankfurt/M. hat einen gewichtigen Anteil an der Anwendung und Weiterentwicklung des Sozialhilferechts. Seine Schriften (vgl. im Lite-

raturverzeichnis unter ,,DV") beeinflussen z. B. die Praxis der Heranziehung Unterhaltspflichtiger, die Praxis des Einsatzes von Einkommen und Vermögen sowie die Praxis der Abgrenzung der Arten von Sozialhilfe untereinander. In der Schriftenreihe des Deutschen Vereins ist auch eine (sehr nützliche) Sammlung der Entscheidungen des BVerwG zum Sozialhilferecht (in Auszügen) erschienen (erfaßt ist gegenwärtig die Judikatur bis einschließlich 1984).

13. Einen ausgezeichneten **Ratgeber** hat A. Brühl (Mein Recht auf Sozialhilfe, 4. Aufl., München 1987 = dtv/Beck-Rechtsberater Nr. 5243) verfaßt. Vom gleichen Verfasser stammt die Spezialschrift ,,Sozialhilfe für Studierende", Bonn 1986 (zu beziehen über das Deutsche Studentenwerk, Weberstraße 55, 5300 Bonn 1; 5 DM).

Eine Besonderheit im Bereich der Sozialhilfe sind sog. **Leitfäden,** die i. d. R. die örtliche Praxis der Sozialhilfegewährung vereinfacht und mit Beispielen für **Hilfesuchende** und **(nicht-amtliche) Berater** darstellen. Als Arbeitsmittel sind sie überall dort zu empfehlen, wo die Verwaltungsvorschriften (Richtlinien, Empfehlungen usw.) der Sozialhilfeverwaltung nicht veröffentlicht sind. Gegenwärtig gibt es solche Leitfäden in rd. 25 Städten (vgl. die Übersicht in info also 1986, 165ff.).

V. Die Funktion der Sozialhilfe heute

1. Die (oben II.) skizzierten und auch für die Zukunft geplanten weiteren Änderungen des BSHG werden insbesondere mit den finanziellen Belastungen begründet, welche die Aufwendungen für die Sozialhilfe namentlich für die Kommunen als den weitaus größten Finanzierungsträgern zur Folge haben. Die **Kostenbeteiligung des Bundes** an der Sozialhilfe beschränkt sich auf einige wenige Bereiche – früher auch die Tuberkulosehilfe (§ 66 a. F.), heute die Leistungen an Deutsche im Ausland – und beläuft sich insgesamt auf weniger als 0,5% der Gesamtaufwendungen. Der **Finanzierungsanteil der Länder** liegt im Bundesdurchschnitt bei knapp 20%, während rd. 80% der Aufwendungen für die Sozialhilfe von Gemeinden und Gemeindeverbänden als örtlichen bzw. überörtlichen Trägern der Sozialhilfe aufgebracht werden müssen. Die Ausgaben der Sozialhilfe haben sich zwischen 1970–1985 von 3,3 Mrd. auf 20,8 Mrd. erhöht, d. h. mehr als versechsfacht. (Nimmt man eine ,,Preisbereinigung" vor, d. h. berücksichtigt man die allgemeine Geldentwertung, so hat sich dennoch der Leistungsaufwand für die Sozialhilfe in dem genannten Zeitraum mehr als verdreifacht.)

2. An diese Entwicklung ist anzuknüpfen, versucht man, in der hier gebotenen Kürze eine Funktionsbestimmung der Sozialhilfe vorzunehmen. Bis Ende der 70er Jahre war der Anstieg der Aufwendungen für

die Sozialhilfe im wesentlichen auf eine Ausweitung des Kreises der Leistungsberechtigten und eine Anhebung des Leistungsniveaus zurückzuführen, die auch zur Folge hatten, daß die Ausdehnung des personellen Anwendungsbereiches der Sozialversicherung und die dort sowie im sonstigen Sozialleistungssystem zur selben Zeit vorgenommenen Leistungsverbesserungen sich im Endeffekt nicht ausgabenbeschränkend ausgewirkt haben (s. oben II.). Seit Anfang der 80er Jahre sind demgegenüber die **Auswirkungen von Rezession und Unterbeschäftigung** für den Ausgabenanstieg maßgeblich verantwortlich. Anstatt dieser Entwicklung dadurch Rechnung zu tragen, daß der allgemeine Finanzausgleich zwischen Bund und Ländern einerseits sowie zwischen Ländern und Gemeinden bzw. Gemeindeverbänden andererseits verbessert oder die Beteiligung des Bundes an den Kosten der Sozialhilfe ausgeweitet wird, hat der Gesetzgeber versucht, im Gesamtrahmen seiner Politik der „Kostendämpfung“ das Ausgabenvolumen der Träger der Sozialhilfe zu begrenzen, und zwar eben nicht zuletzt durch eine Absenkung des Leistungsniveaus der Sozialhilfe (s. oben II.). Allerdings war von vornherein absehbar, daß aufgrund der vielfältigen Belastungen der Sozialhilfe in der Rezession nur eine Abschwächung des Anstiegs des Ausgabenvolumens erwartet werden konnte. An dieser Stelle läßt sich bereits eine für die gegenwärtige Stellung der Sozialhilfe im System der sozialen Sicherung zentrale Aussage treffen: Während im Jahre 1966 noch die Ansicht vertreten werden konnte, die Ausgestaltung der sozialen Sicherungssysteme erlaube es der Fürsorge immer mehr, sich aus der reinen Einkommenshilfe zurückzuziehen (Schäfer ArchsozArb 1976, 202), ist heute die Hilfe zum Lebensunterhalt unentbehrlich, um ein Absinken einer wachsenden Zahl von Mitbürgern unter die – durch die Regelsätze der Sozialhilfe konstituierte – „Armutsgrenze“ zu verhindern (Hauser/Cremer-Schäfer/Nouvertné 1981), ist die Sozialhilfe insofern kein mehr oder weniger „überständiges“ Randphänomen, sondern ein Massenphänomen, dem eine zentrale Rolle bei der Bekämpfung der materiellen Armut zukommt. Dieser Aspekt ist deshalb wichtig, weil darin eine Abweichung der Entwicklung der Sozialhilfe von der ihr ursprünglich zugedachten Rolle zum Ausdruck kommt. Die Sozialhilfe ist keineswegs als Institution für die Gewährung wirtschaftlicher Hilfen zunehmend obsolet geworden und hat sich deshalb auch nie in dem ursprünglich beabsichtigten Ausmaß auf die Bereitstellung nichtmonetärer Hilfen, insbesondere auf die persönliche Hilfe konzentrieren können. Hier ist ein gewisses Auseinanderklaffen von Selbstverständnis und Realität der Sozialhilfe zu konstatieren. So drohen Rezession und Unterbeschäftigung, wenn sie den vorstehend beschriebenen Prozeß beschleunigen, einen Wandel der Funktion der Sozialhilfe zu bewirken: Die Sozialhilfe, die Hilfe zur Selbsthilfe (§ 1 Abs. 2 S. 2) sein und sich selbst überflüssig machen soll, verfehlt zwangsläufig diese ihre Zielsetzung, wenn sie auf Dauer zur Grundsicherung für breite Bevölkerungsschichten wird, die aufgrund Langzeitarbeitslosigkeit und widriger persönlicher Voraussetzungen (Geschlecht, Alter, familiäre Situation, Ausbildungsstand) realistischerweise keine Aussichten haben, jemals wieder auf dem Arbeitsmarkt Fuß zu fassen und ihr Auskommen zu finden. Die rechtliche Konsequenz ist, daß die zuweilen geradezu stereotype Charakterisierung der Sozialhilfe als „nicht versorgungsähnlich" und „nicht rentengleich", verbunden mit der Ablehnung der für derartige Dauerleistungen geltenden Rechtsgrundsätze, unter Umständen zu fragwürdigen Ergebnissen führt. Überdies werden bestimmte Instrumente der Sozialhilfe – so beispielsweise die „Hilfe zur Arbeit" (§§ 18–20) –, die für einzelne Fälle gedacht sind, durch die massenhafte Anwendung denaturiert und laufen Gefahr, den ihnen eigentlich zugedachten Zweck zu verfehlen.

3. Die Stellung der Sozialhilfe im System der sozialen Sicherung wird also gegenwärtig durch einen **„Anpassungsbedarf"** an Rezession und Unterbeschäftigung bestimmt (Schäfer SF 1983, 121 ff.). Die Entwicklung, die diesen Anpassungsbedarf erzeugt hat, führt dazu, daß immer mehr Personen in die Sozialhilfe „hineinwachsen" und dadurch auch die finanziellen Schwierigkeiten dieses Leistungssystems zunehmen. Insbesondere haben sich die mit der Zunahme der Arbeitslosigkeit zusammenhängenden finanziellen Belastungen nicht nur im Rahmen der Funktion ‚Arbeitslosigkeit' des Sozialbudgets ausgewirkt, sondern sie haben andere Funktionen, zu denen eben auch die Sozialhilfe gehört, in Mitleidenschaft gezogen. Die mangelnde „Abkoppelung" des Arbeitsmarktrisikos von den übrigen sozialen Sicherungssystemen und eben auch von der Sozialhilfe hat letztlich dahin geführt, daß die entscheidende Aufgabe der Sozialhilfe, ihre **Garantenrolle** (s. oben III.), überstrapaziert worden ist. War dem alten Fürsorgerecht vor Inkrafttreten des BSHG die Funktion eines **„Ausfallbürgen"** zugeschrieben worden, hat man dem Sozialhilferecht vor allem wegen der vielfältigen Arten der Hilfe in besonderen Lebenslagen und der damit verbürgten Unterstützung in Fällen besonderer Hilfsbedürftigkeit eine umfassende originäre **Garantenstellung** für alle Bürger zuerkannt (Schellhorn/Jirasek/Seipp Einf. S. 4), die durch die Novellen zum BSHG den zeitbedingten Veränderungen der Lebensverhältnisse angepaßt wurde (vgl. II.). Die Reaktion des Gesetzgebers auf die Auswirkungen der wirtschaftlichen Rezession und der Arbeitslosigkeit in der Sozialhilfe seit dem 2. Haushaltsstrukturgesetz von Ende 1981 hat darin bestanden, durch Leistungskürzungen zu versuchen, ein weiteres Anwachsen der Sozialhilfeausgaben möglichst zu begrenzen und darüber hinaus Verbesserungen auf der Einnahmeseite zu erzielen. So blieb beispielsweise die Erhöhung der Regelsätze der Hilfe zum Lebensunterhalt um lediglich 1% im Jahresdurchschnitt 1983 (s. III. 6.)

hinter der Entwicklung der tatsächlichen Lebenshaltungskosten und damit hinter der Bedarfsentwicklung des Empfängerkreises zurück. Da man davon ausgehen muß, daß die in der Vergangenheit geltenden Regelsätze und die nach ihrer Maßgabe gewährten laufenden Leistungen der Hilfe zum Lebensunterhalt keineswegs zu üppig waren, vielmehr dem entsprachen, was jeweils als konventionelles Existenzminimum angesehen wurde, tangiert die unzureichende Anpassung der Regelsätze über das konventionelle Existenzminimum hinaus auch die Menschenwürde, die zu sichern oberste Aufgabe der Sozialhilfe ist. Dies gilt um so mehr, als nach einer relativ parallelen Entwicklung für die Jahre ab 1963, d. h. seit Inkrafttreten des BSHG (und der Neuregelung der statistischen Erfassung der Entwicklung der Regelsätze) bereits für die Jahre 1978–1980 ein deutliches Zurückbleiben der Regelsätze hinter den durchschnittlichen Löhnen und Gehältern festgestellt worden ist (Hauser/Cremer-Schäfer/Nouvertné 1981, 41). Die vorstehend skizzierte Entwicklung wirft nahezu zwangsläufig die Frage nach der rechtlichen Absicherung, dem **Bestandschutz** des von der Sozialhilfe garantierten Existenzminimums auf. Denn die Sozialhilfe hat insbesondere in Gestalt der Hilfe zum Lebensunterhalt ihre Bewährungsprobe als unterstes Auffangnetz des sozialen Sicherungssystems gerade in wirtschaftlichen Krisenzeiten zu bestehen, in denen die Zahl der Empfänger bedarfsabhängiger Leistungen nahezu zwangsläufig steigt, zumal dann, wenn andere Sozialleistungen gekürzt werden.

Wegen der Funktion der Sozialhilfe als „Netz unter dem Netz“ verkennt eine Argumentation, welche die Erhöhung der Regelsätze 1983 um nur 1% etwa damit rechtfertigt, daß auch die Beamtengehälter nicht mehr wüchsen, den elementaren Unterschied zwischen dem standesgemäßen Lebensunterhalt des Beamtenrechts und dem Lebensunterhalt des Sozialhilferechts, der gerade noch der Würde des Menschen entspricht. Gleiches gilt für die Rechtfertigung von Einschränkungen der Leistungen der Sozialhilfe unter Hinweis auf Kürzungen in anderen Sozialleistungsbereichen, namentlich in der Sozialversicherung. Dieser (sozial-)politischen Nichtbeachtung der Besonderheiten des Sozialhilferechts entspricht die bereits angesprochene mangelhafte rechtliche Absicherung ihrer Garantenrolle. Symptomatisch dafür ist, daß im Zusammenhang mit der in den letzten Jahren recht intensiv geführten Diskussion um den verfassungsrechtlichen Schutz sozialer Rechtspositionen die Sozialhilfe kaum Beachtung gefunden hat. Nur sehr vorsichtig hat man es beispielsweise unternommen, ausgehend von einer Orientierung des Eigentumschutzes sozialer Rechtspositionen an ihrer Zielsetzung und ihrem Zweck Schlußfolgerungen für die Sozialhilfe zu ziehen. Da es Art. 14 GG begrifflich nicht ausschließt, auch aufgrund staatlicher Leistung Erworbenes dem Eigentumschutz zu unterstellen (dominiert auch in der Diskussion um diese Frage der auf die Eigenleistung des Bürgers abstellende leistungsorientierte Eigentumschutz), liegt der Gedanke nahe, auch die nicht auf eigener Leistung beruhende, rechtmäßig gewährte Sozialhilfe in dem Umfang, in dem sie Voraussetzung für ein menschenwürdiges Leben ist, dem Eigentumschutz zu unterstellen (Stober 1982, 38). Dies gilt um so mehr, als die Sozialhilfe zum Teil durchaus rentenähnlichen Charakter aufweist (BVerfGE 53, 257) und sich dadurch der Rente als einer im Hinblick auf ihren Bestandschutz anerkannten sozialen Rechtsposition dem Zweck nach annähert.

Allerdings mag man in diesem Zusammenhang die Frage stellen, ob es überhaupt sinnvoll ist, den Bestandschutz von Sozialhilfeansprüchen – und von Sozialleistungsansprüchen generell – aus Art. 14 GG abzuleiten, oder ob nicht der dem Rechtsstaatsprinzip immanente Grundsatz des Vertrauensschutzes, das Sozialstaatsprinzip sowie natürlich auch der Grundsatz der Menschenwürde „einschlägiger" sind und allein den Anspruch auf Gewährung des Existenzminimums absichern (vgl. Stolleis 1984).

4. Mit der vorstehend angedeuteten Parallele zum Rentenrecht ist eine weitere grundsätzliche Frage angesprochen, nämlich diejenige nach dem Eindringen **„sachfremder"** Elemente in das Sozialhilferecht. Mit der bereits angesprochenen (vgl. II.) Anbindung des Grundbetrages des § 81 an die Entwicklung der allgemeinen Bemessungsgrundlage der Rentenversicherung der Arbeiter und damit an die Lohnentwicklung wurde durch das 3. Änderungsgesetz zum BSHG ein – inzwischen wieder abgeschafftes – Element in die Sozialhilfe eingeführt, das zumindest nach traditionellem Verständnis insofern „sachfremd" war, als es sich nicht ausschließlich am Bedarf orientierte, wie ihn Lebensgewohnheiten und die Entwicklung der Lebenshaltungskosten (Preise) bestimmen. Die Frage, welche Grundsätze des Sozialhilferechts in welchem Umfang bei einer konkreten Hilfeart zur Anwendung gelangen sollen, läßt sich nicht überall in derselben Weise beantworten. So wird beispielsweise Blinden in § 67 eine pauschalierte Ausgleichsleistung zur Deckung des Mehraufwandes Blinder (im Sinne der früheren „gehobenen Fürsorge") gewährt. Darüber hinaus wird der Blindenhilfe jedoch auch die (Teil-)Funktion zugeschrieben, den Blinden gegenüber den Sehenden berufsmäßig „wettbewerbsfähig" zu halten, und schließlich hat die Blindenhilfe anerkanntermaßen auch einen versorgungsähnlichen Aspekt (Scholler/Krause 1978, 66).

5. Schließlich steht hinter der Frage nach der Beibehaltung oder der „Aufweichung" der traditionellen Strukturprinzipien der Sozialhilfe auch die grundsätzliche Fragestellung nach **Alternativen zur Sozialhilfe** in ihrer gegenwärtigen Form. Eine dieser Alternativen steht beispielsweise im Zusammenhang mit der Debatte um die Fortschreibung der Regelsätze (§ 22) zur Diskussion, wenn dem verbrauchsbe-

zogenen Regelsatz-Konzept ein einkommensbezogenes Konzept der Grundsicherung gegenübergestellt wird (wie es ansatzweise im niederländischen Algemene Bijstandswet verwirklicht ist, das auf den gesetzlichen Mindestlohn Bezug nimmt). Diese beiden unterschiedlichen Strategien sind hier nur namhaft zu machen, da gegenwärtig in der Bundesrepublik Deutschland zwar Alternativen zum verbrauchsbezogenen Konzept des „Warenkorbes" sowie zu einer Verbesserung des „Warenkorb-Konzeptes" selbst diskutiert werden (Hartmann WSI-Mitt. 1979, 659; Leibfried NDV 1981, 261 u. 1982, 229.; Klanberg NDV 1982, 95), sich diese Diskussion jedoch auf die Stellung der Sozialhilfe insgesamt bislang nicht ausgewirkt hat, und die **Reformüberlegungen,** die Aussicht auf Verwirklichung haben, derzeit eher in die entgegengesetzte Richtung einer Besinnung auf die klassischen Grundprinzipien der Sozialhilfe gehen.

Der Deutsche Verein für öffentliche und private Fürsorge, der in der Form eines bürgerlich-rechtlichen Vereins Gemeinden und Gemeindeverbände als Träger der Sozialhilfe, andere Körperschaften, Behörden, Verbände der Freien Wohlfahrtspflege u. a. zusammenschließt und auf dem Gebiet der Sozialhilfepolitik eine überragende Stellung einnimmt, hat in seinen „Vorschlägen zur Weiterentwicklung der Sozialhilfe" aus dem Jahre 1976 betont, daß die ihm übertragene Aufgabe der Prüfung einer Weiterentwicklung der Sozialhilfe zur Bestätigung des allgemeinen Eindrucks geführt habe, daß das BSHG in seiner Konzeption und in den Einzelregelungen „in besonderem Maße fortschrittlich" sei (DV 1976, 81). Es wurden seinerzeit nur wenige Änderungsvorschläge gemacht. So wurde angeregt, die Tuberkulosehilfe und auch die Blindenhilfe (§ 67) als in der Form einer eigenständigen Hilfeart nicht mehr notwendig aufzuheben. Zugleich sprach sich der Deutsche Verein dafür aus, die **Pflegebedürftigkeit** als versicherbares Risiko anzuerkennen und im Rahmen der Sozialversicherung zu lösen, da dieses Problem – der Aufwand für die Hilfe zur Pflege betrug 1963 484 Mio. DM, 1973 1, 89 Mrd. DM und 1985 fast 7,2 Mrd. DM – über die Aufgaben der Sozialhilfe hinausgewachsen sei. Detaillierte Vorschläge dazu, die auch die Auswirkungen insbesondere finanzieller Art auf die Sozialhilfe berücksichtigen, enthält der Bericht der Bund-Länder Arbeitsgruppe „Aufbau und Finanzierung ambulanter und stationärer Pflegedienste", der 1980 vorgelegt worden ist. Die Mehrheit der Mitglieder der Arbeitsgruppe hat sich dabei ausdrücklich gegen eine Lösung des Problems der Pflegebedürftigkeit im Rahmen einer Erweiterung des BSHG ausgesprochen, nicht zuletzt auch deshalb, weil dann die Hilfe zur Pflege – dem Zweck der Sozialhilfe zuwider – noch stärker den Charakter einer Versorgungsleistung erhielte. Vorschläge, auch die **Krankenhilfe** und die **Eingliederungshilfe für Behinderte** (§§ 39ff.) aus dem BSHG herauszunehmen, haben demgegenüber ein derart intensives Stadium der Diskussion noch nicht erreicht.

Zu den Charakteristika des Sozialhilferechts gehört ferner, daß es aufgrund seiner „Universalität“ und „Totalität“ sowie seines flexiblen Instrumentariums (vgl. § 27 Abs. 2) und der ihm immanenten Verpflichtung der „vor Ort“ und damit grundsätzlich „bürgernah“ tätigen Träger, von Amts wegen initiativ zu werden (§ 5), in besonderer Weise geeignet ist, neue Probleme aufzuspüren und aufzugreifen und dadurch auftretenden Notlagen frühzeitig zu begegnen. Diese sensorische Fähigkeit der Sozialhilfe mag man mit dem Terminus **„Pionierfunktion“** der Sozialhilfe bezeichnen, der zugleich zum Ausdruck bringt, daß die Träger der Sozialhilfe auch die Möglichkeit haben sollen, innovatorisch tätig zu sein. Die Rehabilitation war beispielsweise ursprünglich umfassend nur im BSHG geregelt, während die anderen Zweige des Sozialleistungssystems hier nur partiell tätig waren und sich erst in jüngerer Zeit hier neue, zusätzliche und heute umfassende Verantwortlichkeiten herausgebildet haben. Bestimmte Leistungen – so etwa die Kosten einer Psychotherapie durch eigenverantwortlich tätige nichtärztliche Psychotherapeuten (Diplom-Psychologen) – können bis heute zwar über die Eingliederungshilfe für Behinderte im Rahmen der Sozialhilfe, nicht aber im Rahmen der gesetzlichen Krankenversicherung in Anspruch genommen werden. Symptomatisch ist auch, daß bei der in jüngster Zeit aktuell gewordenen Problematik der Finanzierung von **Frauenhäusern** zunächst einmal der Weg über das BSHG (§§ 27 Abs. 2, 72, 72a, 73, 100 und 103) gesucht worden ist. In diesem Zusammenhang hat sich freilich auch gezeigt, daß die erörterten Grundprinzipien des Sozialhilferechts – in diesem Falle insbesondere der Grundsatz der Individualisierung – auch spezifische Probleme mit sich bringen, die sich hier im konkreten Fall einer befriedigenden Problemlösung innerhalb des Sozialhilferechts widersetzt haben. Dies gilt insbesondere für die „Individualisierung“ in dem Sinne, daß Einzelpersonen, nicht aber Gruppen und Einrichtungen zuvörderst Adressaten der Sozialhilfe sind (§ 3). Diese Pionierfunktion der Sozialhilfe ist allerdings in dem Maße gefährdet, in dem die Träger der Sozialhilfe so sehr mit den ihnen von Gesetzes wegen zugewiesenen „alten“ Aufgaben der Sozialhilfe beschäftigt und – insbesondere auch finanziell – überlastet sind, daß sie vom Aufgreifen neuer Probleme abgehalten werden. Hier besteht die Gefahr, daß einer der wesentlichen Vorzüge der Sozialhilfe verloren geht.

6. Die Unzufriedenheit mit der Fähigkeit der Sozialhilfe, eine veritable **Grundsicherung** zu gewährleisten, die sich bereits seit längerem in der „Dunkelziffer-Debatte“ (d. h. der Debatte um das Phänomen der hohen Nichtinanspruchnahme von Sozialhilfeleistungen durch An-sich-Berechtigte) artikuliert hat und die durch die „Reduktionsgesetzgebung“ in der Sozialhilfe (s. oben II. 6.) zusätzlich belebt worden ist, ist ein Ausgangspunkt für die Suche nach einer anderen, wirksameren

und gegen ,,Erosion" durch finanzpolitische Sparmaßnahmen widerstandsfähigeren Form der sozialen Grundsicherung. Eine derartige Verbesserung der **Mindestsicherung** kann im Sozialhilfebereich selbst gesucht werden, etwa dergestalt, daß die verfassungsrechtlich verankerte Verpflichtung des Staates, die Würde des Menschen zu achten und zu schützen (Art. 1 GG), in der Konkretisierung, die sie im BSHG dadurch erfährt, daß dieses der Sozialhilfe die Aufgabe überträgt, dem Hilfeempfänger die Führung eines menschenwürdigen Lebens zu ermöglichen (§ 1 Abs. 2 S. 1), effektiviert wird. Dies kann ansatzweise dadurch geschehen, daß aus dem ,,Menschenwürdeprinzip" in Verbindung mit dem Sozialstaatsgrundsatz (Art. 20, 28 GG) eine ,,Schranke nach unten", ein sozialstaatliches ,,Rien ne va plus" (Schulte BldW 1986, 60) abgeleitet wird, dessen Unterschreiten durch ungenügende Leistungsanpassung zu einem Verfassungsverstoß führt. Die Überantwortung der Entscheidung über dieses ,,menschenwürdige" Minimum an den parlamentarischen Gesetzgeber und die Verbesserung des zur Ausfüllung dieses Minimums dienenden Bedarfsmengeschemas (,,Warenkorbs") in Richtung auf ein Mehr an Rationalität und Transparenz wären konkrete verfahrensmäßige Schritte in Richtung auf eine Stärkung der Mindestsicherung innerhalb des Binnensystems Sozialhilfe (vgl. Bieback/Stahlmann SF 1987, 1ff.).

Eine andere Strategie besteht darin, in der ,,gehobenen" sozialen Sicherung, d.h. in den Vorsorgesystemen (Sozialversicherung und Beamtenversorgung) und den sozialen Entschädigungssystemen (z.B. in der Kriegsopferversorgung) durch Einführung von **Mindestleistungen** u.a. Vorkehrungen dafür zu treffen, daß der ansonsten von der Sozialhilfe zu garantierende notwendige Lebensbedarf bereits dort (d.h. in der ,,gehobenen" Sicherung) gewährleistet wird. Das Konzept einer ,,bedarfsbezogenen Grundsicherung" (Welzmüller WSI-Mitt. 1985, 413) oder auch einer ,,bedarfsorientierten integrierten Grundsicherung" (Arbeitsgruppe Armut und Unterversorgung, SF 1986, 160ff.) baut in diesem Sinne auf dem vorhandenen gegliederten System der sozialen Sicherung auf und schlägt vor, in einzelnen Teilbereichen (v.a. Arbeitslosenversicherung, Rentenversicherung) durch das ,,Einziehen" einer allgemeinen, bedarfsbezogenen Grundsicherung (,,Sockels") eine Basissicherung zu garantieren und damit zugleich die Sozialhilfe zu entlasten (und für die Erfüllung ihrer eigentlichen Aufgaben frei zu machen). Geht man – so die Befürworter dieses Konzepts – von der (im übrigen zu Recht heute weitgehend akzeptierten) Prämisse aus, daß es nicht Aufgabe des gegenwärtigen Mindestsicherungssystems Sozialhilfe ist, solche Sozialleistungen anderer Teilsysteme des Gesamtsystems der sozialen Sicherung zu ergänzen oder zu ersetzen, die an sich als ausreichender Einkommensersatz in genau definierten Lebenslagen für breite Schichten der Bevölkerung (sozusagen für den ,,Normalbürger") konzipiert sind, so liege es nahe, bei den

Leistungen, die grundsätzlich als Einkommensersatz zur vollen Dekkung des Lebensunterhalts bestimmt sind, eine bedarfsorientierte Mindestregelung in Höhe des Sozialhilfeniveaus (oder auch in bestimmter Höhe darüber) einzuführen. Bedarfsorientierte Mindestleistungen (die dann mindestens so hoch wie das entsprechende Leistungsniveau der Hilfe zum Lebensunterhalt oder auch darüber liegen müßten) wären insbesondere bei Alters- und Erwerbsunfähigkeitsrenten, Arbeitslosengeld und Arbeitslosenhilfe vorzusehen (vgl. Schulte/Trenk-Hinterberger 1986, 500). Insbesondere im Rahmen der Diskussion um die Zukunft der **Alterssicherung** nimmt die Zahl derer zu, die der Meinung sind, daß auf lange Sicht eine Verbindung von Grundsicherung und Aufbausicherung notwendig ist (vgl. die Diskussion auf dem Deutschen Juristentag 1984). Mit einem solchen Schritt wie etwa auch mit jeder Verbesserung der Absicherung des sozialen Risikos der **Pflegebedürftigkeit** innerhalb der Sozialversicherung oder über besondere Leistungsgesetze wäre eine nicht unerhebliche finanzielle Entlastung der Sozialhilfe verbunden.

Über diese Vorschläge zur Umgestaltung des bestehenden Systems der sozialen Sicherung hinaus gehen Forderungen nach einer **„Staatsbürgerrente"** oder einem **„Garantierten Mindesteinkommen für jedermann".** So wird etwa darauf hingewiesen, daß nur eine objektivierend konstruierte, nicht-subsidiäre Form der Grundsicherung den hohen Prozentsatz von Sozialhilfeberechtigten, welche die ihnen zustehenden Leistungen nicht in Anspruch nehmen („Dunkelziffer-Problematik"), wirksam beseitigen könne. Zudem werde nur durch eine automatische Orientierung der Höhe der Grundsicherung an einer objektiven Bezugsgröße die Teilhabe aller Bürger am gesellschaftlichen Reichtum gewährleistet und damit das Sozialstaatspostulat des Grundgesetzes erfüllt. Verwirklichen lasse sich eine derartige Alternative durch garantierte, in ihrer Höhe von gesamtwirtschaftlichen Kenngrößen (z. B. Durchschnittseinkommen aller Erwerbstätigen) abgeleitete Geldleistungen, die **ohne Bedürfnisprüfung** gewährt würden. Auch Vorschläge für eine **„negative Einkommensteuer"** oder ein **„integriertes Steuer-/Transfersystem"** sind hier anzusiedeln. Entsprechendes gilt für die insbesondere von „grün-alternativer" Seite in jüngster Zeit belebte Diskussion um die Einführung eines „Garantierten Mindesteinkommens für jedermann", verbunden mit einer – zumindest partiellen – Entkoppelung von Sozialleistungssystem und Erwerbssystem. Die „Entkopplung von Arbeit und Einkommen" wird dabei zugleich als notwendige Konsequenz einer Krise der Arbeitsgesellschaft betrachtet, die darauf hinauslaufe, daß die Arbeit allmählich ausgeht.

7. In jüngster Zeit tritt das Bemühen, den bereits angesprochenen Grundsatz der Hilfe zur **Selbsthilfe** stärker sowohl im BSHG als auch

mittelbar im Bewußtsein der – aktuellen und potentiellen – Sozialhilfeempfänger zu verankern, auch bei einigen der Änderungen des BSHG deutlich zutage. Dies gilt in besonderer Weise für die Vorschrift des § 15b, derzufolge laufende Leistungen zum Lebensunterhalt in bestimmten Fällen als **Darlehen** gewährt werden können (s. oben II.6.). Eine ihrer Zielsetzung nach ähnliche Bestimmung – § 92b –, die den Kostenersatz des Hilfeempfängers bei Leistungsgewährung von weniger als 3 Monaten vorsah, war seinerzeit mit dem 2. Änderungsgesetz zum BSHG eingeführt worden (s. oben II.2.), wurde jedoch durch das 3. Änderungsgesetz zum BSHG wieder abgeschafft, weil die dadurch erzielten Einnahmen in keinem vertretbaren Verhältnis zu dem Verwaltungsaufwand stünden, den die Ermittlung der Voraussetzungen der Bestimmung im Einzelfall verursache. Man kann bezweifeln, ob die Bestimmung des § 15b sich in bedeutendem Umfang auswirken wird, wenn man strenge Anforderungen an die Prognose der Dauer der Notlage („voraussichtlich nur für kurze Dauer") stellt. Hält man demgegenüber die Behörde im Hinblick auf die Selbsthilfepflicht des Hilfeempfängers einerseits und die Pflicht des Sozialleistungsträgers, die Selbsthilfe des Hilfesuchenden zu ermutigen und zu fördern, andererseits für verpflichtet, sich jeder vorschnellen und nicht durch konkrete Anhaltspunkte abgestützten behördlichen Annahme, der Hilfesuchende sei voraussichtlich auf längere Zeit auf öffentliche Sozialhilfeunterstützung angewiesen, zu enthalten (Giese ZfF 1982, 287), so gerät diese Bestimmung mit dem gleichfalls dem Gedanken der „Hilfe zur Selbsthilfe" immanenten Prinzip, daß nämlich aus der Sozialhilfegewährung keine fortdauernden Belastungen entstehen sollen, die Sozialhilfe m. a. W. „kein Mühlstein für die Zukunft" sein darf, in Konflikt.

8. Allerdings hat Schäfer (1977, XVI) bereits vor Jahren darauf hingewiesen, es sei „auffällig, wie oft Vokabeln mit der Vorsilbe ‚selbst' (von ‚Selbstbeteiligung' oder ‚Selbstbehalt' über ‚Selbstverantwortung' bis hin eben zu ‚Selbsthilfe') auftauchen, wenn Möglichkeiten erörtert werden, die öffentlichen Haushalte zu entlasten oder zumindest ihr Wachstum zu reduzieren". In der Regel sei damit gemeint, daß Verantwortungen, Leistungen und Hilfen, die bisher von Solidargemeinschaften – von abgegrenzten Versichertengruppen oder von der Gemeinschaft aller Staatsbürger – getragen worden seien, auf den einzelnen, in den privaten Bereich verlagert werden sollten. Selbsthilfe und ihre Aktivierung dürften aber nicht einen Abbau von Sozialleistungen oder eine Entsolidarisierung kaschieren. Dieser Befund gilt auch heute. Deshalb ist zu betonen, daß „Hilfe zur Selbsthilfe" Hilfe zur Selbstentfaltung des einzelnen bedeutet, wozu erforderlichenfalls und dann auch in dem sachlich gebotenen Umfang die Fremdhilfe in Gestalt von Sozialleistungen, die auch von den Trägern der Sozialhilfe

zu erbringen ist, gehört. In diesen Zusammenhang der „Hilfe zur Selbsthilfe" gehört auch der Ausbau der **„Hilfe zur Arbeit"** (§§ 18–20), der seit Anfang der 80er Jahre zu registrieren ist und Rechtsprechung sowie Literatur in jüngster Zeit zunehmend beschäftigt (DV 1984; Münder/Birk 1985). Die Rolle dieses Instruments in der Sozialhilfe – namentlich im Hinblick auf die Auswahl der betroffenen Hilfesuchenden, die Ausgestaltung der Hilfe zur Arbeit, und ihr Verhältnis zu den anderen Hilfearten der Sozialhilfe – wirft ein Schlaglicht auf die Problematik der Abgrenzung und Zuordnung dieses Sozialleistungsbereichs zum Arbeitsförderungsrecht und damit zur Arbeitsverwaltung, der ja ein – zugunsten anderer Leistungsträger und damit auch zugunsten der Träger der Sozialhilfe allerdings durchbrochenes – „Monopol" der Arbeitsvermittlung zusteht. Allerdings kann das Instrument der „Hilfe zur Arbeit" bei entsprechender Ausgestaltung zu der Begründung von Arbeitsverhältnissen und sozialversicherungsrechtlichen Beschäftigungsverhältnissen führen mit der Folge, daß Sozialhilfeempfänger in die gehobene soziale Sicherung der Sozialversicherung „hineinwachsen" und dadurch eine Entlastung der Sozialhilfeträger zu Ungunsten der betroffenen anderen Leistungsträger, namentlich der Bundesanstalt für Arbeit eintritt. Ein sozialhilferechtliches Instrumentarium kann hier mithin dazu verwandt werden, der **Abhängigkeit der Sozialhilfe** von Leistungen anderer Leistungsträger entgegenzuwirken. Denn diese Abhängigkeit zeigt sich insbesondere darin, daß die Sozialhilfe dann eingreifen muß, wenn die anderen Leistungsträger Leistungen verkürzen oder den Kreis der von ihnen begünstigten Personen einschränken. So wirken Gesetzesänderungen in anderen Sozialleistungsbereichen unmittelbar auf die Sozialhilfe zurück mit der Folge, daß sie weitgehend fremdbestimmt ist. Im Zusammenhang mit dieser **Zuordnung der Sozialhilfe zu den anderen Zweigen des Systems der sozialen Sicherung** ist darauf hinzuweisen, daß die Vorsorge namentlich durch die Sozialversicherung heute in solchem Maße ein Regeltatbestand der sozialen Sicherung ist – mehr als 90% der Bevölkerung wird von den sozialen Vorsorgesystemen erfaßt –, daß der Ausschluß von der Möglichkeit, Vorsorge zu treffen – etwa infolge des Fehlens oder des Verlustes der Fähigkeit zum Einsatz der Arbeitskraft und des daraus entspringenden Mangels an Arbeitseinkommen – eine eigenständige Form sozialer Gefährdung darstellt. Die **Vorsorgeunfähigkeit** ist daher bereits als ein „sekundäres Risiko" bezeichnet worden (Zacher 1978, 412; Ruland ZSR 1980, 463). Dieser Gefährdung ist beispielsweise im Jahre 1975 mit Einführung der Sozialversicherung Behinderter in der Weise Rechnung getragen worden, daß alle körperlich, geistig oder seelisch Behinderten, die in Werkstätten für Behinderte oder in Blindenwerkstätten beschäftigt werden, in der gesetzlichen Kranken- und Rentenversicherung versichert sind. Auch die Sozialhilfe trägt in den Vorschriften der §§ 13, 14 dem Anliegen Rechnung, unter bestimmten Voraussetzungen dem auf sie verwiesenen Personenkreis die Zugehörigkeit zur Sozialversicherung zu erhalten. Dabei zeigt der Umstand, daß es um die Erhaltung, nicht um die Begründung eines Sozialversicherungsverhältnisses geht – eine solche Begründung ist auch möglich, findet aber in der Praxis, wenn überhaupt, nur in äußerst seltenen Ausnahmefällen statt –, daß der Regelung vor allem die Überlegung zugrundeliegt, der Sozialhilfe künftige Aufwendungen zu ersparen. Durch die Aufrechterhaltung von Leistungsanwartschaften in anderen Sozialleistungsbereichen wird nämlich sichergestellt, daß ein möglicher künftiger Bedarf dann dort vorrangig befriedigt wird.

9. So wie dieses Verhältnis von Sozialhilfe einerseits und anderen Zweigen des Systems der sozialen Sicherung andererseits keineswegs als geordnetes Nebeneinander angesehen werden kann, ist auch eine mangelnde **Harmonisierung von Sozialhilferecht** und **anderen „Rechten"** zu beklagen. So ist es beispielsweise durchaus möglich, daß die Leistungen der Sozialhilfe aufgrund der Höhe des Bedarfs des Betroffenen eine Höhe erreichen, welche die Schwelle übersteigt, an der die Besteuerung (Lohnsteuer) einsetzt. Die mangelnde Abstimmung von Sozialhilferecht und **Steuerrecht** kann in einzelnen Fällen dazu führen, daß Arbeitnehmer auf der einen Seite Steuern zahlen, auf der anderen jedoch aufgrund ihres vom Steuerrecht nicht in voller Höhe berücksichtigten Bedarfs Sozialhilfeleistungen in Anspruch nehmen müssen, die dann auch den Teil des Einkommens ersetzen müssen, der „weggesteuert" wird. Ein Bedarf an Abstimmung besteht auch zwischen Sozialhilferecht und **familiärem Unterhaltsrecht.** So wird in Zusammenhang mit der Regelung des § 91 Abs. 1, wonach in der Sozialhilfe die Heranziehung Unterhaltspflichtiger auf Verwandte ersten Grades beschränkt ist, so daß Großeltern und Enkel einander sozialhilferechtlich nicht unterhaltspflichtig sind, über eine Ausdehnung oder Einschränkung des Kreises der sozialhilferechtlich unterhaltspflichtigen Personen diskutiert. Die einheitliche Abgrenzung des Kreises der familienrechtlich und sozialhilferechtlich unterhaltspflichtigen Personen könnte zwar rein äußerlich ein höheres Maß an Harmonie zwischen Sozialhilferecht und familiärem Unterhaltsrecht bewirken, da die aus beiden Rechtsbereichen resultierenden Pflichtigkeiten einander entsprechen würden. Eine derartige Gleichstellung würde jedoch auf der anderen Seite einer soziologischen Entwicklung zuwiderlaufen, die mit dem Schlagwort der „Reduzierung auf die Kernfamilie" auf den Begriff gebracht werden kann und der das Sozialhilferecht bereits seit langem Rechnung trägt. Das Beispiel mag zugleich zeigen, daß das Sozialhilferecht zuweilen in weiterem Umfange, als dies andere Rechtsbereiche tun, sich neuen gesellschaftlichen Entwicklungen anpaßt. Die Sozialhilfe als moderne Ausprägung des ältesten und ur-

sprünglich einzigen sozialen Sicherungssystems – wenn man diesen modernen Begriff auf seinen historischen Vorläufer „Armenfürsorge" (Sachße/Tennstedt 1980) erstrecken will – kann somit auch heute noch sozialpolitische Pionierfunktion haben, wenn auch die Möglichkeiten dazu gegenwärtig aufgrund der geschilderten Probleme allzu eingeschränkt sind.

10. Ein abschließender Blick auf die Vorschrift des § 28 SGB I, der die Bürger in das Sozialhilferecht einweisen will und dem insofern eine informatorische Funktion zukommt, mag das Spektrum der Sozialhilfe von der Leistungsseite her verdeutlichen.

(1) Nach dem Recht der Sozialhilfe können in Anspruch genommen werden:
1. Hilfe zum Lebensunterhalt,
2. Hilfe in besonderen Lebenslagen; sie umfaßt
   a) Hilfe zum Aufbau oder zur Sicherung der Lebensgrundlage,
   b) vorbeugende Gesundheitshilfe, Krankenhilfe, Hilfe bei nicht rechtswidrigem Schwangerschaftsabbruch und bei nicht rechtswidriger Sterilisation, Hilfe zur Familienplanung und Hilfe für werdende Mütter und Wöchnerinnen,
   c) Eingliederungshilfe für Behinderte, insbesondere auch Hilfe zur Teilnahme am Leben in der Gemeinschaft,
   d) *(aufgehoben)*
   e) Blindenhilfe, Hilfe zur Pflege und Hilfe zur Weiterführung des Haushalts,
   f) Hilfe zur Überwindung besonderer sozialer Schwierigkeiten,
   g) Altenhilfe,
   h) Hilfe in anderen besonderen Lebenslagen,
3. Beratung Behinderter oder ihrer Personensorgeberechtigten,
4. Hilfe bei der Beschaffung und Erhaltung einer Wohnung.

(2) Zuständig sind die Kreise und kreisfreien Städte, die überörtlichen Träger der Sozialhilfe und für besondere Aufgaben die Gesundheitsämter; sie arbeiten mit den Trägern der freien Wohlfahrtspflege zusammen.

Zusammen mit der Vorschrift des § 9 SGB I enthält der vorstehend zitierte § 28 SGB I eine „Kurzfassung" der Grundsätze und Leistungen des BSHG.

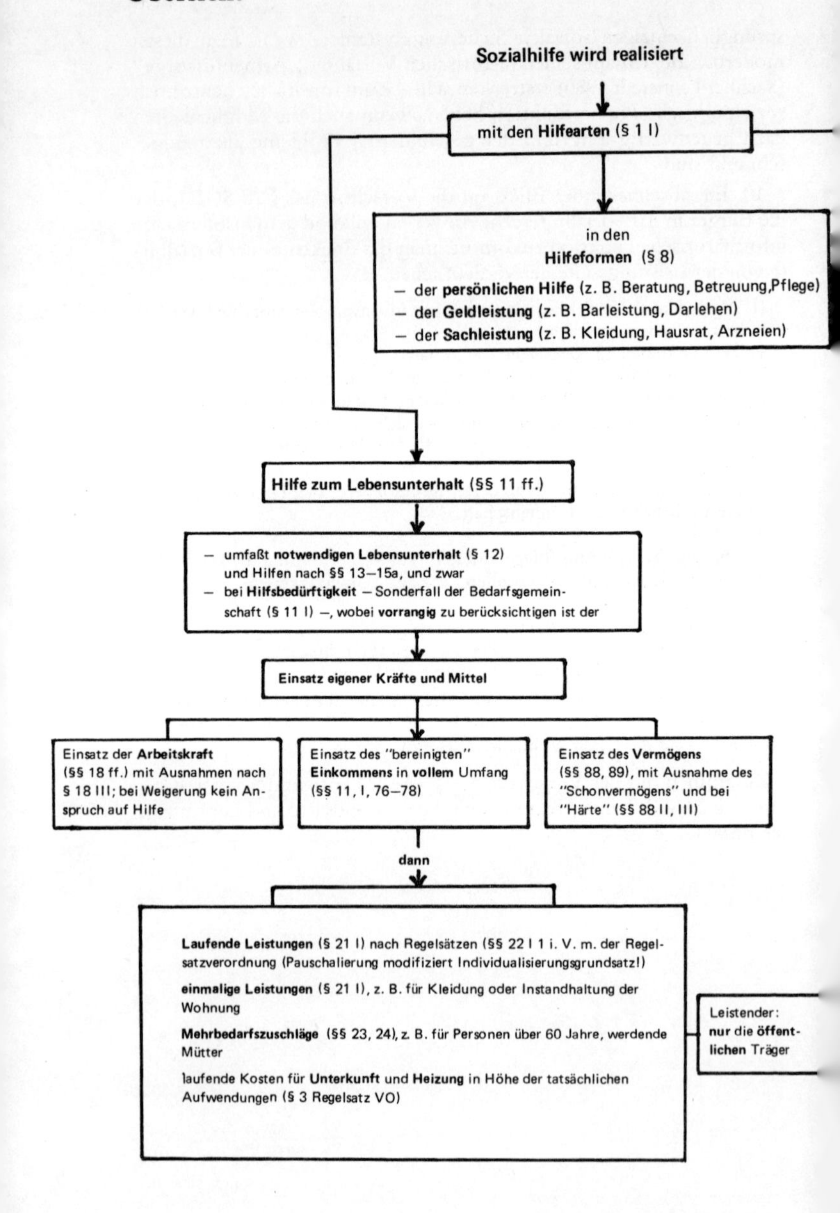
Sozialhilfe wird realisiert
mit den Hilfearten (§ 1 I)
in den
Hilfeformen (§ 8)
– der persönlichen Hilfe (z. B. Beratung, Betreuung,Pflege)
– der Geldleistung (z. B. Barleistung, Darlehen)
– der Sachleistung (z. B. Kleidung, Hausrat, Arzneien)
Hilfe zum Lebensunterhalt (§§ 11 ff.)
– umfaßt notwendigen Lebensunterhalt (§ 12)
und Hilfen nach §§ 13–15a, und zwar
– bei Hilfsbedürftigkeit – Sonderfall der Bedarfsgemeinschaft (§ 11 I) –, wobei vorrangig zu berücksichtigen ist der
Einsatz eigener Kräfte und Mittel
Einsatz der Arbeitskraft (§§ 18 ff.) mit Ausnahmen nach § 18 III; bei Weigerung kein Anspruch auf Hilfe
Einsatz des "bereinigten" Einkommens in vollem Umfang (§§ 11, I, 76–78)
Einsatz des Vermögens (§§ 88, 89), mit Ausnahme des "Schonvermögens" und bei "Härte" (§§ 88 II, III)
dann
Laufende Leistungen (§ 21 I) nach Regelsätzen (§§ 22 I 1 i. V. m. der Regelsatzverordnung (Pauschalierung modifiziert Individualisierungsgrundsatz!)
einmalige Leistungen (§ 21 I), z. B. für Kleidung oder Instandhaltung der Wohnung
Mehrbedarfszuschläge (§§ 23, 24), z. B. für Personen über 60 Jahre, werdende Mütter
laufende Kosten für Unterkunft und Heizung in Höhe der tatsächlichen Aufwendungen (§ 3 Regelsatz VO)
Leistender: nur die öffentlichen Träger

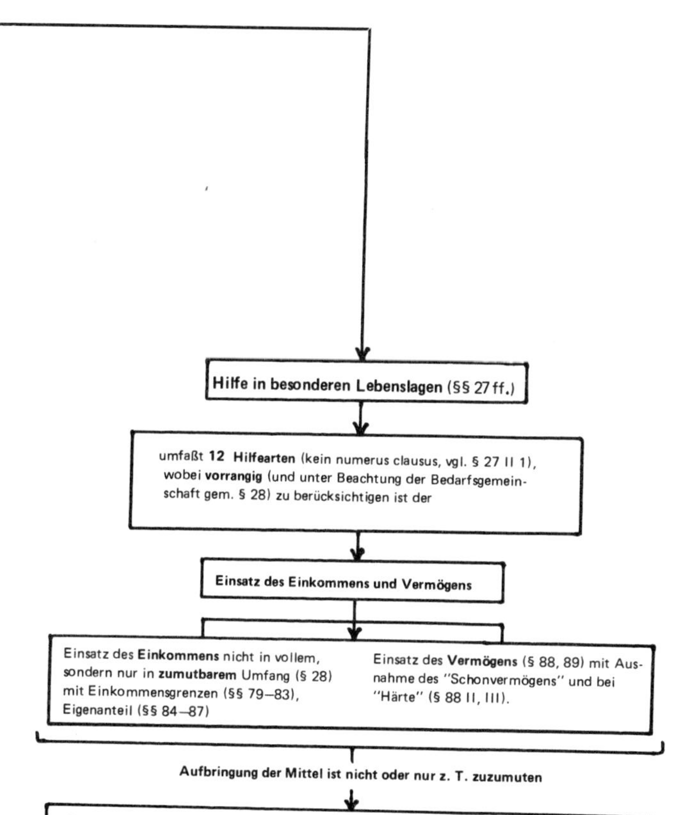
Hilfe in besonderen Lebenslagen (§§ 27 ff.)
umfaßt 12 Hilfearten (kein numerus clausus, vgl. § 27 II 1), wobei vorrangig (und unter Beachtung der Bedarfsgemeinschaft gem. § 28) zu berücksichtigen ist der
Einsatz des Einkommens und Vermögens
Einsatz des Einkommens nicht in vollem, sondern nur in zumutbarem Umfang (§ 28) mit Einkommensgrenzen (§§ 79–83), Eigenanteil (§§ 84–87)
Einsatz des Vermögens (§ 88, 89) mit Ausnahme des "Schonvermögens" und bei "Härte" (§ 88 II, III).
Aufbringung der Mittel ist nicht oder nur z. T. zuzumuten
1. Hilfe zum Aufbau oder zur Sicherung der Lebensgrundlage (§ 30; Kann-Leistung)
2. Vorbeugende Gesundheitshilfe (§ 36; grundsätzl. Soll-Leistung)
3. Krankenhilfe (§§ 37, 37a; Muß-Leistung)
4. Hilfe zur Familienplanung (§ 37b; Muß-Leistung)
5. Hilfe für werdende Mütter und Wöchnerinnen (§ 38; Muß-Leistung)
6. Eingliederungshilfe für Behinderte (§§ 39–47; z. T. Muß-Leistung)
7. Blindenhilfe (§ 67; Muß-Leistung)
8. Hilfe zur Pflege (§§ 68, 69; grundsätzl. Muß-Leistung)
9. Hilfe zur Weiterführung des Haushalts (§§ 70, 71; i. d. R. Soll-Leistung)
10. Hilfe zur Überwindung bes. soz. Schwierigkeiten (§ 72; Muß-Leistung)
11. Altenhilfe (§ 75; Soll-Leistung)

Übersicht

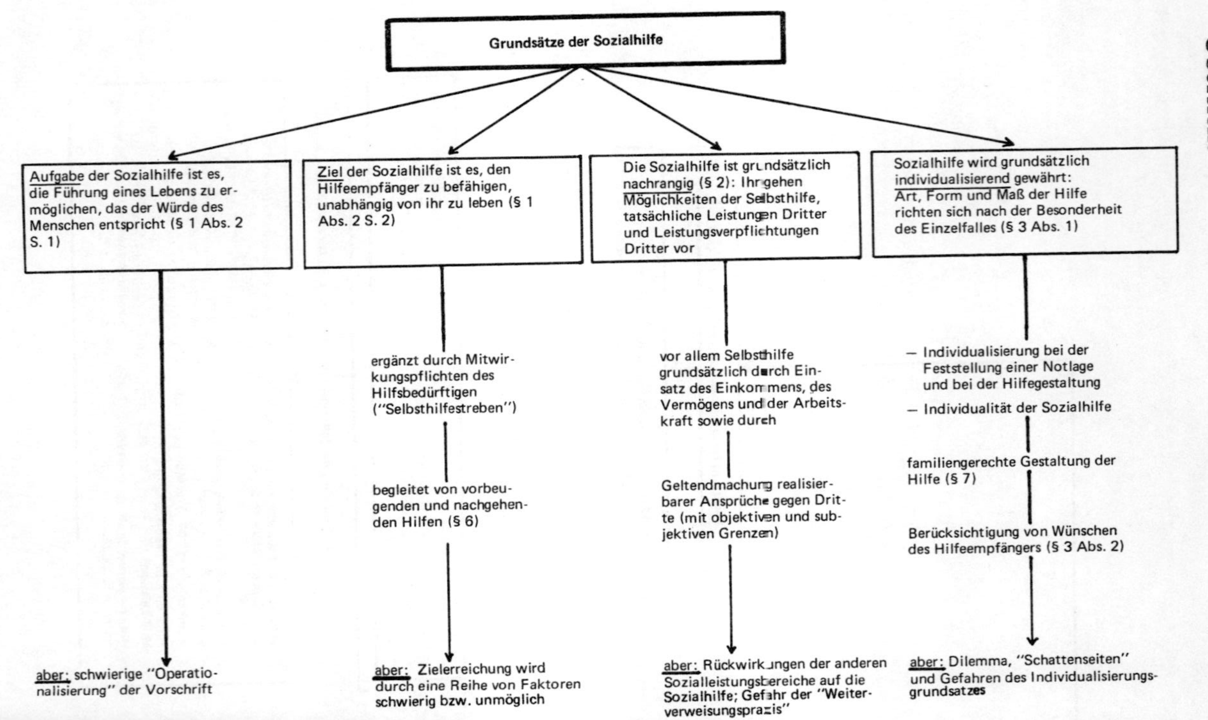

Grundsätze der Sozialhilfe
Aufgabe der Sozialhilfe ist es, die Führung eines Lebens zu ermöglichen, das der Würde des Menschen entspricht (§ 1 Abs. 2 S. 1)
aber: schwierige "Operationalisierung" der Vorschrift
Ziel der Sozialhilfe ist es, den Hilfeempfänger zu befähigen, unabhängig von ihr zu leben (§ 1 Abs. 2 S. 2)
ergänzt durch Mitwirkungspflichten des Hilfsbedürftigen ("Selbsthilfestreben")
begleitet von vorbeugenden und nachgehenden Hilfen (§ 6)
aber: Zielerreichung wird durch eine Reihe von Faktoren schwierig bzw. unmöglich
Die Sozialhilfe ist grundsätzlich nachrangig (§ 2): Ihr gehen Möglichkeiten der Selbsthilfe, tatsächliche Leistungen Dritter und Leistungsverpflichtungen Dritter vor
vor allem Selbsthilfe grundsätzlich durch Einsatz des Einkommens, des Vermögens und der Arbeitskraft sowie durch
Geltendmachung realisierbarer Ansprüche gegen Dritte (mit objektiven und subjektiven Grenzen)
aber: Rückwirkungen der anderen Sozialleistungsbereiche auf die Sozialhilfe; Gefahr der "Weiterverweisungspraxis"
Sozialhilfe wird grundsätzlich individualisierend gewährt: Art, Form und Maß der Hilfe richten sich nach der Besonderheit des Einzelfalles (§ 3 Abs. 1)
– Individualisierung bei der Feststellung einer Notlage und bei der Hilfegestaltung
– Individualität der Sozialhilfe
familiengerechte Gestaltung der Hilfe (§ 7)
Berücksichtigung von Wünschen des Hilfeempfängers (§ 3 Abs. 2)
aber: Dilemma, "Schattenseiten" und Gefahren des Individualisierungsgrundsatzes

Bundessozialhilfegesetz (BSHG)

vom 30. Juni 1961
(BGBl. I S. 815)
in Kraft seit 1. Juni 1962
in der Neufassung vom 20. Januar 1987
(BGBl. I S. 401; ber. vom 27. 1. 1987, BGBl. I S. 494)

Abschnitt 1. Allgemeines

Inhalt und Aufgabe der Sozialhilfe

1 (1) **Die Sozialhilfe umfaßt Hilfe zum Lebensunterhalt und Hilfe in besonderen Lebenslagen.**

(2) **Aufgabe der Sozialhilfe ist es, dem Empfänger der Hilfe die Führung eines Lebens zu ermöglichen, das der Würde des Menschen entspricht. Die Hilfe soll ihn soweit wie möglich befähigen, unabhängig von ihr zu leben; hierbei muß er nach seinen Kräften mitwirken.**

1. Die Sozialhilfe unterfällt in die **beiden Hilfearten** Hilfe zum Lebensunterhalt und Hilfe in besonderen Lebenslagen. Die Hilfe zum Lebensunterhalt (§§ 11–26) entspricht im wesentlichen der Pflichtaufgabe der früheren Fürsorge, die darin bestand, dem Hilfsbedürftigen den notwendigen Lebensbedarf zu gewähren (vgl. § 1 RGr.). Die Hilfe in besonderen Lebenslagen stellt das spezifisch Neue der Sozialhilfe gegenüber der früheren Fürsorge dar (s. Einf. I. 1. u. Erl. zu § 27).

2. **Aufgabe der Sozialhilfe** ist es, dem Hilfeempfänger die Führung eines Lebens zu ermöglichen (§ 9 SGB I spricht vom „sichern"), das der Würde des Menschen entspricht. § 1 Abs. 2 S. 1 – die „königliche Norm" des BSHG (Schellhorn/Jirasek/Seipp § 1 Rz 3) – konkretisiert den fundamentalen Rechtswert der Menschenwürde, der in Art. 1 Abs. 1 GG verankert und damit bewußt an die erste Stelle der Verfassung gerückt ist. (Zu den Schwierigkeiten, die Menschenwürde im Sozialhilferecht im einzelnen zu konkretisieren, und zu der einschlägigen Judikatur des BVerwG vgl. eingehend Trenk-Hinterberger ZfSH 1980, 46; s. auch Stolleis NDV 1981, 99). Der „Interventionspunkt" der Sozialhilfe ist dann erreicht, wenn der Hilfesuchende soweit in seiner Lebensführung, gemessen an seiner Umwelt, absinkt, daß seine Menschenwürde Schaden nimmt (BVerwGE 36, 156).

3. **Ziel der Sozialhilfe** ist es, den Hilfeempfänger soweit wie möglich zu befähigen, unabhängig von ihr zu leben. Die Sozialhilfe ist

grundsätzlich transitorischer Natur, d. h. sie soll nur so lange gewährt werden, bis der einzelne sein Leben wieder eigenverantwortlich gestalten kann. „Versorgungsstaatliches Denken ist dem BSHG fremd" (Begr. zum BSHG-E., BT-Dr. 3/1799, 38). In der Praxis freilich hat die Sozialhilfe dennoch aufgrund besonderer Umstände – z. B. Dauerarbeitslosigkeit, Rentenalter des Hilfesuchenden – dieser grundsätzlichen Orientierung zuwider häufig den Charakter einer Dauerleistung.

4. **Absatz 2 Satz 2** ist im Zusammenhang mit der Aufgabe der Sozialhilfe, die Führung eines menschenwürdigen Lebens zu ermöglichen, zu sehen. Nach Auffassung des BVerwG würde es der Würde des Menschen widersprechen, wenn der Hilfesuchende durch die Gemeinschaft der Sorge für sich selbst enthoben würde. Eine Hilfe, die der Selbsthilfe abträglich ist, ist insofern nicht als menschenwürdige Hilfe anzusehen; allerdings kann es im Einzelfall durchaus so sein, daß dem einzelnen es erst durch die Fremdhilfe der Gemeinschaft gelingt, sich persönlich zu entfalten und dann auch sich selbst zu helfen.

5. Sowohl die Verpflichtung zum Einsatz des eigenen Einkommens und Vermögens als auch die Verpflichtung zum Einsatz der Arbeitskraft (s. §§ 11 Abs. 1 S. 1, 18 Abs. 1, 28) sind auf die Befähigung zur Selbsthilfe bezogen.

6. Die Verpflichtung des Sozialhilfeempfängers zur Selbsthilfe **(Absatz 2 Satz 2 Halbsatz 2)** wird durch spezifische **Mitwirkungspflichten** ausgefüllt. S. dazu etwa § 18 Abs. 1 sowie – allgemein – §§ 60–67 SGB I. Zu den letztgenannten Vorschriften vgl. **Anhang 2,** Erl. I. 4.

Nachrang der Sozialhilfe

2 (1) **Sozialhilfe erhält nicht, wer sich selbst helfen kann oder wer die erforderliche Hilfe von anderen, besonders von Angehörigen oder von Trägern anderer Sozialleistungen erhält.**

(2) **Verpflichtungen anderer, besonders Unterhaltspflichtiger oder der Träger anderer Sozialleistungen, werden durch dieses Gesetz nicht berührt. Auf Rechtsvorschriften beruhende Leistungen anderer, auf die jedoch kein Anspruch besteht, dürfen nicht deshalb versagt werden, weil nach diesem Gesetz entsprechende Leistungen vorgesehen sind.**

1. Schlüsselt man den **Grundsatz des Nachrangs der Sozialhilfe** (auch Prinzip der fürsorgerischen bzw. materiellen Subsidiarität genannt) anhand der Absätze 1 und 2 im einzelnen auf, so wird ersichtlich, daß die Sozialhilfe nachrangig ist gegenüber
(1) Möglichkeiten der Selbsthilfe (Absatz 1, 1. Alt.),
(2) tatsächlichen Leistungen Dritter (Absatz 1, 2. Alt.),

(3) Leistungsverpflichtungen Dritter (Absatz 2 Satz 1), sowie
(4) bestimmten Ermessensleistungen Dritter (Absatz 2 Satz 2).

Die vorstehend genannten „normalen" Wege, individuellen Notlagen zu begegnen, gehen der Sozialhilfe vor. Die Sozialhilfe hat Ausnahmecharakter. Ihr Leistungsgrund ist der anderweitig nicht gedeckte Bedarf (Giese ZfSH 1975, 129). Der Grundsatz des Nachrangs – auch als Prinzip der „fürsorgerechtlichen Subsidiarität" bezeichnet (Gottschick/Giese § 2 Rz 1.2.) – ist dem seit jeher dem Fürsorgerecht innewohnenden, sehr vielschichtigen und umfassenden Subsidiaritätsprinzip verpflichtet (s. Desch 1965; Klanberg NDV 1981, 34).

2. Wenn Sozialhilfe nicht erhält, „wer sich selbst helfen kann" (s. Absatz 1), so geht das BSHG hier davon aus, daß derjenige, der in eine Notlage geraten ist, diese durch **Selbsthilfe** abwenden kann, indem er

- sein Einkommen (s. §§ 11 Abs. 1, 28, 76ff.),
- sein Vermögen (s. §§ 11 Abs. 1, 28, 88f.),
- seine Arbeitskraft (s. §§ 18ff.) einsetzt und
- bestehende Ansprüche gegenüber Dritten realisiert.

Bereits an dieser Stelle ist darauf hinzuweisen, daß der **Einsatz des Einkommens** bzw. **der Arbeitskraft** bei der **Hilfe zum Lebensunterhalt** grundsätzlich **in vollem Umfang** verlangt wird. Demgegenüber werden einem Hilfesuchenden, der **Hilfe in besonderen Lebenslagen** in Anspruch nehmen will, der **Einsatz der Arbeitskraft grundsätzlich nicht** und der **Einsatz des Einkommens nur in bestimmtem Umfange zugemutet** (s. § 28 Erl. 2). Sich selbst helfen kann auch, wer sich die Mittel zur Bedarfsdeckung dadurch verschaffen kann, daß er eine Forderung geltend macht. Diese Forderung muß allerdings realisierbar und ihre Durchsetzung muß auch zumutbar sein; erst dann stellt die Forderung „bereite Mittel" dar, welche die Hilfsbedürftigkeit ausschließen (BVerwGE 55, 148).

3. **Leistet ein Dritter tatsächlich Hilfe,** so besteht im Umfang dieser Unterstützung kein Bedarf mehr. Aus diesem Grunde schließen tatsächliche Leistungen Dritter – gleichgültig, ob sie aufgrund einer gesetzlichen, vertraglichen oder sittlichen Verpflichtung oder aber aus freien Stücken erbracht werden – das Eintretenmüssen des Trägers der Sozialhilfe grundsätzlich aus (s. Erl. zu § 78). Hauptanwendungsfall des Absatzes 1 sind Leistungen anderer Sozialleistungsträger.

4. Trotz des Nachrangs der Sozialhilfe gegenüber Verpflichtungen anderer kann es geboten sein, daß der Träger der Sozialhilfe zur Beseitigung einer akuten Notlage eintritt. Geschieht dies, so kann dem Nachrang zur Sozialhilfe im nachhinein dadurch Rechnung getragen werden, daß der Träger der Sozialhilfe den Anspruch des Hilfeempfängers gegen einen anderen Leistungsträger, Unterhalts- oder sonstwie Verpflichteten auf sich überleitet (s. § 90 Erl. 2ff.).

5. **Absatz 2 Satz 2** ordnet an, daß die Gewährung von Sozialhilfe auch dann hinter der Gewährung entsprechender Leistungen nach anderen Rechtsvorschriften zurücktritt, wenn auf diese **Leistungen kein Anspruch** besteht (z. B. Ermessensleistungen einer Krankenkasse aufgrund ihrer Satzung).

6. **Ausnahmen** vom Nachrang gelten für bestimmte Teile des Einkommens **(Freibeträge)** und des Vermögens **(Schonvermögen).** Dem Empfänger der Hilfe soll ein gewisser wirtschaftlicher Spielraum verbleiben und überdies soll ein Anreiz zur Selbsthilfe gewährt werden (s. §§ 79ff., 88).

Sozialhilfe nach der Besonderheit des Einzelfalles

3 (1) **Art, Form und Maß der Sozialhilfe richten sich nach der Besonderheit des Einzelfalles, vor allem nach der Person des Hilfeempfängers, der Art seines Bedarfs und den örtlichen Verhältnissen.**

(2) **Wünschen des Hilfeempfängers, die sich auf die Gestaltung der Hilfe richten, soll entsprochen werden, soweit sie angemessen sind. Wünschen des Hilfeempfängers, die Hilfe in einer Anstalt, einem Heim oder einer gleichartigen Einrichtung zu erhalten, soll nur entsprochen werden, wenn dies nach der Besonderheit des Einzelfalles erforderlich ist, weil andere Hilfen nicht möglich sind oder nicht ausreichen. Der Träger der Sozialhilfe braucht Wünschen nicht zu entsprechen, deren Erfüllung mit unverhältnismäßigen Mehrkosten verbunden wäre.**

(3) **Auf seinen Wunsch soll der Hilfeempfänger in einer solchen Einrichtung untergebracht werden, in der er durch Geistliche seines Bekenntnisses betreut werden kann.**

1. Der in § 3 verankerte **Grundsatz der Individualisierung** ist ein weiterer tragender Grundsatz des Sozialhilferechts. Durch die weitgehende Anerkennung und Durchführung dieses Grundsatzes unterscheidet sich die Sozialhilfe insbesondere von der **Sozialversicherung,** die einzelnen typischen Notlagen – z. B. Krankheit, Invalidität, Alter u. a. – durch im wesentlichen tatbestandsmäßig typisierte und von vornherein festgelegte Leistungen zu begegnen sucht. Während in der Sozialversicherung (z. B. beim Krankengeld) nach dem Präsumtionsprinzip unterstellt wird, daß der Leistungsempfänger zur Deckung seines Bedarfs auf die Leistung angewiesen ist (unabhängig davon, ob dies tatsächlich der Fall ist) und ein entsprechender Anspruch auf die Leistung besteht, kommt es im Sozialhilferecht auf das Vorliegen einer tatsächlichen Notlage und eines tatsächlichen Bedarfs an, gilt m. a. W. das Faktizitätsprinzip (Bley SGb. 1979, 363).

2. Die **Individualisierung** bezieht sich
- auf die Feststellung der Notlage,
- die Ausgestaltung der Hilfe, sowie auf die
- Zuerkennung des Anspruchs auf Hilfe.

Das bedeutet, daß der Träger der Sozialhilfe im Rahmen der **Feststellung der Notlage** ermitteln muß, inwieweit der Hilfesuchende außerstande ist, sich selbst zu helfen. Hier zeigt sich, daß ein enger Zusammenhang zwischen dem Grundsatz der Individualisierung und dem **Grundsatz des Nachrangs** (s. § 2) besteht.

3. Was die **Hilfegestaltung** angeht, so hat sich die vom Träger der Sozialhilfe zu erbringende Hilfe an der konkreten und individuellen Notlage des Hilfesuchenden zu orientieren. Die individuelle Ausgestaltung der Hilfeleistung kommt insbesondere darin zum Ausdruck, daß der **persönlichen Hilfe** im Sozialhilferecht besondere Bedeutung beigemessen wird (s. § 8). Die Individualisierung der Hilfegestaltung gebietet auch ein **spezifisches Instrumentarium der Hilfe:** hoher Personaleinsatz, besondere Qualifikation des Personals, Einsatz der Methoden der sozialen Arbeit und spezifische Organisationsformen – u. a. Zusammenarbeit mit den Trägern der freien Wohlfahrtspflege (s. § 10) – sind in diesem Zusammenhang hervorzuheben.

4. Hinsichtlich des **Rechtsanspruchs** (s. § 4) auf Hilfeleistung wirkt sich der Individualisierungsgrundsatz dergestalt aus, daß das Sozialhilferecht vorrangig vom individuellen Bedarf und vom individuellen Anspruch des einzelnen Hilfesuchenden ausgeht und keinen „Gruppenbedarf" und keinen „Gruppenanspruch" kennt. Zu diesen verschiedenen „Facetten" des Individualisierungsgrundsatzes vgl. Krüger 1965, Giese ZfSH 1981, 321.

5. Einen besonders wichtigen Anwendungsbereich des Individualisierungsgrundsatzes stellen diejenigen sozialen Hilfen dar, die rechtlich als „Soll-" oder als „Kann-Leistungen" ausgestaltet sind (s. § 4), sowie die Vorschriften, in denen unbestimmte Rechtsbegriffe, z. B. „Zumutbarkeit" (s. §§ 15, 18 Abs. 3, 43 Abs. 1) oder „Angemessenheit" (s. §§ 3 Abs. 2, 11 Abs. 3, 23 Abs. 4, 79 Abs. 1 S. 1 Nr. 2, 93 Abs. 2) verwandt werden (s. auch Einf. III. 10.).

6. Eine spezifische Ausprägung des Individualisierungsgrundsatzes im Hinblick auf die **Familie** des Hilfesuchenden stellt § 7 dar.

7. Ein Spannungsverhältnis, das insbesondere bei den Leistungen der laufenden **Hilfe zum Lebensunterhalt,** die sich nach Regelsätzen (s. § 22) bemessen, zutage tritt, besteht zwischen dem Individualisierungsgrundsatz und der Objektivierung von Bedarfskriterien, die im Hinblick auf die verwaltungsmäßige Durchführung des Sozialhilferechts einerseits und die Gleichbehandlung der Hilfesuchenden andererseits vorgenommen wird und dazu führt, daß die Individualisierung

zugunsten der Pauschalierung und Schematisierung in den Hintergrund tritt (vgl. Schulte BldW 1985, 44).

Bei der **Hilfe in besonderen Lebenslagen** kommt der Individualisierung demgegenüber eine größere Bedeutung zu. Allerdings finden sich auch hier pauschalierende Regelungen (s. § 69 Abs. 4), die den Individualisierungsgrundsatz relativieren.

8. Vorteilen der Individualisierung – z. B. Gewährleistung von Vielseitigkeit, Flexibilität und Anpassungsfähigkeit der Sozialhilfe – steht gleichsam als Kehrseite die mit der Einzelfallprüfung und der damit verbundenen Durchleuchtung der Verhältnisse des einzelnen einhergehende **Kontrolle** gegenüber. Diese Kontrolle, die aus der Prüfung des konkreten individuellen Bedarfs zu dem Zweck resultiert, die im Einzelfall gebotene „richtige" Leistung zu gewähren, wird von den Hilfesuchenden häufig als diskriminierend und stigmatisierend empfunden. Überdies führt das Faktizitätsprinzip, d. h. das Abstellen auf die konkrete individuelle Notlage und den daraus resultierenden Bedarf dazu, daß die vom Hilfesuchenden zu erwartende Leistungshöhe nicht im vorhinein vorsehbar und berechenbar ist. Dies führt zu einer Schwächung der Rechtsposition des Sozialhilfeempfängers etwa im Vergleich zum Sozialversicherten, der aufgrund der das Sozialversicherungsrecht prägenden Typisierung (s. Erl. 1) in weitem Umfang von vornherein weiß, welche Leistungen er zu erwarten hat.

Letztlich sei noch angemerkt, daß dem Individualisierungsgrundsatz auch eine Tendenz zur Individualisierung sozialer Probleme innewohnt, die dazu führen kann, daß kollektiv verantwortete soziale Notlagen (z. B. Arbeitslosigkeit) lediglich individuell verarbeitet werden und als Folge davon eine Verkürzung der Problemsicht wie der Problemlösung eintritt.

9. **Absatz 2** behandelt an sich lediglich einen speziellen Anwendungsfall des Absatzes 1 hinsichtlich der Ausgestaltung der Hilfe, d. h. des „Wie" der Leistung einschließlich der Hilfeart (BVerwG FEVS 18, 401).

Sowohl Wünsche, die sich auf die **Form** der Sozialhilfe, als auch solche, die sich auf ihre **Durchführung** im einzelnen beziehen (z. B. die Unterbringung in einer bestimmten Einrichtung), sind auf die Gestaltung der Hilfe gerichtet. Bei der Prüfung, ob der Wunsch des Hilfeempfängers **„angemessen"** ist und ob die Mehrkosten **„verhältnismäßig"** sind, sind alle Besonderheiten des Einzelfalles unter Beachtung des Gleichheitssatzes (Art. 3 GG) zu berücksichtigen, z. B. allgemeine Lebensverhältnisse, erzieherische Gründe, Entfernung vom eigenen Wohnort oder von nahen Angehörigen.

Beispiel: Nicht angemessen ist i. d. R. der Wunsch, in einer Einrichtung besser als ein Versicherter der gesetzlichen Krankenversicherung in medizinisch vergleichbarer Lage untergebracht zu sein, angemessen hingegen der Wunsch, in ein anderes Heim verlegt zu werden, weil sich dort die Verbindung mit Angehörigen leichter halten läßt (B.-W. SHR 3.04 u. 3.5).

10. Es handelt sich um eine Soll-Bestimmung, die durch das Haushaltsbegleitgesetz 1984 ihre heutige, das **„Wunschrecht“** einschränkende Ausformung erhalten hat. Die Änderung zielt darauf ab, den Sozialhilfeträgern in größerem Umfang, als dies früher bereits der Fall war, die Möglichkeit einzuräumen, Wünsche des Hilfesuchenden aus **Kostengründen** abzulehnen. Insbesondere können Wünsche nach Gewährung **stationärer Hilfe** nunmehr unter Hinweis auf das Vorhandensein teilstationärer oder ambulanter Hilfsangebote abgelehnt werden, wenn diese geeignet und ausreichend sind, die Notlage des Hilfsbedürftigen zu beseitigen. Die – rechtlich nicht unbedenkliche (s. auch § 3a Erl. 3) – Vorschrift verfolgt dasselbe Ziel der Kostendämpfung im stationären Bereich wie § 93.

11. Durch das Tatbestandsmerkmal **„unverhältnismäßige Mehrkosten“** (Abs. 2 S. 3) soll eine angemessene Zweck-Mittel-Relation gewährleistet, nicht aber das Prinzip „so-billig-wie-möglich“ eingeführt werden. Die Mehrkosten sind aufgrund eines Vergleichs zu bestimmen: Verglichen werden müssen die (effektiven) Kosten, die die Unterbringung unter Berücksichtigung des Wunsches des Hilfeempfängers erfordert, und die (effektiven) Kosten, die bei dessen Unterbringung in einer Einrichtung entstehen würden, ohne daß ein solcher Wunsch in Frage stünde (vgl. BVerwGE 65, 52; BVerwG NVwZ 1987, 594). Für die Bedürfnisse der Praxis sehen die Sozialhilferichtlinien z. T. vor, daß Mehrkosten i. d. R. dann nicht unverhältnismäßig sind, wenn der Pflegesatz der privaten Einrichtung nicht mehr als einen bestimmten Prozentsatz (z. B. 10%) über dem Pflegesatz vergleichbarer Einrichtungen in kommunaler Trägerschaft oder in der Trägerschaft der freien Wohlfahrtspflege liegt. Eine Prüfung der Mehrkosten sollte nicht stattfinden, wenn das gewünschte Heim im bisherigen Lebensbereich oder – bei Verlegungswünschen – im früheren Lebensbereich des Hilfesuchenden liegt.

Nach OVG Lüneburg FEVS 34, 61 ist es Zweck des § 3 Abs. 2 S. 3, die Versagung lediglich wünschenswerter, kostenaufwendiger Maßnahmen zu ermöglichen. Wichtige sozialhilferechtliche Ziele – so das aus § 75 Abs. 2 Nr. 5 sich ergebende Ziel, alten Menschen zu ermöglichen, in der Nähe ihrer Angehörigen zu wohnen, wenn dies nach den Umständen des Einzelfalles angemessen erscheint – werden hingegen nicht außer Kraft gesetzt. Will ein alter Mensch Aufenthalt in einem Heim nehmen, das sich am Ort seiner Angehörigen befindet und dessen Kosten für den Bereich des dortigen Sozialhilfeträgers nicht unverhältnismäßig hoch sind, so kann deshalb der für den Hilfesuchenden (noch) zuständige Träger der Sozialhilfe (vgl. § 97 Abs. 2) die Übernahme der Heimkosten nicht allein mit der Begründung ablehnen, die Kosten eines Heims am bisherigen Aufenthaltsort des alten Menschen waren niedriger.

Zum Kostenvergleich eingehend Krahmer ZfSH/SGB 1987, 129.

12. Scheidet eine offene (auch teilstationäre) Betreuung aus (weil sie nicht möglich oder nicht ausreichend ist), so ist zugleich ein **Kostenvergleich zwischen offener bzw. teilstationärer und stationärer Hilfe** nicht möglich. Vielmehr ist ein derartiger Vergleich immer nur anzustellen zwischen den Kosten grundsätzlich ,,möglicher" Hilfen, also zwischen den Kosten der stationären Einrichtung ,,der Wahl" des Hilfesuchenden und den Kosten der Einrichtung, die aus der Sicht des Trägers ebenfalls in Betracht kommt. Dabei können Einrichtungen, in denen zum Zeitpunkt der Antragstellung kein Platz frei ist und in denen auch auf absehbare Zeit kein Platz frei wird, in den Kostenvergleich nicht einbezogen werden. Auch die Nichtbelegung eines freien Platzes in einer eigenen Einrichtung des Trägers der Sozialhilfe allein darf nicht als ,,Mehrkosten" angesehen werden, wenn der Hilfesuchende die Aufnahme in der Einrichtung eines anderen Trägers wünscht (SHR W.-L. T 3, 4.6).

Was Heime in unterschiedlicher Trägerschaft angeht, so werden **kommunale Heime** und **Heime der freien Wohlfahrtspflege** grundsätzlich gleichbehandelt.

13. **Absatz 3** setzt voraus, daß stationäre Hilfe i. S. des Absatzes 2 geboten ist. Allerdings ist das Grundrecht der Religionsausübung (Art. 4 Abs. 2 GG) zu berücksichtigen, und zwar auch insofern, als bei der Beurteilung der Verhältnismäßigkeit etwaiger Mehrkosten das Ziel, die Entfaltung dieses Grundrechts zu ermöglichen, im Sinne einer großzügigen Handhabung ins Gewicht fällt.

Die Bestimmung des Abs. 3 enthält gegenüber dem Abs. 2 keine derart verselbständigte Regelung des Wunschrechts, daß es insbesondere nicht darauf ankäme, ob die Erfüllung des Wunsches unvertretbare Mehrkosten verursacht. Vielmehr ist Abs. 3 die Regelung eines besonders erwähnten **Anwendungsfalles der allgemeinen Regelung des Abs. 2,** so daß dann, wenn feststeht, daß die Unterbringung des Hilfesuchenden in einer Einrichtung aus öffentlichen Kosten erforderlich ist, um die konkrete Notlage zu beheben (,,Ob" der Hilfe) – gleichgültig, ob es sich um Hilfe zum Lebensunterhalt oder um Hilfe in besonderer Lebenslage (z. B. Hilfe zur Pflege) handelt –, der Träger der Sozialhilfe über die nach Abs. 2 allgemein gebotene Beachtung von Wünschen des Hilfeempfängers bei der Gestaltung der Hilfe (,,Wie" der Hilfe) hinaus das Bekenntnis des Hilfeempfängers in der in Abs. 2 beschriebenen Weise besonders berücksichtigen soll (BVerwG FEVS 31, 221).

Vorrang der offenen Hilfe

3a Der Träger der Sozialhilfe soll darauf hinwirken, daß die erforderliche Hilfe so weit wie möglich außerhalb von Anstalten, Heimen oder gleichartigen Einrichtungen gewährt werden kann.

1. Die Vorschrift soll dem Anstieg der Sozialhilfeausgaben dadurch entgegenwirken, daß die besonders kostenintensive Hilfegewährung in **Einrichtungen** eingeschränkt wird (Soll-Vorschrift). Die Einschränkung des Wunschrechts des Hilfesuchenden (s. § 3) ist auch eine Konsequenz dieser Kostendämpfungsmaßnahmen. Ferner gehört der Ausbau der Möglichkeit zur Bedarfssteuerung für Einrichtungen, die den Trägern der Sozialhilfe gleichfalls durch das Haushaltsbegleitgesetz 1984 eingeräumt worden ist (s. § 93), in diesen Zusammenhang.

2. Bei sachgerechter Anwendung dieser Bestimmung sowie der weiteren Vorschriften, die eine ähnliche Zielsetzung verfolgen (s. Erl. 1), mag es zu einem aus sozialpolitischer Sicht zu begrüßenden Ausbau der ambulanten und teilstationären Einrichtungen kommen (z. B. Sozialstationen); dies setzt allerdings voraus, daß das Kostenargument nicht zu sehr in den Vordergrund gerückt wird, sondern die Bereitstellung menschenwürdiger und möglichst wirksamer Hilfe oberste Richtschnur bleibt.

3. Durch den Vorrang der offenen Hilfe wird das Wunschrecht des Hilfesuchenden im Hinblick auf die Gestaltung der Hilfe, namentlich was den Wunsch nach stationärer Hilfe angeht, eingeschränkt. Gleichwohl ist stationäre Hilfe zu gewähren, wenn sie **sachlich geboten** ist. Dies ist beispielsweise der Fall, wenn eine häusliche Betreuung durch Angehörige nicht möglich ist und auch geeignete ambulante Hilfen fehlen, die ambulante (oder auch teilstationäre) Hilfe eine im Einzelfall gebotene Gesamtversorgung nicht gewährleisten kann, oder die räumlichen Verhältnisse eine ambulante Betreuung nicht zulassen (vgl. auch OVG Hamburg ZfSH/SGB 1985, 417 zur ambulanten oder stationären sprachtherapeutischen Behandlung).

Wünschen des Hilfesuchenden auf eine offene Hilfe ist auch bei erheblichen (unverhältnismäßigen, § 3 Abs. 2 S. 3) Mehrkosten gegenüber der stationären Hilfe stattzugeben; bei gleicher Eignung ist der offenen Hilfe der Vorzug zu geben (vgl. auch Schoch ZfF 1986, 123; Krahmer ZfF 1987, 5): Der humanitäre Aspekt des § 3a geht hier dem fiskalischen vor.

Anspruch auf Sozialhilfe

4 **(1) Auf Sozialhilfe besteht ein Anspruch, soweit dieses Gesetz bestimmt, daß die Hilfe zu gewähren ist. Der Anspruch kann nicht übertragen, verpfändet oder gepfändet werden.**

(2) Über Form und Maß der Sozialhilfe ist nach pflichtmäßigem Ermessen zu entscheiden, soweit dieses Gesetz das Ermessen nicht ausschließt.

1. Die Vorschrift des § 4 modifiziert den **§ 38 SGB I.** Diese Bestimmung lautet:

„Auf Sozialleistungen besteht ein Anspruch, soweit nicht nach den besonderen Teilen dieses Gesetzbuchs die Leistungsträger ermächtigt sind, bei der Entscheidung über die Leistung nach ihrem Ermessen zu handeln."

Die Vorschrift unterscheidet zwischen **Leistungen, auf die ein Rechtsanspruch** besteht, und **Ermessensleistungen,** wobei die rechtliche Stellung des Leistungsempfängers gegenüber dem Leistungsträger und im Hinblick auf den Erhalt der Leistung sich in der Weise unterscheidet, daß sie bei Ermessensleistungen sehr viel schwächer und unsicherer ist.

Die Ermessensleistungen sind in **§ 39 SGB I** gesondert geregelt. Diese Vorschrift lautet:

„(1) Sind die Leistungsträger ermächtigt, bei der Entscheidung über Sozialleistungen nach ihrem Ermessen zu handeln, haben sie ihr Ermessen entsprechend dem Zweck der Ermächtigung auszuüben und die gesetzlichen Grenzen des Ermessens einzuhalten. Auf pflichtgemäße Ausübung des Ermessens besteht ein Anspruch.

(2) Für Ermessensleistungen gelten die Vorschriften über Sozialleistungen, auf die ein Anspruch besteht, entsprechend, soweit sich aus den Vorschriften dieses Gesetzbuchs nichts Abweichendes ergibt."

Die Vorschrift benennt die Kriterien, nach denen die Verwaltung ihr pflichtgemäßes Ermessen auszuüben hat, und stellt klar, daß der Verwaltung ein Ermessensspielraum nur innerhalb bestimmter Grenzen – „gesetzesfrei, aber keineswegs rechtsfrei" (von Maydell in GK-SGB IV § 24 Rz 17) – eingeräumt ist. Daraus ergibt sich, daß der Berechtigte auch bei Sozialleistungen, auf die er keinen Rechtsanspruch hat, eine rechtlich geschützte Position innehat. Auf die pflichtgemäße Ausübung des Ermessens besteht ein „Anspruch" (Abs. 1 S. 2), d.h. die Ausübung des Ermessens und insbesondere die Einhaltung der gesetzlichen Grenzen des Ermessens durch die Verwaltung unterliegt in vollem Umfang der rechtlichen **Kontrolle durch die Gerichte.** Das bedeutet, daß die Gerichte Ermessensentscheidungen daraufhin nachprüfen dürfen, ob sie **rechtmäßig** sind oder ob eine durch Ermessensüber-

samt zugunsten der Typisierung zurückgedrängt sind. Im Sozialhilfebereich wird der weite Spielraum, der sich durch das eingeräumte Ermessen und die häufige Verwendung von Begriffen, die der Verwaltung einen Beurteilungsspielraum gewähren (z. B. „Härte", „Zumutbarkeit"), zugestanden wird, im Interesse der Praktikabilität für die Verwaltung einerseits sowie der Gleichbehandlung der Hilfesuchenden (vgl. Art. 3 GG) andererseits durch nachgeordnete Rechtsvorschriften **(Durchführungsverordnungen des Bundes zum BSHG, Ausführungsgesetze der Länder zum BSHG, sonstige Verordnungen)** und insbesondere durch die **Sozialhilferichtlinien** – z. B. Sozialhilferichtlinien (SH-Richtl.) des Bayerischen Städteverbandes und des Landkreisverbandes Bayern, des Landschaftsverbands Westfalen-Lippe oder des Landkreistages und Städtetages Baden-Württemberg – in der Weise eingeschränkt, daß die Ermessenausübung der Sachbearbeiter **gesteuert** wird (s. Einf. IV. 6.). Die Sozialhilferichtlinien stellen zugleich eine Art **Selbstbindung** der Träger der Sozialhilfe dergestalt dar, daß die Träger, wenn sich einmal eine bestimmte Verwaltungspraxis gebildet hat, nicht ohne sachlichen Grund davon abweichen dürfen. Andererseits gestatten die besonderen Umstände des Einzelfalles auch eine besondere Behandlung und gewährleisten dadurch die vom Grundsatz der Individualisierung (s. § 3) geforderte Flexibilität der Sozialhilfeverwaltung.

10. Der Anspruch auf Sozialhilfe **entsteht,** sobald der Träger der Sozialhilfe von einer sozialhilferechtlich relevanten Notlage Kenntnis erlangt (s. § 5). Der Anspruch **erlischt** mit der Beseitigung der Notlage durch die Hilfe des Trägers der Sozialhilfe selbst, aber auch durch Hilfe von dritter Seite, oder auch durch den Wegfall der Notlage ganz allgemein. Einen Sonderfall des Wegfalls des Anspruchs auf Sozialhilfe regelt § 25 Abs. 1.

11. Die Bestimmung des **Absatzes 1 Satz 2** ist eine Sonderregelung zu §§ 53 Abs. 2, 54 Abs. 2 SGB I und geht diesen Vorschriften vor (§ 37 SGB I). Sie gilt lediglich für den Anspruch auf Sozialhilfe, nicht für bereits ausgezahlte Leistungen; in diesem Falle gelten § 55 SGB I sowie die Vorschriften der Zivilprozeßordnung (ZPO) über den Pfändungsschutz (§§ 811 ff. ZPO; s. auch § 8 Erl. 5 f.).

12. **Vererblich** sind Ansprüche auf Sozialhilfe grundsätzlich nicht, weil nach dem Tode des Hilfesuchenden ihr Zweck, dem Hilfesuchenden die Führung eines menschenwürdigen Lebens zu ermöglichen, nicht mehr erreicht werden kann (BVerwGE 25, 23 ff.). Dieser dem Sozialrecht immanente Grundsatz geht den §§ 56, 58 SGB I vor. Eine Ausnahme gilt zum einen für den Fall, daß der Anspruch auf Sozialhilfe nur deshalb noch besteht, weil es der Träger der Sozialhilfe versäumt hat, rechtzeitig zu leisten, oder wenn der Anspruch bereits anerkannt war (vgl. Gottschick/Giese § 4 Rz 6.2), zum anderen für den

Fall, daß der Zweck der Hilfe auch noch nach dem Tod des Hilfeempfängers erreicht werden kann (vgl. OVG Berlin FEVS 31, 177: Vererblich ist der Anspruch auf Erstattung von Beiträgen für eine Alterssicherung der Pflegeperson gem. § 69 Abs. 3 S. 2).

13. Der Bescheid, durch den die Gewährung oder Versagung von Sozialhilfe ausgesprochen wird, stellt einen Verwaltungsakt i. S. des § 31 SGB dar, für den die allgemeinen Vorschriften des SGB I und X gelten, soweit nicht das BSHG besondere Regelungen trifft oder sich aus den Grundgedanken des Sozialhilferechts Abweichendes ergibt. S. im übrigen auch **Anhang 2,** Erl. I. 10.

14. Hat der Träger der Sozialhilfe die Gewährung von Sozialhilfe abgelehnt, so steht dem Hilfesuchenden der Rechtsweg zu den **Verwaltungsgerichten** (vgl. § 40 Abs. 1 VwGO) offen. Dabei sind die Vorschriften der Verwaltungsgerichtsordnung (VwGO) zu beachten (z. B. die Bestimmungen über das Widerspruchsverfahren). Erhebt der Hilfesuchende gegen den Träger der Sozialhilfe eine Verpflichtungsklage mit dem Ziel, eine von dem Träger der Sozialhilfe abgelehnte Sozialleistung zu erhalten, so ist für die Entscheidung des Verwaltungsgerichts auf die Sach- und Rechtslage zum Zeitpunkt des Erlasses des ablehnenden Verwaltungsaktes, d. h. in der Regel auf den Zeitpunkt des Erlasses des Widerspruchsbescheides, der dem Ablehnungsbescheid seine endgültige Gestalt gegeben hat, abzustellen (vgl. BVerwGE 25, 307). Dazu auch **Anhang 2,** Erl. II. 2ff.

15. Zu Ermessen und unbestimmtem Rechtsbegriff im BSHG vgl. Bär ArchsozArb 1976, 85.

Einsetzen der Sozialhilfe

5 Die Sozialhilfe setzt ein, sobald dem Träger der Sozialhilfe oder den von ihm beauftragten Stellen bekannt wird, daß die Voraussetzungen für die Gewährung vorliegen.

1. Die Sozialhilfe wird vom **Offizialprinzip** beherrscht (im Gegensatz zum Antragsprinzip), d. h. sie wird ohne Antrag von Amts wegen gewährt. In der Praxis geht freilich in der Regel der Hilfegewährung die Stellung eines **Antrags** voraus und die Stellung eines Antrags ist auch jedem Hilfesuchenden zu empfehlen (vgl. auch § 16 Abs. 1 SGB I; zu den Antragsformularen eingehend u. krit. Schoch ZfS 1987, 65). An dem gemeinhin nicht in dem Maße, wie es der Gesetzeswortlaut nahelegt, praktizierten Aufgreifen sozialer Problemlagen durch die Träger der Sozialhilfe aus eigener Initiative entzündet sich die unter dem Schlagwort der „passiven Institutionalisierung" der Sozialhilfeverwaltung geübte Kritik an der Sozialhilfe.

2. Von Rechts wegen ist kein Antrag erforderlich, um die Verpflichtung des Trägers der Sozialhilfe zum Tätigwerden und zur Hilfegewährung – und damit zugleich das **Sozialhilferechtsverhältnis** zwischen Träger der Sozialhilfe und Hilfesuchendem sowie die daraus resultierende **Betreuungspflicht** – zu begründen, sondern es reicht die wie auch immer erlangte Kenntnis des Trägers von der Notlage des Hilfesuchenden aus **(„Kenntnis-Grundsatz“).** Der Hilfesuchende soll so wenig wie möglich mit Formalitäten und sonstigen verfahrensmäßigen Schwierigkeiten belastet werden. Damit trägt das Gesetz auch der besonderen Klientel der Sozialhilfeverwaltung Rechnung, die häufig Schwierigkeiten hat, mit der Bürokratie umzugehen und sich der Bedürftigkeit schämt (vgl. BVerwGE 66, 80, 92).

Die Voraussetzungen der Hilfegewährung sind dem SHTr. **bekannt** geworden, wenn die Notwendigkeit der Hilfe dargetan oder sonstwie zu erkennen ist. Dem SHTr. wird hingegen nicht angesonnen, die Notwendigkeit der Hilfe zu „erahnen“ (BVerwG FEVS 25, 133). Auf der anderen Seite muß der SHTr. einen einmal „erblickten“ Sozialhilfefall **„im Auge behalten“** (z. B. bei konkreten Anhaltspunkten prüfen, ob sich die Pflegebedürftigkeit verschlechtert hat, um dann – auch ohne Antrag – ein entspr. höheres Pflegegeld zu bewilligen; vgl. OVG Lüneburg FEVS 36, 329 zur rückwirkenden Erhöhung).

3. Der **Zweck** des in § 5 umschriebenen **Offizialprinzips** liegt also darin, daß das Tätigwerden des Sozialhilfeträgers nicht von Handlungen (v. a. Anträgen) des Hilfsbedürftigen abhängig gemacht werden darf und daß es auch von dritter Seite (Verwandten, Ärzten, Sozialarbeitern, Mitarbeitern freier Träger usw.) angeregt werden kann. In der Praxis hat § 5 u. a. Bedeutung für den **Zeitpunkt,** von dem an Sozialhilfe zu gewähren ist.

Beispiel: Ein Mitarbeiter der Caritas teilt dem Sozialamt telefonisch am 2. Mai mit, daß in seiner Beratungsstelle die hilfsbedürftige (weil von einer „Mini-Rente“ lebende) Rentnerin Lina K. gewesen sei. Stellt Frau K. am 3. Juni beim Sozialamt Antrag auf Hilfe zum Lebensunterhalt, dann ist Hilfe vom 2. Mai an (also ab Zeitpunkt der Kenntnisnahme) zu gewähren (beim Bestreiten der Kenntnisnahme durch den Sozialhilfeträger kann der Nachweis im Einzelfall allerdings schwierig werden).

4. Das Sozialgesetzbuch **erleichtert** dem Hilfesuchenden die Antragstellung in mehrfacher Weise:

- Anträge auf Sozialhilfe können nach § 16 Abs. 1 SGB I nicht nur beim zuständigen Leistungsträger gestellt werden, sondern insbesondere auch bei allen anderen Leistungsträgern und bei allen Gemeinden. Eine unzuständige Stelle hat den bei ihr abgegebenen Antrag unverzüglich an den zuständigen Leistungsträger weiterzuleiten (§ 16 Abs. 2 S. 1 SGB I; s. auch **Anhang 2** I. 1.).

Beispiel: Die Eltern eines behinderten Kindes beantragen stationäre Eingliederungshilfe bei einem unzuständigen überörtlichen Träger; dieser hat den Antrag nach § 16 Abs. 2 S. 1 SGB I an den zuständigen Träger weiterzuleiten. Nach der Rechtsprechung setzt die Hilfe dann aber erst mit Kenntnis des **zuständigen** Trägers ein, weil § 16 Abs. 2 S. 2 SGB I (der eine „Kenntnisgemeinschaft" von zuständigem und unzuständigem Leistungsträger fingiert) im Sozialhilferecht wegen § 5 unanwendbar sei (vgl. BVerwG FEVS 33, 358; Bay. VGH FEVS 32, 119; OVG Lüneburg FEVS 33, 118; dagegen zu Recht unter Hinweis auf Sinn und Zweck des § 16 Abs. 2 S. 1 SGB I – Schutz des Antragstellers vor dem „Zuständigkeits-Gestrüpp" – Schultz ZfF 1981, 153).

- Bei unklaren, unzweckmäßigen und unvollständigen Anträgen müssen die Sozialhilfeträger aufgrund ihrer Beratungspflicht unverzüglich eine Berichtigung oder Ergänzung veranlassen (§ 16 Abs. 3 SGB I).
- Anträge sind auch formlos wirksam (§ 9 SGB X), können also z. B. mündlich gestellt werden (in der Praxis dominieren freilich Formularvordrucke, um die Vollständigkeit der Angaben zu gewährleisten; zum Antragswesen eingehend Schoch ZfS 1987, 65).
- Nach § 36 Abs. 1 SGB I können Minderjährige nach Vollendung des fünfzehnten Lebensjahres wirksam Anträge stellen (Einschränkung durch den gesetzlichen Vertreter ist nach § 36 Abs. 2 SGB I allerdings möglich; s. auch **Anhang 2** I.1.).

5. Der Träger der Sozialhilfe ist verpflichtet, umfassend zu prüfen, welche Maßnahmen zur Beseitigung der Notlage erforderlich sind, ohne daß es auf einen entsprechenden Antrag des Hilfesuchenden bzw. Anregungen von Seiten Dritter ankommt **(„Gesamtfallgrundsatz");** vgl. BVerwGE 22, 320; 39, 263; Giese ZfF 1976, 2).

Beantragt also z. B. jemand Pflegegeld nach § 69 Abs. 3, dann ist auch ohne Bindung an diesen Antrag zu prüfen, ob anderweitige Hilfen, z. B. Eingliederungshilfe für Behinderte (§§ 39ff.) oder Hilfe zur Weiterführung des Haushalts (§ 70) in Betracht kommen. Gerade wegen der „parzellierten" Bearbeitung von Sozialhilfefällen (oft sind verschiedene Sachbearbeiter für unterschiedliche Hilfetypen „zuständig") ist der Gesamtfallgrundsatz von praktischer Bedeutung. Dem Sozialarbeiter des Außendienstes, dem die Gesamtsituation des Hilfesuchenden am ehesten vertraut sein sollte, kommt hier die wichtige Aufgabe zu, die der Gesamtsituation entsprechenden Hilfemaßnahmen vermitteln zu helfen.

Vorbeugende Hilfe, nachgehende Hilfe

6 (1) **Die Sozialhilfe soll vorbeugend gewährt werden, wenn dadurch eine dem einzelnen drohende Notlage ganz oder teilweise abgewendet werden kann. Die Sonderbestimmung des § 36 geht der Regelung des Satzes 1 vor.**

(2) **Die Sozialhilfe soll auch nach Beseitigung einer Notlage gewährt werden, wenn dies geboten ist, um die Wirksamkeit der**

zuvor gewährten Hilfe zu sichern. Die Sonderbestimmung des § 40 geht der Regelung des Satzes 1 vor.

1. Die Vorschrift sieht keine eigenständigen Leistungen vor, sondern knüpft an die übrigen Vorschriften des BSHG an und bestimmt, daß die dort vorgesehenen Hilfearten bei Vorliegen der genannten Voraussetzungen **vorbeugend** oder **nachgehend** gewährt werden sollen. Die vorbeugende oder nachgehende Hilfe erfolgt in Form von **Soll-Leistungen** (s. § 4). Davon abweichend sehen Absatz 1 Satz 2 und Absatz 2 Satz 2 für Sonderfälle spezielle Regelungen vor.

2. **Absatz 1** verlagert den Zeitpunkt, zu dem die Sozialhilfe einsetzt (s. § 5), vor. Der Träger der Sozialhilfe soll bereits dann tätig werden, wenn ihm bekannt wird, daß in absehbarer Zeit mit Sicherheit eine Notlage eintreten wird.

3. Gemeinschaftsaktionen vorbeugender Art (z. B. Schutzimpfungen, Einrichtung von Mütterberatungsstellen u. a.) fallen nicht unter die Bestimmung.

4. Soweit die Voraussetzungen der besonderen vorbeugenden Hilfe gemäß § 36 nicht vorliegen, kommt die Anwendung des Absatzes 1 in Betracht.

5. **Absatz 2** bezweckt die Sicherung des Erfolges einer früheren Hilfeleistung. Sie berührt sich mit der Hilfe nach Absatz 1, wenn sie zugleich den Eintritt einer erneuten Notlage verhindert.

6. In der Praxis wird z. T. nachgehende Hilfe im Regelfall längstens 6 Monate nach Beseitigung der Notlage gewährt.

Familiengerechte Hilfe

7 Bei Gewährung der Sozialhilfe sollen die besonderen Verhältnisse in der Familie des Hilfesuchenden berücksichtigt werden. Die Sozialhilfe soll die Kräfte der Familie zur Selbsthilfe anregen und den Zusammenhalt der Familie festigen.

1. Die Vorschrift ist eine **besondere Ausprägung des Individualisierungsgrundsatzes** in bezug auf die Familie des Hilfesuchenden (s. § 3) und trägt insofern der Bedeutung Rechnung, die der Familie in der Sozialrechtsordnung (vgl. § 1 Abs. 1 SGB I) wie in der Rechtsordnung insgesamt (vgl. Art. 6 GG) zukommt. Sie begründet keine unmittelbaren Rechte und Pflichten für den Hilfesuchenden bzw. seine Angehörigen oder für den Träger der Sozialhilfe, sondern enthält lediglich Anweisungen über die Auslegung und die Ausführung des BSHG. In einzelnen Vorschriften wird die Regelung des § 7 weiter konkretisiert (s. §§ 69 Abs.2 , 84 Abs. 1 S. 2, 91 Abs. 3). Zur Konkretisierung des

§ 7 durch die Rechtsprechung vgl. BVerwGE 30, 19; 34, 219; 51, 61; danach sind beispielsweise für die Entscheidung der Frage, ob jemand, der seine Unterhaltspflichten vernachlässigt, weil er ein Studium aufnimmt, zum Kostenersatz wegen schuldhaften Verhaltens herangezogen werden kann (s. § 92a), die Interessenlage und die Einstellung der unterhaltsberechtigten Familienangehörigen zu berücksichtigen).

2. **Satz 2** enthält eine Anregung zur Selbsthilfe (s. § 1 Abs. 2 S. 2).

3. Der Begriff der ,,Familie" richtet sich nach den Besonderheiten des Einzelfalles (s. § 3 Abs. 1) und den jeweiligen sozialhilferechtlichen Zielsetzungen und ist nicht von vornherein auf die Kernfamilie (Eltern und Kinder) beschränkt.

Formen der Sozialhilfe

8 (1) **Formen der Sozialhilfe sind persönliche Hilfe, Geldleistung oder Sachleistung.**

(2) **Zur persönlichen Hilfe gehört außer der Beratung in Fragen der Sozialhilfe (§ 14 des Ersten Buches Sozialgesetzbuch) auch die Beratung in sonstigen sozialen Angelegenheiten, soweit letztere nicht von anderen Stellen oder Personen wahrzunehmen ist. Wird Beratung in sonstigen sozialen Angelegenheiten auch von Verbänden der freien Wohlfahrtspflege wahrgenommen, ist der Ratsuchende zunächst hierauf hinzuweisen.**

1. **Absatz 1** räumt der **persönlichen Hilfe** als der dem Wesen der modernen Sozialhilfe nach den Vorstellungen des Gesetzgebers am meisten entsprechenden Hilfeart (s. Einf. I 4) bei der Aufzählung der Hilfearten den ersten Platz ein. Dieser Betonung der persönlichen Hilfe entspricht ihre Hervorhebung im Rahmen der Hilfe in besonderen Lebenslagen, z. B. in §§ 72 Abs. 2, 75 Abs. 4. Vgl. im übrigen auch § 11 SGB I; die persönliche Hilfe nach dem BSHG gehört zu den **Dienstleistungen** im Sinne dieser Bestimmung.

2. Auch das Darlehen (s. §§ 15a, 15b, 27 Abs. 2, 30 Abs. 3, 89) ist eine Form der **Geldleistung.** Zu Einzelheiten s. § 15b Erl. 1 ff.

3. **Sachleistungen** werden vor allem in Einrichtungen gewährt (z. B. Verpflegung, Kleidung, Unterkunft), ferner bei Krankheit und Behinderung (s. z. B. §§ 37, 40, 68, 75).

4. Im Rahmen der Hilfe zum Lebensunterhalt genießen Geldleistungen Vorrang gegenüber Sachleistungen, da sie der Aufgabe der Sozialhilfe und ihrem Ziel (s. § 1) insofern gemäßer sind, als sie dem Hilfesuchenden ein höheres Maß an Wahl- und Gestaltungsfreiheit einräumen. Ausnahmsweise wird den Sachleistungen der Vorzug gegeben, so unter den Voraussetzungen der §§ 21 Abs. 2, 25 Abs. 2, 120 Abs. 2

S. 2. Wertgutscheine werden gemeinhin als geldwerte Leistungen qualifiziert (zur Gutscheinausgabe s. unten Erl. 5d u. Erl. 9 zu § 120).

5. Die Unterscheidung zwischen **Geldleistungen** einerseits und **Sach- oder Dienstleistungen** andererseits kann im Einzelfall Bedeutung erlangen. Maßgebend dafür, ob eine Geldleistung bzw. eine Sach- oder Dienstleistung vorliegt, ist, in welcher Form die Leistung dem Berechtigten „zugute" kommt. Neben Barauszahlungen an den Berechtigten und Überweisungen auf ein Konto sind auch solche Leistungen an Dritte zugunsten des Berechtigten Geldleistungen, durch die eine Geldschuld des Berechtigten den Dritten gegenüber getilgt ist; sichert der Träger der Sozialhilfe einem Heim- oder Anstaltsträger bei Aufnahme des Hilfesuchenden oder später die Übernahme der Heimkosten zu und zahlt er die Kosten unmittelbar an den Heimträger, so liegt darin die Gewährung von Geldleistungen (Giese § 12 SGB I Rz 5).

Das SGB I sieht eine Reihe von Sonderregelungen für Geldleistungen vor:

a) Nach § 42 Abs. 1 SGB I kann der zuständige Leistungsträger **Vorschüsse** zahlen, wenn ein Anspruch auf Geldleistungen dem Grunde nach besteht und zur Feststellung seiner Höhe voraussichtlich längere Zeit erforderlich ist. Die Vorschrift ist auch im Sozialhilferecht grundsätzlich anwendbar, wird jedoch im Einzelfall – so etwa aufgrund der §§ 11 Abs. 2, 29, 43 Abs. 1 – modifiziert (vgl. Giese § 42 SGB I Rz 7). Der Träger der Sozialhilfe ist im Rahmen seiner Betreuungspflicht gehalten, den Hilfesuchenden ggf. auf die Möglichkeit, einen Vorschuß zu verlangen, hinzuweisen. Er ist auch befugt, den Hilfesuchenden auf die Möglichkeit hinzuweisen, bei einem anderen Leistungsträger Vorschüsse zu beantragen; der Hilfesuchende selbst ist zur Stellung eines derartigen Antrages im Rahmen seiner Verpflichtung zur Selbsthilfe (§ 2 Abs. 1) verpflichtet.

b) Geldleistungen – auch solche der Sozialhilfe – sind zu **verzinsen** (§ 44 SGB I; vgl. BVerwGE 66, 90). Aus Gründen der Verwaltungsvereinfachung hat der Gesetzgeber davon abgesehen, die Verzinsung von einem Verschulden (Verzugszinsen) abhängig zu machen. Es kommt mithin nicht auf eine schuldhaft verzögerliche Bearbeitung eines Antrags, sondern ausschließlich auf den Zeitablauf an. Auch die Beschränkung der Verzinsung auf volle Kalendermonate dient dem Streben nach größtmöglicher Verwaltungsvereinfachung. Entsprechendes gilt für die Verzinsung lediglich voller DM-Beträge.

Nach § 40 SGB I **entstehen Ansprüche** auf Sozialleistungen, sobald ihre im Gesetz oder aufgrund eines Gesetzes bestimmten Voraussetzungen vorliegen; bei **Ermessensleistungen** ist der Zeitpunkt maßgebend, in dem die Entscheidung über die Leistung bekannt gegeben wird, es sei denn, daß in der Entscheidung ein anderer Zeitpunkt bestimmt ist. Diese Vorschrift wird durch § 5 dahingehend modifiziert, daß die Sozialhilfe einsetzt, sobald dem Träger der Sozialhilfe oder den von ihm beauftragten Stellen bekannt wird, daß die Voraussetzungen für die Gewährung vorliegen. Ist der Anspruch auf Sozialhilfe auf eine Geldleistung gerichtet (z. B. §§ 11, 12 i. V. m. § 22 Abs. 1, 67, 69 Abs. 3 u. a.), so entsteht der Anspruch auf die Geldleistungen also mit dem „Bekanntwerden" i. S. d. § 5. Zu demselben Zeitpunkt beginnt die Frist des § 44 Abs. 2 SGB I.

c) Ansprüche auf Sozialleistungen **verjähren** nach § 45 Abs. 1 SGB I **in vier Jahren** nach Ablauf des Kalenderjahrs, in dem sie entstanden sind. Die Vorschrift ist im Sozialhilferecht im wesentlichen von Bedeutung für die Einrede der Verjährung gegen Geldleistungsansprüche eines Hilfesuchenden, die nicht ausgezahlt worden sind.

d) Geldleistungen sollen kostenfrei auf ein Konto des Empfängers bei einem Geldinstitut **überwiesen** oder, wenn der Empfänger es verlangt, kostenfrei an seinen Wohnsitz **übermittelt** werden (§ 47 SGB I).

Diese Vorschrift steht allerdings der **Barauszahlung** der Sozialhilfe nicht entgegen, weil sich hier Art und Maß der Leistungen gem. § 4 Abs. 2 nach dem pflichtgemäßen Ermessen des Leistungsträgers richten und zugleich in vielen Fällen ein Mittel für die individuelle Gestaltung der Hilfe und damit auch für die möglichst umfassende Gewährleistung des Erreichens der Zielsetzung der Hilfegewährung (z. B. Gewährung von Sachleistungen anstelle von Geldleistungen, Barzahlung in Tagessätzen an Personen ohne festen Wohnsitz, Gewährung von Leistungen in Form von Berechtigungsscheinen, direkte Zahlung der Miete an den Vermieter) sind. Diese besonderen Auszahlungsarten, die durch die Sicherstellung der Hilfe im Einzelfall geboten sein können, werden durch § 47 SGB I nicht berührt (vgl. Schellhorn in GK-SGB I § 47 Rz 16).

Allerdings darf der Träger der Sozialhilfe im Rahmen des ihm zustehenden Ermessens die Art der Zahlungsweise **nicht** als **Zwangsmittel** dafür einsetzen, beim Hilfeempfänger andere als die ohnehin nach §§ 60ff. SGB I gebotenen Mitwirkungshandlungen (z. B. Erklärung, eine Unterhaltsklage einzureichen) durchzusetzen (vgl. VG Berlin ZfF 1984, 81).

Ferner ist die Ausgabe von **Berechtigungsscheinen** bzw. **Gutscheinen** gegen den Willen des Hilfesuchenden nur bei Vorliegen besonderer Umstände gerechtfertigt (z. B. wenn konkrete Anhaltspunkte dafür vorliegen, daß die Hilfe zweckwidrig verwendet wird und deshalb für denselben Bedarf erneut Hilfe gewährt werden müßte; vgl. OVG Lüneburg FEVS 36, 334; s. auch § 120 Erl. 9).

e) Zur **Abzweigung** laufender Geldleistungen gem. § 48 SGB I s. § 90 Erl. 7 c).

f) Die **Schutzvorschrift** über die **Kontenpfändung** und die **Pfändung von Bargeld** (§ 55 SGB I) gilt auch für das Sozialhilferecht. Demnach sind Leistungen, die auf das Konto des Hilfeempfängers überwiesen werden, für die Dauer von sieben Tagen seit der Gutschrift der Überweisung unpfändbar, soweit dem Geldinstitut bekannt ist, daß es sich um eine Sozialhilfeleistung handelt.

Ein **überzogenes Konto** des Hilfeempfängers kann das Geldinstitut nicht durch „Verrechnung" von überwiesenen Sozialhilfeleistungen – in den ersten 7 Tagen nach Gutschrift – ausgleichen (Hess. VGH FEVS 35, 7; OVG Lüneburg NJW 1987, 91; VGH B.-W. FEVS 36, 422; a. A. OVG NRW FEVS 35, 251 gleichfalls für ein Postscheckkonto. Dies könnte in der Praxis freilich dazu führen, Sozialhilfeempfängern künftig Kontoüberziehungen zu verweigern).

g) Gegen Ansprüche auf laufende Hilfe zum Lebensunterhalt ist eine **„Verrechnung" (Aufrechnung)** mit darlehensweise oder zu Unrecht erbrachter Sozialhilfeleistung (i. d. R. Geldleistung) nicht zulässig (ansonsten wäre der notwendige Lebensbedarf nicht mehr gedeckt; vgl. BVerwGE 29, 295; 40, 73; 60, 240, st. Rspr.). Insofern tritt also § 51 SGB I zurück.

Ausnahmen: Der Hilfesuchende hat Schonvermögen (das er verwerten und zur Aufrechnung stellen kann, weil er dann nicht zwangsläufig in seinem notwendigen Lebensbedarf beeinträchtigt wird; vgl. BVerwGE 29, 295); der Hilfesuchende hat die Sozialhilfeleistung durch betrügerisches Verhalten erlangt (allerdings muß ihm dann das zum Lebensunterhalt Unerläßliche gem. § 25 Abs. 2 verbleiben; a. A. OVG Lüneburg FEVS 36, 464: keine Aufrechnung; offengelassen in BVerwGE 60, 240; vgl. aber BAG AP Nr. 4 u. 8 zu § 394 BGB zur Aufrechnung des Arbeitgebers in den Grenzen des § 850d ZPO gegen eine Forderung des Arbeitnehmers, die auf vorsätzlicher unerlaubter Handlung beruht).

6. **Absatz 2** bezeichnet die **Beratung** als eine Form der Sozialhilfe. Die Regelung ist in Zusammenhang mit der allgemeinen Vorschrift des § 14 SGB I zu sehen, die jedem Bürger einen Anspruch auf umfassende Beratung durch den zuständigen Leistungsträger gibt (vgl. auch **Anhang 2,** I.2.).

7. Der Umfang der Beratung ergibt sich aus der konkreten individuellen Notlage des Hilfesuchenden und richtet sich nach den Umständen des Einzelfalles (s. § 3). Sie hat dem Rang der persönlichen Hilfe gemäß in umfassender Weise zu erfolgen.

8. **Absatz 2 Satz 2** entspricht dem partiellen Vorrang der Verbände der freien Wohlfahrtspflege vor den öffentlichen Trägern der Sozialhilfe (s. § 10).

9. Mit dem **Rechtsberatungsgesetz,** demzufolge die geschäftsmäßige Besorgung fremder Rechtsangelegenheiten nur von Personen betrieben werden darf, denen die Justizverwaltung dies gestattet hat, kommt die Beratung nach § 8 Abs. 2 in der Regel nicht in Konflikt (vgl. Knopp/Fichtner § 8 Rz 24–29).

In „sonstigen sozialen Angelegenheiten" (z. B. Leistungen außerhalb des BSHG; Probleme des Ehe- und Wohnungsrechts) ist die Beratung durch die Sozialhilfeträger i. d. R. subsidiär gegenüber der **Beratungshilfe** nach dem BerHG (vgl. Lindemann/Trenk-Hinterberger § 1 Rz 19).

10. Bei **schuldhaft unrichtiger Beratung** kann gegen Träger der Sozialhilfe ein Amtshaftungsanspruch gemäß § 839 BGB i. V. m. Art. 34 GG, gegen Angehörige von Verbänden der freien Wohlfahrtspflege ein bürgerlich-rechtlicher Schadensersatzanspruch nach dem BGB bestehen.

Nach OVG Koblenz NVwZ 1985, 509 ist ein **sozialrechtlicher Herstellungsanspruch,** wie er von der Judikatur des BSG entwickelt worden ist, nicht in den Bereich des Sozialhilferechts zu übernehmen (zw., da man wohl kaum – so aber wohl das OVG – davon ausgehen kann, daß dem Sozialhilferechtsverhältnis in der Regel nicht dieselbe Intensität und Abhängigkeit des Bürgers vom Leistungsträger innewohnt, wie dies bei der Sozialversicherung der Fall ist. Das Sozialhilfeverhältnis kommt zwar erst mit Eintritt der Sozialhilfebedürftigkeit gleichsam „ad hoc" zustande und dem Leistungsverhältnis geht nicht ein auf Beitragszahlung usw. fußendes, vorstufiges Sozialrechtsverhältnis voraus, gleichwohl erscheint es mit Hinblick auf die existenzielle Bedeutung der Sozialhilfe für den Hilfeberechtigten kaum vertretbar, daraus abzuleiten, daß das Sozialhilfeverhältnis deshalb weniger „intensiv" sei als das Sozialversicherungsverhältnis. Allerdings sind auch bei einer Übernahme der Figur des sozialrechtlichen Herstellungsanspruchs in das Sozialhilferecht dessen Voraussetzungen – z. B. die Verletzung einer Beratungs- oder Vertrauenspflicht, für die der Leistungsträger einzustehen hat – zu beachten).

Träger der Sozialhilfe

9 **Die Sozialhilfe wird von örtlichen und überörtlichen Trägern gewährt.**

1. Die Vorschrift stellt klar, daß Sozialhilfe i. S. des BSHG **nur von öffentlich-rechtlichen Trägern** der Sozialhilfe gewährt wird. Andere Stellen, insbesondere auch Private können lediglich zur **Erbringung** von Sozialhilfeleistungen herangezogen werden (s. insbes. §§ 8 Abs. 2 S. 2, 10, 93 Abs. 1 S. 2).

2. Die Träger der Sozialhilfe sind zugleich **Leistungsträger** i. S. der §§ 12, 28 Abs. 2 SGB I und haben als solche die Pflicht, die Bevölkerung über ihre Rechte und Pflichten nach dem Sozialgesetzbuch **aufzuklären** (§ 13 SGB I), den einzelnen Bürger darüber zu **beraten** (§ 14 SGB I), **Anträge entgegenzunehmen** und **auf ihre Vollständigkeit hinzuwirken** und sie ggf. an den zuständigen Leistungsgträger **weiterzuleiten** (§ 16 SGB I) sowie für die Ausführung der Sozialleistungen zu sorgen (§ 17 SGB I).

3. Zu den Trägern der Sozialhilfe im einzelnen s. §§ 96–102.

Verhältnis zur freien Wohlfahrtspflege

10 (1) **Die Stellung der Kirchen und Religionsgesellschaften des öffentlichen Rechts sowie der Verbände der freien Wohlfahrtspflege als Träger eigener sozialer Aufgaben und ihre Tätigkeit zur Erfüllung dieser Aufgaben werden durch dieses Gesetz nicht berührt.**

(2) **Die Träger der Sozialhilfe sollen bei der Durchführung dieses Gesetzes mit den Kirchen und Religionsgesellschaften des öffentlichen Rechts sowie den Verbänden der freien Wohlfahrtspflege zusammenarbeiten und dabei deren Selbständigkeit in Zielsetzung und Durchführung ihrer Aufgaben achten.**

(3) **Die Zusammenarbeit soll darauf gerichtet sein, daß sich die Sozialhilfe und die Tätigkeit der freien Wohlfahrtspflege zum Wohle des Hilfesuchenden wirksam ergänzen. Die Träger der Sozialhilfe sollen die Verbände der freien Wohlfahrtspflege in ihrer Tätigkeit auf dem Gebiet der Sozialhilfe angemessen unterstützen.**

(4) **Wird die Hilfe im Einzelfalle durch die freie Wohlfahrtspflege gewährleistet, sollen die Träger der Sozialhilfe von der Durchführung eigener Maßnahmen absehen; dies gilt nicht für die Gewährung von Geldleistungen.**

(5) **Die Träger der Sozialhilfe können allgemein an der Durchführung ihrer Aufgaben nach diesem Gesetz die Verbände der freien Wohlfahrtspflege beteiligen oder ihnen die Durchführung solcher Aufgaben übertragen, wenn die Verbände mit der Beteiligung oder Übertragung einverstanden sind. Die Träger der Sozialhilfe bleiben dem Hilfesuchenden gegenüber verantwortlich.**

1. Die Vorschrift regelt das in Deutschland historisch gewachsene **Nebeneinander der öffentlichen und privaten** (oder freien) **Wohlfahrtspflege** und verpflichtet die Träger der Sozialhilfe zur Zusammenarbeit mit den Verbänden der freien Wohlfahrtspflege. Sie geht insofern als Sonderregelung („lex specialis") dem § 17 Abs. 3 SGB I vor, der die Zusammenarbeit zwischen Leistungsträgern i. S. des SGB und gemeinnützigen und freien Einrichtungen und Organisationen (einschließlich Selbsthilfeorganisationen) in umfassender und allgemeiner Weise regelt (vgl. Burdenski/von Maydell/Schellhorn GK-SGB I § 17 Rz 24ff.).

2. Für die **Zusammenarbeit** der Träger der Sozialhilfe **mit** anderen **öffentlichen Leistungsträgern** gilt die allgemeine Regelung des § 17 SGB I. Danach sind die Leistungsträger, ihre Verbände und die sonstigen im SGB genannten öffentlich-rechtlichen Vereinigungen verpflichtet, bei der Erfüllung ihrer Aufgaben gemäß § 17 Abs. 1 SGB I eng zusammenzuarbeiten. Sie müssen im Rahmen ihrer Verpflichtung zur Kooperation darauf hinzuwirken, daß
1. jeder Berechtigte die ihm zustehenden Sozialleistungen in zeitgemäßer Weise, umfassend und schnell erhält,
2. die zur Ausführung von Sozialleistungen erforderlichen sozialen Dienste und Einrichtungen rechtzeitig und ausreichend zur Verfügung stehen und
3. der Zugang zu den Sozialleistungen möglichst einfach gestaltet wird, insbesondere durch Verwendung allgemein verständlicher Antragsvordrucke.

3. **Absatz 1** unterstreicht die Selbständigkeit und Freiheit der Kirchen, Religionsgesellschaften und Verbände der freien Wohlfahrtspflege; ihnen kann und will das BSHG keine Verpflichtungen auferlegen.

4. **Absätze 2–5** regeln das Nebeneinander und die Kooperation der Träger der Sozialhilfe und der freien Träger in der Sozialhilfe, soweit nicht §§ 8 Abs. 2, 93 Abs. 1 und 95 Abs. 1 für einzelne Gegenstände besondere Regelungen vorsehen. Von grundlegender Bedeutung für die rechtliche Ausgestaltung und Beurteilung dieses Nebeneinanders

ist nach wie vor das Urteil des BVerfG v. 18. 7. 1967 (BVerfGE 22, 180) über die Vereinbarkeit von § 10 Abs. 3 S. 2 u. Abs. 4 mit dem GG.

5. Zu den **Verbänden der freien Wohlfahrtspflege** i. S. des **Absatzes 2** gehören vor allem die Arbeiterwohlfahrt, der Deutsche Caritasverband, der Deutsche Paritätische Wohlfahrtsverband, das Deutsche Rote Kreuz, das Diakonische Werk und die Zentralwohlfahrtsstelle der Juden in Deutschland, die ihrerseits wiederum eine Vielzahl von Untergliederungen und angeschlossenen Verbänden haben. Als Verband der freien Wohlfahrtspflege gilt jeder Verband, der nach seinem überwiegenden Verbandszweck Hilfe ohne die Voraussetzung einer Mitgliedschaft im Verband oder in einer anderen Organisation und ohne Vorleistung an hilfsbedürftige Personen gewährt und der als gemeinnützig anerkannt ist (vgl. Gottschick/Giese § 10 Rz 2.2.).

6. Nach **Absatz 3 Satz 1** soll die Zusammenarbeit so ausgestaltet werden, daß sie den Zweck, dem Wohle des Hilfesuchenden zu dienen, erfüllen kann. **Satz 2** normiert die Unterstützungspflicht gegenüber den Verbänden der freien Wohlfahrtspflege in jeder geeigneten Art. Die Unterstützung beschränkt sich also nicht auf finanzielle Zuwendungen. Sachlich ist sie begrenzt auf die Sozialhilfe, erfaßt mithin nicht die Tätigkeit der Verbände der freien Wohlfahrtspflege, soweit diese sich an Personen wendet, die keine Sozialhilfeberechtigten sind.

Zur „Richtlinienkompetenz" der Sozialhilfeträger im Sachbereich Wohlfahrtspflege vgl. Neumann ZfSH/SGB 1986, 49ff. m. w. N.

Der Träger der Sozialhilfe hat mit allen geeigneten freien Trägern zusammenzuarbeiten und darf nicht unter Hinweis auf die bewährte Zusammenarbeit mit anderen Trägern neuen Trägern von vornherein jeden Wirkungskreis abschneiden. Er hat sich vielmehr **„konkurrenzneutral"** zu verhalten und bei gleichartigen Maßnahmen mehrerer freier Träger gleiche Grundsätze und Maßstäbe anzulegen. Deshalb darf der Träger der Sozialhilfe die Unterstützung eines freien Trägers in Gestalt einer Pflegesatzvereinbarung nicht mit der Begründung ablehnen, daß für dessen Einrichtung ein Bedarf nicht bestehe oder daß er mit anderen freien Trägern zusammenarbeiten wolle (OVG Hamburg ZfF 1982, 59).

7. **Absatz 4** verankert den Grundsatz der **institutionellen Subsidiarität** der Sozialhilfe, d. h. den Nachrang der öffentlichen Hilfe gegenüber der von der freien Wohlfahrtspflege gewährten Hilfe. Die Bestimmung soll verhindern, daß der Staatsanteil im Bereich der Wohlfahrtspflege zu Lasten des Tätigkeitsbereichs der freien Träger ausgedehnt wird. Für Geldleistungen gilt dieser Grundsatz nicht **(Halbsatz 2).**

8. **Absatz 5** erlaubt keine Übertragung von Sozialhilfeaufgaben an die Träger der freien Wohlfahrtspflege; dem Hilfesuchenden gegenüber bleibt allein der Träger der Sozialhilfe verpflichtet. Es ist im

Verhältnis zwischen Trägern der Sozialhilfe und Verbänden der freien Wohlfahrtspflege (d. h. im Innenverhältnis) nur möglich, die letztgenannten privatrechtlichen Organisationen an der Durchführung der Aufgaben zu beteiligen, deren Wahrnehmung das BSHG den Trägern der Sozialhilfe aufgibt und zu deren Erfüllung diese den Hilfeberechtigten gegenüber verpflichtet sind.

Abschnitt 2. Hilfe zum Lebensunterhalt

Unterabschnitt 1. Personenkreis, Gegenstand der Hilfe

Personenkreis

11 (1) **Hilfe zum Lebensunterhalt ist dem zu gewähren, der seinen notwendigen Lebensunterhalt nicht oder nicht ausreichend aus eigenen Kräften und Mitteln, vor allem aus seinem Einkommen und Vermögen, beschaffen kann. Bei nicht getrennt lebenden Ehegatten sind das Einkommen und das Vermögen beider Ehegatten zu berücksichtigen; soweit minderjährige unverheiratete Kinder, die dem Haushalt ihrer Eltern oder eines Elternteils angehören, den notwendigen Lebensunterhalt aus ihrem Einkommen und Vermögen nicht beschaffen können, sind auch das Einkommen und das Vermögen der Eltern oder des Elternteiles zu berücksichtigen.**

(2) **Hilfe zum Lebensunterhalt kann in begründeten Fällen auch insoweit gewährt werden, als der notwendige Lebensunterhalt aus dem nach Absatz 1 zu berücksichtigenden Einkommen und Vermögen beschafft werden kann. In diesem Umfange haben die in Absatz 1 genannten Personen dem Träger der Sozialhilfe die Aufwendungen zu ersetzen; mehrere Verpflichtete haften als Gesamtschuldner.**

(3) **Hilfe zum Lebensunterhalt kann auch dem gewährt werden, der ein für den notwendigen Lebensunterhalt ausreichendes Einkommen oder Vermögen hat, jedoch einzelne für seinen Lebensunterhalt erforderliche Tätigkeiten nicht verrichten kann; von dem Hilfeempfänger kann ein angemessener Kostenbeitrag verlangt werden.**

1. **Abschnitt 2** behandelt mit der Hilfe zum Lebensunterhalt eine der beiden Arten der Sozialhilfe (s. § 1 Abs. 1). Die getrennt behandelten Hilfearten der Hilfe zum Lebensunterhalt und der Hilfe in besonderen Lebenslagen, die in Abschnitt 3 geregelt ist und eine Palette einzelner Hilfearten umfaßt (s. § 27 Abs. 1), unterscheiden sich vor allem in den

wirtschaftlichen Voraussetzungen. Benötigt ein Hilfesuchender sowohl Hilfe zum Lebensunterhalt als auch Hilfe in besonderen Lebenslagen, so finden beide Hilfearten nebeneinander Anwendung. Wird **Hilfe in einer Einrichtung** gewährt, so umfaßt die Hilfe in besonderen Lebenslagen allerdings auch den in der Einrichtung gewährten Lebensunterhalt (s. § 27 Abs. 3).

1985 wurde laufende Hilfe zum Lebensunterhalt in Höhe von ca. 8 Mrd. DM für rd. 2,06 Mio. Personen geleistet (ca. 7,1 Mrd. DM für rd. 1,98 Mio. Personen außerhalb von Einrichtungen, ca. 907 Mio. DM für rd. 80000 Personen in Einrichtungen; Hauptursachen für den Bezug dieser Hilfe sind Verlust des Arbeitsplatzes, Ausfall des Ernährers, Krankheit sowie unzureichende Versicherungs- und Versorgungsansprüche; vgl. Wirtschaft und Statistik 1987, 151).

2. **Unterabschnitt 1** des Abschnitt 2 Hilfe zum Lebensunterhalt regelt den Kreis der anspruchsberechtigten Personen und den Gegenstand der Hilfe.

3. Gemäß § 11 **Absatz 1** hat jeder Hilfesuchende, der die genannten Voraussetzungen erfüllt, einen eigenen Anspruch auf Hilfe zum Lebensunterhalt unabhängig vom Lebensalter sowie davon, ob er mit anderen Personen in einem Haushalt zusammenlebt. Auch geschäftsunfähige oder beschränkt geschäftsfähige Personen (z. B. Kinder) haben einen eigenständigen Anspruch; die Geltendmachung des Anspruchs erfolgt durch den gesetzlichen Vertreter nach den Regelungen des BGB. Von der Frage, wem der Anspruch zusteht, ist diejenige der **Empfangsberechtigung** zu unterscheiden; der Haushaltsvorstand kann etwa als gesetzlicher Vertreter – z. B. für seine Kinder – oder als Bevollmächtigter die Leistungen auch für andere Haushaltsmitglieder entgegennehmen. Das Zusammenleben in einer Familiengemeinschaft ist auch insofern bedeutsam, als nach **Satz 2** nicht getrennt lebende Ehegatten und minderjährige unverheiratete Kinder, die zum elterlichen Haushalt gehören, zum Zwecke der Bedarfsermittlung zu einer **Bedarfsgemeinschaft** zusammengefaßt werden. Entsprechend dieser gemeinsamen Bedarfsermittlung für die Mitglieder der Bedarfsgemeinschaft werden auch ihre Einkommen und Vermögen zusammen berücksichtigt (i. S. einer **Einkommens- und Vermögensgemeinschaft,** auch **Einsatz-** bzw. **Einstandsgemeinschaft** genannt). Damit trägt das Gesetz der täglichen Erfahrung Rechnung, daß die genannten Familienmitglieder „aus einem Topf" wirtschaften (BVerwG FEVS 21, 1). Aus der Gegenüberstellung von gemeinsamem Bedarf einerseits und anzurechnendem gemeinsamen Einkommen und Vermögen andererseits wird eine Gesamtleistung festgesetzt (vgl. auch **Berechnungsbeispiel 1** im **Anhang 3.**).

Eine solche Gesamtrechnung für die Bedarfsgemeinschaft ist aber nicht möglich (s. den Wortlaut von Satz 2) bei getrennt lebenden Ehegatten, bei volljährigen oder verheirateten Kindern, bei Geschwistern und anderen Verwandten sowie bei Eltern, deren Kinder Einkommen über dem Sozialhilfebedarf haben. Bei diesen Personen wird Einkommen – wie auch sonst – nur angerechnet, soweit tatsächlich (Unterhalts-)Zahlungen erfolgen bzw. soweit eine Verwandten- oder Verschwägertengemeinschaft vorliegt (s. die Erl. zu § 16; eingehend zur Bedarfs- bzw. Einsatzgemeinschaft Schoch NDV 1984, 431 u. ZfSH/SGB 1985, 494).

4. **Satz 1** bestimmt, daß der Hilfesuchende bei der Hilfe zum Lebensunterhalt grundsätzlich sein gesamtes **Einkommen** (s. §§ 76–78) und **Vermögen** (s. § 88) einzusetzen hat. Ferner hat der Hilfesuchende auch alle anderen ihm zu Gebote stehenden Möglichkeiten der Selbsthilfe – insbesondere seine **Arbeitskraft** (s. § 18) – einzusetzen. Satz 1 konkretisiert insofern den bereits in § 2 Abs. 1 allgemeiner formulierten **Grundsatz des Nachrangs der Sozialhilfe** gegenüber Möglichkeiten der Selbsthilfe (s. § 2).

Hilfsbedürftigkeit (i. S. d. Fehlens von „bereiten Mitteln", s. § 2 Erl. 2) liegt nach der Rspr. deshalb dann nicht vor, wenn die Mutter eines nichtehelichen Kindes die ihr und dem Kind zustehenden Unterhaltsansprüche gegen den Vater des Kindes allein unter Berufung darauf nicht geltend macht, dies betreffe ihre Intim- und Privatsphäre (BVerwGE 67, 163; zw. u. a. im Hinblick darauf, daß dem Kind ein mögliches Fehlverhalten der Mutter als des gesetzlichen Vertreters jedenfalls nach sozialhilferechtlichen Grundsätzen – eigener Rechtsanspruch des Kindes auf Sozialhilfe, Bedarfsdeckungsprinzip u. a. – nicht zugerechnet werden darf).

Nach OVG Münster FEVS 35, 69 ist die **Pkw-Haltung** durch einen Empfänger von laufender Hilfe zum Lebensunterhalt wegen der mit dem Betrieb des Kfz verbundenen erheblichen finanziellen Anforderungen geeignet, die Hilfsbedürftigkeit i. S. des § 11 Abs. 1 in Zweifel zu ziehen; es ist Sache des Hilfeempfängers, diese Zweifel durch konkrete und nachprüfbare Angaben über die mit der Pkw-Haltung verbundenen laufenden Kosten sowie deren Deckung (ggf. aus vom Träger der Sozialhilfe anerkannten Mehrbedarfszuschlägen) auszuräumen.

Nach OVG Lüneburg FEVS 34, 426 gibt es allerdings keinen allgemeinen Grundsatz, daß Bezug von Hilfe zum Lebensunterhalt und Halten eines Kfz, das kein verwertbares Vermögen mehr darstellt, unvereinbar sind. Insbesondere dann, wenn ältere oder erwerbsunfähige Eheleute ihre Mehrbedarfszuschläge und – unter Verzicht auf die Befriedigung anderer persönlicher Bedürfnisse – Teile ihrer Regelsätze für die Unterhaltung eines solchen Kfz einsetzen, um durch seine Benutzung alters- oder krankheitsbedingte Beschwernisse zu mildern, gebe das Sozialhilferecht keine Handhabe, das Halten dieses Kfz zu verhindern.

Zu Kfz und Sozialhilfe allgemein vgl. Hönig ZfF 1986, 76.

5. **Absatz 2** und **Absatz 3** enthalten Ausnahmen von der in Absatz 1 enthaltenen grundsätzlichen Verpflichtung, vor Inanspruchnahme von

Hilfe zum Lebensunterhalt Einkommen und Vermögen voll einzusetzen.

Die Regelung des **Absatzes 2 Satz 1** wird insbesondere dann aktuell, wenn der Hilfesuchende sofort Hilfe zum Lebensunterhalt benötigt, seine Einkommens- und Vermögensverhältnisse aber noch nicht geklärt sind und vor der Hilfegewährung auch nicht geklärt werden können, ferner auch dann, wenn eine stationäre Unterbringung des Hilfesuchenden erfolgen muß und der Träger der Einrichtung auf die Übernahme der Kosten in vollem Umfang durch den Träger der Sozialhilfe besteht, obwohl der Hilfesuchende selbst einen Teil der Unterbringungskosten tragen kann. Der Träger der Sozialhilfe entscheidet nach freiem Ermessen darüber, ob er von dieser Möglichkeit Gebrauch macht. **Satz 2** gibt ihm einen Aufwendungsersatzanspruch und gewährleistet dadurch, daß ihm aus der **Vorleistung** keine finanziellen Nachteile erwachsen. Hat der Träger der Sozialhilfe vorgeleistet, weil z. B. der Träger der Einrichtung auf voller Kostenübernahme besteht, so kann der SHTr. im nachhinein von dem Hilfeempfänger in dem Umfang, in dem dieser zum Einsatz seines Einkommens und Vermögens verpflichtet ist, Ersatz seiner Aufwendungen verlangen. Dieser Ersatzanspruch **verjährt** in **30 Jahren** (BVerwGE 75, 173).

6. **Absatz 3** schafft vor allem die Voraussetzungen dafür, daß **persönliche Hilfe** bei der Haushaltsführung (z. B. Essen auf Rädern, Einkaufhilfe) gewährt wird, d. h. der Hilfesuchende bei **einzelnen** hauswirtschaftlichen Verrichtungen unterstützt wird, die er aus eigenen Kräften nicht mehr ausführen kann und die ihm auch nicht unentgeltlich von dritter Seite gewährt werden. Der Träger der Sozialhilfe kann die Kosten für derartige Hilfeleistungen übernehmen und dadurch möglicherweise die sonst eventuell notwendige und für den Träger dann aber sehr viel kostenintensivere stationäre Unterbringung des Hilfesuchenden in einem Heim vermeiden (vgl. VG Münster NVwZ 1987, 445; zur Abgrenzung dieser **„kleinen" Haushaltshilfe** von der „großen" s. § 70 Erl. 2 u. § 69 Erl. 6).

7. Zum Einsatz des Einkommens und Vermögens bei der Hilfe in besonderen Lebenslagen s. § 28.

8. S. auch das **Berechnungsbeispiel 1** im **Anhang 3.**

Notwendiger Lebensunterhalt

12 **(1) Der notwendige Lebensunterhalt umfaßt besonders Ernährung, Unterkunft, Kleidung, Körperpflege, Hausrat, Heizung und persönliche Bedürfnisse des täglichen Lebens. Zu den persönlichen Bedürfnissen des täglichen Lebens gehören in vertretbarem Umfange auch Beziehungen zur Umwelt und eine Teilnahme am kulturellen Leben.**

(2) **Bei Kindern und Jugendlichen umfaßt der notwendige Lebensunterhalt auch den besonderen, vor allem den durch das Wachstum bedingten Bedarf.**

1. **Absatz 1** nennt, wie sich aus dem Wort „besonders" ergibt, nicht alle **Bestandteile des notwendigen Lebensunterhalts,** den die Hilfe zum Lebensunterhalt gewährleisten soll, führt aber die wichtigsten Bestandteile auf. Es handelt sich – und dies ist für die Abgrenzung zu den Hilfearten der Hilfe in besonderen Lebenslagen wichtig – um die Güter, die erforderlich sind, um die **Grundbedürfnisse des täglichen Lebens** in einer Weise zu befriedigen, die eine Beeinträchtigung der Menschenwürde des Hilfesuchenden (s. § 1 Abs. 2 S. 1) ausschließt.

2. Was über den Katalog des Absatzes 1 hinaus zum notwendigen Lebensunterhalt gehört, ist von den **jeweils herrschenden Lebensgewohnheiten** abhängig und insofern dem gesellschaftlichen Wandel unterworfen (vgl. BVerwGE 35, 178). Welche Hauptbestandteile heute anerkannt sind, ergibt sich auch aus § 1 Abs. 1 VO zu § 22 (s. § 22).

3. § 25 Abs. 2 und § 120 Abs. 2 S. 4 lassen den Schluß zu, daß der notwendige Lebensunterhalt über das zum Lebensunterhalt Unerläßliche und damit über das so garantierte bloße Existenzminimum im Sinne von Subsistenzminimum (also etwa ohne die Gewährleistung des zur Teilnahme am kulturellen Leben Erforderlichen i. S. des Satzes 2) hinausgeht. Maßstab für den notwendigen Lebensunterhalt ist insbesondere die Menschenwürde (Art. 1 GG; s. § 1 Abs. 2 S. 1 u. Einf. III), die aber als „Abbreviatur für gesellschaftliche Werturteile" (Stolleis NDV 1981, 99) der Ausfüllung und Konkretisierung bedarf. Neben den Besonderheiten des Einzelfalles (s. § 3), die allerdings durch die Gewährung der laufenden Leistungen der Hilfe zum Lebensunterhalt in Gestalt von Regelsätzen eingeschränkt werden (s. §§ 21, 22), ergibt sich aus der bereits angesprochenen Bezugnahme auf die **gesellschaftlichen Verhältnisse** und auf die jeweils herrschenden Lebensgewohnheiten der Bevölkerung auch eine Abhängigkeit der Bestimmung dessen, was zum notwendigen Lebensunterhalt gehört, von den wirtschaftlichen Verhältnissen ganz allgemein.

4. Welcher Bestandteil des notwendigen Lebensunterhalts durch **regelmäßige Leistungen** abzugelten ist, umschreiben im wesentlichen § 1 VO zu § 22 (sog. **Regelbedarf**), § 23 **(Mehrbedarf)** und § 3 VO zu § 22 (sog. **Aufwendungsbedarf** für Unterkunft und Heizung). Für den Bedarf, der nicht durch Regelbedarf (nach Regelsätzen; s. § 22 Erl. 2), Mehr- und Aufwendungsbedarf erfaßt ist, werden **einmalige Leistungen** gewährt (§ 21 Abs. 1; s. unten 7.).

5. Im einzelnen umfaßt der **notwendige Lebensunterhalt** besonders

- **Ernährung:** Bedarfsdeckung im wesentlichen durch die Regelsätze; für bestimmte Personengruppen in erweitertem Umfang (§§ 22 Abs. 1 S. 2, 23 Abs. 4 Nr. 2);
- **Unterkunft:** Kosten werden i. d. R. in Höhe der tatsächlichen Aufwendungen geleistet (§ 3 Abs. 1 VO zu § 22 und § 22 Erl. 4);
- **Kleidung:** Bedarfsdeckung durch einmalige Leistungen (s. unten 7.);
- **Körperpflege:** Bedarfsdeckung durch die Regelsätze (s. § 22 Erl. 2);
- **Hausrat:** Bedarfsdeckung durch einmalige Leistungen (s. unten 7.);
- **Heizung:** Laufende Heizungskosten (z. B. für Zentralheizung) werden in Höhe der tatsächlichen Aufwendungen gewährt (§ 3 Abs. 2 VO zu § 22); Bedarfsdeckung bei nicht laufenden Heizungskosten (z. B. Ofenheizung) durch einmalige Leistungen (s. unten 7.);
- **persönliche Bedürfnisse des täglichen Lebens:** Bedarfsdeckung durch laufende Leistungen nach Regelsätzen (s. § 22 Erl. 2); zu ihnen können einmalige Beihilfen treten (s. unten 7.).

6. **Absatz 2** weist ausdrücklich auf die Notwendigkeit hin, den Bedürfnissen von **Kindern und Jugendlichen** – insbesondere bei Ernährung und Kleidung – Rechnung zu tragen. Die Bestimmung hat nicht nur für die Bereitstellung von Leistungen im Einzelfall, sondern auch im Zusammenhang mit der Ausgestaltung der Regelsatzstruktur (s. § 22 Erl. 2) Bedeutung.

7. Für den notwendigen Bedarf an Lebensunterhalt, der nicht regelmäßig auftritt und deshalb auch nicht durch laufende Leistungen gedeckt wird, sind **einmalige Leistungen** zu gewähren (s. oben 3 und § 21 Erl. 3). Dabei bedeutet „einmalig" nicht etwa „ein einziges Mal", sondern „punktuell und zusätzlich zum laufenden Bedarf".

Zu den einmaligen Leistungen (Beihilfen) können (jeweils unter Berücksichtigung der **Umstände des Einzelfalles**) insbesondere gehören:

a) **Hausrat:** z. B. Betten, Schränke, Tische, Sofa, Öfen, Lampen, Gardinen, Herd, Töpfe, Geschirr, Besteck; Rundfunkgerät (BVerwGE 48, 237); für Kinder: Laufstall (VG Kassel info also 1984, 63), Kinderbett mit Zubehör (OVG Berlin Soziale Arbeit 1982, 400). Streitig bei Fernsehgerät (nein: BVerwGE 48, 237; ja: OVG Lüneburg info also 1987, 28), Kühlschrank (ja: OVG Lüneburg info also 1987, 29; Hess. VGH FEVS 36, 368: ab 2-Personen-Haushalt; nein: OVG NRW FEVS 35, 80: wenn Nahrungsmittel anderweitig kühl gelagert werden können; OVG Berlin NDV 1986, 218); Teppichboden (nein: OVG Berlin NDV 1986, 218; ja: Brühl S. 84); Waschmaschine (angemessen i. d. R. bei Familie mit Kindern oder Alleinstehenden, die nicht mit der Hand waschen können: Brühl S. 84; a. A. OVG Lüneburg FEVS 31, 146: nur für Alleinerziehende mit einem kleinen Kind).

Auf **gebrauchten** Hausrat darf grundsätzlich verwiesen werden, falls die Sachen gut erhalten und für den Hilfesuchenden brauchbar sind (vgl. aber auch OVG Lüneburg info also 1987, 30 bzw. FEVS 36, 327: keine gebrauchte, sondern ladenneue Matratze bzw. Bettwäsche).

b) **Heizung:** Hausbrand- und Brennstoffbeihilfe (i. d. R. als Pauschbetrag; vgl. VG Berlin info also 1985, 32: Erhöhung der Pauschale bei besonderen Umständen, z. B. besonders kalter Winter, schlechte Wohnverhältnisse, Alter des Hilfesuchenden; vgl. auch Hess. VGH NDV 1987, 267).

c) **Kleidung** (einschließlich Wäsche und Schuhe): Die Bekleidungsbeihilfe, die i. d. R. durch Verwaltungsvorschrift detailliert geregelt ist, beinhaltet (zumeist auf der Grundlage der Empfehlungen des DV, vgl. DV 1977) eine „Grundausstattung" anhand einer (tabellarischen) Bekleidungsliste, die auch Angaben zur durchschnittlichen Gebrauchsdauer enthält. Diese Bekleidungsliste, die für verschiedene Altersstufen sowie für weibliche und männliche Hilfeempfänger spezifiziert ist, wird durch eine Preisliste ergänzt (i. d. R. anhand von Versandhauskatalogen). Der Liste läßt sich dann z. B. entnehmen, daß Hilfeempfänger Anspruch auf einen Wintermantel haben, dessen durchschnittliche Gebrauchsdauer für Personen über 16 Jahre fünf Jahre beträgt und für den ein bestimmter DM-Betrag festgesetzt ist. Auf diese Weise wird der Grundbedarf an Kleidung aufgeschlüsselt (Anorak/Regenmantel, Kleid, Pullover/Strickjacke, Schuhe, Gummistiefel, Hausschuhe, Unterhemd, Badeanzug usw.). Entscheidend ist aber immer der konkret notwendige Bedarf, auch wenn er nicht in Verwaltungsvorschriften vorgesehen ist, z. B. Umstandskleidung (OVG Berlin FEVS 31, 109), Mütze (OVG NRW FEVS 31, 118), Trauerkleidung (OVG Lüneburg FEVS 33, 251), Fußballschuhe (VG Düsseldorf info also 1987, 143).

In zunehmendem Maße werden Überlegungen angestellt, ob es sich nicht empfiehlt, Bekleidungshilfen zu **pauschalieren.** Eine solche Verfahrensweise könnte es dem Hilfesuchenden ersparen, sich bei jedem noch so bescheidenen Bekleidungsbedarf zur Einholung einer Einzelbewilligung an den Träger der Sozialhilfe zu wenden; zugleich würde durch die Einräumung eines größeren finanziellen Spielraums die Eigenverantwortlichkeit des Betroffenen gestärkt. Auch verwaltungsökonomische Gründe mögen für eine derartige Praxis sprechen, nach der einzelne Gemeinden auch bereits verfahren. Im einzelnen könnte eine Pauschalierung so aussehen, daß Jahreshöchstbeträge für die Beschaffung von Bekleidung, Wäsche und Schuhen festgesetzt und in Monatsbeträgen zu je 1/12 mit der laufenden Hilfe zum Lebensunterhalt ausgezahlt werden. Die Monatsbeträge müßten dann bei rd. 10–15% des jeweiligen Regelsatzes liegen, wobei dem unterschiedlichen Kleidungsbedarf einzelner Altersgruppen (z. B. Kinder, Heranwachsende) Rechnung zu tragen wäre. Desgleichen müßte auch die Geltendmachung einer Sonderhilfe in bestimmten Fällen entsprechend dem Individualisierungsgrundsatz (s. § 3) gestattet sein (vgl. Feth ZfF 1982, 222; Rehnelt NDV 1983, 233; Wagner NDV 1985, 411; Rehnelt NDV 1985, 416; Niederbühl BldW 1986, 300; Rehnelt NDV 1987, 327).

Der Verweis auf **gebrauchte** Kleidung ist nur in Ausnahmefällen möglich, da ein Sozialhilfeempfänger einen Anspruch darauf hat, sich regelmäßig mit ladenneuer Kleidung zu versorgen (OVG Lüneburg info also 1986, 37 u. info also 1987, 31). Zu den Ausnahmen gehört

z. B. Kleidung für besondere Anlässe, z. B. Konfirmation oder Kommunion (vgl. Hess. VGH FEVS 28, 29). Auf die Hilfe zur Beschaffung von Kleidung aus den ,,Kleiderkammern" karitativer Einrichtungen müssen sich Hilfesuchende deshalb i. d. R. nicht verweisen lassen.

d) Als einmalige Leistungen kommen ferner z. B. in Betracht:

- **Beschaffung** der **Unterkunft:** Abstandszahlung, Maklergebühr, Kaution (vgl. LPK-BSHG § 12 Rz 27);
- **Fahrtkosten** des geschiedenen, nicht sorgeberechtigten Elternteils zu seinem Kind (VG Münster info also 1987, 32); Fahrtkosten zum Besuch des Ehegatten in der Strafvollzugsanstalt (OVG Münster info also 1985, 39);
- **Hochzeitfeier**-Kosten (VG Braunschweig info also 1986, 39);
- **Kindergeburtstags**kosten (VG Berlin info also 1985, 48: 30 DM);
- **Klassenfahrt** im Rahmen der allgemeinen Schulpflicht (OVG NRW info also 1987, 26; VG Oldenburg NJW 1986, 1950); nicht aber Reise einer Kindergartengruppe (OVG Berlin NDV 1984, 125);
- **Nachhilfe**kosten (VGH Hessen FamRZ 1986, 677);
- **Schönheitsreparaturen** für Wohnräume (Giese ZfSH 1976, 205); Abschlußrenovierung (OVG Berlin NDV 1986, 407);
- **Schulausrüstung** bei Einschulung (,,Grundausstattung"; vgl. DV NDV 1980, 48);
- **Spielzeug** von größerem Anschaffungswert (z. B. Baukasten; ja: OVG Lüneburg info also 1986, 203; VG Hannover info also 1986, 40: im Ermessen des SHTr., ob neu oder gebraucht; nein: VG Berlin info also 1985, 48; VG Hamburg ZfSH/SGB 1987, 324; vgl. auch Giese ZfF 1987, 49 u. 243; Brühl ZfF 1987, 199);
- **Trauerfall:** für nahe Angehörige Grabschmuck, Anreise, Bewirtung, Trauerkleidung (OVG Lüneburg FEVS 33, 251);
- **Umzugskosten,** sofern der Umzug notwendig ist (OVG Lüneburg FEVS 35, 362: nicht, wenn die Miete für die neue Wohnung unangemessen hoch ist);
- **Weihnachtsbeihilfe** (BVerwGE 69, 146: auf sie besteht ein Rechtsanspruch; sie ist also keine freiwillige Zuwendung, sondern eine Pflichtleistung). Der DV empfiehlt als Weihnachtsbeihilfe – für 1985 – 110 DM für Alleinstehende, 55 DM für Haushaltsangehörige und Hilfeempfänger in Einrichtungen, vgl. NDV 1985, 244).

Abgelehnt wurden: Fahrt zu einer politischen Demonstration (BVerwG FEVS 35, 17); Dauerwelle (VG Stade v. 14. 4. 1986 – 4 VG A 39/86); Silberhochzeit (VG Hannover ZfSH/SGB 1986, 453); Tauffeier (VG Oldenburg NJW 1986, 1951; a. A. für Konfirmation OVG Lüneburg FEVS 36, 411); Theaterabonnement (VG Hannover v. 19. 6. 1986 – 3 Hi VG D 52/86); Urlaubsreise (OVG Hamburg ZfSH 1981, 148).

Vgl. auch die Übersicht bei Atzler ZfF 1986, 241 und Dreyer ZfF 1986, 243.

8. **Fernsprechanschlüsse** gelten nicht als zu den Grundbedürfnissen des täglichen Lebens gehörig; deshalb geht die Übernahme von Anschlußkosten und Grundgebühren eines Telefons über den vertretbaren Umfang hinaus, der bei den Beziehungen zur Umwelt notwendig ist (ebenso B.-W. SHR 12.37).

Hingegen kommt die Übernahme von **Anschlußkosten** und **Grundgebühren** etwa im Rahmen der Hilfe zur Pflege in Betracht, wenn Krankheit, Behinderung oder Pflegebedürftigkeit vorliegt und wenn ein Zustand gegeben ist, bei dem jederzeit mit der Möglichkeit des Eintretens lebensbedrohlicher Situationen oder großer Schmerzzustände gerechnet werden muß (z. B. bestimmte Formen der Epilepsie, Diabetes, Infarkterkrankungen u. a.) und ein eigenes Telefon erforderlich ist zur rechtzeitigen Herbeirufung von Hilfe (wobei letzteres z. B. der Fall ist, wenn sonstige Personen nicht regelmäßig in unmittelbarer Nähe sind, ein anderes Telefon nicht in zumutbarer Nähe erreichbar ist, oder nur ein Familienangehöriger regelmäßig in unmittelbarer Nähe des Hilfesuchenden ist; so B.-W. SHR 68.09). Auch hier sind allerdings die **laufenden Fernsprechgebühren** nicht zu übernehmen, da sie in dem in Betracht kommenden Umfang den persönlichen Bedürfnissen des täglichen Lebens zuzurechnen sind und deshalb aus den freibleibenden Einkommensteilen unter der jeweiligen Einkommensgrenze zu bestreiten sind; hingegen kommt bei Hilfesuchenden, die zugleich Empfänger von Hilfe zum Lebensunterhalt sind, eine monatliche **Gesprächspauschale** von 10 DM in Betracht (aaO, 68.13, 68.14).

9. Im übrigen gilt die Vorschrift sowohl für Hilfe außerhalb von Einrichtungen als auch für Hilfe **in Einrichtungen;** im letzteren Falle ist allerdings zu berücksichtigen, daß die Hilfe in besonderen Lebenslagen, die stationär gewährt wird, auch den in der Einrichtung gewährten Lebensunterhalt umfaßt (s. § 27 Abs. 3).

Übernahme von Krankenversicherungsbeiträgen

13 **(1) Für Weiterversicherte im Sinne des § 313 der Reichsversicherungsordnung sowie für Rentenantragsteller, die nach 315a der Reichsversicherungsordnung krankenversicherungspflichtig sind, sind die Krankenversicherungsbeiträge zu übernehmen, soweit die genannten Personen die Voraussetzungen des § 11 Abs. 1 erfüllen. § 76 Abs. 2 Nr. 2 und 3 gelten insoweit nicht.**

(2) In sonstigen Fällen können Beiträge für eine freiwillige Krankenversicherung übernommen werden, soweit sie angemessen sind; zur Aufrechterhaltung einer freiwilligen Krankenversicherung sind solche Beiträge zu übernehmen, wenn laufende Hilfe zum Lebensunterhalt voraussichtlich nur für kurze Dauer zu gewähren ist. § 76 Abs. 2 Nr. 3 gilt insoweit nicht.

1. Nach **Absatz 1** haben Empfänger von Hilfe zum Lebensunterhalt unter bestimmten Voraussetzungen Anspruch darauf, daß der Träger

der Sozialhilfe die Zahlung von Krankenversicherungsbeiträgen übernimmt. Geschieht dies, so entfällt der Anspruch auf Krankenhilfe (s. § 37). Der Anspruch aus § 13 steht dem Hilfeempfänger, nicht der Krankenkasse zu (BSG FEVS 36, 475).

2. Zur Weiterversicherung i. S. des § 313 RVO berechtigt sind **Mitglieder der gesetzlichen Krankenversicherung,** die in den vorangegangenen 12 Monaten mindestens 26 Wochen oder unmittelbar vorher mindestens 6 Wochen versichert waren, dann aber aus der versicherungspflichtigen Beschäftigung, der Versicherung nach § 165 Abs. 1 Nr. 3 oder 4 RVO bzw. nach dem KSVG ausgeschieden oder aufgrund des § 173 RVO von der Versicherungspflicht befreit worden sind. Diese Personen können sich **freiwillig weiterversichern,** wobei ihre Versicherungsbeiträge vom Träger der Sozialhilfe übernommen werden müssen, wenn die Voraussetzungen des § 11 Abs. 1 vorliegen; das ist der Fall, wenn das Einkommen geringer ist als der diesen Personen zuzubilligende Bedarfssatz der Hilfe zum Lebensunterhalt einschließlich des Krankenkassenbeitrages.

3. Entsprechendes gilt für **Rentenantragsteller** gemäß § 315a RVO, d. h. für Personen, die eine Rente in der Rentenversicherung der Arbeiter oder der Angestellten beantragt haben, die Voraussetzungen für den Bezug der Rente aber nicht erfüllen. Diese Personen sind vom Tage der Stellung des Rentenantrages an Mitglieder der gesetzlichen Krankenversicherung, scheiden jedoch mit dem Tage wieder aus, an dem der Rentenantrag zurückgenommen wurde (dazu OVG Hamburg FEVS 36, 403) oder die Ablehnung des Antrags unanfechtbar geworden ist.

4. Während im Falle des Absatzes 1 der Träger der Sozialhilfe zur Übernahme der Versicherungsbeiträge verpflichtet ist, enthält **Absatz 2** eine **Ermächtigung** zur Übernahme von Beiträgen auch im Falle einer freiwilligen Versicherung. Eine derartige **freiwillige Versicherung** kann sowohl in der gesetzlichen Krankenversicherung als auch bei einem privaten Krankenversicherungsunternehmen bestehen. Rechtsgrundlage für den freiwilligen Beitritt zur gesetzlichen Krankenversicherung sind die §§ 176, 176a, 176b und 176c RVO; von besonderer praktischer Bedeutung ist das Beitrittsrecht für Ehegatten und Kinder nach Beendigung der Familienhilfe (§ 176b RVO). In jedem Falle müssen die Beiträge, die vom Träger der Sozialhilfe übernommen werden, angemessen sein. Maßstab für die **Angemessenheit** sind die Beitragssätze der gesetzlichen Krankenversicherung. Bei der Beitragsberechnung für freiwillig Versicherte, die Hilfe zum Lebensunterhalt beziehen, ist der Grundlohn nach § 180 Abs. 4 RVO maßgebend; dieser setzt sich zusammen aus dem Regelsatz und den Mietaufwendungen (so BSG SGb. 1986, 164, aber offenlassend, ob auch der Mehrbedarf nach § 23 dazugehört; dafür Trenk-Hinterberger ebd. 169). Bei stationär gewährter Hilfe in besonderen Lebenslagen ein-

schließlich des dort gewährten Lebensunterhalts (s. § 27 Abs. 3) kommt nur letzterer für die Berechnung des Grundlohns in Betracht (BSG SozR 2200 § 180 Nr. 15). Die Beurteilung der Angemessenheit richtet sich bei Vorliegen einer privaten Krankenversicherung nach dem Vergleichstatbestand in der gesetzlichen Krankenversicherung. Darüber hinaus sind die Umstände des Einzelfalles (s. § 3 Abs. 1), aber auch öffentliche Interessen und hier insbesondere die Grundsätze sparsamer Haushaltsführung und sorgsamer Verwendung öffentlicher Mittel zu berücksichtigen. Ferner spielt eine Rolle, für welchen Zeitraum der Hilfesuchende voraussichtlich auf Hilfe angewiesen ist. Die Voraussetzungen des § 11 Abs. 1 müssen im übrigen auch bei Absatz 2 gegeben sein (vgl. auch § 37 Erl. 2).

5. Satz 1 **Halbsatz 2** begründet abweichend von Halbsatz 1 eine Verpflichtung des Trägers der Sozialhilfe, eine laufende freiwillige Krankenversicherung dann aufrechtzuerhalten, wenn der Hilfesuchende Hilfe zum Lebensunterhalt erhält, diese Hilfe aber voraussichtlich nur für kurze Dauer gewährt werden muß. Als **„kurze Dauer“** wird in der Praxis ein Zeitraum von bis zu 6 Monaten angesehen.

6. Absatz 1 Satz 2 und Absatz 2 Satz 2 schließen es aus, daß der Krankenkassenbeitrag sowohl nach Absatz 1 Satz 1 bzw. Absatz 2 Satz 1 vom Träger der Sozialhilfe übernommen als auch nach § 76 Abs. 2 Nr. 2 bzw. Nr. 3 vom Einkommen des Hilfesuchenden abgesetzt wird mit der Konsequenz, daß der Krankenkassenbeitrag zweimal berücksichtigt wird und der Hilfeempfänger eine doppelte Leistung erhält.

Alterssicherung

14 Als Hilfe zum Lebensunterhalt können auch die Kosten übernommen werden, die erforderlich sind, um die Voraussetzungen eines Anspruchs auf eine angemessene Altersversicherung oder auf ein angemessenes Sterbegeld zu erfüllen.

1. Die Vorschrift bezweckt, im Interesse des Hilfesuchenden eine Härte zu vermeiden, die darin liegen kann, daß eine bestehende **Sicherung für den Alters- oder Todesfall** nicht fortgeführt wird. Zugleich dient die Regelung dem Interesse des Trägers der Sozialhilfe, dem durch diese Art der Hilfegewährung künftige Aufwendungen in Gestalt der Gewährung von Hilfe zum Lebensunterhalt oder Bestattungskosten erspart bleiben können.

2. Die Regelung bezieht sich nicht allein auf die Begründung künftiger Ansprüche im Rahmen der **gesetzlichen Rentenversicherung,** wenn dies auch ihr Hauptanwendungsbereich ist, sondern sie erstreckt sich auch auf **private Sicherungsformen** (z. B. **private Lebensversi-**

cherung). In der Regel wird allerdings Voraussetzung für eine Kostenübernahme sein, daß bereits eine Versicherung **besteht.** Die Begründung einer Alters- oder Sterbegeldversicherung und damit die finanzielle Beteiligung des Trägers der Sozialhilfe an dieser Sicherung von Anfang an ist jedoch nicht von vornherein ausgeschlossen. In der Praxis sollen Beiträge zur gesetzlichen Rentenversicherung nur bis zur Erfüllung der Wartezeit (180 bzw. 60 Beitragsmonate, vgl. § 1248 Abs. 7 S. 2 u. 3 RVO) übernommen werden.

3. Es handelt sich um eine **Kann-Leistung** (s. § 4). Für die Ermessensentscheidung des Trägers der Sozialhilfe spielen die normalen Lebensumstände des Hilfesuchenden eine wichtige Rolle (s. § 3). Daneben sind allerdings auch die Interessen des Trägers der Sozialhilfe und damit der Öffentlichkeit – und in diesem Zusammenhang insbesondere auch fiskalische Gesichtspunkte – zu berücksichtigen (Bay. VGH FEVS 31, 464).

Bestattungskosten

15 Die erforderlichen Kosten einer Bestattung sind zu übernehmen, soweit dem hierzu Verpflichteten nicht zugemutet werden kann, die Kosten zu tragen.

1. Der **Anspruch** auf Übernahme der Kosten einer Bestattung steht dem dafür **Kostentragungspflichtigen** zu (BVerwGE 23, 23ff.), d.h. in der Regel dem **Erben** (vgl. § 1968 BGB), evtl. aber auch demjenigen, gegen den der Verstorbene einen Unterhaltsanspruch hatte (vgl. § 1615 Abs. 2 BGB) oder dem Fiskus als gesetzlichem Erben (vgl. § 1936 BGB; dazu DV NDV 1986, 363).

2. Nach überwiegender Auffassung entscheidet der Träger der Sozialhilfe über die Frage, ob die Kostentragung dem Verpflichteten zumutbar ist, nach pflichtgemäßem Ermessen. Die **Zumutbarkeit** ist in der Regel zu bejahen, wenn der Bestattungsaufwand aus dem Nachlaß gedeckt werden kann, Ansprüche in der erforderlichen Höhe auf Sterbegeld bestehen oder die persönlichen und wirtschaftlichen Verhältnisse des Verpflichteten die Entscheidung rechtfertigen. Eine gewisse Rolle spielt dabei u.a. die Beziehung (z.B. der Grad der Verwandtschaft) bzw. das sonstige Verhältnis (z.B. langjähriges Zusammenleben unter einem Dach) zwischen dem Kostenpflichtigen und dem Verstorbenen. Im übrigen sind die Rechtsgedanken der §§ 79, 84, 85, 88 bei der Ermittlung der Zumutbarkeit entsprechend heranzuziehen.

3. Zum **Bestattungsaufwand** gehören die eigentlichen Kosten der Bestattung (Sarg, Leichenhaus- und Grabgebühren), aber auch die Kosten einer eventuellen Leichenschau, der Benachrichtigung von Verwandten u.a. (vgl. auch VG Düsseldorf ZfSH/SGB 1987, 325).

4. Ist die Frage der Zumutbarkeit zu verneinen, so sind die Bestattungskosten als Sozialhilfeleistung anzusehen und vom Träger der Sozialhilfe zu tragen.

5. Zur örtlichen **Zuständigkeit** s. § 97 Abs. 1 S. 2, zur sachlichen Zuständigkeit des Trägers der Sozialhilfe s. § 100 Abs. 2.

Hilfe zum Lebensunterhalt in Sonderfällen

15 a Hilfe zum Lebensunterhalt kann in Fällen, in denen nach den vorstehenden Bestimmungen die Gewährung von Hilfe nicht möglich ist, gewährt werden, wenn dies zur Sicherung der Unterkunft oder zur Behebung einer vergleichbaren Notlage gerechtfertigt ist. Geldleistungen können als Beihilfe oder bei vorübergehender Notlage als Darlehen gewährt werden.

1. Die Vorschrift erweitert den Gestaltungsspielraum der Träger der Sozialhilfe dadurch, daß sie ihnen die Möglichkeit einräumt, Hilfe auch dann zu gewähren, wenn die vorstehenden Vorschriften des Abschnittes 2 Hilfe zum Lebensunterhalt (§§ 11–15) dies nicht vorsehen. Es handelt sich in allen Fällen um Kann-Leistungen (s. § 4).

2. Die Bestimmung setzt zunächst die Feststellung voraus, daß der Hilfesuchende für die Gewährung von Hilfe zum Lebensunterhalt als Bedürftiger i. S. d. § 11 in Betracht kommt (str., wie hier Gottschick/Giese § 15a Rz 2; Knopp/Fichtner § 15a Rz 2; a. A. LPK-BSHG § 15a Rz 3; Schellhorn/Jirasek/Seipp § 15a Rz 10: § 15a sei auch anwendbar, wenn der Hilfesuchende nicht bedürftig i. S. d. § 11 sei). Auch § 11 Abs. 2 u. 3 geht dem § 15a vor.

3. Bedarfslagen, in denen die Bestimmung Anwendung finden kann, sind im Falle der 1. Alternative des **Satzes 1 wohnungserhaltende Maßnahmen** (z. B. Übernahme der Mietkosten, u. U. Tilgungsbeträge für Baudarlehen – vgl. OVG Bremen FEVS 35, 408 – zur Vermeidung von Obdachlosigkeit, Beschaffung einer Wohnung). Eine **„vergleichbare Notlage“** muß nicht mit der Unterkunft im Zusammenhang stehen, sondern eine entsprechend gewichtige Situation betreffen (z. B. Übernahme rückständiger Strom- oder Heizungskosten, Hausratsschulden). Notlagen im Zusammenhang mit der Ausbildung werden mit Rücksicht auf die Sonderregelung des § 26 nicht erfaßt (OVG Bremen ZfSH/SGB 1986, 613).

4. Das Ermessen nach § 15a bezieht sich sowohl auf das „Ob“ (Entschließungs- oder Handlungsermessen) als auch auf das „Wie“ der Hilfe (Auswahlermessen; s. § 4 Erl. 2–6).

Nach OVG Münster FEVS 35, 24 kann die Ablehnung von Leistungen nach § 15a (hier: Übernahme rückständiger Stromkosten) z. B. ermessensfehlerfrei sein, wenn es dem Hilfesuchenden möglich und zuzumuten ist, die weitere Energielieferung durch eine Kreditaufnahme, durch einen Wohnungswechsel – soweit der Strommehrverbrauch durch Größe und Beschaffenheit der gegenwärtigen Wohnung veranlaßt ist –, oder durch die Erklärung gegenüber dem Elektrizitätsversorgungsunternehmen zu sichern, daß die Folgen der Einstellung der Energielieferung außer Verhältnis zur Schwere der Zuwiderhandlung stünden und hinreichende Aussicht bestehe, daß der Kunde seinen Verpflichtungen nachkommt. Demgegenüber darf die Erwägung, den Einsatz der Hilfe als Sanktion oder als Belohnung wegen eines Verhaltens des Hilfesuchenden in der Vergangenheit zu verstehen, eine Ablehnung der Hilfe nicht rechtfertigen, weil die Sozialhilfe grundsätzlich nicht von den Gründen für das Entstehen der Notlage abhängig gemacht werden darf (BVerwG FEVS 16, 88) und selbst in Fällen besonders unwirtschaftlichen Verhaltens nur eine Kürzung, nicht aber eine Versagung der Hilfe vorgesehen ist (§ 25 Abs. 2); unter derartigen Voraussetzungen kommt als Ausgleich für die Aufwendungen nach § 15a allenfalls ein Kostenersatz nach § 92a in Betracht, wenn die Leistung nicht ohnehin in Form von Darlehen gemäß S. 2 erbracht wird. Die Erwägung, den Hilfesuchenden als Hilfe zur Selbsthilfe (§ 1 Abs. 2) zu veranlassen, ein unwirtschaftliches Verhalten abzustellen, ist demgegenüber wieder sachgerecht, weil zu diesem Zweck sogar die Hilfe zum Lebensunterhalt, auf die ein strikter Rechtsanspruch besteht, gemäß § 25 gekürzt werden kann (OVG Münster, aaO). Allerdings gilt auch hier wie im Falle des § 25 (s. § 25, 2), daß der Träger der Sozialhilfe wegen des auch bei Verweigerung einer Leistung fortbestehenden sozialhilferechtlichen Betreuungsverhältnisses nicht von seiner Pflicht entbunden wird, dem Hilfesuchenden ggf. anders (und später vielleicht auch wieder durch eine Hilfe gemäß § 15a) zu helfen (vgl. auch Leenen ZfF 1981, 221).

5. Eine ,,vorübergehende Notlage" i. S. des **Satzes 2** setzt eine überschaubare, begrenzte Dauer voraus.

Nach Bay. SHR 15 a.04 ist eine Notlage nur ,,vorübergehend" i. S. dieser Bestimmung, wenn sie voraussichtlich nicht länger als etwa drei Monate dauert (vgl. auch VG Oldenburg info also 1986, 43: etwa sechs Monate); andernfalls ist eine nicht rückzahlbare Beihilfe zu gewähren.

Der Rückforderung zu Unrecht als Darlehen und nicht als Beihilfe gewährter Leistungen nach § 15a durch den Träger der Sozialhilfe steht der von Amts wegen zu berücksichtigende Einwand unzulässiger Rechtsausübung entgegen (VG Berlin ZfSH/SGB 1983, 280).

6. Praktisch bedeutungsvoll ist die Übernahme von Kosten für die Beibehaltung von Mietwohnungen für **Insassen von Jusitzvollzugsanstalten.** Bei kurzfristigem Freiheitsentzug kann eine Mietwohnung grundsätzlich beibehalten werden, bei längerem Freiheitsentzug müssen besondere Umstände (z. B. besonders günstige Bedingungen für eine Resozialisierung, besonders günstiger Mietpreis, der bei Neuanmietung einer Wohnung nicht mehr zu erhalten wäre, kostspieliger Transport oder hohe Kosten der Unterstellung von Möbeln) hinzukommen (in diesem Sinne Bay. SHR 15 a.05; Bay. VGH ZfF 1983, 157; a. A. OVG Berlin FEVS 27, 142).

Darlehen bei vorübergehender Notlage

15b Sind laufende Leistungen zum Lebensunterhalt voraussichtlich nur für kurze Dauer zu gewähren, können Geldleistungen als Darlehen gewährt werden.

1. Die Bestimmung, die durch das 2. HStruktG v. 22. 12. 1981 neu eingeführt worden ist, schafft die rechtliche Voraussetzung dafür, Hilfe zum Lebensunterhalt als **Darlehen** zu gewähren. Ausgehend vom Gedanken der ,,Hilfe zur Selbsthilfe" (s. § 1 Abs. 2 S. 2) wird die **Verpflichtung zur Selbsthilfe** über die Hilfegewährung hinaus ausgedehnt und umfaßt nunmehr ggf. die Rückzahlung nur für kurze Zeit benötigter und deshalb auf Darlehensbasis gewährter laufender Hilfe zum Lebensunterhalt. Die **Umwandlung** des Darlehens **in einen Zuschuß** ist möglich, wenn die bei der Anwendung der Vorschrift erwartete Besserung der wirtschaftlichen Verhältnisse des Hilfesuchenden ausbleibt (vgl. Gottschick/Giese § 15b Rz 1.2).

2. Als **,,kurze Dauer"** wird allgemein ein Zeitraum von 6 Monaten angesehen (Knopp/Fichtner § 15b Rz 3). Eine pauschale Anwendung der Bestimmung in allen Fällen, in denen laufende Hilfe zum Lebensunterhalt gewährt wird, während der ersten 6 Monate ist allerdings ausgeschlossen. Darüber hinaus wird man auf den Einzelfall auch insofern Rücksicht nehmen müssen, als beispielsweise die ,,kurze Dauer" der Hilfegewährung je nach dem Grad des Angewiesenseins auf die Unterstützung – z. B. Familienvater mit Kindern oder Alleinstehender – unterschiedlich ausfallen mag (vgl. Gottschick/Giese § 15b Rz 3). Der Zeitraum von 6 Monaten erscheint deshalb zu lang.

3. Das Merkmal **,,voraussichtlich"** verlangt eine Prognose über die künftige Entwicklung der Sozialhilfebedürftigkeit ausgehend von den im Entscheidungszeitpunkt gegebenen Tatsachen. Die Rechtswidrigkeit eines auf einer derartigen Prognoseentscheidung fußenden Bewilligungsbescheides kann sich nicht aus einer ex post-Betrachtung herleiten, sondern es kommt dabei auf die Einschätzung der Situation und damit auf die Prognosekriterien zum Zeitpunkt der Bewilligung der Leistung an: Hat z. B. ein Hochschulabsolvent überhaupt keine Aussicht auf eine Arbeitsstelle, muß die Hilfe zum Lebensunterhalt von vornherein als nicht rückzahlbare Leistung gewährt werden (OVG Bremen FEVS 35, 48).

Als Beispielfälle für die ,,kurze Dauer" nennen die Bay. SHR 15b. 03 ,,insbesondere Fälle, in denen finanzielle Überbrückung bis zur ersten Lohn- oder Gehaltszahlung, bei einer vom Arbeitsamt verhängten Sperrfrist, bei Leistungseinstellung des Arbeitsamtes wegen Meldeversäumnissen oder bei einer Unterstützung im Streikfall zu gewähren ist".

Eine Begrenzung des Zeitraums auf 3 Monate erscheint sinnvoll.

4. Eine Darlehensgewährung kommt grundsätzlich nur bei **Rückzahlungsfähigkeit** des Hilfesuchenden in Betracht. Ist prognostizier-

bar, daß der Hilfeempfänger in absehbarer Zeit ein Darlehen nicht zurückzahlen könnte (z. B. weil er in Kürze ein nach dem BAFöG finanziertes Studium aufnimmt), darf ihm auch bei voraussichtlich kurzer Dauer des Sozialhilfebezugs kein Darlehen gem. § 15b gewährt werden. Vielmehr steht ihm eine nicht rückzahlbare Hilfe zu, weil nur so das Ziel des § 1 erreicht werden kann, den Hilfeempfänger von der Sozialhilfe unabhängig zu machen (OVG Bremen FEVS 35, 48). Bei der Entscheidung über die Hilfeform ist auch zu berücksichtigen, ob eine Belastung des Hilfesuchenden nach Auslaufen der Sozialhilfe angemessen und sinnvoll ist angesichts seiner Einkommens- und Vermögensverhältnisse (OVG Bremen FEVS 35, 56 für eine 5 ½ monatige Hilfedauer). Auch kurzzeitige Sozialhilfe darf deshalb nicht darlehensweise erfolgen, wenn die Rückzahlung in absehbarer Zeit wegen des geringen Einkommens des Hilfesuchenden nicht zu erwarten ist (OVG Bremen FEVS 35, 48 bei Hilfe für einen Monat).

5. Die Vorschrift schafft die Voraussetzungen für die darlehensweise Gewährung von Hilfe zum Lebensunterhalt, die unmittelbare und ausschließliche Lebensgrundlage des Hilfesuchenden ist, während die übrigen Vorschriften, welche die Gewährung von Darlehen vorsehen oder gestatten – s. §§ 15a, 27 Abs. 2, 30 Abs. 3, 88, 89 –, besondere, eng umschriebene Ausnahmesituationen betreffen. Eine rigide Handhabung der Vorschrift kann deshalb dazu führen, daß der Grundsatz, daß Sozialhilfe nicht zurückgezahlt werden muß – ein Prinzip, welches untrennbar mit dem Ziel der Hilfe zur Selbsthilfe verbunden ist (denn dessen Verwirklichung wird durch Rückzahlungspflichten in Frage gestellt) –, aufgehoben wird.

6. Eine „Koppelung" des § 15b mit den §§ 19, 20 dergestalt, daß derjenige, der Hilfe zum Lebensunterhalt auf Darlehensbasis erhält, zugleich zu einer **gemeinnützigen und zusätzlichen Arbeit** (§ 19 Abs. 2) oder zu einer Tätigkeit i. S. des § 20 herangezogen wird, kommt aus dem Rechtsgedanken des § 92 Abs. 2, der hier Anwendung finden muß, nicht in Betracht.

7. Das Darlehen kann entweder einseitig durch Verwaltungsakt inhaltlich ausgestaltet und bewilligt werden oder durch öffentlich-rechtlichen Vertrag (vgl. §§ 53ff. SGB X) mit dem Hilfeempfänger vereinbart werden: Im letztgenannten Fall stellt die grundsätzliche Bewilligung des Darlehens auch einen Verwaltungsakt dar; lediglich die Abwicklungs- und insbesondere Rückzahlungsmodalitäten werden durch Vertrag bestimmt (allerdings keinesfalls durch einen bürgerlich-rechtlichen Vertrag gemäß §§ 607ff. BGB, da der Vertrag die Hilfegewährung nach dem BSHG zum Gegenstand hat und er damit öffentlich-rechtlicher Natur ist (vgl. OVG Lüneburg FEVS 36, 297: Verwaltungsrechtsweg; Rückforderung durch Verwaltungsakt oder Leistungsklage; ferner OVG Berlin NDV 1987, 455).

Die Bay. SHR empfehlen, bei der Gewährung von Sozialhilfe in Form eines Darlehens, die Darlehensbedingungen als Nebenbestimmungen zum Verwaltungsakt festzulegen (vgl. § 32 SGB X). Als in Nebenbestimmungen regelbedürftig kommen die Laufzeit des Darlehens, die Festlegung führungsfreier Zeiträume, sowie eine etwaige Verzinsung und Sicherung in Betracht. Ob und für welchen Zeitraum Zinsen verlangt werden sollen, richtet sich nach der Besonderheit des Einzelfalles. Als Form der Sicherung kommen die Bestellung eines Pfandrechts, eine Bürgschaft, eine Forderungsabtretung, eine Sicherungsübereignung oder auch eine Erbteilsverpfändung, Hypothek, Grundschuld und Rentenschuld in Frage. In begründeten Ausnahmefällen kann die Rückzahlung gestundet, niedergeschlagen oder das Darlehen in eine Beihilfe umgewandelt werden. Wird ein Bescheid über die Gewährung eines Darlehens (mit Nebenbestimmungen) unanfechtbar, so kann der Träger der Sozialhilfe bei Nichteinhaltung der Darlehensbedingungen die Rückforderung des Darlehens im Wege der Zwangsvollstreckung unmittelbar aus dem Bescheid nach den Vorschriften des Verwaltungszustellungs- und Vollstreckungsgesetzes (VwZVG) betreiben.

Über die Sozialhilfe in Form eines Darlehens kann allerdings auch ein öffentlich-rechtlicher Vertrag gemäß § 53 Abs. 1 SGB X geschlossen werden, soweit die Erbringung der Leistung im Ermessen des Trägers der Sozialhilfe steht (Bay.-SHR 8.03). Vgl. zum öffentlich-rechtlichen Darlehensvertrag Gent SGb. 1987, 495ff.

8. § 15b findet keine Anwendung, wenn eine Leistung für Kindererziehung (dazu § 76 Erl. 3) beantragt, über sie aber noch nicht entschieden wurde.

Haushaltsgemeinschaft

16 Lebt ein Hilfesuchender in Haushaltsgemeinschaft mit Verwandten oder Verschwägerten, so wird vermutet, daß er von ihnen Leistungen zum Lebensunterhalt erhält, soweit dies nach ihrem Einkommen und Vermögen erwartet werden kann. Soweit jedoch der Hilfesuchende von den in Satz 1 genannten Personen Leistungen zum Lebensunterhalt nicht erhält, ist ihm Hilfe zum Lebensunterhalt zu gewähren.

1. Die Vorschrift stellt eine **Rechtsvermutung** auf, derzufolge in Haushaltsgemeinschaft lebende Verwandte oder Verschwägerte einander im Rahmen ihrer wirtschaftlichen Möglichkeiten Unterhalt gewähren. Diese Rechtsvermutung kann widerlegt werden. Eine Erweiterung der bürgerlich-rechtlichen Unterhaltspflicht (§§ 1601 ff. BGB) beinhaltet die Vorschrift nicht.

2. In der Praxis wirkt sich diese Vermutung dergestalt aus, daß der Träger der Sozialhilfe bei Vorliegen ihrer Voraussetzungen (d.h. bei Vorliegen einer – nach alter fürsorgerechtlicher Terminologie – Familiennotgemeinschaft) davon absehen darf, Hilfe zum Lebensunterhalt zu gewähren, weil er davon ausgehen kann, daß der Hilfesuchende den notwendigen Lebensunterhalt von den anderen Mitgliedern der Haus-

haltsgemeinschaft erhält. Bestehen daran Zweifel, so ist der Träger der Sozialhilfe verpflichtet, von Amts wegen der Frage nachzugehen, ob die Voraussetzungen für sein Eintreten vorliegen. Ergibt sich aus seinen Ermittlungen, daß der Hilfesuchende tatsächlich keinen oder keinen hinreichenden Lebensunterhalt von seinen Verwandten oder Verschwägerten erhält, so ist der Träger leistungspflichtig. Sind die in Haushaltsgemeinschaft mit dem Hilfesuchenden lebenden Verwandten diesem gegenüber **unterhaltspflichtig,** so kann der Träger der Sozialhilfe ggf. nach §§ 90, 91 vorgehen. Wird die Vermutung durch die **tatsächlichen Feststellungen** des Trägers nicht entkräftet, so besteht die Vermutung fort und der Träger ist auch weiterhin zur Erbringung von Leistungen verpflichtet.

3. **Verwandte** sind Personen, die voneinander – z. B. Kinder, Eltern, Großeltern, Enkel – oder von derselben dritten Person – z. B. Geschwister – abstammen (vgl. § 1589 BGB; zur Schägerschaft vgl. § 1590 BGB). Die Vorschrift gilt sowohl im Verhältnis zu unterhaltspflichtigen wie zu nicht unterhaltspflichtigen Personen (s. Erl. 2). Sie gilt auch – und erst recht – im Verhältnis zum Ehegatten.

4. Eine **Haushaltsgemeinschaft** liegt vor, wenn mehrere Personen in einer gemeinschaftlichen Wohnung nicht nur vorübergehend zusammenleben und „aus einem Topf" wirtschaften, wobei i. d. R. jedes Haushaltsmitglied nach seinen Kräften zur Bestreitung der Lebenshaltungskosten beiträgt. Es entscheiden die Umstände des Einzelfalles und die **Verkehrsanschauung** (s. auch § 122).

5. Die Vermutung greift nur ein, wenn eine Haushaltsgemeinschaft besteht und eines bzw. mehrerer ihrer Mitglieder **Einkommen** bezieht oder **Vermögen** hat. Für die Frage, ob die Gewährung des notwendigen Lebensunterhalts (s. § 12) an den Hilfesuchenden erwartet werden kann, sind Einkommen und Vermögen der Mitglieder der Haushaltsgemeinschaft zu addieren. Dann ist der **Eigenbedarf** der Verwandten zu ermitteln. Dieser Eigenbedarf kann z. B. in Höhe des Zweifachen des für den betreffenden Verwandten geltenden Regelsatzes, der Kosten seiner Unterkunft, rd. 10 v. H. seines Nettoeinkommens (s. § 76 Abs. 2) sowie eventuell noch eines Zuschlags bei Erwerbstätigkeit oder bei Vorliegen besonderer Belastungen angesetzt werden (so Knopp/Fichtner § 16 Rz 8; ähnlich OVG Lüneburg FEVS 31, 142 u. FEVS 36, 108). Erreicht dieser Eigenbedarf einschließlich der Kosten für die Wohnung die Höhe des Einkommens, so kann immerhin vermutet werden, daß der Verwandte den Hilfesuchenden unentgeltlich wohnen läßt. Auch ansonsten kann die Anwendung der Vorschrift zu einer lediglich **teilweisen** Versagung der Hilfe zum Lebensunterhalt führen.

6. Die Vermutung kann durch eine schriftliche Erklärung des Hilfesuchenden, die auch zur Niederschrift beim Träger der Sozialhilfe er-

klärt werden kann, **widerlegt** werden (vgl. z. B. OVG Lüneburg FEVS 36, 108). Bei begründeter Widerlegung kommt nur eine Heranziehung der unterhaltspflichtigen Mitglieder der Haushaltsgemeinschaft gem. §§ 90, 91 in Betracht (die u. U. – z. B. wegen § 91 Abs. 3 – für den Unterhaltspflichtigen günstiger ist). Vgl. auch BVerwGE 18, 213; 23, 255; 32, 141; DV NDV 1982, 252.

17 (weggefallen)

Unterabschnitt 2. Hilfe zur Arbeit

Beschaffung des Lebensunterhalts durch Arbeit

18 **(1) Jeder Hilfesuchende muß seine Arbeitskraft zur Beschaffung des Lebensunterhalts für sich und seine unterhaltsberechtigten Angehörigen einsetzen.**

(2) Es ist darauf hinzuwirken, daß der Hilfesuchende sich um Arbeit bemüht und Gelegenheit zur Arbeit erhält; hierbei ist besonders mit den Dienststellen der Bundesanstalt für Arbeit zusammenzuwirken. Dies gilt nicht für Hilfesuchende, denen eine Arbeitserlaubnis nicht erteilt werden kann; § 19 bleibt unberührt, soweit kein Arbeitsverhältnis im Sinne des Arbeitsrechts begründet wird.

(3) Dem Hilfesuchenden darf eine Arbeit nicht zugemutet werden, wenn er körperlich oder geistig hierzu nicht in der Lage ist oder wenn ihm die künftige Ausübung seiner bisherigen überwiegenden Tätigkeit wesentlich erschwert würde oder wenn der Arbeit ein sonstiger wichtiger Grund entgegensteht. Ihm darf eine Arbeit vor allem nicht zugemutet werden, soweit dadurch die geordnete Erziehung eines Kindes gefährdet würde; auch sonst sind die Pflichten zu berücksichtigen, die dem Hilfesuchenden die Führung eines Haushalts oder die Pflege eines Angehörigen auferlegt.

Eine Arbeit ist insbesondere nicht allein deshalb unzumutbar, weil

1. sie nicht einer früheren beruflichen Tätigkeit des Hilfeempfängers entspricht,
2. sie im Hinblick auf die Ausbildung des Hilfeempfängers als geringerwertig anzusehen ist,
3. der Beschäftigungsort vom Wohnort des Hilfeempfängers weiter entfernt ist als ein früherer Beschäftigungs- oder Ausbildungsort,

4. die Arbeitsbedingungen ungünstiger sind als bei den bisherigen Beschäftigungen des Hilfeempfängers.

1. **Absatz 1** verpflichtet den Hilfesuchenden, vor der Inanspruchnahme von Hilfe zum Lebensunterhalt seine **Arbeitskraft** zur Beschaffung des Lebensunterhalts **einzusetzen.** Die Bestimmung **konkretisiert den Grundsatz des Nachrangs** (s. § 2 Abs. 1, 11 Abs. 1 S. 1). Die Folgen der Nichtbefolgung dieser Verpflichtung regelt § 25 Abs. 1.

2. **Absätze 2, 3** und §§ 19, 20 regeln die **Maßnahmen** der „Hilfe zur Arbeit", die darauf abzielen, es dem Hilfesuchenden zu ermöglichen, seiner Verpflichtung zur Beschaffung des Lebensunterhalts i. S. des Absatzes 1 nachzukommen. Dabei bringt die Ausgestaltung als „Hilfe" zum Ausdruck, daß es sich bei diesen Maßnahmen nach dem Willen des Gesetzgebers nicht allein um die Durchsetzung des Nachrangs der Sozialhilfe gegenüber dem Einsatz der eigenen Arbeitskraft handelt, sondern daß die Maßnahmen gleichzeitig dazu dienen sollen, die Aufgabe der Sozialhilfe, dem Hilfesuchenden ein menschenwürdiges Leben zu ermöglichen (s. § 1 Abs. 2 S. 1), und das Ziel der „Hilfe zur Selbsthilfe" (s. § 1 Abs. 2 S. 2) zu verwirklichen. Die §§ 18–20 haben auch die Funktion, arbeitslose Hilfeempfänger, deren Vermittlungsfähigkeit auf dem allgemeinen Arbeitsmarkt wegen körperlicher, geistiger oder charakterlicher Mängel herabgesetzt ist, wieder zur Arbeit zu **„rehabilitieren"** und dadurch auch sozial zu (re)integrieren. Die Maßnahmen der §§ 18–20 sind deshalb „eine Art der Hilfe in besonderen Lebenslagen" (BVerwGE 67, 5) und im Zusammenhang mit den Arbeitshilfen der §§ 30, 39 u. 72 zu sehen, die gleichfalls darauf abzielen, dem Hilfesuchenden die Möglichkeit zur Arbeit oder zu einer adäquaten Beschäftigung zu geben. Vgl. dazu Schulte in DV 1984, 3.

3. Die Maßnahmen der Absätze 2, 3 sowie der §§ 19, 20 ergeben ein abgestuftes Instrumentarium von Hilfsmaßnahmen, aus deren Abfolge sich nicht nur eine sinnvolle, sachgerechte und auch an „Eingriffsintensität" zunehmende Reihenfolge, sondern auch eine gewisse rechtliche Rangfolge ableiten läßt.

4. Die **Hinwirkungspflicht** des Trägers der Sozialhilfe nach **Absatz 2 Satz 1** umfaßt alle in Betracht kommenden Möglichkeiten der Aktivierung des Selbsthilfewillens des Hilfesuchenden. Eine **Vermittlungstätigkeit** verstößt kraft ausdrücklicher Bestimmung in § 13 Abs. 3 Nr. 1 AFG nicht gegen das Monopol der Bundesanstalt für Arbeit.

5. Die den Trägern der Sozialhilfe nach **Absatz 2 Satz 1 Halbsatz 2** auferlegte **Pflicht zur Kooperation mit den Dienststellen der Bundesanstalt für Arbeit** resultiert aus den zwar nicht identischen, aber doch sehr verwandten Zielsetzungen beider Träger.

6. **Absatz 2 Satz 2** enthebt den Träger der Sozialhilfe von seiner Verpflichtung aus Satz 1 bei Personen (etwa Asylbewerbern), denen keine Arbeitserlaubnis erteilt werden kann und hinsichtlich derer eine Vermittlung auf dem Arbeitsmarkt von vornherein keinen Sinn hat; nach **Halbsatz 2** kann diesen Personen jedoch Gelegenheit zu gemeinnütziger und zusätzlicher Arbeit (s. § 19 Abs. 2) geboten werden. Vgl. dazu Columbus ZAR 1982, 148 u. 199; Zuleeg 1982 u. ZAR 1983, 188; DV 1984; BVerwG NDV 1984, 92.

7. **Absatz 3** umreißt durch den Hinweis auf die **„Zumutbarkeit"** die Grenze, bis zu der die Verpflichtung des Hilfesuchenden aus Absatz 1 reicht. Dieselbe Grenze der Zumutbarkeit gilt für §§ 19, 20. So ist eine Arbeitsaufnahme insbesondere unzumutbar, wenn hilfesuchende Frauen das 60. Lebensjahr und Männer das 65. Lebensjahr vollendet haben, wenn der Amtsarzt Arbeitsunfähigkeit bescheinigt oder die Pflege von Angehörigen bzw. die geordnete Erziehung eines Kindes gefährdet würde (dabei ist davon auszugehen, daß noch nicht schulpflichtige Kinder ständig eine Bezugsperson – gleich ob Frau oder Mann – benötigen, schulpflichtige Kinder zumindest halbtags; bei zwei oder mehr schulpflichtigen Kindern ist eine Erwerbstätigkeit für die Bezugsperson i. d. R. unzumutbar); vgl. auch BVerwGE 32, 362.

8. Die – in ihrem Umfang und in Ansehung ihrer „Sanktionsbewehrung" (s. § 25 Abs. 1) gegenwärtig sehr umstrittene – Verpflichtung des Hilfesuchenden, sich seinen Lebensunterhalt vorrangig aus eigenen Kräften und Mitteln, insbesondere auch durch Einsatz seiner Arbeitskraft zu verschaffen (s. § 11 Abs. 1), die sich mittelbar auch aus dieser Vorschrift ergibt, hat ihr historisches Vorbild im früheren Fürsorgerecht (s. Einf. I 1), das zwischen Pflichtarbeit und Fürsorgearbeit unterschied. Heute ist diese sozialhilferechtliche Problematik nicht isoliert zu sehen, sondern im Zusammenhang mit entsprechenden Regelungen im Sozialversicherungs- und Arbeitsförderungsrecht.

Schaffung von Arbeitsgelegenheiten

19 **(1) Für Hilfesuchende, die keine Arbeit finden können, sollen nach Möglichkeit Arbeitsgelegenheiten geschaffen werden.**

(2) Wird für den Hilfesuchenden Gelegenheit zu gemeinnütziger und zusätzlicher Arbeit geschaffen, kann ihm entweder das übliche Arbeitsentgelt oder Hilfe zum Lebensunterhalt zuzüglich einer angemessenen Entschädigung für Mehraufwendungen gewährt werden; zusätzlich ist nur die Arbeit, die sonst nicht, nicht in diesem Umfang oder nicht zu diesem Zeitpunkt verrichtet werden würde.

(3) Wird im Falle des Absatzes 2 Hilfe zum Lebensunterhalt gewährt, so wird kein Arbeitsverhältnis im Sinne des Arbeitsrechts

und kein Beschäftigungsverhältnis im Sinne der gesetzlichen Kranken- und Rentenversicherung begründet. Die Vorschriften über den Arbeitsschutz finden jedoch Anwendung.

1. Die Vorschrift regelt **spezifische Maßnahmen,** die dann in Betracht kommen, wenn ein Hilfesuchender auf dem Arbeitsmarkt keine Arbeit finden kann oder der Arbeitsmarkt ihm aus rechtlichen Gründen verschlossen ist. Adressaten sind arbeitsbereite Personen, die aus **persönlichen Lebensumständen** heraus keine Arbeit finden können. Die bloße Arbeitslosigkeit ist nicht bereits in jedem Fall ein hinreichender Grund für die Schaffung von Arbeitsgelegenheiten. Auch muß dem Hilfesuchenden ein angemessener zeitlicher Rahmen für die eigene Arbeitssuche eingeräumt werden. Schließlich dürfen auch Maßnahmen nach § 18 nicht bereits ausreichen.

2. Die Schaffung von **Arbeitsgelegenheiten** nach **Absatz 1** erfolgt im Wege der Anbahnung eines bürgerlich-rechtlichen Arbeitsverhältnisses. Als Arbeitgeber kommt sowohl der Sozialhilfeträger selbst als auch ein Dritter in Frage. Der Träger der Sozialhilfe, der selbst Arbeitgeber ist, kann den Hilfesuchenden in seinem Aufgabenbereich in „normalen" Arbeitsgelegenheiten oder aber in „gemeinnützigen und zusätzlichen" Arbeitsgelegenheiten (s. Absatz 2) beschäftigen. Er kann aber auch als Arbeitgeber den Hilfesuchenden einem Dritten zur Verfügung stellen, so daß Arbeitgeber und Tätigkeitsträger auseinander fallen (zu diesen Konstellationen und den damit verbundenen Schwierigkeiten s. Trenk-Hinterberger NDV 1984, 405). Der Träger der Sozialhilfe kann Dritte – z. B. Industriebetriebe, Handwerksbetriebe, Handelsunternehmen, Träger der freien Wohlfahrtspflege – **dazu anregen,** Arbeitsgelegenheiten in ihrem normalen Tätigkeitsbereich zur Verfügung zu stellen oder aber zu diesem Zweck besondere Betriebe zu schaffen (z. B. die „Hamburger Arbeit-Beschäftigungsgesellschaft mbH"). Zur Stärkung der Bereitschaft dieser Dritten, in entsprechender Weise tätig zu werden, können Beschäftigungssubventionen (Lohnsubventionen) gewährt werden. Ansonsten bestehen zahlreiche Parallelen zu Arbeitsbeschaffungs-Maßnahmen nach dem AFG.

3. Bei allen vorstehend skizzierten Fallgestaltungen wird das Arbeitsverhältnis vom **sozialhilferechtlichen Betreuungsverhältnis** (s. § 5), aus dem der Träger der Sozialhilfe den Hilfesuchenden nicht entlassen darf, überlagert mit der Folge, daß auch bei grundsätzlich gebotener größtmöglicher Annäherung der Ausgestaltung des Beschäftigungsverhältnisses an ein „normales" Arbeitsverhältnis aus Regelungsinhalt und Zweck des Sozialhilferechts gebotene Modifizierungen eintreten können, z. B. was die Möglichkeit der Befristung, die Kündigung, die Arbeitsdauer, die sonstigen Arbeitsbedingungen angeht. Die Entstehung eines normalen Arbeitsverhältnisses hat auch zur

Folge, daß ein **sozialversicherungsrechtliches Beschäftigungsverhältnis** zustande kommt (vgl. § 2 Abs. 2 Nr. 1 SGB IV; Trenk-Hinterberger in DV 1988). Im übrigen hat der Hilfesuchende Anspruch auf die **tarifliche Entlohnung.**

4. **Absatz 2** regelt einen **Sonderfall** der Schaffung von Arbeitsgelegenheiten. **Gemeinnützige** Arbeit ist in Anlehnung an das frühere Fürsorgerecht (vgl. § 19 RFV) eine Arbeit, die dem allgemeinen Wohl dient. Problematisch und ungeklärt ist die Frage, ob es ausreicht, daß die Tätigkeit des Arbeitgebers dem allgemeinen Wohl dient, oder ob dies in bezug auf die dem einzelnen Hilfesuchenden angebotene konkrete Arbeit der Fall sein muß. Angesichts des Hilfecharakters der Maßnahmen der ,,Hilfe zur Arbeit" und der ihr innewohnenden **rehabilitativen** Komponente (s. § 18 Erl. 2) dürfen aus den der Sozialhilfe zugrundeliegenden Zielsetzungen heraus allerdings keine zu strengen Anforderungen an die ,,Erlaubtheit" der angebotenen Arbeit gerichtet werden. Dies gilt insbesondere für das in Absatz 2 **Halbsatz 2** definierte weitere Merkmal der **Zusätzlichkeit.** Denn nur eine sinnvolle Arbeit (und damit aber in der Regel zugleich eine Arbeit, die auch sonst verrichtet wird und deshalb leicht in Abgrenzungsprobleme zur ,,Zusätzlichkeit" gerät) kann den sozialhilferechtlichen Zweck der Maßnahme, den Hilfesuchenden wieder in das normale Erwerbsleben zu integrieren, erfüllen.

5. Wird Gelegenheit zu gemeinnütziger und zusätzlicher Arbeit geschaffen, so kann dem Hilfesuchenden entweder das **übliche Arbeitsentgelt** (1. Alternative) oder **Hilfe zum Lebensunterhalt zuzüglich Mehraufwandsentschädigung** (2. Alternative) gewährt werden. Es ist umstritten, ob das **Ermessen** des Sozialhilfeträgers, zwischen diesen beiden Alternativen zu wählen, völlig ,,frei" ist, oder ob es eingeschränkt ist: zum einen durch die allgemeinen Grundsätze des Verwaltungsrechts, die bei Maßnahmen mit Eingriffscharakter nur notwendige, d. h. möglichst wenig belastende und insgesamt auch nur verhältnismäßige Maßnahmen gestatten, zum anderen durch die sozialhilferechtliche Zielsetzung, den Hilfesuchenden in das Arbeitsleben zu integrieren, die eine möglichst ,,realitätsnahe" und damit eine möglichst ,,arbeitsverhältnisnahe", damit aber eine arbeitsrechtliche Ausgestaltung des Beschäftigungsverhältnisses verlangt. Da die ,,arbeitsrechtliche Lösung" in stärkerem Maße Sinn und Zweck des Sozialhilferechts entspricht, ist ihr deshalb bei der Ermessensbetätigung im Rahmen des § 19 Abs. 2 i. d. R. der Vorzug zu geben (vgl. Schulte/Trenk-Hinterberger 1986, 203; ferner Münder/Birk 1985).

6. Bei Zahlung des **üblichen Arbeitsentgelts** (1. Alternative) kommt ein reguläres privatrechtliches Arbeitsverhältnis i. S. des Arbeitsrechts zustande. Das Arbeitsentgelt ist Gegenleistung im Rahmen des Arbeitsvertrages, keine (modifizierte) Form der Sozialhilfelei-

stung. Welches Entgelt **„üblich“** ist, ist umstritten: Der Zielsetzung der „Hilfe zur Arbeit“ entspricht es, grundsätzlich den tariflichen Lohn zu zahlen bzw. bei Fehlen einer tariflichen Regelung eine Vergütung nach Maßgabe des § 612 Abs. 2 BGB (orientiert an der tariflichen Vergütung) zu gewähren. Zu Einzelheiten der „arbeitsrechtlichen Variante“ vgl. Schulte/Trenk-Hinterberger 1986, 204.

7. Die meisten SHTr. entscheiden sich allerdings für die Gewährung der **Hilfe zum Lebensunterhalt zuzüglich einer Entschädigungszahlung,** also für die „öffentlichrechtliche Variante“ (2. Alternative). Die „Entschädigung“ beträgt – örtlich unterschiedlich – zwischen 1 und 3 DM je Stunde.

Eine gemeinnützige und zusätzliche Arbeit, für die der Hilfeempfänger kein Arbeitsentgelt, sondern Hilfe zum Lebensunterhalt zuzüglich einer angemessenen Entschädigung für Mehraufwendungen erhält, darf nach ihrem Sinn und Zweck keine „vollschichtige“ Arbeit (z. B. kein Achtstundentag) sein (BVerwGE 68, 91). Im übrigen hat das BVerwG (E 67, 1; 68, 91; 68, 97) detaillierte Mindestanforderungen aufgestellt für die Ausgestaltung des Angebots einer Arbeitsgelegenheit durch den Träger der Sozialhilfe. So sind Art der Maßnahme (z. B. Arbeitsgelegenheit nach § 19 Abs. 1, gemeinnützige und zusätzliche Arbeit nach § 19 Abs. 2, 1. Alt. oder 2. Alt.), Art und Dauer der Beschäftigung, zeitliche und örtliche Arbeitsmodalitäten und insbesondere Höhe des Arbeitsentgelts bzw. der Mehraufwandsentschädigung anzugeben, da sich nur bei hinreichender Bestimmtheit des Arbeitsangebots die Frage der Zumutbarkeit (s. § 18 Abs. 3) beurteilen läßt und auch nur unter diesen Bedingungen die Voraussetzungen für die Arbeitsverweigerung und (eventuelle) spätere Kürzung bzw. Versagung der Hilfe zum Lebensunterhalt gemäß § 25 Abs. 1 (s. § 25 Erl. 2) gegeben sind. Die angebotene Arbeitsleistung muß in einem angemessenen Verhältnis zum arbeitsrechtlichen Entgelt bzw. zur regelsatzmäßigen Hilfe stehen.

Als unzumutbar wurde bislang eine wöchentliche Arbeitszeit von 32 Stunden (OVG Hamburg FEVS 31, 468) und ein „Stundenlohn“ von 5,40 DM angesehen (VGH Bad.-Württ. NVwZ 1983, 429: der „Stundenlohn“ wurde aus der laufenden Hilfe zum Lebensunterhalt und dem Mehrbedarf errechnet). Als zumutbar sieht das OVG Lüneburg (FEVS 31, 113) eine wöchentliche Arbeitszeit von 15 Stunden und einen Stundensatz von 6, 27 DM an. In der Regel wird ein echtes Arbeitsverhältnis zu begründen sein, wenn die Arbeitszeit mehr als 5 Stunden täglich betragen soll.

8. Die Aufforderung durch den SHTr., gemeinnützige und zusätzliche Arbeit i. S. v. § 19 Abs. 2 zu leisten **(„Heranziehung“)** ist ein **Verwaltungsakt:** BVerwGE 68, 97; VGH Hessen NDV 1987, 230; OVG Lüneburg info also 1987, 92; VG Schleswig ZfSH/SGB 1986,

616; Huber ZfSH/SGB 1986, 601; (a. A. Bay. VGH FEVS 35, 98; OVG Berlin FEVS 35, 103: kein Verwaltungsakt; damit kommen diese Gerichte zu der – abzulehnenden – Konsequenz, daß Hilfesuchenden bei Weigerung, der Aufforderung nachzukommen, die Hilfe zum Lebensunterhalt gem. § 25 Abs. 1 gekürzt bzw. versagt werden kann, und die Hilfesuchenden für die Dauer des Rechtsmittels gegen die Kürzung mit dem ,,Elendsniveau" des Unerläßlichen bzw. mit gar nichts auskommen müssen). Der Widerspruch gegen den Verwaltungsakt der ,,Heranziehung" hat damit aufschiebende Wirkung (§ 80 Abs. 1 VwGO). Der SHTr. darf deshalb den Hilfesuchenden nicht so behandeln, als habe er sich i. S. d. § 25 Abs. 1 geweigert, gemeinnützige und zusätzliche Arbeit zu leisten; er ist mithin auch nicht berechtigt, die laufende Hilfe zum Lebensunterhalt zu kürzen. Gegen eine gleichwohl erfolgte Kürzung kommt als Rechtsschutz hinsichtlich der materiellen Hilfe das Verfahren gem. § 123 VwGO in Betracht (VGH Hessen aaO).

9. Nach BVerwGE 68, 91 kann ein **asylsuchender Ausländer,** der Hilfe zum Lebensunterhalt bezieht, zur Leistung gemeinnütziger und zusätzlicher Arbeit auch während der Zeit herangezogen werden, während der ihm eine Arbeitserlaubnis nicht erteilt wird und er infolgedessen auf dem freien Arbeitsmarkt nicht arbeiten darf (zw.; krit. – aus verfassungsrechtlichen und völkerrechtlichen Gründen (Verbot der Zwangsarbeit) – Zuleeg 1982; ders., ZAR 1984, 80, aus sozialhilferechtlichen Gründen Schulte/Trenk-Hinterberger 1986, 210).

10. Bei der Frage nach dem **Rechtsweg** ist zu differenzieren zwischen der auf sozialhilferechtlichen (und damit öffentlich-rechtlichen) Vorschriften beruhenden **Begründung des Beschäftigungsverhältnisses** und dessen **Abwicklung.** Streitigkeiten, die mit der Frage der Heranziehung zu gemeinnütziger und zusätzlicher Arbeit und der Begründung eines entsprechenden Beschäftigungsverhältnisses zu tun haben, sind öffentlichrechtlicher Natur und gehören vor die **Verwaltungsgerichte;** entsprechendes gilt für Streitigkeiten, die innerhalb eines bestehenden öffentlichrechtlichen Beschäftigungsverhältnisses i. S. des § 19 Abs. 2 entstehen. Soweit der Träger der Sozialhilfe allerdings ein arbeitsrechtliches Beschäftigungsverhältnis i. S. d. § 19 Abs. 1 oder des § 19 Abs. 2, 1. Alt. begründet, sind Auseinandersetzungen über daraus fließende Rechte und Pflichten arbeitsrechtlicher Natur und gehören vor die **Arbeitsgerichte,** weil Sinn und Zweck der sozialhilferechtlichen Vorschriften gerade darauf gerichtet sind, den Hilfesuchenden soweit wie möglich so zu stellen, wie er stünde, wenn er eine Arbeit auf dem freien Arbeitsmarkt hätte, d. h. auf arbeitsrechtliche ,,Normalität" abzielen (vgl. Schulte/Trenk-Hinterberger 1986, 207; ArbG Berlin info also 1986, 89; a. A. DV, Gutachten, NDV 1985, 89: Rechtsweg

zu den Verwaltungsgerichten, weil ein öffentlich-rechtlicher Vertrag vorliege).

Bei Heranziehung des Hilfesuchenden gem. § 19 Abs. 2, bei der die fragliche Arbeit nicht gemeinnützig und/oder zusätzlich ist, ist der Rechtsweg zu den Arbeitsgerichten wegen einer Vergütung nach arbeitsrechtlichen Maßstäben i. d. R. zulässig (vgl. Pfitzer info also 1987, 58; vgl. auch Trenk-Hinterberger NDV 1984, 418; ferner LAG Frankfurt/M. info also 1986, 86; LAG Köln info also 1986, 89; ArbG Berlin info also 1986, 88).

11. Gemäß **Absatz 3** wird bei der 2. Alternative des Absatzes 2, d. h. bei Gewährung von Hilfe zum Lebensunterhalt zuzüglich Mehraufwandsentschädigung kein sozialversicherungsrechtliches Beschäftigungsverhältnis begründet. Dies ist die Konsequenz daraus, daß in diesem Fall kein privatrechtliches Arbeitsverhältnis, sondern ein öffentlich-rechtliches Beschäftigungsverhältnis den Beziehungen zwischen dem Hilfesuchenden und dem „Beschäftigungsgeber" zugrundeliegt (Einzelheiten dazu s. bei § 20). Gemäß **Satz 2** gelten allerdings die Vorschriften über den **Arbeitsschutz;** der Hilfeempfänger steht ferner unter dem Schutz der **gesetzlichen Unfallversicherung** (s. dazu noch § 20 Erl. 3 u. 4).

Gewöhnung an Arbeit, Prüfung der Arbeitsbereitschaft

20 (1) **Ist es im Einzelfall erforderlich, einem arbeitsentwöhnten Hilfesuchenden an Arbeit zu gewöhnen oder die Bereitschaft eines Hilfesuchenden zur Arbeit zu prüfen, soll ihm eine hierfür geeignete Tätigkeit angeboten werden.**

(2) **Während dieser Tätigkeit werden dem Hilfesuchenden Hilfe zum Lebensunterhalt und eine angemessene Entschädigung für Mehraufwendungen gewährt. § 19 Abs. 3 gilt entsprechend.**

1. In Gegensatz zu §§ 18 Abs. 2 u. 3, 19, die Hilfen zugunsten arbeitsfähiger und arbeitsbereiter Personen vorsehen, betrifft diese Vorschrift Hilfesuchende, die **arbeitsentwöhnt** sind, deshalb Schwierigkeiten haben, auf dem Arbeitsmarkt einen Arbeitsplatz zu finden und deswegen erst wieder an Arbeit gewöhnt werden müssen, sowie Hilfesuchende, bei denen Zweifel an der Bereitschaft zur Arbeit bestehen und deren **Arbeitsbereitschaft** deshalb geprüft werden muß.

2. Wegen dieser **„therapeutischen" Ausrichtung** der Maßnahme ist hier von Angebot einer „Tätigkeit", nicht von „Arbeit" die Rede. Die Ausgestaltung der Maßnahme hat der Träger der Sozialhilfe nach den Erfordernissen des Einzelfalles zu treffen (s. § 3 Abs. 1).

3. Der Hilfesuchende wird hier wie im Falle der 2. Alternative des § 19 Abs. 2 (s. § 19 Erl. 7) nicht zum Arbeitnehmer; das Arbeitsrecht

findet mit Ausnahme des Arbeitsschutzrechts **(Absatz 2 Satz 2)** keine Anwendung. Zum **Arbeitsschutzrecht** gehören das Arbeitssicherheitsrecht, die Unfallverhütungsvorschriften, die Bestimmungen des Jugend- und Mutterschutzes (z. B. §§ 120a ff. GewO und die Arbeitsstättenverordnung) sowie die Arbeitszeitordnung. Auch ist nach Sinn und Zweck dieser Regelung eine arbeitsfreie Zeit entsprechend dem arbeitsrechtlichen Urlaubsrecht zuzugestehen.

4. Schutz im Rahmen der **gesetzlichen Unfallversicherung** besteht gemäß § 539 Abs. 2 RVO. Vgl. im übrigen auch § 657 Abs. 1 Nr. 6 RVO, demzufolge die Gemeinden bzw. die Gemeindeunfallversicherungsverbände Träger der gesetzlichen Unfallversicherung bei Maßnahmen der „Hilfe zur Arbeit" sind. Schutz gegen Krankheit wird wegen des Nichtvorliegens eines Beschäftigungsverhältnisses i. S. des **Kranken-** und **Rentenversicherungsrechts** über die Krankenhilfe (s. § 37) gewährt. Vgl. auch §§ 13, 14. Eine Versicherungspflicht in der **Arbeitslosenversicherung** besteht nicht, weil eine Beschäftigung i. S. der §§ 19 Abs. 2 (2. Alternative), 20 nicht den Voraussetzungen des § 168 AFG über eine Beitragspflicht begründende Beschäftigung entspricht. Auch die Voraussetzungen für den Erwerb der Anwartschaft für die originäre Arbeitslosenhilfe nach § 134 Abs. 1 Nr. 4b AFG sind nicht gegeben (vgl. §§ 104 Abs. 1, 168 AFG).

5. Erhält ein nichtseßhafter Hilfesuchender **Arbeitsentgelt** für eine Tätigkeit, so handelt es sich dabei um keine nur zur Gewöhnung an Arbeit oder zur Prüfung der Arbeitsbereitschaft ausgeübte Tätigkeit i. S. dieser Bestimmung, auch wenn der Hilfesuchende die Tätigkeit nur wenige Tage ausgeübt hat (BSG NDV 1986, 184).

Unterabschnitt 3. Form und Maß der Leistungen

Laufende und einmalige Leistungen

21 (1) **Hilfe zum Lebensunterhalt kann durch laufende und einmalige Leistungen gewährt werden.**

(2) **Einmalige Leistungen sind auch zu gewähren, wenn der Hilfesuchende zwar keine laufenden Leistungen zum Lebensunterhalt benötigt, den Lebensunterhalt jedoch aus eigenen Kräften und Mitteln nicht voll beschaffen kann. In diesem Falle kann das Einkommen berücksichtigt werden, das die in § 11 Abs. 1 genannten Personen innerhalb eines Zeitraums von bis zu 6 Monaten nach Ablauf des Monats erwerben, in dem über die Hilfe entschieden worden ist.**

(3) **Die Hilfe zum Lebensunterhalt in einer Anstalt, einem Heim oder einer gleichartigen Einrichtung umfaßt auch einen angemessenen Barbetrag zur persönlichen Verfügung, es sei denn, daß**

dessen bestimmungsmäßige Verwendung durch oder für den Hilfeempfänger nicht möglich ist. Hilfeempfänger, die das 18. Lebensjahr vollendet haben, erhalten den Barbetrag in Höhe von mindestens 30 vom Hundert des Regelsatzes eines Haushaltsvorstandes. Für Hilfeempfänger, die das 18. Lebensjahr noch nicht vollendet haben, setzen die zuständigen Landesbehörden oder die von ihnen bestimmten Stellen für die in ihrem Bereich vorhandenen Einrichtungen die Höhe des Barbetrages fest. Trägt der Hilfeempfänger einen Teil der Kosten des Aufenthalts in der Einrichtung selbst, erhält er einen zusätzlichen Barbetrag in Höhe von 5 vom Hundert seines Einkommens, höchstens jedoch in Höhe von 15 vom Hundert des Regelsatzes eines Haushaltsvorstandes. Bei Hilfeempfängern mit Einkünften aus Renten der gesetzlichen Rentenversicherung oder aus Versorgungsbezügen des öffentlichen Dienstes oder mit sonstigem regelmäßigem Einkommen kann anstelle des im Einzelfalle maßgebenden Barbetrages ein entsprechender Teil dieser Einkünfte unberücksichtigt gelassen werden.

1. Die Entscheidung darüber, ob dem Hilfesuchenden laufende oder einmalige Leistungen der Hilfe zum Lebensunterhalt gewährt werden, steht im Ermessen des Trägers der Sozialhilfe (s. § 4). Einmalige Leistungen können auch neben laufenden Leistungen gewährt werden. So kann etwa ein Hilfesuchender, der über längere Zeit laufende Hilfe zum Lebensunterhalt in Form regelsatzmäßiger Leistungen erhält, eine einmalige Beihilfe zur Anschaffung von Winterkleidung erhalten.

2. **Laufende Leistungen der Hilfe zum Lebensunterhalt** sind die **regelsatzmäßigen Leistungen** (s. § 22) einschließlich eventueller **Mehrbedarfszuschläge** (s. §§ 23, 24), andere laufend gewährte Hilfen, insbesondere die in tatsächlicher Höhe erstatteten **Kosten für die Unterkunft,** sowie schließlich die Hilfe zur Deckung der **Kosten für einen stationären Aufenthalt** in einer Anstalt, einem Heim oder einer gleichartigen Einrichtung einschließlich des in derartigen Fällen gezahlten Barbetrages. Für die Charakterisierung dieser Leistungen als laufende Leistungen ist entscheidend, daß der Träger der Sozialhilfe sie **regelmäßig** gewährt. Nicht entscheidend ist die Dauer der Hilfegewährung; so handelt es sich bei einer Regelsatzleistung, die typischerweise regelmäßig gewährt wird, auch dann um eine laufende Leistung, wenn sie nur 1 Monat lang gezahlt und dann wieder eingestellt wird.

Laufende Leistungen zum Lebensunterhalt sind **normalerweise als Geldleistungen** zu gewähren. **Sachleistungen** können stattdessen nur dann gewährt werden, wenn es dafür „nach der Besonderheit des Einzelfalles, vor allem nach der Person des Hilfeempfängers“ (§ 3 Abs. 1) schwerwiegende und sozialhilferechtlich relevante Gründe gibt.

Die Absicht des Trägers der Sozialhilfe, **Nichtseßhafte** von seinem örtlichen Bereich fern zu halten, rechtfertigt es nicht, diesen Personenkreis **generell** statt Geldleistungen Sachleistungen zu gewähren. Auch diesem Personenkreis ist – soweit nicht besondere Gründe des Einzelfalles entgegenstehen – das letzte Minimum wirtschaftlicher Selbstbestimmung zu erhalten, das allen Hilfeempfängern durch die Gewährung von Geldleistungen nach dem Regelsatz gewährleistet ist (VGH Bad.-Württ. FEVS 33, 377).

Deckt der Träger der Sozialhilfe einen Teil des Regelbedarfs des Hilfeberechtigten auf andere Weise als durch Barzahlungen, so muß geprüft werden, mit welcher **Bedarfsgruppe** oder mit welchen Waren- oder Dienstleistungen einer Bedarfsgruppe dieser identisch ist. Für die übrigen Bedarfsgruppen, Waren- oder Dienstleistungen einer Bedarfsgruppe muß Hilfe zum Lebensunterhalt in Form von Barleistungen gewährt werden, weil nur so sichergestellt ist, daß der Hilfeberechtigte den Bedarf decken kann, der nach sozialhilferechtlichen Grundsätzen als notwendig anerkannt ist. Nach diesen Grundsätzen darf der Träger der Sozialhilfe z. B. einem Antragsteller nicht die volle Differenz zwischen dem Regelsatz für einen Alleinstehenden und dem Regelsatz für einen Haushaltsangehörigen über 21 Jahre („Regelsatzdifferenz") mit der Begründung versagen, daß er Strom, Zimmerreinigung, Bettwäsche und Küchenbenutzung von seinem Vermieter zur Verfügung gestellt bekomme und der Träger der Sozialhilfe diese Kosten übernehme; eine derartige volle Kürzung wäre nämlich nur gerechtfertigt, wenn die Regelsatzdifferenz allein für diese Leistungen bestimmt und nicht auch die Bedarfsgruppen „Ernährung" und „persönliche Bedürfnisse des täglichen Lebens" gedacht wäre (OVG Lüneburg FEVS 33, 278).

3. Umgekehrt behalten auch **einmalige Leistungen,** d. h. alle nicht regelmäßig wiederkehrenden Leistungen, die zur Deckung eines nicht im voraus absehbaren, gleichmäßigen und berechenbaren Bedarfs gewährt werden – z. B. Hilfen zur Beschaffung von **Kleidung, Wäsche, Schuhen, Hausratsgegenständen, Aufwendungen zur Instandhaltung der Wohnung, Beschaffung von Heizmaterial, Umzugskosten** u. a. – **auch** dann ihren Charakter als einmalige Leistungen, wenn sie **wiederholt** gewährt werden (z. B. ständig wiederkehrende Kleiderbeihilfen für heranwachsende Kinder). Zu den einmaligen Leistungen s. im einzelnen § 12 Erl. 7. In besonderen Fällen können im Rahmen der Gewährung einmaliger Leistungen **Versicherungsbeiträge** übernommen werden, soweit sie nicht unter §§ 13, 14 fallen und die Aufrechterhaltung der Versicherung (z. B. Hausratsversicherung) sowohl im Interesse des Hilfesuchenden als auch im Interesse des Trägers der Sozialhilfe liegt. Entsprechendes gilt für die Übernahme von **Mietrückständen** etwa zu dem Zweck, Obdachlosigkeit des Hilfesuchen-

den bei drohender Zwangsräumung zu verhindern (s. auch § 15a). **Schulden** werden allerdings in der Sozialhilfe grundsätzlich nur ausnahmsweise übernommen (s. § 15a Erl. 3ff.). Grds. zu laufenden und einmaligen Leistungen Giese ZfSH/SGB 1987, 505; ZfF 1987, 49; Mrozynski ZfS 1987, 289.

4. Von Bedeutung ist die Unterscheidung zwischen laufenden und einmaligen Leistungen der Hilfe zum Lebensunterhalt insbesondere für § 15b, der unter bestimmten Voraussetzungen eine **darlehensmäßige** Gewährung laufender Leistungen zum Lebensunterhalt gestattet (s. § 15b) und für § 22. Diejenigen Bedarfsgegenstände, die vom Regelbedarf, der durch regelsatzmäßige Leistungen befriedigt wird, abgedeckt werden (s. § 22 u. §§ 1, 3 VO zu § 22), können nicht mehr als einmalige Leistungen beansprucht werden. Beispielsweise umfassen die Regelsätze nach § 1 Abs. 1 VO zu § 22 die Beschaffung von Wäsche und Hausrat von geringem Anschaffungswert (s. § 22).

5. Einmalige Leistungen, die wie die laufenden Leistungen sowohl in Form von **Geld-** als auch von **Sachleistungen** gewährt werden können (s. § 8 Abs. 1), sind auch solchen Hilfesuchenden zu gewähren, die keine laufenden Leistungen der Hilfe zum Lebensunterhalt benötigen (dazu Schoch ZfF 1986, 245). Damit stellt **Absatz 2 Satz 1** klar, daß auch Personen mit einem Einkommen, das nur geringfügig über dem regelsatzmäßigen Bedarf liegt, einmalige Leistungen – z. B. Beihilfen zur Beschaffung von Heizmaterial, größeren Kleidungsstücken oder Hausrat – erhalten können. Die Praxis sieht die Voraussetzungen dafür i. d. R. als gegeben an, wenn das Einkommen des Hilfesuchenden den maßgebenden Regelsatz nicht um mehr als 10% übersteigt. Allerdings sind derartige schematisierende Vorgaben mit dem Grundsatz der Individualisierung der Sozialhilfe (s. § 3) kaum vereinbar und können nicht mehr als erste Anhaltspunkte sein. Geboten ist vielmehr ein individueller Vergleich von Bedarf und Einkommen (vgl. Knopp/Fichtner § 21 Rz 7). Nach **Satz 2,** der durch das 2. HStruktG v. 22. 12. 1981 neu eingeführt worden ist, kann nicht nur das im Bedarfsmonat erworbene Einkommen des Hilfesuchenden berücksichtigt werden, sondern das gesamte Einkommen, das die Mitglieder der Bedarfsgemeinschaft, zu der der Hilfesuchende gehört (s. § 11 Abs. 1), innerhalb eines „Ansparzeitraums" von bis zu 6 Monaten vom Ablauf des Monats an erwerben, in dem über die Hilfegewährung entschieden wird. Vorbild für die Regelung ist § 84 Abs. 3.

Beispiel: Beantragt wird im Mai eine Kleiderbeihilfe über 300 DM; das Einkommen liegt 20 DM über dem Bedarfssatz. Als „Ansparbetrag" (Eigenbetrag) können maximal 140 DM = 6 x 20 plus 20 DM für den Entscheidungsmonat Mai abgezogen werden.

Hilfesuchenden, die keine laufende Hilfe zum Lebensunterhalt erhalten, und die zur Bedarfsgemeinschaft i. S. des § 11 Abs. 1 gehörigen Personen müssen also das den für sie maßgebenden Bedarfssatz (s. § 22) übersteigende Einkommen von (maximal) 7 Monaten – Monat, in welchem über die einmalige Leistung entschieden wird, und die 6 folgenden Monate – zur Deckung des einmaligen Bedarfs einsetzen (vgl. auch DV, Gutachten, NDV 1986, 398).

6. Nach **Absatz 3** steht dem Hilfeempfänger, der – auch kurzfristig – in einer stationären Einrichtung untergebracht ist (z. B. Alten-, Pflege-, Behindertenheim, Krankenhaus) ein **Barbetrag zur persönlichen Verfügung** (früher „Taschengeld") zu (vgl. DV 1973 u. eingehend Niemann/Renn 1987). Dieser Barbetrag ist Bestandteil der in der stationären Einrichtung gewährten Hilfe zum Lebensunterhalt (vgl. § 27 Abs. 3): Bei der stationären Unterbringung wird der größte Teil des Bedarfs an notwendigem Lebensunterhalt (§ 12 Abs. 1) durch Pflegesätze abgedeckt. Für den noch ungedeckten Bedarf sind einmalige Leistungen zu gewähren (z. B. für die Anschaffung eines Mantels) und der **Barbetrag** nach Absatz 3 zu zahlen (v. a. für Briefpapier, Porto, Zeitungen, Verkehrsmittel, kulturellen Bedarf, Körperpflege, Reinigung, Instandhaltung von Wäsche in geringem Umfang). **Nicht** vom Barbetrag zu leisten sind also z. B. Selbstbeteiligung im Rahmen der gesetzlichen Krankenversicherung (u. a. Rezeptgebühren gem. § 182a RVO; hier Antrag auf Befreiung an die Krankenkasse bzw. Hilfe gem. § 37, s. § 37 Erl. 5).

Der Hilfeempfänger kann über die Verwendung des Barbetrages grundsätzlich frei verfügen, ihn also z. B. auch ohne bestimmtes Ziel ansparen (bis zur Grenze des § 88 Abs. 2 Nr. 8); eine Ausnahme macht nur **Satz 1, 2. Halbsatz** („es sei denn ..."), dessen Anwendung nur in seltenen Ausnahmefällen nach Einholung eines ärztlichen Gutachtens in Betracht kommt. Kürzung oder Versagung des Barbetrages als „pädagogische Maßnahme" sind unzulässig. Verwaltung des Barbetrages durch Dritte kommt bei Hilfeempfängern in Betracht, die aufgrund ihrer Gebrechen nicht in der Lage sind, selbst tätig zu werden.

Die **Höhe** des (Mindest-) Barbetrages ergibt sich aus **Satz 2** und **Satz 3;** bei zusätzlichem Bedarf (z. B. bei regelmäßig anfallender Fußpflege) besteht Anspruch auf eine entsprechende Erhöhung des Barbetrages.

Satz 4 sieht einen **zusätzlichen Barbetrag** für Hilfeempfänger vor, die einen Teil der Kosten des Aufenthalts in der Einrichtung selbst tragen. Damit soll die Selbstvorsorge des Hilfeempfängers in angemessenem Rahmen honoriert werden. Deshalb kommen Leistungen, die der Hilfeempfänger zweckbestimmt von dritter Seite wegen des Aufenthalts in der Einrichtung erhält (z. B. Pflegegeld, Wohngeld) nicht als eigener Kostenanteil in Betracht.

Nach **Satz 5** kann Hilfeempfängern, die über ein regelmäßiges Einkommen verfügen, auch ein dem Barbetrag der Höhe nach entsprechender Teil **belassen** werden. Diese nicht berücksichtigten Einkünfte entsprechen dann dem Barbetrag, der anderen Hilfeempfängern zur persönlichen Verfügung ausgezahlt wird.

7. Eine tabellenartige Übersicht über die einzelnen Hilfen und Bestandteile der Hilfe zum Lebensunterhalt, die ausweist, ob ein Bedarfsgegenstand als einmalige Leistung bzw. Beihilfe (welche im übrigen trotz dieser Bezeichnung regelmäßig eine volle Kostenübernahme meint) gewährt wird oder als pauschal durch den Regelsatz abgegolten gilt, findet sich bei Schellhorn/Jirasek, PSH II/H 9, S. 334ff (s. auch oben § 12 Erl. 5 u. § 22 Erl. 2).

Regelbedarf

22 (1) **Laufende Leistungen zum Lebensunterhalt außerhalb von Anstalten, Heimen und gleichartigen Einrichtungen werden nach Regelsätzen gewährt. Sie sind abweichend von den Regelsätzen zu bemessen, soweit dies nach der Besonderheit des Einzelfalles geboten ist.**

(2) **Der Bundesminister für Jugend, Familie, Frauen und Gesundheit erläßt im Einvernehmen mit dem Bundesminister für Arbeit und Sozialordnung und dem Bundesminister der Finanzen durch Rechtsverordnung mit Zustimmung des Bundesrates Vorschriften über Inhalt und Aufbau der Regelsätze; die Rechtsverordnung kann einzelne laufende Leistungen von der Gewährung nach Regelsätzen ausnehmen und über ihre Gestaltung Näheres bestimmen.**

(3) **Die zuständigen Landesbehörden oder die von ihnen bestimmten Stellen setzen die Höhe der Regelsätze im Rahmen der Rechtsverordnung nach Absatz 2 fest; dabei sind die tatsächlichen Lebenshaltungskosten und örtliche Unterschiede zu berücksichtigen. Bei der Festsetzung der Regelsätze ist darauf Bedacht zu nehmen, daß sie zusammen mit den Durchschnittsbeträgen für die Kosten der Unterkunft unter dem im Geltungsbereich der jeweiligen Regelsätze erzielten durchschnittlichen Netto-Arbeitsentgelt unterer Lohngruppen zusätzlich Kindergeld und Wohngeld bleiben, soweit nicht die Verpflichtung, den Lebensunterhalt durch die Regelsätze im notwendigen Umfang zu sichern, bei größeren Haushaltsgemeinschaften dem entgegensteht. Notwendig werdende Neufestsetzungen der Regelsätze sind zu dem Zeitpunkt vorzunehmen, von dem an Rentenerhöhungen nach den Vorschriften der gesetzlichen Rentenversicherungen über die Anpassung der Renten auf die Leistungen nach diesem Gesetz anzurechnen sind; zu einem anderen Zeitpunkt notwendig werdende Neufestsetzungen der Regelsätze sind nicht ausgeschlossen.**

Verordnung zur Durchführung des § 22 des Bundessozialhilfegesetzes (Regelsatzverordnung)

Vom 20. Juli 1962 (BGBl. I S. 515) i.d.F. der VO vom 10. Mai 1971 (BGBl. I S. 451)

Auf Grund des § 22 Abs. 2 des Bundessozialhilfegesetzes vom 30. Juni 1961 (Bundesgesetzbl. I S. 815) wird im Einvernehmen mit dem Bundesminister für Arbeit und Sozialordnung und dem Bundesminister der Finanzen mit Zustimmung des Bundesrates verordnet:

§ 1. (1) Die Regelsätze umfassen die laufenden Leistungen für Ernährung, Kochfeuerung, Beschaffung von Wäsche von geringem Anschaffungswert, Instandhaltung von Kleidung, Wäsche und Schuhen in kleinerem Umfang, Körperpflege, Beschaffung von Hausrat von geringem Anschaffungswert, kleinere Instandsetzungen von Hausrat, Beleuchtung, Betrieb elektrischer Geräte, Reinigung und persönliche Bedürfnisse des täglichen Lebens.

(2) Laufende Leistungen der in Absatz 1 genannten Art sind nach Regelsätzen zu gewähren, soweit nicht das Gesetz oder diese Verordnung anderes bestimmt.

§ 2. (1) Regelsätze sind für den Haushaltsvorstand und für sonstige Haushaltsangehörige festzusetzen. Die Regelsätze für den Haushaltsvorstand gelten auch für den Alleinstehenden.

(2) Die Regelsätze für den Haushaltsvorstand sind so festzusetzen, daß sie die in § 1 genannten Leistungen auch insoweit umfassen, als diese zur allgemeinen Haushaltsführung gehören.

(3) Die Regelsätze für sonstige Haushaltsangehörige sind wie folgt festzusetzen:

1. für Haushaltsangehörige bis zur Vollendung des 7. Lebensjahres in Höhe von 45 vom Hundert des Regelsatzes des Haushaltsvorstandes,
2. für Haushaltsangehörige vom Beginn des 8. bis zur Vollendung des 11. Lebensjahres in Höhe von 65 vom Hundert des Regelsatzes des Haushaltsvorstandes,
3. für Haushaltsangehörige vom Beginn des 12. bis zur Vollendung des 15. Lebensjahres in Höhe von 75 vom Hundert des Regelsatzes des Haushaltsvorstandes,
4. für Haushaltsangehörige vom Beginn des 16. bis zur Vollendung des 21. Lebensjahres in Höhe von 90 vom Hundert des Regelsatzes des Haushaltsvorstandes,
5. für Haushaltsangehörige vom Beginn des 22. Lebensjahres an in Höhe von 80 vom Hundert des Regelsatzes des Haushaltsvorstandes.

Lautet der hiernach errechnete Regelsatz nicht auf volle Deutsche Mark, kann ein Betrag bis zu 0,49 Deutsche Mark abgerundet und ein Betrag von 0,50 Deutsche Mark an aufgerundet werden.

§ 3. (1) Laufende Leistungen für die Unterkunft werden in Höhe der tatsächlichen Aufwendungen gewährt. Soweit die Aufwendungen für die Unterkunft den der Besonderheit des Einzelfalles angemessenen Umfang übersteigen, sind sie als Bedarf der Personen, deren Einkommen und Vermögen nach § 11 Abs. 1 des Gesetzes zu berücksichtigen sind, so lange anzuerkennen, als es diesen Personen nicht möglich oder nicht zuzumuten ist, durch einen Wohnungswechsel, durch Vermieten oder auf andere Weise die Aufwendungen zu senken.

(2) Sind laufende Leistungen für Heizung zu gewähren, gilt Absatz 1 entsprechend.

(3) Wird jemand in einer anderen Familie oder bei anderen Personen als bei seinen Eltern oder einem Elternteil untergebracht, so werden in der Regel die laufenden Leistungen zum Lebensunterhalt abweichend von den Regelsätzen in Höhe der tatsächlichen Kosten der Unterbringung gewährt, sofern sie einen angemessenen Umfang nicht übersteigen.

§ 4. Bei der Festsetzung der Regelsätze ist darauf Bedacht zu nehmen, daß sie zusammen mit den Durchschnittsbeträgen für die Kosten der Unterkunft unter dem im Geltungsbereich der jeweiligen Regelsätze erzielten durchschnittlichen Netto-Arbeitsentgelt unterer Lohngruppen zuzüglich Kindergeld bleiben, soweit nicht die Verpflichtung, den Lebensunterhalt durch die Regelsätze im notwendigen Umfang zu sichern, insbesondere bei größeren Haushaltsgemeinschaften dem entgegensteht.

§ 5. Diese Verordnung gilt nach § 14 des Dritten Überleitungsgesetzes vom 4. Januar 1952 (Bundesgesetzbl. I S. 1) in Verbindung mit § 152 des Bundessozialhilfegesetzes auch im Land Berlin.

§ 6. Die Verwaltungsvorschriften über den Aufbau der Fürsorgerichtsätze und ihr Verhältnis zum Arbeitseinkommen vom 23. Dezember 1955 (Bundesanzeiger Nr. 251 vom 29. Dezember 1955) treten außer Kraft.

§ 7. Diese Verordnung tritt am 1. Oktober 1962, § 6 jedoch mit Wirkung vom 1. Juli 1962 in Kraft.

1. **Absatz 1** bestimmt, in welcher Form der Regelbedarf zu leisten ist. Absatz 1 **Satz 1** stellt eine Einschränkung des Grundsatzes der Individualisierung der Sozialhilfe (s. § 3 Abs. 1) zugunsten einer **schematisierenden** Regelung dar. Gerechtfertigt wird diese Ausnahme mit Erfordernissen der verwaltungsmäßigen Durchführung des Sozialhilferechts, dem Gedanken der Gleichbehandlung der Hilfeberechtigten sowie letztlich auch aus der Überlegung, daß auf diese Weise das von der Sozialhilfe zu gewährleistende Existenzminimum (s. § 12 Erl. 3) **berechenbar** und **voraussehbar** wird und damit der Hilfeberechtigte ein höheres Maß an Rechtssicherheit und **Sicherheit** allgemein gewinnt (vgl. Schulte BldW 1985, 44). **Satz 2** trägt wiederum dem Individualisierungsgrundsatz insofern Rechnung, als die Schematisierung ihrerseits wiederum zu durchbrechen ist, wenn die **Umstände des Einzelfalles** dies gebieten. Ein derartiges Abweichen von den Regelsätzen „nach oben" kann vor allem im Falle eines konstitutionsbedingten erhöhten Ernährungsbedarfs geboten sein. Da die Regelsätze die Konkretion des zur Deckung des notwendigen Lebensunterhalts Notwendigen darstellen und insofern die Umsetzung des sozio-kulturellen

Existensminimums (s. § 12) „in Heller und Pfennig" darstellen, kann eine Abweichung von den Regelsätzen „nach unten" allenfalls dann in Betracht kommen, wenn bestimmte, bei der Bemessung der Regelsätze berücksichtigte Bedarfsteile wegfallen (zur Wohn- und Wirtschaftsgemeinschaft vgl. § 122 Erl. 1 a. E.).

2. **Absatz 2** ist die Ermächtigungsgrundlage für die VO zu § 22 (Regelsatzverordnung).

§ 1 VO zu § 22 bestimmt, welche Bedarfstatstände des notwendigen Lebensunterhalts in die **Regelsätze** eingehen. Diese Bedarfstatbestände werden in der Praxis durch ein Bedarfsbemessungsschema (**„Warenkorb"**) konkretisiert. Die Behörden, die den Regelsatz festsetzen (s. unten 5.), verwendeten früher einen vom DV (zuletzt 1970) erstellten Warenkorb (vgl. DV 1972). Seit dem 1. 7. 1985 wird ein Bedarfsbemessungsschema **(„Warenkorb 1985")** herangezogen, das als Übergangslösung gedacht ist (krit. Hofmann/Stahlmann info also 1985, H. 2, 5). Geplant ist, die bisherige „Warenkorb-Methode" durch ein **„Statistik-Modell"** zu ergänzen, das sich an den Einkommensverhältnissen und Verbrauchsgewohnheiten im „unteren Einkommensbereich" ausrichtet (vgl. Tschoepe NDV 1987, 433). Der „Warenkorb 1985" (s. **Anhang 1**) besteht aus drei Teilwarenkörben:

- **Ernährung** (ca. 55% des Regelsatzes eines Haushaltsvorstands);
- **hauswirtschaftlicher Bedarf** (ca. 15% des Regelsatzes eines Haushaltsvorstands) mit den Positionen „Haushaltsenergie" (einschließlich Warmwasserbereitung), „Beschaffung von Hausrat von geringem Anschaffungswert sowie kleinere Instandsetzungen von Hausrat", „Reinigung von Wohnung, Hausrat und Wäsche", „Instandhaltung von Schuhen, Kleidung und Wäsche" und „Neubeschaffung von Wäsche von geringem Anschaffungswert";
- **persönliche Bedürfnisse** (ca. 30% des Regelsatzes eines Haushaltsvorstands) mit den Positionen „Körperpflege männlich/weiblich", „Reinigung", „Teilnahme am kulturellen Leben und Beziehungen zur Umwelt" und „sonstige persönliche Bedürfnisse".

Auf der Grundlage des Warenkorbs werden den einzelnen Gütern und Dienstleistungen (z. B. „Feinseife 100 g") Preise zugeordnet, die – soweit möglich – von den statistischen Landesämtern ermittelt werden. Dabei handelt es sich um Durchschnittspreise des untersten auf dem Markt anzutreffenden Preisviertels (sog. untere Quartilspreise; krit. dazu Tiburcy NDV 1986, 47).

Zur **gerichtlichen Kontrolle** der Regelsätze vgl. BVerwGE 25, 307; OVG Hamburg FEVS 35, 265; OVG Bremen FEVS 35, 287: große Toleranz gegenüber dem Warenkorb-Verfahren; vgl. auch Atzler ZfF 1986, 200; krit. Stahlmann BldW 1985, 50).

3. **§ 2 VO zu § 22** legt die Struktur der Regelsätze im Hinblick auf den **Haushaltsvorstand, Alleinstehende** und **sonstige Haushaltsange-**

hörige fest. Zu beachten ist, daß das 7., 11., 15. und 21. Lebensjahr vollendet ist, wenn der Hilfesuchende 7, 11, 15 bzw. 21 Jahre alt geworden ist; vom Monat des Geburtstags an gilt dann die nächste Stufe des § 2 Abs. 3 VO zu § 22.

Alleinstehende sind Personen, die keiner Haushaltsgemeinschaft angehören bzw. die zwar mit anderen gemeinsam in einer Wohnung leben, aber – nachweisbar – nicht gemeinsam wirtschaften.

Haushaltsvorstand gemäß § 2 Abs. 2 VO ist derjenige, der die Generalunkosten der Haushaltsführung trägt (vgl. BVerwGE 15, 306). Bei **Eheleuten** kann die Frage offenbleiben, wer Haushaltsvorstand ist, da beiden Ehegatten gemeinschaftlich der Regelsatz für den Haushaltsvorstand und einen (i. d. R. erwachsenen) Angehörigen zusteht (s. auch § 122 Erl. 3). Die dem Haushaltsvorstand zugestandenen Auslagen für die allgemeine Haushaltsführung, die den höheren Regelsatz eines Haushaltsvorstandes bzw. Alleinstehenden im Vergleich zu einem erwachsenen Haushaltsangehörigen rechtfertigen, umfassen gewisse unteilbare Bedarfsgegenstände des Haushalts (z. B. den nicht teilbaren Aufwand für Energie, Instandsetzung von Hausrat, bestimmte kulturelle Bedürfnisse, etwa Zeitung und Rundfunk). Der dem Haushaltsvorstand bzw. dem Alleinstehenden zustehende Regelsatz wird als **Eckregelsatz** bezeichnet (vgl. auch § 122 Erl. 1).

4. Nach **Absatz 2 Halbsatz 1** von der Gewährung nach Regelsätzen ausgenommen sind die laufenden Leistungen für die **Unterkunft** und die Heizung. Sie werden in Höhe der **tatsächlichen Aufwendungen** gewährt (**§ 3 Abs. 1 u. 2 VO zu § 22;** dazu Tattermusch ZfF 1987, 73).

Zu den **Kosten der Unterkunft** gehören

a) **Miete mit Nebenkosten** (z. B. Gemeinschaftsbeleuchtung, Müllabfuhr, Schornsteinreinigung, Gemeinschaftsantenne, Wassergeld; nicht aber die Stromkosten, die durch den Regelbedarf abgedeckt werden). Auch Mietnebenkosten, die aufgrund einer nach Ablauf eines Mietjahrs erfolgten Abrechnung anfallen, sind vom SHTr. zu übernehmen (vgl. VG Arnsberg ZfF 1985, 157; OVG NRW NDV 1987, 234). Entfällt die Miete auf mehrere Bewohner, so werden die Kosten (auch bei Kleinkindern) zunehmend nach der Kopfzahl der Bewohner aufgeteilt (vgl. OVG Münster FEVS 35, 428; s. auch OVG Hamburg FEVS 35, 183). Zu den von den Sozialämtern abgegebenen sog. Mietgarantien, die öffentlich-rechtlicher Natur sind, vgl. OVG Berlin FEVS 33, 463 (das die Rechtsnatur offen läßt).

b) Aufwendungen für ein **Eigenheim** (Eigentumswohnung), wenn dem Hilfesuchenden die Unterkunft zur Vermeidung von Obdachlosigkeit erhalten werden muß (z. B. Schuldzinsen für Hypothek, öffentliche Gebühren, Grundbesitzsteuern, Gebäude- und Brandversicherung; i. d. R. aber nicht die Tilgungslasten für das Eigenheim, vgl. BVerwGE 41, 22; vgl. auch OVG Bremen FEVS 35, 408: Darlehen für Tilgungszahlungen bei Haus i. S. d. § 88 Abs. 2 Nr. 7).

c) **Hotelkosten,** wenn eine andere zumutbare Unterkunft nicht vorhanden ist.

Die tatsächlichen Aufwendungen für die Unterkunft sind aber nur zu übernehmen, soweit sie den der Besonderheit des Einzelfalles **angemessenen Umfang** nicht übersteigen. Da das Wohngeld ähnlich der Sozialhilfe für Adressaten bestimmt ist, die eine angemessene Unterkunft nicht aus eigenen Kräften wirtschaftlich absichern können, erscheint eine Orientierung der Angemessenheit von Unterkunftskosten an den Höchstbeträgen nach § 8 WoGG – i. S. einer Obergrenze – sinnvoll (so z. B. OVG Lüneburg FEVS 34, 101 u. ZfF 1987, 156; Gottschick/Giese § 3 VO zu § 22 Rz 3; Schulte/Trenk-Hinterberger 1986, 166 sowie die Praxis der meisten SHTr.). Nach Ansicht des BVerwG (BVerwGE 75, 168) darf aber die angemessene Miete nicht durch Anlehnung an die Tabellen des Wohngeldgesetzes bestimmt werden, weil der mit der Gewährung von Wohngeld verfolgte Zweck weiter gehe als derjenige der Sozialhilfe (zw.: Danach würden Sozialhilfeempfängern die mit den Tabellen des WoGG angestrebten Wohnungsstandards nicht zugute kommen; für sie würde eine „untere Kategorie" genügen. Das BVerwG geht offensichtlich davon aus, daß die Wohngeldsätze tendenziell zu hoch sind; krit. auch Schoch ZfSH/SGB 1987, 352; vgl. auch Krahmer/Höning ZfSH/SGB 1987, 337 mit einem Alternativvorschlag).

Nicht zu den angemessenen Kosten der Unterkunft gehört ein Mietaufwand, den ein Empfänger von Hilfe zum Lebensunterhalt deshalb zusätzlich hat, weil er für sein erwachsenes Kind, das auswärts studiert und wohnt, Wohnraum vorhält, damit es während der Semesterferien und an Wochenenden im Elternhaus wohnen kann (BVerwG FEVS 35, 93).

Str. ist, ob ein Träger der Sozialhilfe berechtigt ist, die Kosten einer – aus sozialhilferechtlicher Sicht – unangemessen teuren Wohnung teilweise, d. h. insoweit zu übernehmen, als die Kosten die Aufwendungen für eine nach Größe und Preis angemessene Wohnung nicht übersteigen, oder ob hierin ein Verstoß gegen das Prinzip der Bedarfsdeckung liegen würde (vgl. die – u. E. zu bejahende – Frage der Zulässigkeit einer **Teilkostenübernahme** offenlassend OVG Hamburg FEVS 32, 441).

Nach § 3 Abs. 2 VO zu § 22 sind laufende Kosten für die **Heizung** (z. B. Zentral- oder Fernheizung) in der tatsächlichen Höhe zu übernehmen, sofern sie nicht nachweislich unangemessen hoch (d. h. weit überdurchschnittlich) sind.

Die B.-W. SHR enthalten folgende Heizungskosten-Regelungen (12.26–12.29):

Für die Übernahme der laufenden Kosten für eine Zentralheizung gilt § 3 Abs. 2 VO zu § 22.

Wird bei Warmwassersammelheizung eine Heizkostenpauschale bei getrennter Wasserzinsabrechnung erhoben, so ist davon der bereits im Regelsatz berücksichtigte Bedarf für den Energieaufwand zur Warmwasserbereitung abzusetzen. (Der Abzug basiert auf dem im Regelsatz-Warenkorb unter der Bedarfsgruppe „Kochfeuerung und Beleuchtung (ohne Heizung) sowie weiterer elektrischer Aufwand" enthaltenen Energiekostenanteil für die Warmwasserbereitung.) Der Abzug beträgt

a) für den Haushaltsvorstand und den Alleinstehenden 18 DM mtl.

b) für Haushaltsangehörige 2 DM mtl.

Die Abzugsbeträge werden von den kommunalen Landesverbänden bei Bedarf fortgeschrieben.

Wird für den Betrieb der Heizung, für die Warmwasserbereitung sowie für die Kochfeuerung und Beleuchtung und sonstigen Energieaufwand eine Energiekosten-Gesamtpauschale erhoben, so ist davon der bereits im Regelsatz berücksichtigte Energieaufwand abzusetzen. Neben den Abzugsbeträgen nach Rdnr. 12.27 sind für Kochfeuerung und Beleuchtung und für den sonstigen elektrischen Aufwand zusätzlich abzuziehen

a) für den Haushaltsvorstand und den Alleinstehenden 18 DM mtl.

b) für Haushaltsangehörige 3 DM mtl.

Diese Beträge werden von den kommunalen Landesverbänden bei Bedarf fortgeschrieben.

Nachzahlungsbeträge, die sich bei der Heizkostenabrechnung ergeben, sind bei Empfängern laufender Hilfe zum Lebensunterhalt – auch im Falle der Rdnrn. 12.27, 12.28 – in der Regel voll zu übernehmen. Erscheinen die Aufwendungen für die Heizung unangemessen hoch, sind nur die angemessenen Heizkosten zu übernehmen. Bei der Beurteilung der Angemessenheit kann § 20 der Landesdienstwohnungsvorschriften – DWV – vom 1. 1. 1982 (GABl. 1982 S. 1) i. V. m. der jährlichen Bekanntmachung des FM über die Festsetzung der Verbrauchsmengen und Entgelte für Heizung (Heizperiode 1982/83: GABl. 1982 S. 662) herangezogen werden.

Rückzahlungsbeträge sind, wenn sie höher sind als 30 DM, bei Bekanntwerden in vollem Umfang in Anspruch zu nehmen (Bagatellregelung).

Zur **Nachzahlung** von Heizungskosten aufgrund einer Endabrechnung vgl. OVG NRW NDV 1987, 234 (wie oben bei Kosten der Unterkunft). Gegen zweifelhafte Nachzahlungsforderungen muß sich der Hilfeempfänger aber zivilgerichtlich zur Wehr setzen (OVG Bremen FEVS 35, 22). Zur **Heizungsbeihilfe** s. § 12 Erl. 7.

5. **Absatz 3 Satz 1** bestimmt, daß die **Höhe der Regelsätze** von den zuständigen **Landesbehörden** oder den von ihnen ermächtigten Stellen festgesetzt werden (vgl. dazu die Ausführungsgesetze der Länder, z. B. § 10 Hess. AG/BSHG: zuständig ist der Sozialminister). In Bayern und Rheinland-Pfalz bestimmen die zuständigen Landesbehörden (Staatsministerium für Arbeit und Sozialordnung im Einvernehmen mit dem Staatsministerium des Innern bzw. der Sozialminister) Rahmen- oder Mindestbeträge der Regelsätze zur Berücksichtigung örtlicher Unterschiede (vgl. Satz 1, 2. HS). Auf der Grundlage dieser Beträge setzen dann die örtlichen SHTr. die jeweils regional gültigen Regelsätze fest (vgl. auch DV, Gutachten, info also 1987, 160).

6. Die nachfolgende **Tabelle** gibt die gegenwärtig geltende Höhe der Regelsätze wieder.

Regelsätze nach § 22 BSHG im Bundesgebiet und in Berlin (West) in DM monatlich:

Stand: **1. 7. bzw. 1. 9. 1987**

Land	Haushalts-vorstände und Allein-stehende DM	Haushaltsangehörige				
		bis zur Vollendung des 7. Lebens-jahres DM	vom Beginn des 8. bis zur Vollen-dung des 11. Lebensjahres DM	vom Beginn des 12. bis zur Vollen-dung des 15. Lebensjahres DM	vom Beginn des 16. bis zur Vollen-dung des 21. Lebensjahres DM	vom Beginn des 22. Lebens-jahres an DM
1	2	3	4	5	6	7
Baden-Württemberg	410	185	267	308	369	328
Bayern**						
Mindestregelsätze	392	176	255	294	353	314
Bremen	404	182	263	303	364	323
Hamburg	418	188	272	314	376	334
Hessen*	408	184	265	306	367	326
Niedersachsen	394	177	256	296	355	315
Nordrhein-Westfalen*	405	182	263	304	365	324
Rheinland-Pfalz**						
Höchstbeträge	404	182	263	303	364	323
Mindestbeträge	400	180	260	300	360	320
Saarland*	395	178	257	296	356	316
Schleswig-Holstein	395	178	257	296	356	316
Berlin (West)	412	185	268	309	371	330
Rechnerischer Durchschnitt (ab 1. 9. 1987) rd.	403	181	262	302	363	322

* In Hessen, Nordrhein-Westfalen und im Saarland zum 1. September 1987.
** Von der obersten Landessozialbehörde festgesetzte Mindest-/Höchstsätze. Die Höhe der Regelsätze bestimmen die örtlichen Träger der Sozialhilfe. In Bayern beträgt der derzeit höchste Eckregelsatz 420 DM (München).

Eine bundesweite Übersicht findet sich im Nachrichtendienst des Deutschen Vereins für öffentliche und private Fürsorge (NDV) sowie in der Zeitschrift für das Fürsorgewesen (ZfF), i. d. R. jeweils in der Juli-Ausgabe (Heft 7).

7. Eine weitere Begrenzung ergibt sich aus **Absatz 3 Satz 2,** der durch das 2. Haushaltsstrukturgesetz v. 22. 12. 1981 eingeführt worden ist und fast wörtlich dem **§ 4 VO zu § 22** entspricht. Die Übernahme dieser Bestimmung in das Gesetz sollte unterstreichen, daß die Hilfe zum Lebensunterhalt grundsätzlich keinen gleichen oder gar höheren Lebensstandard garantieren soll, wie er sich durch ein in den unteren Lohngruppen zu erzielendes Einkommen erlangen läßt. Allerdings ist dieser Grundsatz (der dem klassischen englischen Armenrecht eigentümlichen ,,principle of less eligibility" entspricht) dann zu durchbrechen, wenn der im Einzelfall zu befriedigende höhere Bedarf – so insbesondere bei größeren Bedarfsgemeinschaften, z. B. kinderreichen Familien – dies verlangt.

8. Der in **Absatz 3 Satz 3** festgelegte **Zeitpunkt für die Festsetzung der Regelsätze** soll zum einen vermeiden, daß die Regelsätze in den einzelnen Bundesländern (die sich in der Vergangenheit mehr und mehr in ihrem Niveau einander angeglichen haben) allzu sehr auseinanderfallen, zum anderen die Durchführung der in vielen Fällen gebotenen Anrechnung von Rentenleistungen auf die Hilfe zum Lebensunterhalt erleichtern. Nach der gegenwärtigen Rechtslage werden die Renten der gesetzlichen Rentenversicherung jeweils mit Wirkung vom 1. Juli eines Jahres erhöht (§§ 1272 Abs. 1 RVO, 49 Abs. 1 AVG).

9. Zur Führung eines Lebens, das der Würde des Menschen entspricht (§ 1 Abs. 2 S. 1) gehört, daß dem erwachsenen Hilfeempfänger die Möglichkeit gelassen wird, im Rahmen der ihm nach dem BSHG zustehenden Mittel seine Bedarfsdeckung **frei zu gestalten.** Dem wird der SHTr. dadurch gerecht, daß er die laufende Hilfe zum Lebensunterhalt i. d. R. in **Geld** gewährt, das dem Hilfeempfänger im Ganzen ausgezahlt wird. Nur bei Vorliegen besonderer Umstände im Einzelfall kommt eine (v. a. teilweise) Gewährung von Sachleistungen in Betracht. Eine abstrakte, gruppenspezifische Betrachtung (z. B. ,,Alkoholabhängige", ,,Nichtseßhafte") rechtfertigt nicht eine generelle (,,formularmäßige") Gewährung der Hilfe in Form von Sachleistungen; vielmehr bedarf es dazu der Prüfung der Umstände des konkreten Einzelfalles (zum Ganzen BVerwGE 72, 354: Eine Besonderheit des Einzelfalles sei gegeben bei einem obdachlosen Hilfeempfänger, der ,,biwakiert", weil bei ihm in den Bedarfsgruppen ,,persönliche Bedürfnisse des täglichen Lebens", ,,Körperpflege und Reinigung", ,,Kochfeuerung und Beleuchtung", ,,Instandhaltung" ein Weniger an Bedarf bestehe, hinsichtlich dessen auf Anhieb nicht gesagt werden könne, daß dem ein annähernd gleiches Mehr an Bedarf gegenüberste-

he, das seine Ursache in derselben Besonderheit „Obdachlosigkeit" habe; zw.).

Nach VGH Bad.-Württ. (FEVS 33, 377) erscheint es kaum als rechtmäßig, einer nur nach dem abstrakten Merkmal der Obdachlosigkeit bestimmten Personengruppe die normalerweise zustehende Hilfeleistung in Geld generell zu entziehen, um weitere Nichtseßhafte repressiv von der Zuwanderung zum örtlichen Bereich des Trägers der Sozialhilfe fernzuhalten.

Nach Art. 11 Abs. 1 GG genießen alle Deutschen das Grundrecht der „Freizügigkeit im ganzen Bundesgebiet". Der tatsächliche Aufenthalt – sogar ein unerlaubter – begründet nach § 97 Abs. 1 S. 1 die sozialhilferechtliche Zuständigkeit des örtlichen Trägers der Sozialhilfe und gewährt dem Hilfesuchenden gegen diesen Anspruch auf die gesetzlich vorgesehenen Hilfen.

10. S. auch das **Berechnungsbeispiel 1 im Anhang 3.**

Mehrbedarf

23 **(1) Ein Mehrbedarf von 20 vom Hundert des maßgebenden Regelsatzes ist anzuerkennen**

1. für Personen, die das 60. Lebensjahr vollendet haben,
2. für Personen unter 60 Jahren, die erwerbsunfähig im Sinne der gesetzlichen Rentenversicherung sind,
3. für werdende Mütter vom Beginn des 6. Schwangerschaftsmonats an,
4. für Tuberkulosekranke während der Dauer der Heilbehandlung,

soweit nicht im Einzelfalle ein abweichender Bedarf besteht.

(2) Für Personen, die mit einem Kind unter 7 Jahren oder die mit 2 oder 3 Kindern unter 16 Jahren zusammenleben und allein für deren Pflege und Erziehung sorgen, ist ein Mehrbedarf von 20 vom Hundert des maßgebenden Regelsatzes anzuerkennen, soweit nicht im Einzelfall ein abweichender Bedarf besteht; bei 4 oder mehr Kindern erhöht sich der Mehrbedarf auf 40 vom Hundert des maßgebenden Regelsatzes.

(3) Für Behinderte, die das 15. Lebensjahr vollendet haben und denen Eingliederungshilfe nach § 40 Abs. 1 Nr. 3 bis 5 gewährt wird, ist ein Mehrbedarf von 40 vom Hundert des maßgebenden Regelsatzes anzuerkennen, soweit nicht im Einzelfall ein abweichender Bedarf besteht. Satz 1 kann auch nach Beendigung der in § 40 Abs. 1 Nr. 3 bis 5 genannten Maßnahmen während einer angemessenen Übergangszeit, vor allem einer Einarbeitungszeit, angewendet werden.

(4) Ein Mehrbedarf in angemessener Höhe ist anzuerkennen

1. für Erwerbstätige, vor allem für Personen, die trotz beschränkten Leistungsvermögens einem Erwerb nachgehen,

2. für Kranke, Genesende, Behinderte oder von einer Krankheit oder Behinderung Bedrohte, die einer kostenaufwendigeren Ernährung bedürfen.

(5) **In den Fällen des Absatzes 3 findet Absatz 1 Nr. 2 und Absatz 4 Nr. 1 keine Anwendung. Im übrigen sind Absatz 1 Nr. 1 bis 4, die Absätze 2 und 3 sowie Absatz 4 Nr. 1 und 2 nebeneinander anzuwenden.**

1. **Absatz 1** sieht für bestimmte **Personengruppen** (s. Nr. 1–4 u. Erl. 3) die Gewährung eines zusätzlichen Bedarfs **(Mehrbedarfs)** in Höhe von **20 v.H.** des maßgebenden Regelsatzes vor. Bis zum Inkrafttreten des 2. HStruktG betrug dieser Mehrbedarf noch 30 v.H.; die Herabsetzung des Mehrbedarfs wurde seinerzeit in der Begründung zu diesem Gesetz damit gerechtfertigt, daß in Anbetracht der stark gestiegenen Regelsätze ein genereller Mehrbedarf in Höhe von 30 v.H. nicht mehr bedarfsgerecht sei, vielmehr eine Pauschalierung des Mehrbedarfs nur noch in Höhe von 20 v.H. geboten sei und im übrigen ein etwaiger darüber hinausgehender Mehrbedarf eine Prüfung der Umstände des **Einzelfalles** voraussetze. Diese Prämisse – der Anstieg der Regelsätze – hält allerdings einer näheren Überprüfung nicht Stand; sowohl im Verhältnis zur Preis- wie zur Lohnentwicklung ist vielmehr gerade in den letzten Jahren eher ein Zurückbleiben der Entwicklung der Regelsätze hinter der Preis- und Lohnentwicklung festzustellen (Schulte NVwZ 1986, 354).

2. Im Ergebnis führt die Anerkennung eines Mehrbedarfs dazu, daß der Hilfeempfänger gegenüber demjenigen, dem lediglich der Regelbedarf (s. § 22) zusteht, einen durch einen prozentualen Zuschlag zu den Regelsätzen ermittelten höheren Leistungsbetrag erhält.

3. Anspruchsberechtigt gemäß **Nr. 1** sind Personen von dem Monat an, in dem sie das **60. Lebensjahr** vollenden.

4. Die **Erwerbsunfähigkeit** i. S. der **Nr. 2** bestimmt sich nach § 1247 Abs. 2 RVO (vgl. auch §§ 24 Abs. 2 AVG, 47 Abs. 2 RKnG). Sie ist, wenn sie nicht durch einen Träger der gesetzlichen Rentenversicherung (z. B. die Bundesversicherungsanstalt für Angestellte in Berlin) schon festgestellt worden ist, durch das zuständige Gesundheitsamt zu ermitteln. Der SHTr. hat dabei die tatbestandlichen Voraussetzungen des Abs. 1 Nr. 2 von Amts wegen in eigener Zuständigkeit zu prüfen und festzustellen. Die Anerkennung der Erwerbsunfähigkeit durch einen Rentenversicherungsträger ist nicht konstitutive Voraussetzung für einen Anspruch auf den Mehrbedarfszuschlag (VG Berlin ZfF 1981, 110).

Der Begriff der **„Erwerbsunfähigkeit“** ist nicht identisch mit demjenigen der **„Berufsunfähigkeit“**. Letztere liegt gemäß §§ 1246 Abs. 2 RVO, 23 Abs. 2 AVG, 46 Abs. 3 RKnG vor, wenn die Erwerbsfähigkeit infolge von Krankheit oder anderen Gebrechen oder Schwäche der körperlichen oder geistigen Kräfte auf weniger als die Hälfte derjenigen eines körperlich und geistig Gesunden mit ähnlicher Ausbildung und gleichwertigen Kenntnissen und Fähigkeiten herabgesunken ist. Personen, die nur noch weniger als halbschichtig arbeiten können, sind grundsätzlich nur berufsunfähig (BSGE 30, 167). Ob diese Personen zugleich erwerbsunfähig sind, hängt von weiteren Kriterien ab, nämlich ob infolge von Krankheit oder anderen Gebrechen oder von Schwäche der körperlichen oder geistigen Kräfte auf nicht absehbare Zeit eine Erwerbstätigkeit in gewisser Regelmäßigkeit nicht mehr ausgeübt werden kann bzw. ob nicht mehr als nur geringfügige Einkünfte durch Erwerbstätigkeit erzielt werden können. Eine Erwerbstätigkeit von gewisser Regelmäßigkeit kann auch noch bei einer weniger als halbschichtigen Tätigkeit (z. B. zwei–drei Stunden täglich) vorliegen, und mehr als nur geringfügige Einkünfte werden schon dann erzielt, wenn ⅛ der Beitragsbemessungsgrenze gemäß § 1385 Abs. 2 RVO überschritten wird (OVG Münster ZfSH 1982, 124).

5. Der Mehrbedarf für **werdende Mütter (Nr. 3)** wird seit dem 2. HStruktG nurmehr vom 6. Schwangerschaftsmonat an gezahlt (früher vom Beginn der Schwangerschaft an) mit der (nicht überzeugenden) Begründung, daß erst von diesem Zeitpunkt an ein höherer Bedarf wirklich bestehe.

6. **Nr. 4** ist durch das 2. HStruktG eingefügt worden; bei dieser Mehrbedarfsregelung hinsichtlich des allgemeinen Lebensunterhalts der Tuberkulosekranken bleibt es trotz der Aufhebung der §§ 48 bis 66 (s. auch Erl. zur Tuberkulosehilfe, unten S. 147).

7. **Absatz 2** gilt für alle Personen – auch Männer –, die **alleinstehend** sind und die genannten Voraussetzungen erfüllen. Der Begriff der **Pflege** umfaßt die gesamte Betreuung des Kindes; er ist mithin weiter als der entsprechende Begriff in § 68 Abs. 1. Die Altersbegrenzung auf 16 Jahre bezieht sich auch auf den Mehrbedarf bei 4 oder mehr Kindern.

Nach OVG Berlin NDV 1984, 399 besteht kein Anspruch auf einen Mehrbedarf wegen Alleinerziehung, wenn zwei Mütter mit je zwei Kindern zusammenleben und wirtschaften. Ob diese Entscheidung der besonderen Lage Alleinstehender mit Kindern in hinreichendem Maße Rechnung trägt, erscheint fraglich; ferner wird die auf Freiwilligkeit beruhende gegenseitige Hilfe der Betroffenen, die ein wesentliches Element sozialhilferechtlich anzuerkennender (s. § 1 Abs. 2 S. 2) Selbsthilfe darstellt, gewissermaßen durch die Vorenthaltung dieser Mehrleistung negativ sanktioniert (krit. auch Greif-Bartovics NDV 1985, 298).

8. Wie in Absatz 1 bedeutet der Hinweis auf das Bestehen eines **abweichenden Bedarfs im Einzelfalle,** daß entsprechend dem Grundsatz der Individualisierung (s. § 3) besondere Umstände des Einzelfalles, die zu einem höheren Mehrbedarf führen, berücksichtigt werden

müssen. Diese Voraussetzung ist seit der Herabsetzung des Mehrbedarfs durch das 2. HStruktG v. 22. 12. 1981 besonders sorgfältig zu prüfen und dürfte auch nach der Begründung für die seinerzeit vorgenommene Kürzung (s. Erl. 1) heute häufiger anzunehmen sein als vor dieser Rechtsänderung.

9. **Absatz 3,** der gleichfalls durch das 2. HStruktG eingefügt worden war, ist an die Stelle des damals aufgehobenen § 41 Abs. 2 a. F. getreten; dieser bestimmte, daß der Lebensunterhalt der Empfänger von Eingliederungshilfe für **Behinderte** von dieser Art der Hilfe in besonderen Lebenslagen (s. §§ 39ff.) selbst umfaßt wurde. Der hier angesprochene Personenkreis (also einschließlich der von Behinderung Bedrohten i. S. d. § 39 Abs. 2 S. 1) unterliegt mithin, soweit er neben der Eingliederungshilfe für Behinderte auch Hilfe zum Lebensunterhalt bezieht, für die jeweiligen Leistungen sowohl den Vorschriften des Abschnitts 2 Hilfe zum Lebensunterhalt als auch denjenigen des Abschnitt 3 Hilfe in besonderen Lebenslagen. Dabei wirken sich insbesondere die unterschiedlichen Regelungen über den Einsatz von Einkommen und Vermögen aus (s. § 11 Abs. 1 bzw. § 28). Im übrigen bestimmt Satz 1, daß der Mehrbedarfszuschlag nur während des Bezugs der dort genannten (ausbildungsbezogenen) Eingliederungshilfen gewährt wird; der Mehrbedarfssatz deckt also nur den ausbildungsbedingten, nicht den durch die Behinderung erhöhten Bedarf ab (OVG Berlin FEVS 35, 410). Absatz 3 **Satz 2** bestimmt, daß die Regelung des Absatzes 3, die nach Satz 1 nur **während** des Bezuges von Eingliederungshilfen i. S. des § 40 Abs. 1 Nr. 3–5 gilt, auch **danach** noch angewandt werden **kann;** die Entscheidung darüber, ob dies geschieht, steht im pflichtmäßigen Ermessen des Trägers der Sozialhilfe. Da eine Verpflichtung, überhaupt den Mehrbedarf zu gewähren, im Falle des Satzes 2 nicht besteht, kommt auch die Zubilligung eines **teilweisen Mehrbedarfs** in Betracht. Für die Entscheidung des Trägers der Sozialhilfe wird insbesondere von Bedeutung sein, in welchem Maße nur durch Zuerkennung eines Mehrbedarfs ein Erfolg der Rehabilitationsmaßnahme i. S. des § 40 sichergestellt werden kann.

10. Der Regelung des **Absatzes 4 Nr. 1** liegt die Überlegung zugrunde, daß ein **Erwerbstätiger** einen höheren Bedarf hat als nichterwerbstätige Personen, auf welche die Regelsatzstruktur im wesentlichen zugeschnitten ist. Dieser Mehrbedarf erstreckt sich insbesondere auf höhere Ausgaben für Ernährung und Kleidung. Die Regelung bezweckt darüber hinaus, dem Hilfesuchenden einen Anreiz zur Erwerbstätigkeit zu geben. „Erwerbstätige" sind nach Sinn und Zweck des Abs. 4 Nr. 1 deshalb **auch** Auszubildende/Lehrlinge (BVerwGE 40, 343), Umschüler (OVG Berlin FEVS 35, 246; a. A. Hess. VGH ZfSH/SGB 1986, 228) und Behinderte in Werkstätten für Behinderte (im sog. Arbeitsbereich, aber auch während der Ausbildung im Eingangs- und

Arbeitstrainingsbereich, während der das Arbeitsamt ein Ausbildungsgeld zahlt; a. A. DV, Gutachten, NDV 1984, 312); ferner Hilfeempfänger, denen wegen der Pflege von nahestehenden Pflegebedürftigen das Pflegegeld gem. § 69 Abs. 3 u. 4 zugewendet wird und die damit Einkommen i. S. d. § 76 Abs. 1 haben (so zurecht DV, Gutachten, NDV 1986, 290: Mehrbedarfszuschlag i. d. R. in Höhe des erhaltenen Pflegegeldes).

11. Dementsprechend wird in der **Praxis** dieser Mehrbedarf auch nicht ohne Berücksichtigung der Höhe des Erwerbseinkommens des Hilfesuchenden gewährt. (Vgl. z. B. SH-Richtl. Westfalen-Lippe § 23 Rz 5.1.2.: Erwerbstätigen ist in der Regel monatlich ein Mehrbedarf von 20 v. H. des Regelsatzes eines Haushaltsvorstandes zuzüglich 5 v. H. des diesen Betrag übersteigenden Erwerbseinkommens zu gewähren. Ist das monatliche Erwerbseinkommen niedriger als 20 v. H. des Regelsatzes eines Haushaltsvorstandes, so ist nur ein Mehrbedarf in Höhe des Erwerbseinkommens zuzubilligen; ebenso z. B. SHR B.-W.).

Ein noch höherer Mehrbedarf wird in der Praxis den Personen zugebilligt, die trotz beschränkten Leistungsvermögens oder sonstwie mit besonderen Anstrengungen einem Erwerb nachgehen (s. auch die nachstehenden SHR).

Nach Bay. SHR 23.05 ist als Mehrbedarf für Erwerbstätige ,,mindestens ein Beitrag in Höhe des bereinigten Erwerbseinkommens (§ 76) anzuerkennen, wenn dieses ¼ des Regelsatzes eines Haushaltsvorstandes nicht übersteigt. Übersteigt das bereinigte Erwerbseinkommen diesen Betrag, so beträgt der Mehrbedarf ¼ des Regelsatzes eines Haushaltsvorstandes zuzüglich 30 v. H. des ¼ des Regelsatzes übersteigenden bereinigten Erwerbseinkommens, jedoch im allgemeinen nicht mehr als 50 v. H. des Regelsatzes eines Haushaltsvorstandes."

Bei Personen, die trotz beschränkten Leistungsvermögens einem Erwerb nachgehen, ist als Mehrbedarf mindestens anzuerkennen ,,ein Betrag in Höhe des bereinigten Erwerbseinkommens (§ 76), wenn es 30 v. H. des Regelsatzes eines Haushaltsvorstandes nicht übersteigt; übersteigt es diesen Betrag, so beträgt der Mehrbedarf 30 v. H. des Regelsatzes eines Haushaltsvorstandes zuzüglich 30 v. H. des übersteigenden bereinigten Erwerbseinkommens, jedoch im allgemeinen nicht mehr als 75 v. H. des Regelsatzes eines Haushaltsvorstandes."

Auszugehen davon, daß Personen trotz beschränkten Leistungsvermögen einem Erwerb nachgehen, ist bei

- Personen ab dem 60. Lebensjahr,
- Behinderten, die in ihrer Erwerbsfähigkeit laut Feststellung des Versorgungsamtes um 80 v. H. gemindert sind,
- Alleinstehenden, die entweder ganztags berufstätig sind und für mindestens ein Kind bis zur Beendigung der Volksschulpflicht zu sorgen haben oder die halbtags berufstätig sind und für mindestens zwei Kinder bis zur Beendigung der Volksschulpflicht zu sorgen haben, ohne daß diese eine Tagesstätte mit Ganztagsbetreuung oder eine ähnliche Einrichtung besuchen,
- Erwerbsunfähigen i. S. der gesetzlichen Rentenversicherung.

S. auch **Berechnungsbeispiel 1** im **Anhang 3.**

12. Wegen der Anerkennung eines **Mehrbedarfs für Kranke, Genesende, Behinderte** oder von einer Krankheit oder Behinderung Bedrohte, die einer kostenaufwendigeren Ernährung bedürfen **(Absatz 4 Nr. 2)** ist auf die entsprechenden Empfehlungen des Deutschen Vereins (DV 1974) zu verweisen (so auch Bay. SHR 23.06: Diese sehen z. B. bei Diabetes mellitus [Zuckerkrankheit] in schweren Fällen einen Mehrbedarf von 168 DM vom Beginn des 22., von 188 DM vom Beginn des 12. Lebensjahres an als Regelwert vor). Zum Mehrbedarf bei AIDS-Erkrankten vgl. Nees DÖG 1987, 275 (in Bayern z. B. für über 21jährige 97 DM mtl.); Bäumerich NDV 1987, 289.

Mit dem Mehrbedarf für krankheitsbedingte Ernährung geht das BSHG über den Leistungsrahmen der gesetzlichen Krankenversicherung hinaus. In der Praxis ist die Notwendigkeit eines Mehrbedarfs nach Abs. 4 Nr. 2 durch ärztliches Attest nachzuweisen (amtsärztliches Gutachten nur bei Zweifelsfällen).

13. **Absatz 5** regelt das **gleichzeitige Vorliegen mehrerer Mehrbedarfstatbestände.** In der Regel ist eine **Kumulation** von Mehrbedarfen möglich; eine Ausnahme gilt für das Nebeneinander eines Mehrbedarfs für Behinderte (Abs. 3) mit den Tatbeständen der einen Mehrbedarf auslösende Erwerbsunfähigkeit (Abs. 1 Nr. 2) und der Erwerbstätigkeit (Abs. 4 Nr. 1; in der Werkstatt für Behinderte gilt nicht Abs. 3 – vgl. § 40 Abs. 2 –; Abs. 1 Nr. 2 u. Abs. 4 Nr. 1 sind also nebeneinander anzuwenden).

Mehrbedarf für Blinde und Behinderte

24 (1) **Der Mehrbedarf nach § 23 Abs. 4 Nr. 1 ist für erwerbstätige Blinde in Höhe des Erwerbseinkommens anzuerkennen, wenn es 50 vom Hundert des Regelsatzes eines Haushaltsvorstandes monatlich nicht übersteigt; übersteigt es diesen Betrag, so beträgt der Mehrbedarf 50 vom Hundert des Regelsatzes eines Haushaltsvorstandes zuzüglich 25 vom Hundert des diesen Betrag übersteigenden Erwerbseinkommens. Satz 1 findet auch Anwendung auf Personen,**

1. **deren Sehschärfe auf dem besseren Auge nicht mehr als 1/50 beträgt,**
2. **bei denen durch Nummer 1 nicht erfaßte, nicht nur vorübergehende Störungen des Sehvermögens von einem solchen Schweregrad vorliegen, daß sie der Beeinträchtigung der Sehschärfe nach Nummer 1 gleichzuachten sind.**

(2) **Absatz 1 Satz 1 findet auch Anwendung auf Behinderte, deren Behinderung so schwer ist, daß sie als Beschädigte die Pflegezulage nach den Stufen III bis VI nach § 35 Abs. 1 Satz 2 des Bundesversorgungsgesetzes erhielten. Die Bundesregierung bestimmt**

durch Rechtsverordnung mit Zustimmung des Bundesrates Näheres über die Abgrenzung des Personenkreises.

Verordnung zur Durchführung des § 24 Abs. 2 Satz 1 des Bundessozialhilfegesetzes

Vom 28. Juni 1974 (BGBl. I S. 1365)

Auf Grund des § 24 Abs. 2 Satz 2 des Bundessozialhilfegesetzes in der Fassung der Bekanntmachung vom 18. September 1969 (Bundesgesetzbl. I S. 1688), zuletzt geändert durch das Gesetz zur Weiterentwicklung des Schwerbeschädigtenrechts vom 24. April 1974 (Bundesgesetzbl. I S. 981), verordnet die Bundesregierung mit Zustimmung des Bundesrates:

§ 1. Behinderte im Sinne des § 24 Abs. 2 Satz 1 des Gesetzes sind

1. Personen mit Verlust beider Beine im Oberschenkel, bei denen eine prothetische Versorgung nicht möglich ist oder die eine weitere wesentliche Behinderung haben,
2. Ohnhänder,
3. Personen mit Verlust dreier Gliedmaßen,
4. Personen mit Lähmungen oder sonstigen Bewegungsbehinderungen, wenn diese Behinderungen denjenigen der in den Nummern 1 bis 3 genannten Personen gleichkommen,
5. Hirnbeschädigte mit schweren körperlichen und schweren geistigen oder seelischen Störungen und Gebrauchsbehinderung mehrerer Gliedmaßen,
6. Personen mit schweren geistigen oder seelischen Behinderungen, die wegen dauernder und außergewöhnlicher motorischer Unruhe ständiger Aufsicht bedürfen,
7. andere Personen, deren dauerndes Krankenlager erfordernder Leidenszustand oder deren Pflegebedürftigkeit so außergewöhnlich ist, daß ihre Behinderung der Behinderung der in den Nummern 1 bis 5 genannten Personen vergleichbar ist.

Als Gliedmaße gilt mindestens die ganze Hand oder der ganze Fuß.

§ 2 Berlin-Klausel. Diese Verordnung gilt nach § 14 des Dritten Überleitungsgesetzes vom 4. Januar 1952 (Bundesgesetzbl. I S. 1) in Verbindung mit § 152 des Bundessozialhilfegesetzes auch im Land Berlin.

§ 3 Inkrafttreten. Diese Verordnung tritt mit Wirkung vom 1. April 1974 in Kraft. Gleichzeitig tritt die Verordnung zur Durchführung des § 24 Abs. 2 Satz 1 des Bundessozialhilfegesetzes vom 24. Februar 1970 (Bundesgesetzbl. I S. 213) außer Kraft.

1. Die Vorschrift geht als **Sonderregelung** dem § 23 Abs. 4 Nr. 1 vor. Sie legt im Gegensatz zu jener Bestimmung die Höhe des anzuerkennenden Mehrbedarfs **konkret** fest.

2. Auch ein Mehrbedarf gemäß § 24 kann mit anderen Mehrbedarfstatbeständen **kumuliert** werden (s. § 23 Abs. 5).

3. Der **Nachweis** der Blindheit oder hochgradigen Sehschwäche kann durch entsprechende fachärztliche Gutachten geführt werden.

4. Vgl. für Blinde auch § 39 u. VO zu § 47, §§ 67, 81 Abs. 2 u. 3, 100 Abs. 1 Nr. 4, 124 Abs. 4 Nr. 3.

5. **Absatz 2** stellt bestimmte Schwerstbehinderte Blinden gleich. Der darunter fallende Personenkreis wird in der **VO zu § 24 Abs. 2** näher spezifiziert (vgl. § 1 Nr. 7 der VO).

Unterabschnitt 4. Ausschluß des Anspruchs auf Hilfe, Einschränkung der Hilfe

25 (1) **Wer sich weigert, zumutbare Arbeit zu leisten, hat keinen Anspruch auf Hilfe zum Lebensunterhalt.**

(2) **Die Hilfe kann bis auf das zum Lebensunterhalt Unerläßliche eingeschränkt werden**

1. **bei einem Hilfesuchenden, der nach Eintritt der Geschäftsfähigkeit sein Einkommen oder Vermögen vermindert hat in der Absicht, die Voraussetzungen für die Gewährung oder Erhöhung der Hilfe herbeizuführen,**
2. **bei einem Hilfeempfänger, der trotz Belehrung sein unwirtschaftliches Verhalten fortsetzt,**
3. **bei einem Hilfesuchenden, der sein Arbeitsverhältnis gelöst oder durch ein vertragswidriges Verhalten Anlaß für die Kündigung des Arbeitgebers gegeben hat oder der sich weigert, an einer Maßnahme zur beruflichen Ausbildung, Fortbildung oder Umschulung teilzunehmen, oder der die Teilnahme an einer der genannten Maßnahmen abgebrochen hat, ohne für sein Verhalten einen wichtigen Grund zu haben.**

(3) **Soweit wie möglich ist zu verhüten, daß die unterhaltsberechtigten Angehörigen der in den Absätzen 1 und 2 genannten Personen oder andere mit ihnen in Haushaltsgemeinschaft lebende Hilfeempfänger durch die Versagung oder die Einschränkung der Hilfe mitbetroffen werden.**

1. **Absatz 1** regelt die Folgen der **schuldhaften Verweigerung zumutbarer Arbeit** (s. §§ 18ff.) und ist „Sanktionsnorm" und „Hilfenorm" zugleich. Die Vorschrift enthält keinen Verwirkungstatbestand, d.h. die Nichtleistung zumutbarer Arbeit entbindet den Träger der Sozialhilfe nach der Rspr. des BVerwG nicht von seiner Verpflichtung zur Hilfe und insbesondere zur Betreuung gegenüber dem Hilfesuchenden, sondern läßt lediglich den Anspruch (s. § 4) des Hilfesuchenden auf Hilfe zum Lebensunterhalt entfallen mit der Folge, daß der Träger der Sozialhilfe insofern freier gestellt wird und nach seinem

pflichtmäßigen Ermessen entscheiden kann, welche Maßnahmen er ergreift (grundlegend BVerwGE 29, 99; 67, 1).

Der Verlust des Anspruchs auf Hilfe nach Absatz 1 folgt aus einem **tatsächlichen Verhalten** (z. B. unterbliebene oder ungenügende Bemühungen um den Abschluß eines Arbeitsvertrages, Verweigerung von gemeinnütziger und zusätzlicher Arbeit), das als Verweigerung der Arbeitsleistung gewertet wird. Der Verlust des Anspruchs auf Hilfe beruht darauf, daß der Hilfesuchende es an der nötigen und möglichen Selbsthilfe fehlen läßt (OVG Berlin FEVS 35, 103).

2. **Arbeit** i. S. des Abs. 1 ist nach BVerwGE 67, 1 auch die gemeinnützige und zusätzliche Arbeit nach § 19 Abs. 2, 1. HS, und zwar auch dann, wenn sie in Form der „öffentlich-rechtlichen Variante" (s. § 19 Erl. 5) erbracht wird, d. h. wenn der Hilfesuchende Hilfe zum Lebensunterhalt zuzüglich einer angemessenen Entschädigung für Mehraufwendungen erhält (str; vgl. Friehe NVwZ 1983, 382; ders., DuR 1984, 185; Krahmer ZfF 1982, 176; ders., ZfSH/SGB 1983, 211; Oetker DVBl. 1983, 1175; zu diesem Meinungsstreit Schulte/Trenk-Hinderberger 1986, 215).

Auch wenn man der Auffassung folgt, daß eine gemeinnützige und zusätzliche Arbeit, die vom Träger der Sozialhilfe unter Weitergewährung der Hilfe zum Lebensunterhalt zuzüglich Mehraufwandsentschädigung angeboten wird, als „Arbeit" i. S. des § 25 Abs. 1 anzusehen ist (abl. auch Putz info also 1984, 74), ist besonders sorgfältig die Frage der **„Zumutbarkeit"** der Arbeit zu prüfen. Neben den allgemeinen Zumutbarkeitskriterien des § 18 Abs. 3 (s. § 18 Erl. 7) ist hier die Bedeutung zu berücksichtigen, welche die Arbeit im Hinblick auf die Verpflichtung des Hilfsbedürftigen zur Selbsthilfe hat. Insbesondere muß der durch die Versagung des Anspruchs auf Hilfe zum Lebensunterhalt ausgeübte mittelbare Zwang auf den Hilfesuchenden zum Ziel haben, auf die Selbsthilfebereitschaft einzuwirken. Nur soweit dieses sozialhilferechtliche Ziel erreicht werden kann, ist der Hilfsbedürftige verpflichtet, Arbeit – auch gemeinnützige und zusätzliche Arbeit gegen Hilfe zum Lebensunterhalt und Mehraufwandsentschädigung – anzunehmen, ist der Träger der Sozialhilfe berechtigt, diese Form der Selbsthilfe durch die Androhung der Versagung weiterer Hilfegewährung durchzusetzen.

Der Träger der Sozialhilfe darf allerdings auch Gelegenheit zur Arbeit anbieten, die diesen Anforderungen nicht entspricht, doch dürfen solche Angebote nicht mit der Drohung, andernfalls weitere Hilfegewährung zu versagen, oder gar mit der Kürzung oder vollständigen Entziehung der Hilfe verknüpft werden.

Wie präzise und hinsichtlich der Einzelheiten differenziert das **Angebot** von gemeinnütziger und zusätzlicher Arbeit sein muß, hängt allerdings auch vom Verhalten des Hilfesuchenden ab: Wer die Arbeit unmißverständlich ablehnt, dem brauchen nach Ansicht des OVG Berlin FEVS 35, 103 deshalb die weiteren Einzelheiten des Angebots nicht erst unterbreitet zu werden (zw., wegen der weitreichenden Konsequenzen – s. § 25 Abs. 1: Verlust des Anspruchs auf Hilfe! –, welche die Verweigerung der Arbeit hat; diese Konsequenzen müssen dem Hilfesuchenden nachdrücklich – und eben auch durch ein **konkretes** Angebot von Arbeitsgelegenheiten – vor Augen geführt werden).

3. Eine **Arbeitsverweigerung** ist z. B. gegeben, wenn der Hilfesuchende es unterläßt, sich beim Arbeitsamt als Arbeitsuchender zu melden (vgl. BVerwGE 12, 129) oder wenn er eine ihm vom Arbeitsamt angebotene zumutbare Arbeit ablehnt (BVerwG FEVS 9, 161). **Schuldhaftes** Handeln liegt vor, wenn der Hilfesuchende sich anders verhalten konnte. Umgekehrt ist ein schuldhaftes Verhalten zu verneinen, wenn die Arbeitsverweigerung auf eine psychische Erkrankung oder eine seelische Fehlentwicklung zurückzuführen ist mit der Folge, daß der Hilfesuchende nicht anders handeln konnte; unter dieser Voraussetzung ist die Versagung der Hilfe zum Lebensunterhalt unzulässig, da sie den angestrebten Zweck, dem Hilfesuchenden zu helfen, nicht erreichen und damit dem ,,Hilfecharakter" der Bestimmung nicht gerecht werden kann. Der Träger der Sozialhilfe hat in derartigen Fällen vielmehr andere Maßnahmen in Erwägung zu ziehen, z. B. solche der §§ 39ff. (BVerwGE 29, 99).

4. Nach Ansicht der Rspr. verstößt die Bestimmung weder gegen höherrangiges Völkerrecht noch gegen das Grundgesetz (str.; vgl. Zuleeg 1982; umfassend zu § 25 Abs. 1 Münder/Birk 1985).

5. Nach h. A. ist die Vorschrift als ,,ultima ratio" eng auszulegen. Die Versagung der Hilfe ist vorher **anzudrohen.** Der Aufgabe der Sozialhilfe (s. § 1 Erl. 2 u. Art. 1 GG) dürfte eine **Kürzung** ,,auf das zum Lebensunterhalt Unerläßliche" i. S. des Absatzes 2 (s. Erl. 5), wohl kaum aber eine völlige Versagung entsprechen (vgl. Schulte/Trenk-Hinterberger 1986, 214).

6. **Absatz 2** gestattet in bestimmten Fällen die Einschränkung der Hilfe, nämlich – **Nr. 1** – bei Minderung des Einkommens oder Vermögens des Hilfesuchenden, z. B. durch Schenkung oder Verzicht auf laufende Einkünfte, – **Nr. 2** – bei einem Verhalten des Hilfesuchenden, welches einer vernünftigen Art des Wirtschaftens widerspricht (z. B. bei Verschwendung; nach VG Bremen – ZfF 1981, 135 – auch, wenn der Empfänger von Hilfe zum Lebensunterhalt einen PKW der Mittelklasse betreibt, obwohl er weder aus gesundheitlichen noch aus beruflichen Gründen unbedingt darauf angewiesen ist, zw.; nicht bei älterem Kfz, OVG Lüneburg FEVS 34, 426) oder – **Nr. 3** – bei vorsätzlicher oder grobfahrlässiger Herbeiführung des Verlustes des Arbeitsplatzes. Absatz 1 geht der Nr. 2 des Absatzes 2 vor mit der Folge, daß ,,unwirtschaftliches Verhalten" nur bei denjenigen Hilfeempfängern

in Betracht kommen kann, die keine „zumutbare Arbeit" (s. § 18 Abs. 3) i. S. des Absatzes 1 leisten können oder bei denen aus anderen Gründen dieser Tatbestand nicht gegeben ist, aber ein anderweitiger unwirtschaftlicher Umgang mit den Mitteln vorliegt, die vom Träger der Sozialhilfe bereitgestellt werden. Der „wichtige Grund" der Nr. 3 ist in Anlehnung an § 119 Abs. 1 AFG sowie die Kündigungsvorschriften des BGB und des Arbeitsrecht eingeführt worden und mit Blick auf diese Parallelvorschriften auszulegen.

7. Die **Beschränkung der Hilfe** „auf das zum Lebensunterhalt Unerläßliche" kann auf unterschiedlichem Wege erfolgen. Ob der Träger der Sozialhilfe **überhaupt** von diesem Mittel Gebrauch macht und wie er vorgeht, steht in seinem pflichtmäßigen Ermessen. Er kann den **Bemessungszeitraum** der Hilfe zum Lebensunterhalt ändern, z. B. Übergang von der monatlichen zur wöchentlichen Zahlung (etwa im Falle der Nr. 2), an die Stelle der Geldleistung kann die Gewährung von **Sachleistungen** treten (s. § 8 Abs. 1), der Regelsatz und etwaige Mehrbedarfszuschläge können **gekürzt** werden; die Praxis hält eine Kürzung bis zu 30 v. H. für zulässig. Die Maßnahmen sind nach angemessener Zeit **wiederaufzuheben,** um dem Hilfeempfänger die Gelegenheit zu geben, unter Beweis zu stellen, daß er sich in Zukunft den Verpflichtungen des Absatzes 2 gemäß verhalten wird.

8. **Absatz 3** bezweckt den **Schutz** von Angehörigen bzw. von sonstigen **Mitgliedern der Haushaltsgemeinschaft** des Hilfesuchenden. Es soll vermieden werden, daß durch die Kürzung der Hilfe gegenüber dem Hilfeempfänger diese Personen mittelbar betroffen werden und in einer vom BSHG nicht vorgesehenen Weise für seine Notlage eintreten müssen. Die Bestimmung entspricht der Zielsetzung des § 7 und der Leitvorstellung des Art. 6 GG. Der Träger der Sozialhilfe kann, um das angestrebte Ziel zu erreichen, den Angehörigen des Hilfeempfängers die Leistung unmittelbar zukommenlassen oder von der Geld- zur Sachleistung übergehen. Ist eine Kürzung der Hilfe ohne Beeinträchtigung der geschützten Personen nicht möglich, so ist im Zweifel von dieser Maßnahme Abstand zu nehmen.

9. Vor allen Maßnahmen ist § 24 SGB X (Anhörung Beteiligter) zu beachten (s. auch **Anhang 2** I. 7.).

Sonderregelung für Auszubildende

26 **Auszubildende, deren Ausbildung im Rahmen des Bundesausbildungsförderungsgesetzes oder des Arbeitsförderungsgesetzes dem Grunde nach förderungsfähig ist, haben keinen Anspruch auf Hilfe zum Lebensunterhalt. In besonderen Härtefällen kann Hilfe zum Lebensunterhalt gewährt werden.**

1. Die Vorschrift schließt an den § 31 Abs. 4 a. F. und die dazu ergangene Rspr. des BVerwG an und bestimmt, daß eine Ausbildungsförderung aus Mitteln der Sozialhilfe zusätzlich oder neben dem BAföG und AFG ausscheidet. Sie verhindert damit auch die praktische Entstehung eines „dritten" Ausbildungsförderungsweges (neben BAföG und AFG). Andererseits wird Auszubildenden dadurch aber nicht etwa auch jeder ausbildungsunabhängige Bedarf an Hilfe zum Lebensunterhalt versagt (vgl. Gottschick/Giese § 26 Rz 2; Knorr DÖV 1983, 16). Nur eine solche Begrenzung des **Ausschlusses** der Hilfe auf den **ausbildungsspezifischen Bedarf** steht im Einklang mit der Garantiefunktion der Sozialhilfe (s. nachstehend 2.).

2. Nach BVerwGE 71, 12 wird mit der Sonderregelung für Auszubildende des **Satzes 1** der Anspruch auf die Hilfe zum Lebensunterhalt nur für einen ausschließlich **ausbildungsgeprägten Bedarf** ausgeschlossen (z. B. für Aufwendungen für Lern- und Arbeitsmittel), nicht aber der Anspruch auf solche Leistungen, die zwar nach ihrer Zuordnung im Gesetz Hilfe zum Lebensunterhalt geworden sind, die aber einen Bedarf betreffen, der durch besondere Umstände bedingt ist, die von der Ausbildung unabhängig sind (eingehend Brühl 1986; Knorr ZfF 1986, 169).

Zum **nicht ausbildungsgeprägten Bedarf** gehören z. B.: Hilfe bei einzelnen hauswirtschaftlichen Verrichtungen (s. § 11 Erl. 6) für behinderte Auszubildende; Mehrbedarf wegen Erwerbsunfähigkeit (§ 23 Abs. 1 Nr. 2), wegen Schwangerschaft (§ 23 Abs. 1 Nr. 3), für Alleinerziehende (§ 23 Abs. 2), wegen kostenaufwendiger Ernährung (§ 23 Abs. 4 Nr. 2); Unterkunftskosten (über dem BAföG-Höchstsatz), wenn die Mehrkosten nicht ausbildungsgeprägt, sondern z. B. behinderungsbedingt sind; nicht ausbildungsgeprägter einmaliger Bedarf (z. B. Kleidung für besondere Anlässe wie Umstandskleidung; Babyerstausstattung; Haushaltsgeräte für Alleinerziehende).

3. Nach h. M. ist eine Ausbildung „dem Grunde nach" nicht förderungsfähig, wenn sie nach dem BAföG oder dem AFG **überhaupt nicht** als förderungsfähig vorgesehen ist (so z. B. OVG Bremen FEVS 33, 147; Bay. VGH FEVS 34, 142; OVG NRW ZfSH/SGB 1986, 289; LPK-BSHG § 26 Rz 5; Schulte/Trenk-Hinterberger 1986, 196). **Individuelle** Versagungsgründe, z. B. ausländische Staatsangehörigkeit (§ 8 BAföG; vgl. VG Frankfurt ZfF 1985, 276) oder Überschreiten der Förderungshöchstdauer (§§ 15, 16 BAföG) führen danach **nicht** zu einem Aufleben des Anspruchs auf Hilfe zum Lebensunterhalt.

4. **„Fortbildung"** und **„Umschulung"** nach dem AFG sind **keine „Ausbildung"** i. S. des § 26 S. 1; typisch für die „Ausbildung" nach dem BAföG oder dem AFG ist der junge Mensch, der über eine erste Ausbildung den Einstieg ins Berufsleben sucht. Der Begriff der „Ausbildung" kann nicht als Oberbegriff für „Ausbildung i. e. S.", „Fort-

bildung" und ,,Umschulung" verstanden werden (VGH Bad.-Württ. FEVS 33, 74; OVG Berlin FEVS 35, 60; DV, Gutachten, NDV 1987, 332; vgl. aber OVG NRW FEVS 35, 34: Umschulung ist ,,Ausbildung" i. S. d. § 26, wenn die Umschulung die erste Berufsausbildung ist, z. B. bei Ausbildung zum Datenverarbeitungskaufmann gem. § 47 AFG nach Abbruch eines Studiums der Agrarwissenschaften). Auch **berufsfördernde Maßnahmen zur Rehabilitation** gem. § 56 AFG in einer Werkstatt für Behinderte sind **keine** ,,Ausbildung" i. S. d. § 26 (a. A. DV, Gutachten, NDV 1984, 312: Es liege aber ein ,,besonderer Härtefall" i. S. d. Satzes 2 vor).

5. Ein **Härtefall** i. S. des § 2 ist nicht bereits dann gegeben, wenn keine oder keine ausreichende Ausbildungsförderung gewährt wird. Auch Härtefälle, die bereits im Rahmen des BAföG oder des AFG Berücksichtigung finden können, werden von **Satz 2** nicht erfaßt. Es muß sich vielmehr um eine ausbildungsunabhängige, sonstige persönliche Notlage (z. B. Behinderung) handeln, die den Ausschluß der Hilfe zum Lebensunterhalt als besonders (d. h. außergewöhnlich) hart erscheinen läßt. Dabei kommt es entscheidend auf die **Umstände des Einzelfalls** an.

Unter diesem Vorbehalt sind die folgenden **Beispielsfälle** zu sehen, in denen die Rechtsprechung einen besonderen Härtefall

a) **nicht anerkannt** hat:

- (bloße) Überschreitung der Förderungshöchstdauer (OVG Lüneburg FEVS 32, 323; OVG Berlin FEVS 31, 364; VG Hannover ZfF 1983, 61);
- Unterkunftskosten, die über den BAföG-Höchstbetrag hinausgehen (OVG Hamburg FEVS 32, 239);
- Versorgung eines Kindes neben der Ausbildung (OVG Berlin FEVS 31, 364);
- Mittellosigkeit und schlechte Arbeitsmarktaussichten (Hess. VGH FEVS 32, 413; OVG Bremen FEVS 33, 147; VG Hannover ZfF 1985, 276; Bay. VGH FEVS 34, 144 bei einem asylsuchenden Studenten mit Arbeitserlaubnis);
- Abbruch des Studiums und zumutbare Rückkehr in die Heimat bei ausländischem Studenten (Hess. VGH FEVS 32, 450; OVG Saarlouis FEVS 36, 302);
- Unmöglichkeit der Erwerbstätigkeit bei ausländischem Studenten, der keine Arbeitserlaubnis hat und auch nicht ins Heimatland zurückkehren kann (BVerwG ZfS 1987, 17 = InfAuslR 1987, 54; Hess. VGH FEVS 33, 139; OVG NRW ZfSH/SGB 1986, 288 unter Änderung der bisherigen Rechtsprechung; a. A. OVG Berlin ZfF 1986, 218; OVG Lüneburg InfAuslR 1987, 55).

b) **anerkannt** hat:

- Studierunfähigkeit infolge eines akuten Schubs einer Schizophrenie (OVG Berlin ZfSH/SGB 1985, 186);
- Nichtursächlichkeit der Ausbildung für Hilfebedürftigkeit, z. B. fehlende Erwerbsfähigkeit infolge tiefgreifender neurotischer Fehlentwicklung (OVG Lüneburg FEVS 33, 149);
- unmittelbar bevorstehender Abschluß der Ausbildung (OVG Berlin FEVS 31, 364; Hess. VGH FEVS 32, 450), z. B. wenn ein Student im Examenssemester ohne Sozialhilfe arbeiten müßte und dadurch der rechtzeitige Studienabschluß gefährdet wäre (vgl. auch SHR Bayern 26.01).

Bei Vorliegen eines besonderen Härtefalls wird der SHTr. in aller Regel Hilfe zum Lebensunterhalt gewähren müssen (sog. Ermessensreduzierung auf Null; vgl. OVG Bremen FEVS 33, 144; a. A. OVG NRW NDV 1986, 141); hinsichtlich der Form (z. B. Darlehensgewährung) muß der SHTr. ermessensfehlerfrei entscheiden. In den Fällen des Satzes 2 sind die §§ 15a, 15b im übrigen nicht anwendbar (OVG Bremen ZfSH/SGB 1986, 613 u. § 15a Erl. 3).

Abschnitt 3. Hilfe in besonderen Lebenslagen

Unterabschnitt 1. Allgemeines

Arten der Hilfe

27 **(1) Die Hilfe in besonderen Lebenslagen umfaßt**

1. Hilfe zum Aufbau oder zur Sicherung der Lebensgrundlage,
2. (weggefallen)
3. vorbeugende Gesundheitshilfe,
4. Krankenhilfe, sonstige Hilfe,
4a. Hilfe zur Familienplanung,
5. Hilfe für werdende Mütter und Wöchnerinnen,
6. Eingliederungshilfe für Behinderte,
7. (weggefallen)
8. Blindenhilfe,
9. Hilfe zur Pflege,
10. Hilfe zur Weiterführung des Haushalts,
11. Hilfe zur Überwindung besonderer sozialer Schwierigkeiten,
12. Altenhilfe.

(2) Hilfe kann auch in anderen besonderen Lebenslagen gewährt werden, wenn sie den Einsatz öffentlicher Mittel rechtfertigen. Geldleistungen können als Beihilfe oder als Darlehen gewährt werden.

(3) Wird die Hilfe in einer Anstalt, einem Heim oder einer gleichartigen Einrichtung oder in einer Einrichtung zur teilstationären Betreuung gewährt, umfaßt die Hilfe in besonderen Lebenslagen auch den in der Einrichtung gewährten Lebensunterhalt.

1. Mit der Hilfe in besonderen Lebenslagen, die Gegenstand der §§ 27–75 ist, bezweckt der Gesetzgeber die Unterstützung des Hilfesuchenden in einer **besonderen Bedarfssituation,** die sich z. B. infolge Krankheit, Behinderung oder Pflegebedürftigkeit ergibt (s. Einf. I. 1–3): Der Bedarf des Hilfesuchenden an Unterstützung geht in einer solchen besonderen Notlage nämlich (in der Regel weit) über den

Grundbedarf des täglichen Lebens hinaus, den die Hilfe zum Lebensunterhalt sicherstellen soll.

2. Ihrem finanziellen Umfang nach überwiegen die Ausgaben für die Hilfe in besonderen Lebenslagen die Ausgaben für die Hilfe zum Lebensunterhalt bei weitem (rd. 12,8 Mrd. DM gegenüber rd. 8 Mrd. im Jahre 1985, während die Zahl der Empfänger bei beiden Hilfearten annähernd gleich ist). Besonders kostenintensiv sind die Hilfe zur Pflege, die Eingliederungshilfe für Behinderte und die Krankenhilfe.

3. Während die Hilfe zum Lebensunterhalt – neben dem Einsatz der eigenen Arbeitskraft – auf mangelndes Einkommen und Vermögen abhebt, müssen bei der Hilfe in besonderen Lebenslagen stets **zwei Voraussetzungen** erfüllt sein: Einmal **sachliche** Voraussetzungen, mit denen der für die jeweilige Hilfeart anspruchsberechtigte **Personenkreis** bestimmt wird (so erhalten z. B. Hilfe zur Pflege nur die in § 68 Abs. 1 näher umschriebenen Personen, Krankenhilfe nach § 37 nur „Kranke"); zum anderen **wirtschaftliche** Voraussetzungen, die sich aus § 28 i. V. m. §§ 79–89 ergeben.

4. In **Absatz 1,** der lediglich Übersichts- und Wegweiserfunktion hat, werden elf verschiedene Arten der Hilfe in besonderen Lebenslagen aufgezählt (auch § 28 Abs. 1 Nr. 2 SGB I enthält eine solche Aufzählung, allerdings mit geringfügiger – rechtlich bedeutungsloser – Abweichung von Abs. 1). **Absatz 2** ermächtigt die Sozialhilfeträger, auch in solchen Lebenslagen Hilfe zu gewähren, die zwar nicht in Abs. 1 genannt, mit diesen aber vergleichbar sind (vgl. z. B. OVG Lüneburg FEVS 33, 118); in der Praxis wird die Vorschrift freilich aus fiskalischen Erwägungen so eng ausgelegt, daß sie kaum praktische Bedeutung hat (vgl. aber Ulbrich/Keuch ZfF 1987, 218).

5. Wird die Hilfe in einer **stationären** oder **teilstationären Einrichtung** gewährt (z. B. bei Gewährung von Krankenhilfe nach § 37 in einem Krankenhaus, von Hilfe zur Pflege nach § 68 in einem Altenpflegeheim, von Eingliederungshilfe für Behinderte in einer heilpädagogischen Tagesstätte), dann ist der Aufenthalt in diesen Einrichtungen ohne gleichzeitige Gewährung von Mitteln für den täglichen Grundbedarf (Verpflegung, Unterbringung usw.) nicht denkbar: Denn die Hilfeleistung besteht dort in einer Art Gesamtversorgung (ausgedrückt in einem bestimmten Pflegesatz). Deshalb stellt **Absatz 3** klar, daß die Hilfe in besonderen Lebenslagen den in der Einrichtung gewährten Lebensunterhalt (einschließlich der durch Anstaltsleistungen nicht gedeckten einmaligen Leistungen) mitumfaßt mit der Folge, daß für die Hilfe insgesamt die Voraussetzungen der in Frage stehenden Hilfe in besonderen Lebenslagen gelten (z. B. gilt bei stationärer Pflege nach § 68 insgesamt die Einkommensgrenze des § 81 Abs. 1 Nr. 5). Die Gewährung von „Taschengeld" richtet sich nach § 21 Abs. 3 (s. Erl. 6 zu § 21).

Personenkreis

28 Hilfe in besonderen Lebenslagen wird nach den Bestimmungen dieses Abschnitts gewährt, soweit dem Hilfesuchenden, seinem nicht getrennt lebenden Ehegatten und, wenn er minderjährig und unverheiratet ist, auch seinen Eltern die Aufbringung der Mittel aus dem Einkommen und Vermögen nach den Bestimmungen des Abschnitts 4 nicht zuzumuten ist.

1. Vor Gewährung von Hilfe in besonderen Lebenslagen ist zu prüfen, ob

- die **sachlichen** Voraussetzungen der jeweiligen Hilfeart (z. B. Krankheit, wesentliche körperliche Behinderung, Pflegebedürftigkeit) und
- die **wirtschaftlichen** Voraussetzungen nach §§ 76ff. erfüllt sind.

Bei der Prüfung der **sachlichen** Voraussetzungen der Hilfeart kommt nur der **Hilfesuchende selbst** in Betracht. Anders aber bei der Prüfung der **wirtschaftlichen** Voraussetzungen, bei denen es nicht allein auf die Verhältnisse des Hilfesuchenden, sondern **auch** auf die Verhältnisse **anderer** Personen ankommt. Den Personenkreis, der in die Prüfung der wirtschaftlichen Voraussetzungen einzubeziehen ist, umschreibt § 28 (als eine Art Einkommens- und Vermögensgemeinschaft, auch Einsatz- bzw. Einstandsgemeinschaft genannt): Es sind dies neben dem Hilfesuchenden sein nicht getrennt lebender Ehegatte; ist der Hilfesuchende minderjährig und unverheiratet, auch seine Eltern (anders als bei der Hilfe zum Lebensunterhalt – s. § 11 Abs. 1 S. 2, 2. Halbsatz – kommt es also nicht auf die Zugehörigkeit des Hilfesuchenden zum Haushalt der Eltern an; so – freilich ohne plausible Begründung – BVerwGE 66, 82).

Nicht zum Personenkreis der Einkommens- und Vermögensgemeinschaft nach § 28 gehören

- der getrennt lebende Ehegatte des Hilfesuchenden (es genügt aber nicht jede räumliche Trennung – z. B. Unterbringung eines Ehepartners in einem Heim –; hinzukommen muß, daß nach den tatsächlichen Verhältnissen die Wirtschafts- und Lebensgemeinschaft der Ehepartner nicht nur vorübergehend aufgehoben ist; eingehend dazu Bornemann ZfF 1986, 125);
- der getrennt lebende Elternteil des minderjährigen und unverheirateten Hilfesuchenden (str.).

Diese Personen können nur als Unterhaltspflichtige nach §§ 90, 91 (Überleitung des Unterhaltsanspruchs auf den SHTr.) zu den Kosten der Hilfe zum Lebensunterhalt herangezogen werden (s. Erl. zu § 91).

Der Gesetzgeber geht bei der Regelung des § 28 davon aus, daß die in der Vorschrift genannten Personen (die im übrigen als nächste Angehörige untereinander **gesteigert unterhaltspflichtig** sind, s. Erl. 2a zu § 91) eine Lebens- und Wirtschaftsgemeinschaft bilden und deswegen in die Prüfung der Bedürftigkeit einbezogen werden müssen; man spricht in diesem Zusammenhang von einer **Bedarfsgemeinschaft** – deutlicher wäre der Begriff ,,Einkommens- und Vermögensgemeinschaft – (die auch als verfassungsgemäß akzeptiert wird; vgl. BVerwGE 23, 149). Beantragt also z. B. ein Pflegebedürftiger Pflegegeld als Hilfe zur Pflege nach § 69 Abs. 3, dann werden nicht nur sein, sondern auch das Einkommen und Vermögen des mit ihm zusammenlebenden Ehegatten berücksichtigt (s. dazu auch § 16 und **Berechnungsbeispiel 2** im **Anhang 3**).

2. Im Gegensatz zur Hilfe zum Lebensunterhalt nach §§ 11 ff. und in Einschränkung des Nachrangprinzips (s. § 2 Abs. 1) ist die Gewährung der Hilfen in besonderen Lebenslagen **nicht** vom **vollen Einsatz des Einkommens und Vermögens** abhängig; Einkommen und Vermögen sind vielmehr nur insoweit einzusetzen, als dies der Bedarfsgemeinschaft des § 28 **„zuzumuten“** ist. Welcher Einsatz des Einkommens und Vermögens zuzumuten ist (und damit zugleich: welcher nicht zuzumuten und für den Eigenbedarf zu belassen ist), bestimmt sich nach den §§ 79ff. Der Einsatz der **Arbeitskraft** wird – anders als bei der Hilfe zum Lebensunterhalt (s. §§ 18ff.) – in der Regel nicht zugemutet (Ausnahme: § 67 Abs. 4), weil die Art der Notlage (Krankheit, Behinderung, Pflegebedürftigkeit, Alter usw.) eine solche Form der Selbsthilfe im allgemeinen ausschließt.

3. Soweit der Bedarfsgemeinschaft des § 28 die Aufbringung der Mittel zuzumuten ist, wird die Hilfe entsprechend gekürzt oder versagt. (Das als Hilfe zur Pflege nach § 69 Abs. 3 beantragte Pflegegeld wird also z. B. nicht in voller Höhe, sondern – um den zumutbaren Eigenanteil – gekürzt ausgezahlt oder sogar – bei fehlender finanzieller Bedürftigkeit – abgelehnt; s. auch **Berechnungsbeispiel 2** im **Anhang 3**).

4. Der Einsatz von Einkommen und Vermögen wird in bestimmten Fällen **eingeschränkt** (s. Erl. zu §§ 43 Abs. 2, 72 Abs. 3, Halbsatz 2) oder **nicht verlangt** (so bei den persönlichen Hilfen nach §§ 72 Abs. 3 Halbsatz 1 und 75 Abs. 4).

Erweiterte Hilfe, Aufwendungsersatz

29 In begründeten Fällen kann Hilfe über § 28 hinaus auch insoweit gewährt werden, als den dort genannten Personen die Aufbringung der Mittel aus dem Einkommen oder Vermögen zuzumuten ist. In diesem Umfange haben sie dem Träger der Sozialhilfe die Aufwendungen zu ersetzen; mehrere Verpflichtete haften als Gesamtschuldner.

1. Die sog. **erweiterte Hilfe** nach Satz 1 ist keine echte Sozialhilfeleistung. Der Träger der Sozialhilfe **verauslagt** vielmehr nach pflichtgemäßem Ermessen die Kosten der Hilfe in ,,begründeten Fällen", nämlich in Fällen, in denen zunächst offen bleibt, ob überhaupt eine ,,echte" Notlage besteht, und erst später klar wird, daß kein Bedarf nach Sozialhilfe bestand (vgl. BVerwGE 66, 82). Solche ,,begründeten Fälle" liegen insbesondere dann vor, wenn

- die in § 28 genannten Angehörigen sich weigern, die notwendigen Mittel aus ihrem Einkommen und Vermögen aufzubringen, obwohl ihnen dies nach §§ 79ff. zumutbar ist (vgl. BVerwGE 50, 73; 66, 82);
- die Aufnahme des Hilfesuchenden in eine stationäre oder teilstationäre Einrichtung (z. B. Krankenhaus, Pflegeheim) vom Träger der Einrichtung von der vollen Kostenzusage oder -übernahme durch den Sozialhilfeträger abhängig gemacht wird (vgl. BVerwGE 52, 16; s. auch OVG Lüneburg FEVS 32, 364);
- die Hilfe unverzüglich (z. B. bei akuter Erkrankung) und damit vor Abschluß der Prüfung von Einkommens- und Vermögensverhältnissen gewährt werden muß (vgl. BVerwGE 52, 16; OVG Berlin FEVS 33, 316; nicht aber, wenn nachträglich Schulden – z. B. aus einer bereits erfolgten Krankenhausbehandlung getilgt werden sollen, vgl. BVerwG FEVS 28, 13).

Der Hilfesuchende und die in § 28 genannten Personen müssen ausdrücklich darauf hingewiesen werden, daß und in welcher Höhe voraussichtlich die Aufwendungen des Sozialhilfeträgers zu ersetzen sind.

2. Der **Aufwendungsersatz** nach Satz 2 dient der Wiederherstellung des Nachrangs der Sozialhilfe (s. § 2 Abs. 1), weil der Sozialhilfeträger den Hilfesuchenden in der ,,Pseudo-Notlage" eigentlich auf eigenes Einkommen/Vermögen (oder das Einkommen/Vermögen seines nicht getrennt lebenden Ehegatten oder der Eltern, wenn der Hilfesuchende minderjährig und unverheiratet ist) hätte verweisen dürfen (vgl. BVerwGE 66, 82). Dieser Anspruch auf Ersatz der Aufwendungen, der in **30 Jahren verjährt** (vgl. BVerwGE 75, 173), wird in seinem Bestehen und in seiner Höhe nicht durch den Umfang der bürgerlich-rechtlichen Unterhaltspflicht der in § 28 genannten ersatzpflichtigen Angehörigen bestimmt: Entscheidend sind allein die Einkommens- und Vermögensgrenzen des BSHG (vgl. BVerwGE 66, 82); diese sind den (in § 28 genannten) Ersatzpflichtigen gegenüber in der Regel großzügiger und schonender, haben also einen geringeren Umfang als die weitreichenden gesteigerten Unterhaltspflichten nach bürgerlichem Recht.

Die Regelung des Absatzes 2 schließt freilich nicht die Überleitung von Unterhaltsansprüchen nach §§ 90, 91 aus, die nur eine – von mehreren – Möglichkeiten ist, den Nachrang der Sozialhilfe wiederherzustellen (BVerwGE 38, 205; 66, 82; Gottschick/Giese § 29 Rz 7).

Der Aufwendungsersatz nach Satz 2 ist eine **öffentlich-rechtliche Forderung;** er wird deshalb vom Sozialhilfeträger durch Leistungsbescheid (gegen den Widerspruch und Anfechtungsklage erhoben werden können) geltend gemacht.

3. Die Regelung des § 29 ist vergleichbar mit § 11 Abs. 2, der für die Hilfe zu Lebensunterhalt gilt (s. § 11 Erl. 5). Als Spezialregelung geht § 43 Abs. 1 S. 1 der Vorschrift des § 29 vor.

Einschränkung der Hilfe

29 a **Die Hilfe kann bei einem Hilfesuchenden, auf den die Voraussetzungen des § 25 Abs. 2 Nr. 1 zutreffen, eingeschränkt werden, soweit dadurch der Gesundheit dienende Maßnahmen nicht gefährdet werden.**

Die Vorschrift, die nur geringe praktische Bedeutung hat, sieht aus den gleichen Erwägungen wie § 25 Abs. 2 Nr. 1 (absichtliche Einkommens- und Vermögensminderung, um Sozialhilfe zu erlangen) eine Möglichkeit zur Einschränkung der Hilfe vor (s. Erl. 6 zu § 25). Eine gänzliche Versagung der Hilfe ist hingegen ebensowenig möglich wie eine Einschränkung, durch die der Gesundheit dienende Maßnahmen (z. B. im Rahmen der Krankenhilfe) gefährdet würden; im übrigen richtet sich die Einschränkung nach pflichtmäßigem Ermessen des Sozialhilfeträgers. Beispiele für Sanktionen nach § 29a sind: Kürzung des Taschengeldes („Barbetrages") nach § 21 Abs. 3 bei Heimaufenthalt, Versagung von Kann-Leistungen.

Unterabschnitt 2. Hilfe zum Aufbau oder zur Sicherung der Lebensgrundlage

30 (1) **Personen, denen eine ausreichende wirtschaftliche Lebensgrundlage fehlt oder bei denen sie gefährdet ist, kann Hilfe gewährt werden. Die Hilfe soll dazu dienen, ihnen den Aufbau oder die Sicherung einer Lebensgrundlage durch eigene Tätigkeit zu ermöglichen.**

(2) **Die Hilfe soll in der Regel nur gewährt werden, wenn dem Hilfesuchenden sonst voraussichtlich Hilfe zum Lebensunterhalt gewährt werden müßte.**

(3) **Geldleistungen können als Beihilfe oder Darlehen gewährt werden.**

1. Die Vorschrift ist an sich **vorbeugender** Natur und zielt darauf ab, den Hilfesuchenden dadurch, daß ihm die Ausübung einer Erwerbstätigkeit ermöglicht wird, wirtschaftlich auf eigene Füße zu stellen. Die Hilfe verwirklicht mithin für einen spezifischen Personenkreis das Ziel der Hilfe zur Selbsthilfe (s. § 1 Abs. 2 S. 2) dadurch, daß die Erhaltung oder die Begründung einer selbständigen Existenz ermöglicht wird. Die praktische Bedeutung dieser Vorschrift (sog. Imbißbuden-Paragraph) ist allerdings gering. 1985 beliefen sich die Ausgaben dafür auf lediglich 7,1 Mio. DM für rd. 1000 Hilfeempfänger. Die Praxis macht mithin von der ihr hier eingeräumten Möglichkeit nur sehr zurückhaltend Gebrauch. Nach **Absatz 1 Satz 1** handelt es sich um eine Kann-Leistung.

2. Nach **Absatz 2** ist Voraussetzung für die Anwendung der Vorschrift in der Regel, daß ohne diese Hilfe dem Hilfesuchenden in absehbarer Zeit voraussichtlich Hilfe zum Lebensunterhalt zu gewähren ist. Daraus kann man entnehmen, daß die aus der Tätigkeit verschafften Einkünfte den Hilfesuchenden wirtschaftlich so stellen müssen, daß der Lebensunterhalt für ihn und seine unterhaltsberechtigten Angehörigen gesichert ist. Soweit eine **unselbständige** Tätigkeit in Betracht kommt, gehen die Vorschriften des AFG (insbes. §§ 33–49 u. §§ 47, 53 AFG) vor. Hauptanwendungsfall des § 30 ist die Begründung einer **selbständigen Tätigkeit.**

Beispiele: Geldleistungen zur (Wieder-) Einrichtung einer Werkstatt (z. B. nach einem Brand), zur Förderung eines Kleinzirkusses (vgl. Dreyer ZfF 1985, 2).

Ablehnungen erfolgen i. d. R., weil die vom SHTr. eingeholten Gutachten (z. B. von Handwerkskammern, Industrie- und Handelskammer oder Ämtern für Wirtschaftsförderung) eine ungünstige Prognose abgeben. Als Empfänger der Hilfe bleiben daher v. a. die problematischen und riskanten Fälle übrig, für die kein Geld auf dem allgemeinen Kapitalmarkt erhältlich ist (z. B. sog. Alternativprojekte).

3. Die **Form** der **Hilfe** steht im Ermessen des Trägers der Sozialhilfe (s. § 8 Abs. 1). Geldleistungen, die in erster Linie in Betracht kommen, können als (verlorene) Beihilfe oder als Darlehen gewährt werden **(Absatz 3).** Die Darlehensgewährung ist als Regelfall anzusehen (vgl. Oestreicher § 30 Rz 5).

4. Für die Hilfe gilt die **allgemeine Einkommensgrenze** des § 79; **sachlich zuständig** ist der **örtliche** Sozialhilfeträger.

Unterabschnitt 3 (weggefallen)

Unterabschnitt 4. Vorbeugende Gesundheitshilfe

36 (1) **Personen, bei denen nach ärztlichem Urteil eine Erkrankung oder ein sonstiger Gesundheitsschaden einzutreten droht, soll vorbeugende Gesundheitshilfe gewährt werden. Außerdem können zur Früherkennung von Krankheiten Vorsorgeuntersuchungen gewährt werden; sie sind zu gewähren, soweit Versicherte nach den Vorschriften der gesetzlichen Krankenversicherung über Maßnahmen zur Früherkennung von Krankheiten (§§ 181 bis 181 b der Reichsversicherungsordnung) Anspruch auf diese Maßnahmen haben.**

(2) **Zu den Maßnahmen der vorbeugenden Gesundheitshilfe gehören vor allem die nach amts- oder vertrauensärztlichem Gutachten im Einzelfall erforderlichen Erholungskuren, besonders für Kinder, Jugendliche und alte Menschen sowie für Mütter in geeigneten Müttergenesungsheimen. Die Leistungen sollen in der Regel den Leistungen entsprechen, die nach den Vorschriften über die gesetzliche Krankenversicherung gewährt werden.**

(3) **Die gesetzlichen Aufgaben der Gesundheitsämter bleiben unberührt.**

1. Die in dieser Vorschrift vorgesehenen Maßnahmen (Aufwand 1985: rd. 75 Mio. DM für ca. 41000 Hilfeempfänger) sollen verhindern, daß Krankheiten, Behinderungen oder Zustände, die zu einer Pflegebedürftigkeit führen, auftreten. Eine Erkrankung **„droht"**, wenn ihr Eintritt mit hoher Wahrscheinlichkeit zu erwarten ist, falls keine Maßnahmen ergriffen werden. Der Nachweis erfolgt durch ärztliches, im Fall des Abs. 2 durch ein amts- oder vertrauensärztliches Zeugnis, in dem auch geeignete Gegenmaßnahmen vorgeschlagen werden können.

2. Die Ausgestaltung als **Soll-Leistung (Absatz 1 Satz 1)** ist insbesondere deshalb erfolgt, weil die Voraussetzungen für die Leistung nur sehr schwer zu umreißen sind und dementsprechend auch die Konkretisierung des Rechtsanspruchs (s. § 4) besonders schwierig wäre. Übliche Beeinträchtigungen des körperlichen oder seelischen Wohlbefindens führen in der Regel nicht zu Maßnahmen der vorbeugenden Gesundheitshilfe; dies ist erst der Fall, wenn das Maß an gesundheitlicher Belastung überschritten wird, das nach allgemeiner Verkehrsanschauung als **unüblich und unzumutbar** gilt (vgl. Knopp/Fichtner § 36 Rz 7).

3. Gemäß **Satz 2** sind **Vorsorgeuntersuchungen** teils als **Kann-Leistungen,** teils als **Muß-Leistungen** ausgestaltet; letztere werden nach **Halbsatz 2** dann gewährt, wenn sie auch von den Versicherten der

gesetzlichen Krankenversicherung beansprucht werden können. Sozialhilfeberechtigte werden insofern also den Versicherten der **gesetzlichen Krankenversicherung gleichgestellt** (s. §§ 181–181b RVO).

4. **Absatz 2** gewährleistet gleichfalls eine der gesetzlichen Krankenversicherung gemäße Versorgung. Soweit Erholungskuren durch andere Sozialleistungsträger bezuschußt werden (z. B. nach § 187 RVO), sind die Restkosten Bedarf i. S. d. § 37.

5. **Absatz 3** stellt klar, daß die Aufgaben der öffentlichen Fürsorge einerseits und des öffentlichen Gesundheitswesens andererseits durch diese Vorschrift nicht verändert werden. Gegenüber Leistungen z. B. der gesetzlichen Krankenversicherung (§§ 165ff. RVO) ist § 36 nachrangig (s. § 2 Abs. 2).

6. Für die Hilfe gilt die **allgemeine Einkommensgrenze** des § 79; **sachlich zuständig** ist der **örtliche** Träger der Sozialhilfe (s. auch das Beispiel in Erl. 4b) zu § 79).

Unterabschnitt 5. Krankenhilfe, sonstige Hilfe

Krankenhilfe

37 (1) **Kranken ist Krankenhilfe zu gewähren.**

(2) **Die Krankenhilfe umfaßt ärztliche und zahnärztliche Behandlung, Versorgung mit Arzneimitteln, Verbandmitteln und Zahnersatz, Krankenhausbehandlung sowie sonstige zur Genesung, zur Besserung oder zur Linderung der Krankheitsfolgen erforderliche Leistungen. Die Leistungen sollen in der Regel den Leistungen entsprechen, die nach den Vorschriften über die gesetzliche Krankenversicherung gewährt werden.**

(3) **Ärzte und Zahnärzte haben für ihre Leistungen Anspruch auf die Vergütung, welche die Ortskrankenkasse, in deren Bereich der Arzt oder der Zahnarzt niedergelassen ist, für ihre Mitglieder zahlt. Der Kranke hat die freie Wahl unter den Ärzten und Zahnärzten, die sich zur ärztlichen oder zahnärztlichen Behandlung im Rahmen der Krankenhilfe zu der in Satz 1 genannten Vergütung bereit erklären.**

(4) **Absatz 3 gilt entsprechend bei ärztlichen oder zahnärztlichen Leistungen in den Fällen der §§ 36, 37a, 37b, 38 und 40 Abs. 1 Nr. 1 und 2.**

1. **Absatz 1** normiert den **Rechtsanspruch auf Krankenhilfe** (s. § 4 Abs. 1). Der Aufwand für diese Hilfeart sowie für die Hilfen nach §§ 37a, 37b betrug 1985 rd. 1,05 Mrd. DM für ca. 340000 Hilfeempfänger.

2. **Absatz 2** enthält den **Katalog der Leistungen,** die im Rahmen der Krankenhilfe gewährt werden. Die Leistungen z. B. der gesetzlichen Krankenversicherung, der Beihilfe für Angehörige des öffentlichen Dienstes und – soweit ausreichend – der Strafvollzugsbehörde (vgl. BVerwG NDV 1982, 179) gehen der Krankenhilfe vor. Dieser Vorrang (s. § 2 Abs. 2) kann durch Übernahme von Krankenversicherungsbeiträgen hergestellt werden (s. § 13). Im Wege der **vorbeugenden Krankenhilfe** können überdies Beiträge eines Hilfesuchenden zu einer – gesetzlichen oder privaten – Krankenversicherung vom Träger der Sozialhilfe nach Maßgabe der Regelung in § 6 Abs. 1 übernommen werden, um zu vermeiden, daß der Hilfesuchende Leistungsansprüche gegen seine Versicherung verliert (vgl. Oestreicher § 37 Rz 3).

3. Die Formulierung ,,sonstige zur Genesung, zur Besserung oder zur Linderung der Krankheitsfolgen erforderlichen Leistungen" in Absatz 2 **Satz 1** stellt klar, daß die Krankenhilfe alle im Krankheitsfall notwendigen Leistungen erfaßt. Form und Maß der Hilfe stehen auch hier im pflichtmäßigem Ermessen des Trägers der Sozialhilfe (s. § 4 Abs. 2).

4. Zum Begriff der **Krankheit,** der mit demjenigen übereinstimmt, den die Rspr. zu § 182 RVO entwickelt hat, vgl. BSGE 26, 240; BVerwGE 30, 62. Danach ist Krankheit i. S. d. BSHG ein regelwidriger Körper- und Geisteszustand, der die Notwendigkeit einer **ärztlichen Heilbehandlung** zur Folge hat (vgl. auch Hess. VGH ZfSH/SGB 1984, 186: psychotherapeutische Behandlung durch einen Heilpraktiker fällt nicht unter § 37; die Legasthenie ist keine Krankheit i. S. d. BSHG, vgl. Schulte/Trenk-Hinterberger 1982, 17).

5. Nach **Satz 2** soll das **Leistungsniveau der Krankenhilfe demjenigen der gesetzlichen Krankenversicherung** entsprechen.

Eigenbeteiligungen, die nach krankenversicherungsrechtlichen Vorschriften (§§ 182a, 184 Abs. 3, 194 RVO) dem Versicherten zugemutet (und vom Träger der gesetzlichen Krankenversicherung nicht als Härte anerkannt) werden, sind im Rahmen der Krankenhilfe zu übernehmen (es sei denn, es handele sich um einen geringfügigen Bedarf i. S. d. § 86 Nr. 2; s. § 85 Erl. 2); das gleiche gilt für ärztlich verordnete sog. Bagatellarzneimittel (vgl. § 182f. RVO), die i. d. R. nicht von den Krankenkassen übernommen werden, aber zur Krankenhilfe nach § 37 gehören (vgl. auch Giese ZfS 1987, 268).

Der Antrag auf Übernahme von **Zahnersatz-Restkosten** muß gestellt werden, sobald der vorgeschriebene Kostenplan des Zahnarztes vorliegt, also vor Abschluß der Behandlung (Bay. VGH FEVS 31, 22).

Was **erforderliche Leistung** i. S. d. Absatzes 2 ist, unterliegt in vollem Umfang der gerichtlichen Überprüfung (Hess. VGH FEVS 21, 363; a. A. Bay. VGH FEVS 21, 173).

Telefonhilfe ist als Krankenhilfe zu bewilligen, wenn mit Hilfe des Telefons in gesundheitlichen Krisen Hilfe herbeigerufen werden soll (und nicht als vorbeugende Gesundheitshilfe), und der Hilfesuchende bereits krank ist (OVG Berlin FEVS 35, 52).

6. **Absatz 3 Satz 1** bindet die **Vergütung der ärztlichen Leistungen** an die örtlich maßgebenden Vereinbarungen zwischen Ortskrankenkassen und kassenärztlichen Vereinigungen.

Satz 2 enthält den Grundsatz der **freien Arztwahl** mit der Einschränkung, daß der gewählte Arzt zur Behandlung zu der sich aus Satz 1 ergebenden Vergütung bereit sein muß. Im übrigen gilt § 3 Abs. 2, wonach die Wahl des Arztes angemessen sein muß und nicht zu unvertretbaren Mehrkosten führen darf (z. B. bei Wahl eines auswärtigen Arztes).

In der Praxis erhalten Sozialhilfeempfänger gelegentlich sog. ,,Krankenbehandlungsscheine", die einen Katalog von Therapien enthalten, bei deren Verordnung der Arzt die Genehmigung des Sozialamtes einholen muß. Auf diese Weise sollen die Ärzte zur Sparsamkeit angehalten werden, wie dies in ähnlicher Weise auch die Krankenkassen tun. Derartige Praktiken sind insofern bedenklich, als die Hilfesuchenden dadurch beim Arztbesuch kundtun müssen, daß sie Sozialhilfeempfänger sind.

7. **Absatz 4** erstreckt die Regelung des Absatzes 3 auf andere im Rahmen der Sozialhilfe gewährte ärztliche oder zahnärztliche Leistungen.

8. Grundsätzlich gilt die **allgemeine Einkommensgrenze** des § 79 (zu Ausnahmen vgl. § 81 Abs. 1 Nr. 6). **Sachlich zuständig** ist i. d. R. der **örtliche** Träger der Sozialhilfe, für stationäre Krankenhilfe i. S. d. § 100 Abs. 1 Nr. 1 grundsätzlich der **überörtliche** Träger.

Hilfe bei Schwangerschaft oder bei Sterilisation

37 a Bei einem nicht rechtswidrigen Abbruch einer Schwangerschaft oder bei einer nicht rechtswidrigen Sterilisation ist Hilfe zu gewähren, wenn der Eingriff von einem Arzt vorgenommen wird. Die Hilfe umfaßt die in § 200f Satz 2 der Reichsversicherungsordnung genannten Leistungen.

1. Die Vorschrift ist im Zusammenhang mit dem Strafrechtsreformergänzungsgesetz v. 28. 8. 1975 in das BSHG eingefügt worden (s. Einf. II). Sie ist eine der flankierenden Maßnahmen im Zusammenhang mit der Reform des § 218 StGB.

2. Der nicht rechtswidrige **Schwangerschaftsabbruch** setzt eine umfassende soziale und ärztliche Beratung, das Vorliegen einer gesetzlich anerkannten **Indikation** (z. B. medizinische oder eugenische Indi-

kation), ein darüber erstelltes **ärztliches Gutachten** und die Vornahme des Eingriffs durch einen **Arzt** voraus.

3. Die Frage der **Rechtswidrigkeit** des Abbruchs einer Schwangerschaft oder einer Sterilisation ist nach strafrechtlichen Gesichtspunkten zu beurteilen (vgl. §§ 218–219b StGB, § 226a StGB).

4. Wie im Rahmen der gesetzlichen Krankenversicherung (s. § 200f RVO) werden als **Leistungen** ärztliche Beratung über Erhaltung und Abbruch der Schwangerschaft, ärztliche Untersuchung und Begutachtung der Voraussetzungen eines nicht rechtswidrigen Schwangerschaftsabbruchs (bzw. einer entsprechenden Sterilisation) sowie ärztliche Behandlung (d. h. ärztlicher Eingriff) gewährt.

5. Für die Hilfe gilt die **allgemeine Einkommensgrenze** des § 79; sachlich zuständig ist der **örtliche** Sozialhilfeträger.

Unterabschnitt 5a. Hilfe zur Familienplanung

37b **Zur Familienplanung ist Hilfe zu gewähren. Maßnahmen der Hilfe sind vor allem Übernahme der Kosten**
1. der notwendigen ärztlichen Beratung einschließlich der erforderlichen Untersuchung und Verordnung,
2. der ärztlich verordneten empfängnisregelnden Mittel.

1. Auch diese Vorschrift, die aus rechtsystematischen Gründen einen eigenen Unterabschnitt des Gesetzes bildet, ist im Zusammenhang mit dem Strafrechtsreformergänzungsgesetz aus dem Jahre 1975 eingeführt worden (s. § 37a Erl. 1).

2. **Satz 1** verpflichtet den Träger der Sozialhilfe zu Maßnahmen der Familienplanung. **Familienplanung** bezeichnet diejenigen Probleme, die sich im Zusammenhang mit erwünschter oder unerwünschter Nachkommenschaft stellen, schließt jedoch nicht Hilfe bei der Problemanalyse und Problembewältigung aller mit Familiengründung und Familienleben zusammenhängenden Fragen ein (vgl. Knopp/Fichtner § 37b Rz 3).

3. Auf die in **Satz 2** nicht vollständig („vor allem") genannten Maßnahmen bzw. Leistungen besteht ein Anspruch des Hilfesuchenden, gleichgültig welchen Geschlechts er ist und ob er eine Familie hat oder ledig ist. **Nr. 1** gibt einen Anspruch auf ärztliche Hilfe.

4. Gemäß **Nr. 2** werden die Kosten empfängnisregelnder Mittel ersetzt (Antikonzeptiva für Frauen wie Anti-Baby-Pille, Pessar u. a., aber auch Kondome; jeweils nur nach ärztlicher Verordnung: vgl. OVG Bremen NVwZ 1987, 729). Der Leistungsumfang der Sozialhilfe geht hier weiter als derjenige der gesetzlichen Krankenversicherung, da nach § 200e RVO der Versicherte diese Kosten selber tragen muß.

Wegen der Regelung des § 85 Nr. 2 (Einsatz des Einkommens bei nur geringfügigen Mitteln, s. § 85 Erl. 2) hat § 37b als eigenständige Hilfe für empfängnisregelnde Mittel geringe praktische Bedeutung (anders aber bei Gewährung neben laufender Hilfe zum Lebensunterhalt).

5. Es gilt die **allgemeine Einkommensgrenze** des § 79; **sachlich zuständig** ist der **örtliche** Träger der Sozialhilfe.

Unterabschnitt 6. Hilfe für werdende Mütter und Wöchnerinnen

38 (1) **Werdenden Müttern und Wöchnerinnen ist Hilfe zu gewähren.**

(2) **Die Hilfe umfaßt**

1. ärztliche Betreuung und Hilfe sowie Hebammenhilfe,
2. Versorgung mit Arznei-, Verband- und Heilmitteln,
3. einen Pauschbetrag für die im Zusammenhang mit der Entbindung entstehenden Aufwendungen,
4. Pflege in einer Anstalt oder einem Heim sowie häusliche Wartung und Pflege nach den Bestimmungen des § 69 Abs. 2,
5. Mutterschaftsgeld.

Die Leistungen sollen in der Regel den Leistungen entsprechen, die nach den Vorschriften über die gesetzliche Krankenversicherung Versicherten für ihre Familienangehörigen gewährt werden; erhöhen die Ortskrankenkassen durch ihre Satzung den Betrag des Mutterschaftsgeldes, so kann der Träger der Sozialhilfe, dessen Bereich mit dem der Kassen ganz oder teilweise übereinstimmt, diese Leistungen bis zur gleichen Höhe, bei unterschiedlichen Erhöhungen bis zum Betrage der geringsten Erhöhung, gewähren. Satz 1 Nr. 5 und § 23 Abs. 1 Nr. 3 sind nebeneinander anzuwenden.

1. Auch die Hilfe für werdende Mütter und Wöchnerinnen (Aufwand 1985: rd. 16 Mio. DM für 4700 Hilfeempfängerinnen) ist als **Muß-Leistung** ausgestaltet. Auf sie besteht also gleichfalls ein Rechtsanspruch **(Absatz 1)**.

2. Was die **Leistungen** gemäß **Absatz 2** angeht, so entsprechen die Nr. 1 bis Nr. 5 den entsprechenden Vorschriften der RVO, nämlich §§ 196, 197, 198 (Pauschbetrag von z. Z. 100 DM), 199 (dessen Frist von 6 Tagen aber nicht Sinn und Zweck des § 38 entspricht), 205 Abs. 2 (Mutterschaftsgeld in Höhe von mindestens 35 DM, das aber erhöht werden kann; s. Abs. 2 S. 2, 2. HS).

3. **Vorrangig** sind z. B. Leistungen der Krankenversicherung, der Beihilfe sowie Leistungen des nichtehelichen Vaters gegenüber der Mutter (§§ 1615k und l BGB).

4. Für die Hilfe gilt die **allgemeine Einkommensgrenze** (§ 79); **sachlich zuständig** ist der **örtliche** Träger der Sozialhilfe.

Unterabschnitt 7. Eingliederungshilfe für Behinderte

Personenkreis und Aufgabe

39 **(1) Personen, die nicht nur vorübergehend körperlich, geistig oder seelisch wesentlich behindert sind, ist Eingliederungshilfe zu gewähren. Personen mit einer anderen körperlichen, geistigen oder seelischen Behinderung kann sie gewährt werden.**

(2) Den Behinderten stehen die von einer Behinderung Bedrohten gleich. Dies gilt bei Personen, bei denen Maßnahmen der in den §§ 36 und 37 genannten Art erforderlich sind, nur, wenn auch bei Durchführung dieser Maßnahmen eine Behinderung einzutreten droht.

(3) Aufgabe der Eingliederungshilfe ist es, ein drohende Behinderung zu verhüten oder eine vorhandene Behinderung oder deren Folgen zu beseitigen oder zu mildern und den Behinderten in die Gesellschaft einzugliedern. Hierzu gehört vor allem, dem Behinderten die Teilnahme am Leben in der Gemeinschaft zu ermöglichen oder zu erleichtern, ihm die Ausübung eines angemessenen Berufs oder einer sonstigen angemessenen Tätigkeit zu ermöglichen oder ihn soweit wie möglich unabhängig von Pflege zu machen.

(4) Eingliederungshilfe wird gewährt, wenn und solange nach der Besonderheit des Einzelfalles, vor allem nach Art und Schwere der Behinderung, Aussicht besteht, daß die Aufgabe der Eingliederungshilfe erfüllt werden kann.

Verordnung nach § 47 des Bundessozialhilfegesetzes Eingliederungshilfe-Verordnung)

Vom 27. Mai 1964 (BGBl. I S. 339) i. d. F. vom 1. Februar 1975 (BGBl. I S. 433)

Abschnitt I. Personenkreis

§ 1 Körperlich wesentlich Behinderte. Körperlich wesentlich behindert im Sinne des § 39 Abs. 1 Satz 1 des Gesetzes sind Personen, bei denen infolge einer körperlichen Regelwidrigkeit die Fähigkeit zur Eingliederung in die Gesellschaft in erheblichem Umfange beeinträchtigt ist. Die Voraussetzung des Satzes 1 ist erfüllt bei

1. Personen, deren Bewegungsfähigkeit durch eine Beeinträchtigung des Stütz- oder Bewegungssystems in erheblichem Umfange eingeschränkt ist,
2. Personen mit erheblichen Spaltbildungen des Gesichts oder des Rumpfes oder mit abstoßend wirkenden Entstellungen vor allem des Gesichts,
3. Personen, deren körperliches Leistungsvermögen infolge Erkrankung, Schädigung oder Fehlfunktion eines inneren Organs oder der Haut in erheblichem Umfange eingeschränkt ist,
4. Blinden oder solchen Sehbehinderten, bei denen mit Gläserkorrektion ohne besondere optische Hilfsmittel
   a) auf dem besseren Auge oder beidäugig im Nahbereich bei einem Abstand von mindestens 30 cm oder im Fernbereich eine Sehschärfe von nicht mehr als 0,3 besteht
   oder
   b) durch Buchstabe a nicht erfaßte Störungen der Sehfunktion von entsprechendem Schweregrad vorliegen,
5. Personen, die gehörlos sind oder denen eine sprachliche Verständigung über das Gehör nur mit Hörhilfen möglich ist,
6. Personen, die nicht sprechen können, Seelentauben und Hörstummen, Personen mit erheblichen Stimmstörungen sowie Personen, die stark stammeln, stark stottern oder deren Sprache stark unartikuliert ist.

§ 2 Geistig wesentlich Behinderte. Geistig wesentlich behindert im Sinne des § 39 Abs. 1 Satz 1 des Gesetzes sind Personen, bei denen infolge einer Schwäche ihrer geistigen Kräfte die Fähigkeit zur Eingliederung in die Gesellschaft in erheblichem Umfange beeinträchtigt ist.

§ 3 Seelisch wesentlich Behinderte. Seelisch wesentlich behindert im Sinne des § 39 Abs. 1 Satz 1 des Gesetzes sind Personen, bei denen infolge seelischer Störungen die Fähigkeit zur Eingliederung in die Gesellschaft in erheblichem Umfange beeinträchtigt ist. Seelische Störungen, die eine Behinderung im Sinne des Satzes 1 zur Folge haben können, sind

1. körperlich nicht begründbare Psychosen,
2. seelische Störungen als Folge von Krankheiten oder Verletzungen des Gehirns, von Anfallsleiden oder von anderen Krankheiten oder körperlichen Beeinträchtigungen,
3. Suchtkrankheiten,
4. Neurosen und Persönlichkeitsstörungen.

§ 4 Dauer der Behinderung. Als nicht nur vorübergehend im Sinne des § 39 Abs. 1 Satz 1 des Gesetzes ist ein Zeitraum von mehr als 6 Monaten anzusehen.

§ 5 Von Behinderung Bedrohte. Von Behinderung bedroht im Sinne des § 39 Abs. 2 Satz 1 des Gesetzes sind Personen, bei denen der Eintritt der Behinderung nach allgemeiner ärztlicher oder sonstiger fachlicher Erkenntnis mit hoher Wahrscheinlichkeit zu erwarten ist.

§§ 6–25 *(abgedruckt bei § 40)*

1. Der Eingliederungshilfe für Behinderte kommt im Rahmen der Hilfe in besonderen Lebenslagen neben der Hilfe zur Pflege (§§ 68, 69) und der Krankenhilfe (§ 37) eine **große Bedeutung** zu: Allein für diese Hilfeart wurden im Jahre 1985 15 Mrd. DM für rd. 224000 Hilfeempfänger aufgewendet (das sind ca. 20% der Gesamtausgaben der Sozialhilfe). Zentrale Bedeutung hat die Eingliederungshilfe (entsprechend dem Grundsatz des Nachrangs) für solche Behinderte, die von anderen Rehabilitationsträgern oder sonstigen Stellen keine Leistungen für die benötigten Maßnahmen erhalten können. Dies ist insbesondere der Fall bei der Versorgung mit bestimmten Hilfsmitteln, bei heilpädagogischen Maßnahmen und Hilfen zu einer angemessenen Schulbildung, bei Beschäftigung in einer Werkstatt für Behinderte sowie bei der sog. sozialen Rehabilitation (s. Erl. zu § 40). Bei der medizinischen und beruflichen Rehabilitation sind hingegen in vielen Fällen andere Träger (v. a. der Kranken- und Rentenversicherung sowie die Bundesanstalt für Arbeit) zuständig.

Eine eingehende, praxisorientierte Darstellung der Eingliederungshilfe findet sich in Petersen (DV 1978).

2. Der **Personenkreis der Hilfeberechtigten** wird in **Absatz 1** und **2** sowie in den §§ 1–5 der VO nach § 47 (sog. EinglVO, dazu auch bei § 40) umschrieben, die ihrerseits eine weitere Erläuterung der Begriffe **„körperlich wesentlich behindert"** (§ 1), **„geistig wesentlich behindert"** (§ 2), **„seelisch wesentlich behindert"** (§ 3), **„nicht nur vorübergehend"** (§ 4) und **„von Behinderung bedroht"** (§ 5) enthalten. „Geistig Behinderte" sind z. B. Personen mit erheblichen Intelligenzmängeln (in schweren Fällen auch als Imbezillität, Debilität und Idiotie bezeichnet) oder mit Mongolismus; „seelisch Behinderte" sind z. B. Schizophrene und Manisch-Depressive (§ 3 S. 2 Nr. 1), Hirnverletzte mit dadurch bedingter Psychose (§ 3 S. 2 Nr. 2), Alkoholiker (§ 3 S. 2 Nr. 3) sowie Personen mit Psychopathien und Neurosen (z. B. mit Angstneurosen, psychogenem Autismussyndrom; u. U. auch mit Legasthenie, vgl. BVerwG NDV 1985, 266; Schulte/Trenk-Hinterberger 1982, 60).

Das Merkmal **„wesentlich"**, das darauf abstellt, in welchem Umfang die Fähigkeit des Behinderten zur Eingliederung in die Gesellschaft beeinträchtigt ist, zeigt, daß der Gesetzgeber nicht allein auf die **Ursache der Behinderung** abstellt, sondern daß er für den Einbezug in den berechtigten Personenkreis und für den Umfang der zu gewährenden Leistungen auch auf die **Auswirkung der Behinderung** im Einzelfall abstellt. Hier spielt einmal mehr der das Sozialhilferecht prägende Individualisierungsgrundsatz (s. § 3 Abs. 1) eine maßgebliche Rolle: Wichtige Faktoren sind z. B. das Alter des Hilfebedürftigen, seine bisherige berufliche Tätigkeit, seine Fähigkeiten und Veranlagungen, seine Familienverhältnisse (vgl. z. B. BVerwG NDV 1986, 291: keine wesentliche Behinderung, wenn für einen 11jährigen nur Nachhilfeunterricht ohne heilpädagogische Qualität in der Regelschule erforderlich ist). Bei der Beurteilung der Frage, ob eine Behinderung im Einzelfall als „wesentlich" anzusehen ist, spielen wie bei der Vorfrage, ob überhaupt eine Behinderung vorliegt oder eine solche droht, **gutachtliche Stellungnahmen** von Fachleuten – Ärzten, Psychologen usw. – eine erhebliche Rolle.

3. Die **Aufgabe** der Eingliederungshilfe wird in **Absatz 3** durch eine Reihe allgemeiner Zielvorstellungen umrissen, die diese Hilfeart insgesamt prägen (vgl. auch § 40 Erl. 1i). Die Hilfe ist nicht an eine Altersgrenze oder an die Ausübung einer (Erwerbs-)Tätigkeit gebunden, soweit es insbesondere um die soziale Rehabilitation geht. Daher widerspricht z. B. die Koppelung der Hilfe für das Leben in einer Wohnstätte mit der Tätigkeit in einer Werkstatt für Behinderte dem Zweck des Abs. 3, wenn dessen sonstige Voraussetzungen vorliegen.

4. In **Absatz 4** wird mit Rücksicht auf diesen umfassenden Aufgabenkatalog und den weit gezogenen Kreis der Hilfeberechtigten klargestellt, daß sich die Eingliederungshilfe auf „aussichtreiche" Fälle beschränkt. Auf diese Weise soll eine Abgrenzung zu den reinen („hoffnungslosen") **Pflegefällen** vorgenommen werden, bei denen eine Eingliederung i. S. der Aufgabenstellung des Absatzes 3 nicht mehr in Betracht kommt (sondern nur noch Hilfe zur Pflege nach §§ 68, 69). Bei der Beurteilung dieser Frage spielt die Anhörung von Ärzten, Psychologen und Pädagogen eine große Rolle (s. § 24 EinglVO). Einfach zu handhabende Kriterien für diese schwierige (wegen der Art und des Umfangs der jeweils gesetzlich vorgesehenen Förderungsmöglichkeiten aber wichtige) Abgrenzung gibt es bislang nicht (und kann es wohl auch nicht geben). Praxis und Rspr. gewähren Eingliederungshilfe (neben Hilfe zur Pflege), wenn für den pflegebedürftigen Behinderten Aussicht auf objektiv spürbare Besserung seines Zustands besteht (vg. z. B. OVG Saarlouis FEVS 29, 29). An eine solche Besserung dürfen aber – v. a. bei jüngeren Behinderten – keine zu hohen Anforderungen gestellt werden (s. Abs. 3 S. 1: „mildern", Abs. 3 S. 2: „soweit wie möglich"). Auch „kleinste" Ansätze, z. B. in Richtung auf Kommunikationsmöglichkeit, einzelne Verrichtungen, Autonomie der Lebensführung usw., sind nach §§ 39ff. zu fördern.

5. Zur Abgrenzung der Eingliederungshilfe von Maßnahmen der **Jugendhilfe** s. § 43 Erl. 7

Maßnahmen der Hilfe

40 (1) Maßnahmen der Eingliederungshilfe sind vor allem
1. ambulante oder stationäre Behandlung oder sonstige ärztliche oder ärztlich verordnete Maßnahmen zur Verhütung, Beseitigung oder Milderung der Behinderung,
2. Versorgung mit Körperersatzstücken sowie mit orthopädischen oder anderen Hilfsmitteln,

2a. heilpädagogische Maßnahmen für Kinder, die noch nicht im schulpflichtigen Alter sind,

3. Hilfe zu einer angemessenen Schulbildung, vor allem im Rahmen der allgemeinen Schulpflicht und durch Hilfe zum Besuch weiterführender Schulen einschließlich der Vorbereitung hierzu; die Bestimmungen über die Ermöglichung der Schulbildung im Rahmen der allgemeinen Schulpflicht bleiben unberührt,
4. Hilfe zur Ausbildung für einen angemessenen Beruf oder für eine sonstige angemessene Tätigkeit,
5. Hilfe zur Fortbildung im früheren oder einem diesem verwandten Beruf oder zur Umschulung für einen angemessenen Beruf oder eine sonstige angemessene Tätigkeit; Hilfe kann auch zum Aufstieg im Berufsleben gewährt werden, wenn die Besonderheit des Einzelfalles dies rechtfertigt,
6. Hilfe zur Erlangung eines geeigneten Platzes im Arbeitsleben,

6a. Hilfe bei der Beschaffung und Erhaltung einer Wohnung, die den besonderen Bedürfnissen des Behinderten entspricht,

7. nachgehende Hilfe zur Sicherung der Wirksamkeit der ärztlichen oder ärztlich verordneten Maßnahmen und zur Sicherung der Eingliederung des Behinderten in das Arbeitsleben,
8. Hilfe zur Teilnahme am Leben in der Gemeinschaft.

(2) Behinderten, bei denen wegen Art oder Schwere ihrer Behinderung arbeits- oder berufsfördernde Maßnahmen nach Absatz 1 mit dem Ziel der Eingliederung auf dem allgemeinen Arbeitsmarkt nicht in Betracht kommen, soll nach Möglichkeit Gelegenheit zur Ausübung einer der Behinderung entsprechenden Beschäftigung, insbesondere in einer Werkstatt für Behinderte, gegeben werden.

(3) Der Begriff der Werkstatt für Behinderte und ihre fachlichen Anforderungen richten sich nach den Vorschriften des Schwerbehindertengesetzes.

(4) Soweit es im Einzelfall gerechtfertigt ist, können Beihilfen an den Behinderten oder seine Angehörigen zum Besuch während der Durchführung der Maßnahme der Eingliederungshilfe in einer Anstalt, einem Heim oder einer gleichartigen Einrichtung gewährt werden.

Verordnung nach § 47 des Bundessozialhilfegesetzes (Eingliederungshilfe-Verordnung)

Vom 27. Mai 1964 (BGBl. I S. 339) i. d. F. vom 1. Februar 1975 (BGBl. I S. 433)

Abschnitt II. Maßnahmen der Eingliederunghilfe

§ 6 Kuren, Leibesübungen. Zu den Maßnahmen im Sinne des § 40 Abs. 1 Nr. 1 des Gesetzes gehören auch

1. Kuren in geeigneten Kur- oder Badeorten oder in geeigneten Sondereinrichtungen, wenn andere Maßnahmen nicht ausreichen und die Kur im Einzelfall nach ärztlichem Gutachten zur Verhütung, Beseitigung oder Milderung der Behinderung oder ihrer Folgen erforderlich ist,
2. Leibesübungen, die ärztlich verordnet sind und für Behinderte sowie für von einer Behinderung bedrohte Personen unter ärztlicher Überwachung in Gruppen durchgeführt werden.

§ 7 Krankenfahrzeug. Zu den orthopädischen Hilfsmitteln im Sinne des § 40 Abs. 1 Nr. 2 des Gesetzes gehören auch handbetriebene oder motorisierte Krankenfahrzeuge für den häuslichen Gebrauch und für den Straßengebrauch.

§ 8 Hilfe zur Beschaffung eines Kraftfahrzeuges. (1) Die Hilfe zur Beschaffung eines Kraftfahrzeuges gilt als Hilfe im Sinne des § 40 Abs. 1 Nr. 2 des Gesetzes. Sie wird in angemessenem Umfange gewährt, wenn der Behinderte wegen Art und Schwere seiner Behinderung zum Zwecke seiner Eingliederung, vor allem in das Arbeitsleben, auf die Benutzung eines Kraftfahrzeuges angewiesen ist.

(2) Die Hilfe nach Absatz 1 kann auch als Darlehen gewährt werden.

(3) Die Hilfe nach Absatz 1 ist in der Regel davon abhängig, daß der Behinderte das Kraftfahrzeug selbst bedienen kann.

(4) Eine erneute Hilfe zur Beschaffung eines Kraftfahrzeuges soll in der Regel nicht vor Ablauf von 5 Jahren nach Gewährung der letzten Hilfe gewährt werden.

§ 9 Andere Hilfsmittel. (1) Andere Hilfsmittel im Sinne des § 40 Abs. 1 Nr. 2 des Gesetzes sind nur solche Hilfsmittel, die dazu bestimmt sind, zum Ausgleich der durch die Behinderung bedingten Mängel beizutragen.

(2) Zu den anderen Hilfsmitteln im Sinne des Absatzes 1 gehören auch

1. Schreibmaschinen für Blinde, Ohnhänder und solche Behinderte, die wegen Art und Schwere ihrer Behinderung auf eine Schreibmaschine angewiesen sind,
2. Verständigungsgeräte für Taubblinde,
3. Blindenschrift-Bogenmaschinen,
4. Blindenuhren mit Zubehör, Blindenweckuhren,
5. Tonbandgeräte mit Zubehör für Blinde,
6. Blindenführhunde mit Zubehör,
7. besondere optische Hilfsmittel, vor allem Fernrohrlupenbrillen,

8. Hörgeräte, Hörtrainer,
9. Weckuhren für Hörbehinderte,
10. Sprachübungsgeräte für Sprachbehinderte,
11. besondere Bedienungseinrichtungen und Zusatzgeräte für Kraftfahrzeuge, wenn der Behinderte wegen Art und Schwere seiner Behinderung auf ein Kraftfahrzeug angewiesen ist,
12. Gebrauchsgegenstände des täglichen Lebens und zur nichtberuflichen Verwendung bestimmte Hilfsgeräte für Behinderte, wenn der Behinderte wegen Art und Schwere seiner Behinderung auf diese Geräte angewiesen ist.

(3) Die Versorgung mit einem anderen Hilfsmittel im Sinne des § 40 Abs. 1 Nr. 2 des Gesetzes wird nur gewährt, wenn das Hilfsmittel im Einzelfall erforderlich und geeignet ist, zu dem in Absatz 1 genannten Ausgleich beizutragen, und wenn der Behinderte das Hilfsmittel bedienen kann.

§ 10 Umfang der Versorgung mit Körperersatzstücken, orthopädischen oder anderen Hilfsmitteln. (1) Zu der Versorgung mit Körperersatzstücken sowie mit orthopädischen oder anderen Hilfsmitteln im Sinne des § 40 Abs. 1 Nr. 2 des Gesetzes gehört auch eine notwendige Unterweisung in ihrem Gebrauch.

(2) Soweit im Einzelfall erforderlich, wird eine Doppelausstattung mit Körperersatzstücken, orthopädischen oder anderen Hilfsmitteln gewährt.

(3) Zu der Versorgung mit Körperersatzstücken sowie mit orthopädischen oder anderen Hilfsmitteln gehört auch deren notwendige Instandhaltung oder Änderung. Die Versorgung mit einem anderen Hilfsmittel umfaßt auch ein Futtergeld für einen Blindenführhund in Höhe des Betrages, den blinde Beschädigte nach dem Bundesversorgungsgesetz zum Unterhalt eines Führhundes erhalten, sowie die Kosten für die notwendige tierärztliche Behandlung des Führhundes und für eine angemessene Haftpflichtversicherung, soweit die Beiträge hierfür nicht nach § 76 Abs. 2 Nr. 3 des Gesetzes vom Einkommen abzusetzen sind.

(4) Eine erneute Versorgung wird gewährt, wenn sie infolge der körperlichen Entwicklung des Behinderten notwendig oder wenn aus anderen Gründen das Körperersatzstück oder Hilfsmittel ungeeignet oder unbrauchbar geworden ist.

(5) Bei der Hilfe nach § 7 umfaßt die Versorgung auch die Betriebskosten des motorisierten Krankenfahrzeuges.

(6) Als Versorgung kann Hilfe in angemessenem Umfange auch zur Erlangung der Fahrerlaubnis, zur Instandhaltung sowie durch Übernahme von Betriebskosten eines Kraftfahrzeuges gewährt werden, wenn der Behinderte wegen seiner Behinderung auf die regelmäßige Benutzung eines Kraftfahrzeuges angewiesen ist oder angewiesen sein wird.

§ 11 Heilpädagogische Maßnahmen. Heilpädagogische Maßnahmen im Sinne des § 40 Abs. 1 Nr. 2a des Gesetzes werden gewährt, wenn nach allgemeiner ärztlicher oder sonstiger fachlicher Erkenntnis zu erwarten ist, daß hierdurch eine drohende Behinderung im Sinne des § 39 Abs. 1 des Gesetzes verhütet werden kann oder die Folgen einer solchen Behinderung beseitigt oder gemildert werden können. Sie werden auch gewährt, wenn die Behinderung eine spätere Schulbildung oder eine Ausbildung für einen angemessenen Beruf oder für eine sonstige angemessene Tätigkeit voraussichtlich nicht zulassen wird.

§ 12 Schulbildung. Die Hilfe zu einer angemessenen Schulbildung im Sinne des § 40 Abs. 1 Nr. 3 des Gesetzes umfaßt auch

1. heilpädagogische sowie sonstige Maßnahmen zugunsten behinderter Kinder und Jugendlicher, wenn die Maßnahmen erforderlich und geeignet sind, dem Behinderten den Schulbesuch im Rahmen der allgemeinen Schulpflicht zu ermöglichen oder zu erleichtern,
2. Maßnahmen der Schulbildung zugunsten behinderter Kinder und Jugendlicher, wenn die Maßnahmen erforderlich und geeignet sind, dem Behinderten eine im Rahmen der allgemeinen Schulpflicht üblicherweise erreichbare Bildung zu ermöglichen,
3. Hilfe zum Besuch einer Realschule, eines Gymnasiums, einer Fachoberschule oder einer Ausbildungsstätte, deren Ausbildungsabschluß dem einer der oben genannten Schulen gleichgestellt ist, oder, soweit im Einzelfalle der Besuch einer solchen Schule oder Ausbildungsstätte nicht zumutbar ist, sonstige Hilfe zur Vermittlung einer entsprechenden Schulbildung; die Hilfe wird nur gewährt, wenn nach den Fähigkeiten und den Leistungen des Behinderten zu erwarten ist, daß er das Bildungsziel erreichen wird.

§ 13 Ausbildung für einen Beruf oder für eine sonstige Tätigkeit. (1) Die Hilfe zur Ausbildung für einen angemessenen Beruf im Sinne des § 40 Abs. 1 Nr. 4 des Gesetzes umfaßt vor allem Hilfe

1. zur Berufsausbildung im Sinne des Berufsbildungsgesetzes,
2. zur Ausbildung an einer Berufsfachschule,
3. zur Ausbildung an einer Berufsaufbauschule,
4. zur Ausbildung an einer Fachschule oder höheren Fachschule,
5. zur Ausbildung an einer Hochschule oder einer Akademie,
6. zum Besuch sonstiger öffentlicher, staatlich anerkannter oder staatlich genehmigter Ausbildungsstätten,
7. zur Ableistung eines Praktikums, das Voraussetzung für den Besuch einer Fachschule oder einer Hochschule oder für die Berufszulassung ist,
8. zur Teilnahme am Fernunterricht; § 34 Satz 2 des Arbeitsförderungsgesetzes gilt entsprechend,
9. zur Teilnahme an Maßnahmen, die geboten sind, um die Ausbildung für einen angemessenen Beruf vorzubereiten.

(2) Die Hilfe nach Absatz 1 wird nur gewährt, wenn

1. nach den körperlichen und geistigen Fähigkeiten und den Leistungen des Behinderten zu erwarten ist, daß er das Ziel der Ausbildung oder der Vorbereitungsmaßnahmen erreichen wird,
2. der beabsichtigte Ausbildungsweg erforderlich ist,
3. der Beruf oder die Tätigkeit voraussichtlich eine ausreichende Lebensgrundlage bieten oder, falls dies wegen Art und Schwere der Behinderung nicht möglich ist, zur Lebensgrundlage in angemessenem Umfange beitragen wird.

(3) Die Hilfe zur Ausbildung für eine sonstige angemessene Tätigkeit im Sinne des § 40 Abs. 1 Nr. 4 des Gesetzes wird insbesondere gewährt, wenn

die Ausbildung für einen Beruf aus besonderen Gründen, vor allem wegen Art und Schwere der Behinderung, unterbleibt. Absatz 2 gilt entsprechend.

§ 14 Fortbildung, Umschulung. (1) Für die Gewährung der Hilfe zur Fortbildung oder Umschulung im Sinne des § 40 Abs. 1 Nr. 5 des Gesetzes gilt § 13 entsprechend.

(2) Hilfe zur Fortführung im früheren oder einem diesem verwandten Beruf wird gewährt, wenn der Behinderte ohne die Fortbildung den früheren Beruf wegen der Behinderung nicht oder nur unzureichend ausüben kann.

(3) Hilfe zur Umschulung für einen angemessenen Beruf oder eine sonstige angemessene Tätigkeit wird gewährt, wenn der Behinderte den früheren Beruf oder die frühere sonstige Tätigkeit wegen der Behinderung nicht oder nur unzureichend ausüben kann.

§ 15 Besondere Maßnahmen außerhalb der Hilfe nach den §§ 11 bis 14. Kommen wegen der Art oder der Schwere der Behinderung Maßnahmen nach den §§ 11 bis 14 nicht in Betracht, so umfaßt die Hilfe auch Maßnahmen zum Erwerb praktischer Kenntnisse und Fähigkeiten, die erforderlich und geeignet sind, dem Behinderten die für ihn erreichbare Teilnahme am Leben in der Gemeinschaft zu ermöglichen.

§ 16 Allgemeine Ausbildung. Zu den Maßnahmen der Eingliederungshilfe für Behinderte gehören auch

1. die blindentechnische Grundausbildung,
2. Kurse und ähnliche Maßnahmen zugunsten der in § 1 Nr. 5 und 6 genannten Personen, wenn die Maßnahmen erforderlich und geeignet sind, die Verständigung mit anderen Personen zu ermöglichen oder zu erleichtern,
3. hauswirtschaftliche Lehrgänge, die erforderlich und geeignet sind, dem Behinderten die Besorgung des Haushalts ganz oder teilweise zu ermöglichen,
4. Lehrgänge und ähnliche Maßnahmen, die erforderlich und geeignet sind, den Behinderten zu befähigen, sich ohne fremde Hilfe sicher im Verkehr zu bewegen.

§ 17 Eingliederung in das Arbeitsleben. (1) Zu der Hilfe im Sinne des § 40 Abs. 1 Nr. 6 und 7 des Gesetzes gehören auch die Hilfe zur Beschaffung von Gegenständen sowie andere Leistungen, wenn sie wegen der Behinderung zur Aufnahme oder Fortsetzung einer angemessenen Tätigkeit im Arbeitsleben erforderlich sind; für die Hilfe zur Beschaffung eines Kraftfahrzeuges ist § 8, für die Hilfe zur Beschaffung von Gegenständen, die zugleich Gegenstände im Sinne des § 9 Abs. 2 Nr. 12 sind, ist § 9 maßgebend. Die Hilfe nach Satz 1 kann auch als Darlehen gewährt werden.

(2) Die Hilfe zur Ausübung einer der Behinderung entsprechenden Tätigkeit im Sinne des § 40 Abs. 2 des Gesetzes umfaßt auch die Hilfe zu einer Tätigkeit in einer Einrichtung, die nicht Werkstatt für Behinderte im Sinne des § 52 des Schwerbehindertengesetzes ist, oder zu einer Tätigkeit in der Wohnung des Behinderten.

§ 18 Wohnungsmäßige Unterbringung Behinderter. Die Hilfe bei der Beschaffung und Erhaltung einer Wohnung im Sinne des § 40 Abs. 1 Nr. 6a des Gesetzes umfaßt auch notwendige Umbauten. Kommen für die Hilfe nach § 40 Abs. 1 Nr. 6a des Gesetzes Geldleistungen in Betracht, können sie als Beihilfe oder als Darlehen gewährt werden.

§ 19 Hilfe zur Teilnahme am Leben in der Gemeinschaft. Die Hilfe zur Teilnahme am Leben in der Gemeinschaft im Sinne des § 40 Abs. 1 Nr. 8 des Gesetzes umfaßt vor allem

1. Maßnahmen, die geeignet sind, dem Behinderten die Begegnung und den Umgang mit nichtbehinderten Personen zu ermöglichen oder zu erleichtern,
2. Hilfe zum Besuch von Veranstaltungen oder Einrichtungen, die der Geselligkeit, der Unterhaltung oder kulturellen Zwecken dienen,
3. die Bereitstellung von Hilfsmitteln, die der Unterrichtung über das Zeitgeschehen und über kulturelle Ereignisse dienen, wenn wegen der Schwere der Behinderung anders eine Teilnahme am Leben in der Gemeinschaft nicht oder nur unzureichend möglich ist.

§ 20 Anleitung von Betreuungspersonen. Bedarf ein Behinderter wegen der Schwere der Behinderung in erheblichem Umfang der Betreuung, so gehört zu den Maßnahmen der Eingliederungshilfe auch, Personen, denen die Betreuung obliegt, mit den durch Art und Schwere der Behinderung bedingten Besonderheiten der Betreuung vertraut zu machen.

§ 21 Verständigung mit der Umwelt. Bedürfen Gehörlose oder andere Personen mit besonders starker Beeinträchtigung der Hörfähigkeit oder Sprachfähigkeit aus besonderem Anlaß, vor allem im Verkehr mit Behörden, zur Verständigung mit der Umwelt der Hilfe eines anderen, sind ihnen die angemessenen Aufwendungen hierfür zu erstatten.

§ 22 Kosten der Begleitpersonen. Erfordern die Maßnahmen der Eingliederungshilfe die Begleitung des Behinderten, so gehören zu seinem Bedarf auch

1. die notwendigen Fahrtkosten und die sonstigen mit der Fahrt verbundenen notwendigen Auslagen der Begleitperson,
2. weitere Kosten der Begleitperson, soweit sie nach den Besonderheiten des Einzelfalles notwendig sind.

§ 23 Eingliederungsmaßnahmen im Ausland. Maßnahmen der Eingliederungshilfe für Behinderte können auch im Ausland durchgeführt werden, wenn dies im Interesse der Eingliederung des Behinderten geboten ist, die Dauer der Eingliederungsmaßnahmen durch den Auslandsaufenthalt nicht wesentlich verlängert wird und keine unvertretbaren Mehrkosten entstehen.

§ 24 Anhörung von Sachverständigen. Bei der Prüfung von Art und Umfang der in Betracht kommenden Maßnahmen der Eingliederungshilfe sollen, soweit nach den Besonderheiten des Einzelfalles geboten, ein Arzt, ein Pädagoge, jeweils der entsprechenden Fachrichtung, ein Psychologe oder sonstige sachverständige Personen gehört werden.

Abschnitt III. Schlußbestimmungen

§ 25 Berlin-Klausel. Diese Verordnung gilt nach § 14 des Dritten Überleitungsgesetzes vom 4. Januar 1952 (Bundesgesetzbl. I S. 1) in Verbindung mit § 152 des Bundessozialhilfegesetzes auch im Land Berlin.

1. Die Vorschrift nennt die in der Praxis **wichtigsten** (vgl. „vor allem") **Maßnahmen** der Eingliederungshilfe. **Beispiele** für solche in **Absatz 1** und in den §§ 6 bis 22 VO zu § 47 aufgezählten Maßnahmen sind bei

a) **Nr. 1** (§ 6 VO zu § 47): ärztliche Behandlung, ärztlich verordnete Krankengymnastik, Massage, Sprachheilbehandlung, Kur, Leibesübungen (Behindertensport), Psychotherapie durch Diplompsychologen (vgl. BVerwG NDV 1985, 128: i. d. R. nur mit einer Erlaubnis nach dem HPG; nicht aber Psychotherapie durch Heilpraktiker, vgl. Hess. VGH ZfSH/SGB 1984, 186), Behandlung in Krankenhaus, Tages-, Nacht- oder Wochenendklinik.

b) **Nr. 2** (§§ 7 bis 10 VO zu § 47): Prothese, orthopädische Schuhe, Krankenfahrzeug für zu Hause und für die Straße; Schreibmaschine für Blinde, Blindenführhund mit Zubehör; Hörgerät; Schreibtelefon für Taubstumme; Gebrauchsgegenstände des täglichen Lebens, wenn der Behinderte wegen Art und Schwere seiner Behinderung auf diese Gegenstände angewiesen ist (s. § 9 Abs. 2 Nr. 12 VO zu § 47; Beispiel: Eine Hausfrau hat bei einem Unfall im Haushalt den rechten Arm verloren. Als „Gebrauchsgegenstände des täglichen Lebens" können für sie z. B. in Betracht kommen: Waschmaschine, Geschirrspülmaschine, Küchenmaschinen). Die Vorschrift umfaßt also mehr als die „Hilfsmittelkataloge" der Sozialversicherungsträger und hat deshalb erhebliche praktische Bedeutung (vgl. Baur ZfS 1987, 1).

Die Richtlinien und Empfehlungen der Sozialhilfeträger zur Anwendung des BSHG in der täglichen Praxis enthalten oft „Mindestgebrauchszeiten", d. h. Zeiten, für die das Körperersatzstück oder das Hilfsmittel halten sollen. Vor Ablauf dieser Zeiten kann also in der Regel kein Antrag auf ein anderes Körperersatzstück oder Hilfsmittel gestellt werden (aber z. B. auf Reparatur). Die Versorgung mit orthopädischen und anderen Hilfsmitteln erfolgt unter bestimmten Voraussetzungen – die je nach Sozialhilfeträger verschieden sein können – auch leihweise.

Zur Versorgung nach Nr. 2 gehören u. a. (s. § 10 Abs. 1–6 VO zu § 47): die notwendige Unterweisung im Gebrauch (z. B. Kosten der Schulung des Blinden mit seinem Führhund); die notwendige Instandhaltung oder Änderung der Körperersatzstücke bzw. Hilfsmittel (z. B. wenn der Behinderte gewachsen ist); die Kosten für den Gebrauch der Hilfsmittel (z. B. Stromkosten für Krankenfahrzeuge); die erneute Versorgung mit Körperersatzstücken und Hilfsmitteln (z. B. wenn eine Prothese beschädigt wird und eine Reparatur nicht sinnvoll ist). Nr. 2 geht der Nr. 3 (unten d) vor (BVerwG FEVS 24, 95; zw.).

Als Hilfe i. S. der Nr. 2 gilt auch die Hilfe zur **Beschaffung eines Kraftfahrzeugs** (s. § 8 VO zu § 47). Bevor jedoch der Sozialhilfeträger die Hilfe zur Beschaffung eines Kfz (§ 8 VO zu § 47), die Hilfe zum Einbau spezieller Bedienungseinrichtungen und Zusatzgeräte für ein Kfz (§ 9 Abs. 1 Nr. 11 VO zu § 47) und die Hilfe zur Erlangung der Fahrerlaubnis (§ 10 Abs. 6 VO zu § 47) genehmigt, prüft er, ob nicht ein anderer Sozialleistungsträger vorrangig verpflichtet ist (im Rahmen der Unfall- oder Rentenversicherung, der Bundesanstalt für Arbeit, der Kriegsopferfürsorge und der begleitenden Hilfen im Arbeits- und Berufsleben nach dem SchwbG; vgl. VO über Kraftfahrzeughilfe zur beruflichen Rehabilitation v. 28. 9. 1987, BGBl. I S. 2251). Der Behinderte soll nach gängiger Praxis v. a. zur Eingliederung in das **Arbeitsleben** auf das Kfz angewiesen sein und das Fahrzeug i. d. R. selbst fahren können; allerdings muß die Benutzung öffentlicher Verkehrsmittel oder von Behindertenfahrdiensten dem Hilfesuchenden unmöglich oder nicht zumutbar sein. Der Besuch einer Ausbildungsstätte ist der Eingliederung in das Arbeitsleben vergleichbar wichtig (OVG Lüneburg FEVS 31, 454; vgl. auch OVG Hamburg FEVS 34, 409 zur behinderungsgerechten Ausstattung eines Kfz für einen behinderten Leistungssportler).

c) **Nr. 2a** (§ 11 VO zu § 47): Besuch von heilpädagogischen Kindergärten, Frühförderung (z. B. Wahrnehmungsförderung, Sprachanbahnung, psychomotorisches Training, auch als sog. Hausförderung), sprachtherapeutische Behandlung (vgl. VG Hamburg ZfSH/SGB 1985, 278), Schulung der Mutter. Der Schwerpunkt liegt bei teilstationären (aber auch vollstationären) Eingliederungshilfen für behinderte Kinder. Bei Therapie, Krankengymnastik und logopädischer Behandlung ist immer der Vorrang der Krankenkasse zu beachten.

d) **Nr. 3** (§ 12 VO zu § 47): alle Maßnahmen, um den Schulbesuch zu erleichtern oder zu ermöglichen (für die Schuldbildung selbst in Sonderschulen bzw. im Sonderunterricht ist die Schulbehörde zuständig). In Betracht kommen z. B. schulbegleitende heilpädagogische Maßnahmen (vgl. BVerwG NDV 1986, 291 zum Nachhilfeunterricht), Hilfsmittel zur Teilnahme am Schulunterricht (z. B. Lesegerät, Kassettenrecorder), Klassenfahrt einer Sonderschule einschließlich der behinderungsbezogenen Maßnahmen (z. B. Kosten für Begleitperson oder Transport von Rollstühlen; vgl. OVG Berlin FEVS 33, 28: in vertretbarem Umfang), besondere Fahrtkosen (Taxi, Behindertenfahrdienst freier Träger, soweit die Benutzung öffentlicher Verkehrsmittel nicht möglich oder nicht zumutbar ist; vgl. OVG Berlin ZfSH/SGB 1985, 36), Besuch weiterführender Schulen (vgl. auch OVG NRW NDV 1986, 409: nicht aber Privatunterricht nach Erfüllung der Vollzeitschulpflicht mit planmäßigem Abschluß des Sonderschulbesuchs; zw., weil das behinderungsbedingte Defizit entsprechend umfassende Kompensationsmaßnahmen erfordert, nicht nur – so das OVG – einen „angemessenen Mindeststandard").

Wenn die Schulbildung nur im Rahmen einer Heimunterbringung möglich ist, dann übernimmt der Sozialhilfeträger die Kosten der Unterbringung als Eingliederungshilfe (nicht aber die Schulkosten als solche). Ist der Besuch der Schule wegen der Behinderung nicht möglich oder nicht zumutbar, dann kommt Erteilung von Hausunterricht als Eingliederungshilfe in Betracht.

e) **Nr. 4 und 5** (§§ 13, 14 VO zu § 47): berufliche Erstausbildung in Werkstätten für Behinderte und in Berufsbildungswerken, Umschulung in Berufsförderungswerken, Ausbildung an einer Berufsfach- oder Berufsaufbauschule, Fachschule, Hochschule oder Akademie, Teilnahme am Fernunterricht (sofern nicht – was i. d. R. der Fall ist – Leistungen der Bundesanstalt für Arbeit nach §§ 56 bis 62 AFG vorgehen; s. unten Erl. 2).

f) **Nr. 6 und 7** (§ 17 VO zu § 47): persönliche Hilfe bei der Vermittlung eines Behinderten auf dem freien Arbeitsmarkt (in Zusammenarbeit mit dem Arbeitsamt); nachgehende Betreuung in Zusammenarbeit v. a. mit Ärzten und Heilpädagogen (z. B. Belastungs- und Selbständigkeitstraining sowie Arbeitstherapie in einer Nachsorge- bzw. Übergangseinrichtung für psychisch Kranke).

g) **Nr. 6a** (§ 18 VO zu § 47): Bau einer Rampe, die es einem Körperbehinderten ermöglicht, von der Straße seine Wohnung ohne fremde Hilfe mit dem Rollstuhl zu erreichen; Verbreiterung der Türen für Rollstuhlfahrer; Änderung sanitärer Einrichtungen; in Reichweite des Behinderten zu verlegende Steckdosen, Schalter usw.; Einrichtung einer behindertengerechten Küche; Einbau eines Aufzugs für einen Querschnittsgelähmten; ferner z. B. die Kosten eines Umzugs in eine Behindertenwohnung. Bei der Bewilligung werden in der Regel die Baubehörde und das Gesundheitsamt beteiligt.

Vorrangig gegenüber der Sozialhilfe sind bei Hilfen für behindertengerechte Wohnungen vor allem die Unfallversicherungsträger (für Behinderte nach Arbeitsunfall oder Berufskrankheit) und die Hauptfürsorgestellen (für Schwerbehinderte im Arbeitsleben gewähren sie Zuschüsse und/oder Darlehen aus Mitteln der Ausgleichsabgabe).

h) **Nr. 7:** Nachuntersuchungen, Betriebsbesuche usw. durch Ärzte, Psychologen, Heilpädagogen.

i) **Nr. 8** (§ 19 VO zu § 47): persönliche und finanzielle Hilfen für die Kontaktaufnahme zu Nichtbehinderten oder zu anderen Behinderten (Vereinsbeitritt, Theaterbesuch; zu eng VG Hannover ZfF 1985, 253: nur innerhalb der örtlichen Gemeinschaft, daher nicht für Teilnahme an überregionalen Aktivitäten maßgeblicher, mit Behindertenpolitik befaßter Verbände), Teilnahme am Zeitgeschehen (Vorlesedienste, Radio, u. U. Fernsehgerät), Aufenthalt in einem Ferienlager für behinderte Kinder (OVG NRW FEVS 29, 149), Übernahme der Fernsprechgrundgebühr bei alleinstehenden und in der Bewegungsmöglichkeit eingeschränkten Behinderten (vgl. Hess. VGH FEVS 32, 103).

2. **Absatz 2** wendet sich an Behinderte, für die arbeits- und berufsfördernde Maßnahmen mit dem Ziel der Eingliederung auf dem **allgemeinen Arbeitsmarkt** nicht (mehr) in Betracht kommen. Die **Werkstätten für Behinderte** sollen als Einrichtungen der beruflichen Rehabilitation solchen Behinderten, ,,die wegen Art oder Schwere der Behinderung nicht, noch nicht oder noch nicht wieder auf dem allgemeinen Arbeitsmarkt tätig sein können" (§ 54 Abs. 1 SchwbG), einen Arbeitsplatz oder Gelegenheit zur Ausübung einer geeigneten Tätigkeit geben. Allerdings müssen die Behinderten, die Aufnahme in eine solche Werkstatt für Behinderte finden wollen, in der Lage sein, ,,ein Mindestmaß wirtschaftlich verwertbarer Arbeitsleistung zu erbringen" (§ 54 Abs. 3 SchwbG). Diese Voraussetzung gilt auch für Behinderte i. S. d. Eingliederungshilfe, da die Vorschrift des **Absatzes 3** für den Begriff der Werkstatt für Behinderte und deren fachliche Anforderungen auf die Vorschriften des SchwbG verweist.

Kostenträger von Werkstätten für Behinderte sind in der Phase des sog. **Eingangsverfahrens** und des **Arbeitstrainings** i. d. R. die Bundesanstalt für Arbeit (§ 58 AFG), für den sog. **Arbeitsbereich** i. d. R. der (überörtliche) Sozialhilfeträger (vgl. BSG NDV 1986, 296).

Die Werkstätten erhalten von den überörtlichen Sozialhilfeträgern (s. § 96 Erl. 2) für die Beschäftigung der Behinderten einen Pflegesatz für die Eingliederungsmaßnahmen, allerdings nur für den eingliederungsbedingten, nicht aber für den produktionsbedingten Aufwand. Defizite der Werkstatt, die aus dem Produktionserlös gedeckt werden müssen, fehlen dann aber für eine ausreichende Lohnzahlung an die Behinderten (z. Z. im Bundesdurchschnitt rd. 220 DM mtl. je Person; krit. dazu zurecht Lachwitz SGb. 1986, 547; Schulin 1986).

3. Weitere Eingliederungshilfen sind

- die **Besuchsbeihilfen** nach **Absatz 4;**
- **die Hilfe zur Anleitung von Betreuungspersonen** (§ 20 VO zu § 47), wenn der Behinderte ,,in erheblichem Umfang" betreut werden muß. Muß z. B. die Betreuungsperson (also nicht nur ein Angehöriger) den Behinderten zu Hause therapeutisch betreuen, so müssen die Kosten der entsprechenden Schulung der Betreuungsperson – einschließlich Fahrtkosten – übernommen werden.
- die **Hilfe zur Verständigung mit der Umwelt** (§ 21 VO zu § 47), wenn der Behinderte gehörlos oder besonders stark hörgeschädigt oder sprachgestört ist und er ,,aus besonderem Anlaß" zur Verständigung mit der Umwelt der Hilfe bedarf. Es geht also vor allem um Kosten für eine Begleitperson bei einzelnen Anlässen (nicht für dauernd), z. B. Behördengänge, Vertragsverhandlungen, Teilnahme an Sitzungen von Behindertenverbänden.

– die **Hilfe bei Kosten der Begleitperson** (§ 22 VO zu § 47), wenn die Begleitung durch eine andere Person erforderlich ist (dann Übernahme z. B. der notwendigen Fahrtkosten und Auslagen, wobei über die Höhe der Kosten die Lage des Einzelfalles entscheidet (z. B. ob die Benutzung der 1. Wagenklasse notwendig ist).

4. Da § 40 (und ergänzend die VO zu § 47) keinen abschließenden Maßnahmenkatalog darstellen, sondern nur **beispielhaft** die wichtigsten Maßnahmen der Eingliederungshilfe aufzählen (s. Erl. 1), kommen auch andere, dem Ziel der Eingliederungshilfe (s. § 39 Abs. 3) dienende Maßnahmen in Betracht (z. B. ambulante Betreuung durch eine Fachkraft bei einem selbständig wohnenden behinderten Ehepaar, das sein Kind nicht allein erziehen kann, oder Betreuung einer Wohngemeinschaft von Behinderten im Rahmen des sog. betreuten Wohnens; vgl. auch den allgemeinen Gedanken einer „Begleitung" Behinderter i. S. einer „Prothetik durch Helfer" in § 20 VO zu § 47).

5. Die **besondere Einkommensgrenze** (§ 81 Abs. 1) gilt für

– **stationäre** oder **teilstationäre Maßnahmen** der Eingliederungshilfe (§ 81 Abs. 1 Nr. 1),
– die **ambulante Behandlung** nach § 40 Abs. 1 Nr. 1 (§ 81 Abs. 1 Nr. 2),
– die Versorgung mit **Körperersatzstücken** sowie mit **größeren anderen Hilfsmitteln** nach § 40 Abs. 1 Nr. 2 (§ 81 Abs. 1 Nr. 3), wobei „größere Hilfsmittel solche sind, deren Preis mindestens 350 DM beträgt (s. § 81 und die abgedruckte VO zu § 81 Abs. 1 Nr. 3).

Für **alle anderen** Maßnahmen der Eingliederungshilfe gilt die **allgemeine Einkommensgrenze** des § 79. Eine Sonderregelung enthält aber § 43 Abs. 2 (s. Erl. dort).

5. Der **überörtliche** Träger der Sozialhilfe ist sachlich zuständig (s. § 100 Abs. 1)

– wenn die Eingliederungshilfe **stationär oder teilstationär** zu gewähren ist, also z. B. in einem Heim;
– für die Versorgung mit **Körperersatzstücken** (z. B. Prothesen), **größeren orthopädischen** und **größeren anderen Hilfsmitteln** (dazu oben Erl. 4);
– für die Hilfe zum **Besuch einer Hochschule** im Rahmen der Eingliederungshilfe (s. Erl. 1 e).

Für **alle anderen Leistungen** der Eingliederungshilfe ist der **örtliche Träger** der Sozialhilfe sachlich zuständig (und damit Kostenträger), also der Landkreis bzw. die kreisfreie Stadt.

41 und 42 (weggefallen)

Erweiterte Hilfe

43 (1) Erfordert die Behinderung Gewährung der Hilfe in einer Anstalt, einem Heim oder einer gleichartigen Einrichtung, einer Tageseinrichtung für Behinderte oder ärztliche oder ärztlich verordnete Maßnahmen, ist die Hilfe hierfür auch dann in vollem Umfang zu gewähren, wenn den in § 28 genannten Personen die Aufbringung der Mittel zu einem Teil zuzumuten ist. In Höhe dieses Teils haben sie zu den Kosten der Hilfe beizutragen; mehrere Verpflichtete haften als Gesamtschuldner.

(2) Hat der Behinderte das 21. Lebensjahr noch nicht vollendet, so ist den in § 28 genannten Personen die Aufbringung der Mittel nur für die Kosten des Lebensunterhalts zuzumuten

1. bei heilpädagogischen Maßnahmen für Kinder, die noch nicht im schulpflichtigen Alter sind (§ 40 Abs. 1 Nr. 2a),
2. bei der Hilfe zu einer angemessenen Schulbildung einschließlich der Vorbereitung hierzu (§ 40 Abs. 1 Nr. 3),
3. bei der Hilfe, die dem Behinderten die für ihn erreichbare Teilnahme am Leben in der Gemeinschaft ermöglichen soll, wenn die Behinderung eine Schulbildung voraussichtlich nicht zulassen wird oder nicht zuläßt,
4. bei der Hilfe zur Ausbildung für einen angemessenen Beruf oder für eine sonstige angemessene Tätigkeit (§ 40 Abs. 1 Nr. 4), wenn die hierzu erforderlichen Maßnahmen in besonderen Einrichtungen für Behinderte durchgeführt werden.

Die Kosten des in einer Einrichtung gewährten Lebensunterhalts sind nur in Höhe der für den häuslichen Lebensunterhalt ersparten Aufwendungen anzusetzen; dies gilt nicht für den Zeitraum, in dem gleichzeitig mit den Maßnahmen nach Satz 1 in der Einrichtung durchgeführte andere Maßnahmen überwiegen. Die zuständigen Landesbehörden können Näheres über die Bemessung der für den häuslichen Lebensunterhalt ersparten Aufwendungen bestimmen. Die Sätze 1 bis 3 sollen auch dann Anwendung finden, wenn die Maßnahmen erst nach Vollendung des 21. Lebensjahres des Behinderten abgeschlossen werden können; in anderen Fällen können sie Anwendung finden, wenn dies aus besonderen Gründen des Einzelfalles gerechtfertigt ist.

(3) Hat ein anderer als ein nach bürgerlichem Recht Unterhaltspflichtiger nach sonstigen Vorschriften Leistungen für denselben Zweck zu gewähren, dem die in Absatz 2 genannten Maßnahmen dienen, wird seine Verpflichtung durch Absatz 2 nicht berührt. Soweit er solche Leistungen gewährt, kann abweichend von Absatz 2 von den in § 28 genannten Personen die Aufbringung der Mittel verlangt werden.

1. Die Vorschrift faßt **zwei voneinander unabhängige Regelungen** zusammen, nämlich zum einen (Absatz 1) die Regelung der sog. **erweiterten Hilfe** (s. Erl. 2) und zum anderen die Regelung der nur **begrenzten Heranziehung Unterhaltspflichtiger** bei **bestimmten Maßnahmen** der Eingliederungshilfe (s. Erl. 3; zur Selbständigkeit beider Regelungen vgl. BVerwGE 48, 228).

2. **Absatz 1** geht bei stationärer und teilstationärer Hilfe sowie bei ärztlichen oder ärztlich verordneten Maßnahmen von einer besonderen Situation aus: Hier **muß** der Sozialhilfeträger in **Vorlage** treten (bei § 29 ,,kann", s. Erl. 1 zu § 29), weil es die Lage zugunsten des Behinderten gebietet; er kann danach aber einen Kostenbeitrag von den in § 28 genannten Personen verlangen (das sind: der Hilfeempfänger, sein nicht getrennt lebender Ehegatte und – wenn er minderjährig und unverheiratet ist – seine Eltern); dieser **Kostenbeitag** ist allerdings auf einen zumutbaren Teil beschränkt (Absatz 1 Satz 2). Dieser **zumutbare** Teil bestimmt sich nach den §§ 79, 81 Abs. 1 Nr. 1 und 2 sowie – je nachdem, ob das maßgebliche Einkommen über oder unter der besonderen Einkommensgrenze liegt – nach §§ 84, 85 (s. Erl. dort). Liegt das Einkommen z. B. unter der Einkommensgrenze, dann soll nach § 85 Nr. 3 bei stationärer oder teilstationärer Hilfe ein Kostenbeitrag in Höhe der ersparten häuslichen Aufwendungen verlangt werden (vgl. z. B. BVerwGE 40, 308).

3. Ganz anders **Absatz 2:** Zweck der Vorschrift ist, die Eltern behinderter Kinder mit den Eltern nichtbehinderter Kinder wirtschaftlich gleichzustellen, damit ihnen durch vorschulische, schulische und berufliche Entfaltungshilfen für ihre Kinder (s. Absatz 2 S. 1 Nr. 1–4) keine höheren Kosten entstehen als den anderen Eltern. Die Eltern behinderter Kinder sollen nicht durch eine wirtschaftliche Belastung in ihrer unentbehrlichen Mitwirkung an der Eingliederung ihrer Kinder erlahmen (vgl. BVerwGE 48, 228). Dieser ,,begrenzte Lastenausgleich" des Absatzes 2 geschieht in **zwei Schritten:**

a) Die Regelung des **Absatzes 2 Satz 1** stellt sicher, daß die in § 28 genannten Personen (also i. d. R. die Eltern) nicht die Kosten der Einrichtung mitfinanzieren müssen, in der die unter Nr. 1–4 genannte Maßnahme erfolgt. Den Eltern wird nur eine Beteiligung an den **Kosten des Lebensunterhalts** ihres Kindes zugemutet (nicht also an den eigentlichen Rehabilitationsmaßnahmen – z. B. Therapien –, die kostenintensiver sind). Diese Beteiligung an den Kosten des Lebensunterhalts wird nun in einem zweiten Schritt eingeschränkt, nämlich durch

b) die Regelung des **Absatzes 2 Satz 2:** Danach erstreckt sich die Zahlungspflicht der Eltern **nicht** auf die Kosten des Lebensunterhalts, die für das Kind in der **Einrichtung** anfallen; die Zahlungspflicht der Eltern ist vielmehr auf den Betrag beschränkt, den die **Eltern sparen,** weil ihr Kind **nicht mehr** oder **nur teilweise** in ihrem **Haushalt** lebt (und so entsprechend weniger Kosten anfallen). Wie hoch diese **„häusliche Ersparnis"** tatsächlich ist, wird von Familie zu Familie unterschiedlich sein. Die Sozialhilfeträger pauschalieren deshalb aus Gründen der Verwaltungsvereinfachung den Betrag der häuslichen Ersparnis und staffeln ihn i. d. R. nach den individuellen Einkommens- und Vermögensverhältnissen der Eltern (z. B. bei niedrigem Einkommen der Eltern wird davon ausgegangen, daß die Haushaltersparnis 80% des für das Kind maßgeblichen Regelsatzes beträgt, bei hohem Einkommen 150% dieses Regelsatzes; für diese Berechnung gibt es durchweg einschlägige, aber je nach Bundesland unterschiedliche **Richtlinien**). Es bleibt allerdings den Eltern unbenommen, eine tatsächlich geringere Einsparung nachzuweisen (vgl. z. B. BVerwGE 40, 308; vgl. auch OVG Hamburg ZfSH/SGB 1986, 227).

Die Beschränkung der Zahlungspflicht der Eltern auf die häusliche Ersparnis hat zur Folge, daß die Eltern im **ambulanten Bereich** keine, im **teilstationären Bereich** (Kindergarten, Tagesbildungsstätte, Werkstatt für Behinderte usw.) in aller Regel nur einen Beitrag in Höhe der **ersparten Mahlzeiten** leisten müssen. Bei einer **(voll-)stationären Unterbringung** (Wohnstätten, Heimen, Anstalten) wird zu berücksichtigen sein, ob das Kind die Wochenenden und die Ferien in seiner Familie verbringt (dann sparen die Eltern keine **Unterkunftskosten** ein, sondern nur Kosten der Ernährung usw.). Eine Verwertung von fest angelegtem Vermögen (Haus, Bausparvertrag usw.) kann nicht verlangt werden, weil die Kosten des Lebensunterhalts daraus nicht finanziert werden.

Zur Überleitung des Unterhaltsanspruch des behinderten Kindes in Höhe der häuslichen Ersparnis gegenüber den Eltern/einem Elternteil gem. §§ 90, 91 vgl. DV, Gutachten, NDV 1985, 265; OLG Hamm FamRZ 1987, 742; Wendt 1987, 4 u. § 91 Erl. 7d u. e).

4. Die Maßnahmen nach § 40 Abs. 2 **Nr. 1, 2 u. 3** sind – anders als die nach Nr. 4 – nicht an das in § 43 Abs. 1 genannte Erfordernis der Hilfegewährung in den dort genannten Einrichtungen gebunden; sie können also **auch ambulant** erfolgen (vgl. BVerwG FEVS 23, 403; OVG Münster NDV 1986, 409).

5. **Absatz 2 Satz 4** enthält Regelungen, die eine Ausstrahlung der in Erl. 3 dargestellten Vergünstigung über das 21. Lebensjahr hinaus ermöglichen; auf diese Weise „sollen" begonnene Maßnahmen abgeschlossen und „können" Härten ausgeglichen werden, die durch die Festlegung der Altersgrenze auf 21 Jahre entstehen können.

6. **Absatz 3** bestätigt den allgemeinen Nachrang der Sozialhilfe (s. § 2 Abs. 1), und zwar auch insoweit, als er den Ausnahmecharakter der Durchbrechung des Nachrangprinzips in § 28 unterstreicht.

7. Liegen die Voraussetzungen für die Gewährung von **Jugendhilfe** vor (z. B. wegen Erziehungsauffälligkeit) und erhält das Kind entsprechende Hilfe umfassend vom Träger der Jugendhilfe, so besteht aus demselben Anlaß kein Anspruch auf Eingliederungshilfe nach dem BSHG; diese ist nachrangig (vgl. BVerwG NDV 1986, 333).

Das JWG kennt allerdings keine dem § 43 Abs. 2 entsprechende Begrenzung des Kostenbeitrags der Einkommens- und Vermögensgemeinschaft des § 28 (die Verweisung des § 81 JWG auf das BSHG erfaßt vielmehr die gesamten Kosten der Hilfe in den Grenzen des Abschnitts 4 des BSHG). Es ist deshalb – v. a. von den in § 24 VO zu § 47 genannten Fachkräften – sorgfältig zu prüfen, ob die Maßnahmen des JWG ausreichen, um die Notlage zu beheben, oder ob Maßnahmen der Eingliederungshilfe erforderlich sind, weil die Voraussetzungen des § 39 vorliegen. Die Tendenz der Praxis der SHTr., behinderte Kinder als „jugendhilfebedürftig" aus sachfremden (Kosten-)Gesichtspunkten der Jugendhilfe zuzuordnen, ist abzulehnen (vgl. Lachwitz/Wendt 1985, 49).

Vorläufige Hilfeleistung

44 Steht spätestens 4 Wochen nach Bekanntwerden des Bedarfs beim Träger der Sozialhilfe nicht fest, ob ein anderer als der Träger der Sozialhilfe oder welcher andere zur Hilfe verpflichtet ist, hat der Träger der Sozialhilfe die notwendigen Maßnahmen unverzüglich durchzuführen, wenn zu befürchten ist, daß sie sonst nicht oder nicht rechtzeitig durchgeführt werden.

1. Die überaus komplizierte rechtliche Situation im Bereich der Rehabilitation Behinderter (Vielzahl von Trägern, Vielgestaltigkeit von Maßnahmen) birgt die Gefahr, daß eine sofort notwendige Hilfe für den Behinderten an Zuständigkeitsfragen scheitern würde, wenn nicht einem Träger eine Art „Feuerwehrfunktion" übertragen wäre. § 44 verpflichtet deshalb den Sozialhilfeträger, solche rasch notwendigen Hilfen, deren Verzögerung z. B. zu einer Härte für den Behinderten oder zu einer Verschlimmerung seines Leidens führen würde, unter den in der Vorschrift genannten Voraussetzungen im Wege der **Vorausleistung** unverzüglich zu erbringen (i. d. R. wird die Notwendigkeit der unverzüglichen Hilfeleistung durch eine ärztliche Stellungnahme belegt). Der Sozialhilfeträger kann dann die Ansprüche, die der Behinderte gegenüber Dritten hat, z. B. nach § 90 auf sich überleiten bzw. (z. B. gegen **Sozialversicherungsträger**) nach § 104 SGB X (s. Erl. 3 zu § 90) Erstattungsansprüche geltend machen oder nach § 91 a (s. Erl. dort) feststellen lassen.

Die Vorleistungspflicht gem. § 44 ist z. B. bei der Hilfsmittelversorgung (s. § 40 Erl. 1 b) von großer praktischer Bedeutung, da oft unklar ist, ob die Krankenkasse oder der SHTr. zur Leistung verpflichtet ist. Zu beachten ist hier auch § 43 SGB I, wonach die Krankenkasse auf Antrag vorleisten muß, wenn sie zuerst angegangen wurde.

2. Bei Streit **mehrerer örtlicher SHTr.** über die Zuständigkeit zur Gewährung von Eingliederungshilfe ist zwar nicht § 44, wohl aber § 43 Abs. 1 SGB 1 anwendbar (vorläufige Leistungserbringung durch den zuerst angegangenen Träger; vgl. Bay. VGH ZfSH/SGB 1987, 258; a. A. LPK-BSHG § 44 Rz. 2: § 44 sei hier seinem Sinn nach anwendbar).

45 (weggefallen)

Gesamtplan

46 (1) **Der Träger der Sozialhilfe stellt so frühzeitig wie möglich einen Gesamtplan zur Durchführung der einzelnen Maßnahmen auf.**

(2) **Bei der Aufstellung des Gesamtplans und der Durchführung der Maßnahmen wirkt der Träger der Sozialhilfe mit dem Behinderten und den sonst im Einzelfalle Beteiligten, vor allem mit dem behandelnden Arzt, dem Gesundheitsamt, dem Landesarzt (§ 126a), dem Jugendamt und den Dienststellen der Bundesanstalt für Arbeit, zusammen.**

Der **Gesamtplan** soll sicherstellen, daß die einzelnen Maßnahmen der Eingliederungshilfe nahtlos durchgeführt werden (Absatz 1) und die an der Rehabilitation beteiligten Stellen ihre Mitwirkung und ihre Leistungen koordinieren. Der Behinderte hat grundsätzlich ein Rechtsschutzinteresse an der Aufstellung des Gesamtplans; eine entsprechende Leistungsklage (nicht Verpflichtungsklage, da der Gesamtplan kein Verwaltungsakt ist) ist zulässig (vgl. OVG Münster FEVS 22, 14). Die Vorschrift hat allerdings nur geringe praktische Bedeutung; Gesamtpläne werden (meist wegen Unkenntnis des Rehabilitationsverlaufs) nur in wenigen Fällen aufgestellt.

Bestimmungen über die Durchführung der Hilfe

47 Die Bundesregierung kann durch Rechtsverordnung mit Zustimmung des Bundesrates Bestimmungen über die Abgrenzung des Personenkreises der Behinderten, über Art und Umfang der Maßnahmen der Eingliederungshilfe sowie über das Zusammenwirken mit anderen Stellen, die der Eingliederungshilfe entsprechende Maßnahmen durchführen, erlassen.

Die in der Vorschrift genannte Rechtsverordnung – VO zu § 47 – **(Eingliederungshilfe-Verordnung)** ist bei §§ 39 und 40 abgedruckt.

Unterabschnitt 8. Tuberkulosehilfe

(weggefallen)

Der gesamte Unterabschnitt 8 (§§ 48 bis 66) ist durch das Zweite Rechtsbereinigungsgesetz v. 16. 12. 1986 (BGBl. I S. 2447) s. Einf. Erl.II.11.) aufgehoben worden. Der Gesetzgeber geht davon aus, daß es angesichts der geringen praktischen Bedeutung der Tuberkulosehilfe (1985: 3500 Hilfeempfänger) der Sonderregelung der §§ 48ff. nicht mehr bedürfe. Künftig gelten in Fällen der Tuberkuloseerkrankung und -gefährdung wie bei anderen Ansteckungskrankheiten die Vorschriften über die vorbeugende Gesundheitshilfe (§ 36), die Krankenhilfe (§ 37) und – unter den entsprechenden Voraussetzungen – die Eingliederungshilfe für Behinderte (§§ 39 bis 47), ferner die Mehrbedarfsregelung des § 23 Abs. 1 Nr. 4 (s. § 23 Erl. 6; zum Ganzen Nees ZfSH/SGB 1987, 113; Schulte NVwZ 1987, 204; Zeitler NDV 1987, 96; s. auch die Erl. zur Übergangsregelung des § 147a).

Eine nach dem Vorbild der Tuberkulosehilfe zu schaffende eigene Hilfeart „AIDS-Hilfe" (dafür Nees ZfSH/SGB 1987, 449) erscheint entbehrlich, weil die im BSHG vorgesehenen Hilfen (u. a. nach §§ 37, 39ff., 68f. bzw. nach §§ 11ff.) ein ausreichend flexibles Instrumentarium darstellen (vgl. Bäumerich NDV 1987, 289).

Unterabschnitt 9. Blindenhilfe

67 **(1) Blinden, die das 1. Lebensjahr vollendet haben, ist zum Ausgleich der durch die Blindheit bedingten Mehraufwendungen Blindenhilfe zu gewähren, soweit sie keine gleichen Leistungen nach anderen Rechtsvorschriften erhalten.**

(2) Die Blindenhilfe wird Blinden nach Vollendung des 18. Lebensjahres in Höhe eines Betrages von 750 Deutsche Mark*, Blinden, die das 18. Lebensjahr noch nicht vollendet haben, in Höhe eines Betrages von 375 Deutsche Mark* gewährt.

(3) Befindet sich der Blinde in einer Anstalt, einem Heim oder einer gleichartigen Einrichtung und werden die Kosten des Aufenthalts ganz oder teilweise aus Mitteln öffentlichrechtlicher Leistungsträger getragen, so verringert sich die Blindenhilfe nach Absatz 2 um die aus diesen Mitteln getragenen Kosten, höchstens jedoch um 50 vom Hundert der Beträge nach Absatz 2; dies gilt von dem ersten Tage des zweiten Monats an, der auf den Eintritt in die Einrichtung folgt, für jeden vollen Kalendermonat des Auf-

* Zur gegenwärtigen Höhe der Blindenhilfe s. Erl. 4.

enthalts in der Einrichtung. Für jeden vollen Tag vorübergehender Abwesenheit von der Einrichtung wird die Blindenhilfe in Höhe von je einem Dreißigstel des Betrages nach Absatz 2 gewährt, wenn die vorübergehende Abwesenheit länger als 6 volle zusammenhängende Tage dauert; der Betrag nach Satz 1 wird im gleichen Verhältnis gekürzt.

(4) Ein Blinder, der sich weigert, eine ihm zumutbare Arbeit zu leisten oder sich zu einem angemessenen Beruf oder zu einer sonstigen angemessenen Tätigkeit ausbilden, fortbilden oder umschulen zu lassen, hat keinen Anspruch auf Blindenhilfe. Die Blindenhilfe kann versagt werden, soweit ihre bestimmungsmäßige Verwendung durch oder für den Blinden nicht möglich ist.

(5) Neben der Blindenhilfe werden Hilfe zur Pflege wegen Blindheit (§§ 68 und 69) außerhalb von Anstalten, Heimen und gleichartigen Einrichtungen sowie ein Barbetrag (§ 21 Abs. 3) nicht gewährt. Neben Absatz 1 ist § 23 Abs. 1 Nr. 2 nur anzuwenden, wenn der Blinde nicht allein wegen Blindheit erwerbsunfähig ist. Die Sätze 1 und 2 gelten entsprechend für Blinde, die nicht Blindenhilfe, sondern gleichartige Leistungen nach anderen Rechtsvorschriften erhalten.

(6) Die Blindenhilfe nach Absatz 2 verändert sich jeweils, erstmals mit Wirkung vom 1. Juli 1984 an, um den Vomhundertsatz, um den Versorgungsbezüge nach § 56 des Bundesversorgungsgesetzes angepaßt werden; ein nicht auf volle Deutsche Mark errechneter Betrag ist bis zu 0,49 Deutsche Mark abzurunden und von 0,50 Deutsche Mark an aufzurunden.

(7) Die Absätze 1 bis 6 finden auch Anwendung auf die in § 24 Abs. 1 Satz 2 genannten Personen, die das 1. Lebensjahr vollendet haben.

1. Mit der Blindenhilfe will der Gesetzgeber nicht so sehr einen wirklichen oder erfahrungsgemäß vorhandenen wirtschaftlichen Bedarf decken, sondern in erster Linie Mittel zur Befriedigung laufender, auch immaterieller Bedürfnisse gewähren (vgl. BVerwGE 32, 89).

Die Zugehörigkeit zum berechtigten Personenkreis (s. Absätze 1 und 7) wird durch eine Bescheinigung des Augenarztes nachgewiesen.

2. Blindenhilfe wird – wegen des Nachrangs der Sozialhilfe – nicht gewährt, soweit gleichartige Leistungen nach anderen Rechtsvorschriften gewährt werden. Dazu gehören insbesondere: **Blindengeld (Blindenhilfe, Pflegegeld für Blinde)** nach den – in allen Bundesländern mit unterschiedlichem Umfang erlassenen – **landesrechtlichen Vorschriften;** Pflegezulage für Kriegsblinde (§ 35 BVG), Pflegezulage für blinde Empfänger von Kriegsschadensrente (§ 269 LAG) und Pflegegeld für Unfallerblindete (§ 558 RVO); ferner die laufende Hilfe für

hochgradig Sehbehinderte (s. Abs. 7) nach landesrechtlichen Vorschriften in Berlin, Hessen und NRW.

Die praktische Bedeutung des § 67 ist wegen dieser vorrangigen Leistungen gering (1985: 4,4 Mio. DM für rd. 1000 Hilfeempfänger).

3. Befindet sich der Blinde in einer **stationären Einrichtung** zur Betreuung Blinder und reichen seine Mittel nicht aus, um die Kosten des Aufenthalts in dieser Einrichtung (voll) zu tragen und muß er deshalb Mittel öffentlichrechtlicher Leistungsträger (z. B. der Sozialhilfe oder der Kriegsopferfürsorge bzw. -versorgung) in Anspruch nehmen, so wird die sich aus **Absatz 2** ergebende Blindenhilfe gekürzt; die Kürzung darf allerdings nur höchstens 50% der Blindenhilfe betragen (s. **Absatz 3 Satz 1),** so daß stets die Hälfte der Blindenhilfe als Mindestbetrag unantastbar bleibt.

4. Die Höhe der Blindenhilfe ist dynamisiert: Sie wird nach **Absatz 6** i. V. m. §§ 56 BVG, 1272 RVO jährlich zum 1. Juli angepaßt. Gegenwärtig beträgt die Blindenhilfe nach § 67 mtl. 812 DM (vor Vollendung des 18. Lebensjahres 405 DM).

5. Maßgeblich ist die **besondere Einkommensgrenze** des § 81 Abs. 2 und 3; **sachlich zuständig** ist der **überörtliche** Träger der Sozialhilfe.

Unterabschnitt 10. Hilfe zur Pflege

Inhalt

68 (1) **Personen, die infolge Krankheit oder Behinderung so hilflos sind, daß sie nicht ohne Wartung und Pflege bleiben können, ist Hilfe zur Pflege zu gewähren.**

(2) **Dem Pflegebedürftigen sollen auch die Hilfsmittel zur Verfügung gestellt werden, die zur Erleichterung seiner Beschwerden wirksam beitragen. Ferner sollen ihm nach Möglichkeit angemessene Bildung und Anregungen kultureller oder sonstiger Art vermittelt werden.**

1. Die Hilfe zur Pflege ist die **kostenintensivste** Hilfe in besonderen Lebenslagen: Mehr als ein Drittel der gesamten Sozialhilfeausgaben muß allein für diese Hilfe aufgewendet werden (1985: rd. 7,14 Mrd. DM, davon ca. 708 Mio. DM für zu Hause lebende Pflegebedürftige – rd. 215000 – und ca. 6,44 Mrd. DM für in stationären Einrichtungen betreute Pflegebedürftige – rd. 252000 –; damit ist die Hilfe zur Pflege allein fast so kostenintensiv wie die gesamte Hilfe zum Lebensunterhalt). Die Haushalte der SHTr. werden mit diesen Kosten im wesentlichen deshalb in so großem Umfang belastet, weil die Pflegebedürftigkeit kein Versicherungsfall der gesetzlichen Krankenversicherung ist

(zur Abgrenzung des **Pflegefalls** i. S. d. BSHG vom sog. **Behandlungsfall** i. S. d. RVO vgl. Foerster/Heimann MedR 1986, 21). Pflegebedürftige werden also i. d. R. erst durch die Sozialhilfe als „unterstem" Netz der sozialen Sicherung aufgefangen (mit allen sozialhilfetypischen Folgen; vgl. Schulte/Trenk-Hinterberger 1986, 300). Eine Neuordnung des Schutzes Pflegebedürftiger ist seit längerem geplant (vgl. z. B. Igl DRV 1986, 40; ders. 1987; Neseker NDV 1986, 145; BT-Dr. 10/1943 u. 10/6134).

2. Die in **Absatz 1** umschriebenen **Pflegebedürftigen** benötigen zu den **gewöhnlichen** und **regelmäßig wiederkehrenden Verrichtungen** im Ablauf des täglichen Lebens der Hilfe anderer (s. § 69 Abs. 3 S. 1). Zu diesen Verrichtungen gehören nach ständiger Rechtsprechung nur die sog. **personenbezogenen Verrichtungen,** also v. a. Aufstehen und Zubettgehen, Waschen und Rasieren, An- und Auskleiden, Essen und Trinken, Bewegung innerhalb und außerhalb der Wohnung, Verrichtung der Notdurft (vgl. z. B. BVerwG FEVS 26,1); **nicht** zu diesen Verrichtungen gehören hingegen die sog. **hauswirtschaftlichen Verrichtungen,** also z. B. Einkaufen, Zubereiten der Mahlzeiten, Wäschewaschen, Geschirrspülen, Reinigen der Kleidung, Bettenmachen, Reinigung und Müllbeseitigung (vgl. BVerwG aaO; für die Übernahme von Kosten dieser Verrichtungen kommt z. B. Hilfe nach § 70 oder nach § 11 Abs. 3 in Betracht, s. Erl. 6 zu § 69). Das Vorliegen der Pflegebedürftigkeit wird i. d. R. anhand eines Befundes des Sozialen Dienstes (des Sozialarbeiters im fürsorgerischen Außendienst) und einer ärztlichen Stellungnahme des Gesundheitsamtes festgelegt (s. auch Erl. 2 zu § 69).

Die Hilfe bei Pflegebedürftigkeit wird im wesentlichen als **Heimpflege** (unter 3.) oder als **häusliche Pflege** (s. Erl. zu § 69) gewährt.

3. Eine Aufnahme in **stationäre Pflege** (Heimpflege) soll nur erfolgen, wenn eine häusliche Pflege nicht möglich oder nicht ausreichend gewährleistet ist (s. §§ 3 Abs. 2 S. 2, 69 Abs. 1 und 2). Der Wechsel des Pflegebedürftigen in ein Heim ist nicht nur teurer als Hauspflege; er bedingt ferner eine Reihe von Maßnahmen, die von der Kündigung eines bestehenden Mietverhältnisses und der Verfügung über den Hausrat, über die Suche nach und die Unterbringung in einer vom Pflegebedürftigen gewünschten (s. §§ 3, 3a) Einrichtung bis zur Einverständniserklärung des Pflegebedürftigen (z. B. im Heimvertrag) reichen; nicht selten muß ein Vormund oder ein Pfleger mit dem Wirkungskreis „Aufenthaltsbestimmungsrecht" (s. § 1910 BGB) eingesetzt werden.

Wird der Pflegebedürftige **stationär untergebracht** (z. B. in einem Altenpflegeheim), so übernimmt das Heim im allgemeinen seine volle Betreuung einschließlich der Pflege zu einem bestimmten **Pflegesatz,** der heute i. d. R. zwischen 2000 und 3000 DM monatlich beträgt. Der

Sozialhilfeträger übernimmt dann die Kosten des stationären Aufenthalts zu diesem Pflegesatz (der den Lebensunterhalt und die Pflegekosten abdeckt; s. § 27 Abs. 3 und Erl. 2 zu § 93). Vom Pflegebedürftigen und den in § 28 genannten Personen wird dann eine **Beteiligung** an den Heimpflegkosten nach den individuellen Einkommens- und Vermögensverhältnissen verlangt (s. §§ 79ff.); daneben kommt eine Heranziehung Unterhaltspflichtiger nach §§ 90, 91 in Betracht. Die Gewährung von „Taschengeld" für den Pflegebedürftigen richtet sich nach § 21 Abs. 3 (s. § 21 Erl. 6). Soweit Bekleidung im Pflegesatz der Einrichtung nicht enthalten ist, ist diese vom Sozialhilfeträger gesondert zu gewähren (§ 27 Abs. 3).

Beispiel: Die alleinstehende pflegebedürftige 70jährige Frau S wird in ein Pflegeheim der Caritas (s. Erl. 5 zu § 10) aufgenommen; der monatliche Pflegesatz beträgt 2000 DM, die Rente der Frau S 800 DM. Der Sozialhilfeträger übernimmt die vollen Heimkosten in Höhe des Pflegesatzes. Die Rente von Frau S liegt zwar unter der maßgeblichen Einkommensgrenze des § 81 Abs. 1 Nr. 5; sie ist damit aber nicht etwa für den Sozialhilfeträger unantastbar: Nach § 85 Nr. 3 muß sich nämlich Frau S an den Pflegekosten beteiligen, und zwar in Höhe ihrer Rente, die dann unmittelbar an den Sozialhilfeträger ausgezahlt wird, s. Erl. 3 zu § 85. Der Sozialhilfeträger bringt im Ergebnis also 1200 DM monatlich für die Pflegekosten auf; dazu gewährt er Frau S das „Taschengeld" nach § 21 Abs. 3.

4. **Hilfsmittel** nach **Absatz 2 Satz 1,** die dem Pflegebedürftigen (gleich ob bei Heimpflege oder bei häuslicher Pflege) zur Verfügung gestellt werden sollen, sind z. B. Spezialbetten, Badewannensitze, Kranken- und Toilettenstühle, Gehböcke. Zu den Maßnahmen nach **Absatz 2 Satz 2** gehören z. B. die Beschaffung von Büchern, der Bezug von Zeitungen, die (in der Praxis meist leihweise) Überlassung von Radio- und Fernsehgeräten sowie die Übernahme der Kosten eines Telefonanschlusses und der Grundgebühren (die Praxis legt hier aber i. d. R. strenge Maßstäbe an; vgl. BVerwG FEVS 27, 177; s. aber Hess. VGH FEVS 33, 103: auch dann, wenn dadurch die Situation des Pflegebedürftigen nicht unerheblich erleichtert wird, z. B. am Ort befindliche Angehörige mit ihm mehrmals täglich Kontakt aufnehmen können, um seinen Hilfebedarf zu erfahren).

5. Bei der **Heimpflege** gilt die **besondere Einkommensgrenze** des § 81 Abs. 1, wenn die Pflege voraussichtlich auf längere Zeit (i. d. R. mehr als ein Jahr) erforderlich ist; andernfalls gilt die allgemeine Einkommensgrenze des § 79. **Sachlich zuständig** ist bei der Heimpflege der **überörtliche** Sozialhilfeträger, wenn der Pflegebedürftige zum Personenkreis des § 100 Abs. 1 Nr. 1 gehört (was meist der Fall ist).

Zur Inanspruchnahme **unterhaltspflichtiger Eltern** bei **Heimpflege** ihrer **Kinder über 21 Jahre** s. Erl. 7d) zu § 91.

6. Zur Einkommensgrenze und zur sachlichen Zuständigkeit bei **häuslicher Pflege** s. § 69 Erl. 5.

Häusliche Pflege, Pflegegeld

69 (1) Reichen im Falle des § 68 Abs. 1 häusliche Wartung und Pflege aus, gelten die Absätze 2 bis 6.

(2) Der Träger der Sozialhilfe soll darauf hinwirken, daß Wartung und Pflege durch Personen, die dem Pflegebedürftigen nahestehen, oder im Wege der Nachbarschaftshilfe übernommen werden. In diesen Fällen sind dem Pflegebedürftigen die angemessenen Aufwendungen der Pflegeperson zu erstatten; auch können angemessene Beihilfen gewährt und Beiträge der Pflegeperson für eine angemessene Alterssicherung übernommen werden, wenn diese nicht anderweitig sichergestellt ist. Ist neben oder an Stelle der Wartung und Pflege nach Satz 1 die Heranziehung einer besonderen Pflegekraft erforderlich, so sind die angemessenen Kosten hierfür zu übernehmen.

(3) Ist ein Pflegebedürftiger, der das 1. Lebensjahr vollendet hat, so hilflos, daß er für die gewöhnlichen und regelmäßig wiederkehrenden Verrichtungen im Ablauf des täglichen Lebens in erheblichem Umfange der Wartung und Pflege dauernd bedarf, so ist ihm ein Pflegegeld zu gewähren. Zusätzlich zum Pflegegeld sind dem Pflegebedürftigen die Aufwendungen für die Beiträge einer Pflegeperson oder einer besonderen Pflegekraft für eine angemessene Alterssicherung zu erstatten, wenn diese nicht anderweitig sichergestellt ist. Leistungen nach den Sätzen 1 und 2 werden nicht gewährt, soweit der Pflegebedürftige gleichartige Leistungen nach anderen Rechtsvorschriften erhält. Auf das Pflegegeld sind Leistungen nach § 67 oder gleichartige Leistungen nach anderen Rechtsvorschriften bis zum 31. Dezember 1983 mit 25 vom Hundert, im Jahre 1984 mit 50 vom Hundert und vom 1. Januar 1985 an mit 70 vom Hundert anzurechnen.

(4) Das Pflegegeld beträgt 276 Deutsche Mark* monatlich; es ist angemessen zu erhöhen, wenn der Zustand des Pflegebedürftigen außergewöhnliche Pflege erfordert. Für die in § 24 Abs. 2 genannten Personen beträgt das Pflegegeld 750 Deutsche Mark* monatlich; bei ihnen sind die Voraussetzungen für die Gewährung eines Pflegegeldes stets als erfüllt anzusehen. Bei teilstationärer Betreuung des Pflegebedürftigen kann das Pflegegeld angemessen gekürzt werden.

(5) Die Leistungen nach Absatz 2 Satz 2 und 3 werden neben den Leistungen nach Absatz 3 Satz 1 und 2 gewährt. Werden Leistungen nach Absatz 2 Satz 2 und 3 gewährt, kann das Pflegegeld um bis zu 50 vom Hundert gekürzt werden.

* Zur gegenwärtigen Höhe des Pflegegeldes s. Erl 2b) aa) bis cc).

(6) Das Pflegegeld nach Absatz 4 verändert sich jeweils, erstmals mit Wirkung vom 1. Juli 1984 an, um den Vomhundertsatz, um den Versorgungsbezüge nach § 56 des Bundesversorgungsgesetzes angepaßt werden; ein nicht auf volle Deutsche Mark errechneter Betrag ist bis zu 0,49 Deutsche Mark abzurunden und von 0,50 Deutsche Mark an aufzurunden.

1. Mit den in § 69 vorgesehenen Leistungen soll nahestehenden Personen (v. a. Angehörigen) und Nachbarn der **Anreiz** gegeben werden, den Pflegebedürftigen so lange wie möglich **zu Hause** zu pflegen oder ihn aus dem Heim **nach Hause** zu holen. Bei der Ausgestaltung dieser (Anreiz-)Leistungen unterscheidet die Vorschrift danach, ob es sich um **Pflegepersonen i. S. des Absatzes 2 Satz 1** handelt, also um Angehörige, Nachbarn usw. (dazu unten 2.) oder ob eine **besondere Pflegekraft i. S. des Absatzes 2 Satz 3** (dazu unten 3.) herangezogen wird.

Vorrangig gegenüber der Hilfe zur häuslichen Pflege sind gleichartige Leistungen nach anderen Rechtsvorschriften (Abs. 3 S. 3), z. B. Pflegegeld für Unfallverletzte (§ 558 Abs. 3 RVO); Pflegezulage für Kriegsbeschädigte (§ 35 BVG); Pflegegeld nach den Landespflegegeldgesetzen von Berlin, Bremen und Rheinland-Pfalz (nicht aber z. B. Unfallrenten oder Unterhaltsleistungen).

2. Erfolgt die Pflege durch **nahestehende Personen** (v. a. Angehörige) oder im Wege der **Nachbarschaftshilfe,** so geht der Gesetzgeber davon aus, daß die geleistete Hilfe immateriell motiviert ist und deshalb **unentgeltlich** erfolgt (vgl. BVerwGE 29, 108; FEVS 23, 45). Diese Motivation soll aber durch **finanzielle Anreize** abgesichert und gestützt werden. Art und Umfang dieser finanziellen Anreize, auf die die Pflegebedürftige Anspruch hat, richten sich nach dem **Grad der Pflegebedürftigkeit:** Je größer die Pflegebedürftigkeit, desto größer der finanzielle Anreiz. Dabei unterscheidet die Vorschrift zum einen die **allgemeine Pflegebedürftigkeit** (dazu unten a) und zum anderen die – in drei verschiedene Grade unterteilte – **besondere Pflegebedürftigkeit** (unten b).

Das Gesetz selbst nennt keine Kriterien, mit deren Hilfe die einzelnen Grade der Pflegebedürftigkeit bestimmt werden könnten. Die **Praxis der Sozialhilfeträger** behilft sich hier – unter Einbezug der einschlägigen Rechtsprechung (dazu Dendorfer 1983) – mit **Bewertungssystemen,** die in den Einzelheiten unterschiedlich sind, im wesentlichen aber übereinstimmen: Sie listen die einzelnen personenbezogenen Verrichtungen (s. Erl. 2 zu § 68) auf, gewichten die Defizite bei diesen Verrichtungen (z. B.: keine, gelegentliche, häufige, ständige Hilfe beim Aufstehen usw.) und legen dann aufgrund dieser Gewichtung unterschiedliche **Grade der Pflegebedürftigkeit** fest. Die Feststellungen anhand dieser Bewertungssysteme trifft i. d. R. der Sozialarbeiter des Sozialen Dienstes (des Außendienstes, der Familienfürsorge usw.) durch Hausbesuch, Attest des Hausarztes usw.; der Arzt des Gesundheitsamtes gibt dazu eine Stellungnahme ab. Die Feststellungsspielräume, die dabei in beträchtlichem Umfang bestehen, sind häufig Anlaß zu Streitigkeiten (vgl. z. B. OVG NRW NDV 1986, 217: keine Pflegebedürftigkeit bei Heimdialyse eines Nierenkranken).

a) Wird eine **allgemeine Pflegebedürftigkeit** festgestellt (BVerwG FEVS 23, 45: ,,Pflegebedürftigkeit minderen Grades"), so hat der Pflegebedürftige nach **Absatz 2 Satz 2** Anspruch auf Erstattung der **angemessenen Aufwendungen** für die Pflegeperson (nicht auf deren Bezahlung, sondern auf Ersatz z. B. der notwendigen Fahrtkosten zwischen den Wohnungen der Pflegeperson und des Pflegebedürftigen, der Mehrkosten für Kleiderreinigung usw., soweit sie **tatsächlich** entstanden und nachgewiesen sind). Neben diesem **konkreten** finanziellen Anreiz **kann** der Sozialhilfeträger nach **Absatz 2 Satz 2, 2. Halbsatz** einen **abstrakten** finanziellen Anreiz (v. a. für fernere Angehörige und Nachbarn) gewähren, nämlich eine **„angemessene Beihilfe";** sie wird in der Praxis meist als monatliche Pauschale gewährt (die Höhe der Beihilfe wird i. d. R. nach dem Ausmaß dr allgemeinen Pflegebedürftigkeit bemessen; Obergrenze ist das Pflegegeld nach Absatz 4 Satz 1).

Die Erfahrung zeigt, daß bei Pflege durch nahestehende Personen die Höhe des tatsächlichen Aufwands meist nicht konkret nachgewiesen werden kann. Diese Beweisnot darf aber nicht dazu führen, daß der Zweck der Vorschrift (s. Erl. 1) verfehlt wird; in solchen Fällen wird die Möglichkeit der Beihilfegewährung auszuschöpfen sein. Schließlich **kann** der Sozialhilfeträger nach der zuletzt genannten Vorschrift Beiträge für eine angemessene **Alterssicherung** der Pflegeperson übernehmen, wenn diese wegen der Pflege eine versicherungspflichtige Beschäftigung nicht oder nicht mehr im bisherigen Umfang ausübt (es sei denn, daß die Pflegeperson bereits eine Rente erhält, durch den Ehegatten ausreichend abgesichert ist usw.; vgl. BVerwGE 56, 96); die Praxis macht von dieser Vorschrift nur wenig Gebrauch.

Andere als die in Abs. 2 S. 2 genannten ,,Anreiz-Leistungen" kommen nicht in Betracht (auch nicht der Ersatz eines Verdienstausfalls, den die Pflegeperson wegen der Pflegetätigkeit erleidet; vgl. OVG Hamburg ZfSH/SGB 1986, 572).

Bei Pflege durch einen gesteigert Unterhaltspflichtigen (Ehegatten, Eltern minderjähriger Kinder) oder durch einen unterhaltspflichtigen Verwandten 1. Grades (Eltern volljähriger Kinder) wird die Beihilfe nach Abs. 2 S. 2, 2. HS in der Praxis mancher SHTr. um bestimmte Prozentsätze gekürzt. Diese Praxis, die Sinn und Zweck des § 69 Abs. 2 S. 1 widerspricht und die Pflegebereitschaft der dort genannten Personen beeinträchtigt, ist rechtswidrig.

b) Bei **besonderer Pflegebedürftigkeit** sind drei Grade zu unterscheiden:

aa) Wird eine **erhebliche dauernde Pflegebedürftigkeit** festgestellt, dann hat der Pflegebedürftige Anspruch auf ein Pflegegeld **(Absatz 3 Satz 1).** Dieses pauschalierte Pflegegeld, das als abstrakter finanzieller Anreiz gedacht ist, beträgt gegenwärtig 299 DM **(Absatz 4 Satz 1).**

bb) Wird eine **außergewöhnliche dauernde Pflegebedürftigkeit** festgestellt, so ist das Pflegegeld (von gegenwärtig 299 DM) ,,angemessen", d. h. dem Grad der außergewöhnlichen Pflegebedürftigkeit entsprechend, zu erhöhen. Die Obergrenze für dieses Pflegegeld ist das Pflegegeld für Schwerstbehinderte (unten cc), gegenwärtig also 812 DM.

cc) Behinderte, die zum Personenkreis des § 24 Abs. 2 gehören (s. Erl. zu § 24), erhalten nach **Absatz 4 Satz 2** das **Pflegegeld für Schwerstbehinderte** (ohne gesonderte Prüfung der in Abs. 3 S. 1 genannten Voraussetzungen; Abs. 4 S. 2 ist insofern verselbständigt, vgl. BVerwG NDV 1986, 107). Dieses Pflegegeld beträgt z. Z. 812 DM.

dd) Der Begriff **„dauernd"** in Abs. 3 S. 1 ist nach Wortlaut, Systematik sowie Sinn und Zweck der Regelung dem Begriff ,,pflegebedürftig", nicht aber dem Begriff ,,häuslich" (Abs. 1) zuzuordnen (wird also jemand z. B. an Wochenenden zu Hause, ansonsten in einer Einrichtung gepflegt, so ändert dies nichts daran, daß er dauernd pflegebedürftig ist).

ee) Wird Pflegegeld gezahlt, sind bei Vorliegen der Voraussetzungen des **Absatzes 3 Satz 2** die dort **genannten Beiträge für eine angemessene Alterssicherung** zu übernehmen (Muß-Leistung); dies gilt auch bei Pflege durch nahe Angehörige (BVerwGE 56, 96).

Für die Beantwortung der Frage nach einer ,,anderweitigen Sicherstellung" der angemessenen Altersicherung ist eine Prognose darüber anzustellen, ob die Pflegeperson voraussichtlich auf der Grundlage der gegenwärtig bekannten Gegebenheiten und des zu erwartenden typischen Geschehensablaufs eine angemessene Versorgung erwarten kann. Dabei ist nicht allein die eigene Altersversorgung der Pflegeperson zu berücksichtigen, sondern auch die Versorgung, die die Pflegeperson von Dritten oder aus einem von Dritten abgeleiteten Recht erwarten kann (z. B. Unterhaltsleistungen des Ehegatten oder eine nach dessen Tod zu zahlende Hinterbliebenenversorgung). Eine angemessene Alterssicherung wird danach schon dann erreicht, wenn in diesem Sinn sichergestellt ist, daß im Alter Hilfe zum Lebensunterhalt nicht in Anspruch genommen werden muß (so BVerwGE 56, 87 u. 56, 96; OVG NRW FEVS 31, 288: Regelsatz plus Mehrbedarf nach § 23 Abs. 1 Nr. 1 plus 30% des Regelsatzes für einmalige Beihilfen usw.; OVG Berlin FEVS 31, 177; im wesentlichen auch Hess. VGH NDV 1987, 265; a. A. OVG Hamburg ZfSH/SGB 1986, 610: angemessene Altersversorgung ist nicht schon dann gesichert, wenn sie den einfachen Sozialhilfesatz erreicht; ein Anhaltspunkt für die Angemessenheit können die Freibeträge nach §§ 79, 81 sein).

ff) Das Pflegegeld wird nach **Absatz 6** angepaßt (§§ 56 BVG, 1272 RVO: jeweils zum 1. Juli). Die Anpassung wird also nicht von der Entwicklung der Pflegekosten, sondern der Versorgungsbezüge abhängig gemacht.

gg) Wird der Pflegebedürftige stundenweise/tagsüber in einer teilstationären Einrichtung gepflegt, so kann das Pflegegeld nach **Absatz 4 Satz 3** angemessen **gekürzt** werden, um Doppelleistungen zu vermeiden (in der Praxis ist – je nach Länge der teilstationären Betreuung – eine Kürzung des vollen Pflegegeldes um einen entspr. Prozentsatz, z. B. 25%, üblich).

Die teilstationäre Betreuung muß aber als eine vom überörtlichen Träger der Sozialhilfe (oder einer von diesem beauftragten Stelle) veranlaßte und hinsichtlich der Kosten verantwortete Maßnahme i. S. d. § 100 Abs. 1 Nr. 1, 1. HS tatsächlich durchgeführt werden (vgl. BVerwG NDV 1985, 425; keine Kürzung des Pflegegeldes also bei teilstationärer Betreuung, die nicht vom SHTr. veranlaßt und finanziert wird, z. B. in: öffentlichen Sonderschulen für Geistig Behinderte bzw. für Praktisch Bildbare, entspr. Tagesstätten oder von der Arbeitsverwaltung finanzierten Trainingsmaßnahmen in einer Werkstatt für Behinderte, s. § 40 Erl. 2).

3. Die **„besonderen Pflegekräfte"** i. S. d. **Absatzes 2 Satz 3,** die den Pflegebedürftigen meist stundenweise anstelle der sonst pflegenden Personen betreuen, üben ihre Tätigkeit haupt- oder nebenamtlich i. d. R. als Mitarbierter von Verbänden der freien Wohlfahrtspflege aus. Mit diesen Verbänden rechnet dann der Sozialhilfeträger die (stundenweise angesetzten) Kosten unmittelbar ab. In diesen Kosten sind meist schon Anteile für Beiträge der Sozialversicherung der Pflegekraft enthalten.

Der Pflegebedürftige kann sich aber auch eine geeignete – i. d. R. entsprechend ausgebildete – Pflegekraft (z. B. Altenpflegerin) selbst beschaffen und bezahlen (Kostenübernahme durch den SHTr.; ob ein sozialversicherungspflichtiges Beschäftigungsverhältnis oder eine nicht versicherungspflichtige familienhafte Mithilfe vorliegt, richtet sich nach den Umständen des Einzelfalles).

4. Hat der Pflegebedürftige Anspruch auf Pflegegeld (z. B. in Höhe von 500 DM; weil er außergewöhnlich dauernd pflegebedürftig ist) und wird er – außer durch eine nahestehende Person oder einen Nachbarn – **auch** durch eine **besondere Pflegekraft** gepflegt (z. B. zu einem Monatspflegesatz von 570 DM für täglich 2 Stunden Pflege), dann wird das Pflegegeld nach der – praktisch wichtigen – Vorschrift des **Absatzes 5 Satz 2** um die Kosten der besonderen Pflegekraft – allerdings bis höchstens 50% – gekürzt. Die **Hälfte** des Pflegegeldes muß dem Pflegebedürftigen also **stets bleiben,** gleich wie hoch die Kosten der besonderen Pflegekraft auch sind; eine weitergehende Kürzung würde die Anreizfunktion des Pflegegeldes zu sehr beeinträchtigen.

5. Bei **allgemeiner** Pflegebedürftigkeit (oben 2a) gilt die **allgemeine Einkommensgrenze** des § 79. Bei **erheblicher** und **außergewöhnlicher** dauernder Pflegebedürftigkeit (oben 2b) aa) und bb) ist die **besondere Einkommensgrenze** des § 81 Abs. 1, bei der **Pflege Schwer-**

behinderter (oben 2b) cc» die **besondere Einkommensgrenze** des § 81 Abs. 2 und 3 maßgeblich. **Sachlich zuständig** ist der **örtliche** Träger der Sozialhilfe (vgl. aber § 100 Erl. 2).

6. Die im BSHG vorgesehenen ambulanten personen- und hauspflegerischen Hilfen sind in der folgenden Übersicht zusammengestellt:

Art der Hilfe	darunter fallen:	Rechtsgrundlage
häusliche Pflege	Aufstehen und Zubettgehen, Waschen und Rasieren, An- und Auskleiden, Essen und Trinken, Bewegung innerhalb der Wohnung, Verrichten der Notdurft usw.	§§ 68, 69 BSHG
,,große" Haushaltshilfe	umfassende Haushaltsführung (d. h. Säubern der Wohnung, der Fenster; Wäsche; Heizen, Einkaufen, Zubereiten der Mahlzeiten, Reinigung, Beaufsichtigung und Versorgung von Kindern usw.)	§ 70 BSHG bzw. §§ 3 Abs. 1, 22 Abs. 1 S. 2 BSHG (s. § 70 Erl. 3)
,,kleine" Haushaltshilfe	nur einzelne hauswirtschaftliche Verrichtungen (z. B. Putzen oder Einkaufen oder Heizen)	§ 11 Abs. 3 BSHG (s. § 11 Erl. 6)

7. Vgl. auch das **Berechnungsbeispiel 2 im Anhang 3.**

Unterabschnitt 11. Hilfe zur Weiterführung des Haushalts

Inhalt und Aufgabe

70 (1) **Personen mit eigenem Haushalt soll Hilfe zur Weiterführung des Haushalts gewährt werden, wenn keiner der Haushaltsangehörigen den Haushalt führen kann und die Weiterführung des Haushalts geboten ist. Die Hilfe soll in der Regel nur vorübergehend gewährt werden.**

(2) **Die Hilfe umfaßt die persönliche Betreuung von Haushaltsangehörigen sowie die sonstige zur Weiterführung des Haushalts erforderliche Tätigkeit**

(3) **§ 69 Abs. 2 gilt entsprechend.**

1. Mit diesem Hilfetyp ,,soll" die **Weiterführung des Haushalts** und die **Weiterversorgung Angehöriger** (z. B. Kinder, alter Menschen) im Haushalt sichergestellt werden, wenn die ansonsten zuständige Person – meist die Hausfrau und Mutter – wegen einer besonderen Situation

(z. B. Krankheit, Krankenhausaufenthalt, Wochenbett, Erholungskur) den Haushalt nicht selbst führen und der Haushalt auch nicht von anderen Haushaltsangehörigen weitergeführt werden kann. Die Hilfe ist vor allem geboten, wenn minderjährige Kinder zum Haushalt gehören, aber auch wenn bei einem Alleinstehenden (z. B. wegen Altersbeschwerden, chronischer Krankheit) eine Heimaufnahme droht und durch die Hilfe vermieden werden kann. Ausgangspunkt der Hilfe nach § 70 ist also die **ohne Eingreifen der Sozialhilfe drohende Auflösung des Haushalts** (vgl. BVerwGE 30, 19).

1985 wurden für diese Hilfeart rd. 43 Mio. DM (bei ca. 11000 Hilfeempfängern) ausgegeben.

2. Ein Anspruch auf Haushaltshilfe nach § 185b RVO bzw. § 35 KVLG gegenüber der Krankenkasse oder gegenüber anderen Rehabilitationsträgern (s. § 12 Nr. 6 RehaAnglG) schließt die Hilfe nach § 70 aus. Die Hilfe wird auch dann versagt, wenn der Haushalt zwar von niemandem weitergeführt wird, die Hilfe durch Haushaltsangehörige (unter Beachtung der Zumutbarkeit, z. B. bei Berufstätigkeit) aber billigerweise erwartet werden kann (vgl. BVerwG FEVS 16, 92; der Ehemann könnte sich also z. B. nicht darauf berufen, zur Tätigkeit im Haushalt sei er als Mann ungeeignet).

Besteht lediglich Bedarf nach **einzelnen** Verrichtungen im Haushalt (z. B. Putzen, Kohlentragen, Einholen), nicht aber auch nach den in Absatz 2 umschriebenen Tätigkeiten (v. a. Beaufsichtigung und Versorgung der Kinder), so kommt nicht Hilfe nach § 70, sondern nach § 11 Abs. 3 in Betracht (s. Erl. 6 zu § 69).

3. Die **vorübergehende Natur** der Hilfe ist die Regel (s. Absatz 1 Satz 2). In der Praxis wird meist ein Zeitraum bis zu 6 Monaten zugestanden (vgl. OVG Lüneburg FEVS 29, 113). Für eine darüberhinausgehende Umstellungsphase bis zu einer langfristig angelegten Lösung (z. B. Heimaufnahme) kommt eine Kostenübernahme der „großen" Haushaltshilfe gem. §§ 3 Abs. 1, 22 Abs. 1 S. 2 in Betracht, wobei die Kosten der Haushaltshilfe als notwendiger Lebensunterhalt dem Regelbedarf hinzuzurechnen sind. Besonders bei älteren Menschen kann die Hilfe aber auch als Dauerlösung gewährt werden, wenn dadurch eine Heimaufnahme vermieden und so dem Leitgedanken des § 3a Rechnung getragen wird (vgl. VG Münster NVwZ 1987, 445).

Wird der Haushalt durch Personen weitergeführt, die der Familie/dem Alleinlebenden nahestehen, oder im Wege der Nachbarschaftshilfe aufrechterhalten, so gilt nach **Absatz 3** die Regelung des § 69 Abs. 2 (s. Erl. dort). In der Praxis wird die Hilfe meist durch sog. **Haus-** oder **Familienpflegerinnen** erbracht, die haupt- oder nebenamtlich einem Verband der freien Wohlfahrtspflege angehören; der Sozialhilfeträger rechnet dann die entstehenden Kosten unmittelbar mit dem Verband ab.

4. Es gilt die **allgemeine Einkommensgrenze** des § 79; **sachlich zuständig** ist der **örtliche** Sozialhilfeträger.

Hilfe durch anderweitige Unterbringung Haushaltsangehöriger

71 **Die Hilfe kann durch Übernahme der angemessenen Kosten für eine vorübergehende anderweitige Unterbringung von Haushaltsangehörigen gewährt werden, wenn diese Unterbringung in besonderen Fällen neben oder statt der Weiterführung des Haushalts geboten ist.**

Die Vorschrift ergänzt § 70 durch eine Kann-Leistung, wobei Hilfeempfänger die unterzubringenden (i. d. R. Kinder und Behinderte) sind, die meist wegen Mangels an Personen, die sie zu Hause betreuen könnten, in ein Heim aufgenommen werden müssen.

Für die Hilfe gilt die **allgemeine Einkommensgrenze** des § 79; **sachlich zuständig** ist der **örtliche** Sozialhilfeträger.

Unterabschnitt 12. Hilfe zur Überwindung besonderer sozialer Schwierigkeiten

72 **(1) Personen, bei denen besondere soziale Schwierigkeiten der Teilnahme am Leben in der Gemeinschaft entgegenstehen, ist Hilfe zur Überwindung dieser Schwierigkeiten zu gewähren, wenn sie aus eigener Kraft hierzu nicht fähig sind. Andere Bestimmungen dieses Gesetzes und die Bestimmungen des Gesetzes für Jugendwohlfahrt gehen der Regelung des Satzes 1 vor.**

(2) Die Hilfe umfaßt alle Maßnahmen, die notwendig sind, um die Schwierigkeiten abzuwenden, zu beseitigen, zu mildern oder ihre Verschlimmerung zu verhüten, vor allem Beratung und persönliche Betreuung des Hilfesuchenden und seiner Angehörigen, sowie Maßnahmen bei der Beschaffung und Erhaltung einer Wohnung.

(3) Die Hilfe wird ohne Rücksicht auf Einkommen und Vermögen gewährt, soweit im Einzelfalle persönliche Hilfe erforderlich ist; im übrigen ist Einkommen und Vermögen der in § 28 genannten Personen nicht zu berücksichtigen sowie von der Inanspruchnahme nach bürgerlichem Recht Unterhaltspflichtiger abzusehen, soweit dies den Erfolg der Hilfe gefährden würde.

(4) Die Träger der Sozialhilfe sollen mit den Vereinigungen, die sich die gleichen Aufgaben zum Ziel gesetzt haben, und mit den sonst beteiligten Stellen zusammenarbeiten und darauf hinwirken,

daß sich die Sozialhifle und die Tätigkeit dieser Vereinigungen und Stellen wirksam ergänzen. In geeigneten Fällen ist ein Gesamtplan zur Durchführung der erforderlichen Maßnahmen aufzustellen.

(5) **Der Bundesminister für Jugend, Familie, Frauen und Gesundheit kann durch Rechtsverordnung mit Zustimmung des Bundesrates Bestimmungen über die Abgrenzung des Personenkreises sowie über Art und Umfang der Maßnahmen nach Absatz 2 erlassen.**

Verordnung zur Durchführung des § 72 des Bundessozialhilfegesetzes

Vom 9. Juni 1976 (BGBl. I S. 1469)

Auf Grund des § 72 Abs. 5 des Bundessozialhilfegesetzes in der Fassung der Bekanntmachung vom 13. Februar 1976 (Bundesgesetzbl. I S. 289, 1150) wird mit Zustimmung des Bundesrates verordnet:

Abschnitt 1. Personenkreis

§ 1 Allgemeine Abgrenzung. (1) Personen im Sinne des § 72 Abs. 1 Satz 1 des Gesetzes sind Hilfesuchende, deren besondere Lebensverhältnisse zu sozialen Schwierigkeiten, vor allem in der Familie, in der Nachbarschaft oder am Arbeitsplatz, führen, so daß eine Teilenahme am Leben in der Gemeinschaft nicht möglich oder erheblich beeinträchtigt ist, und die diese Schwierigkeiten aus eigenen Kräften und Mitteln nicht überwinden können. Besondere Lebensverhältnisse im Sinne des Satzes 1 können die Ursache in nachteiligen äußeren Umständen oder in der Person des Hilfesuchenden haben.

(2) Besondere Lebensverhältnisse können vor allem bestehen bei

1. Personen ohne ausreichende Unterkunft (§ 2),
2. Landfahrern (§ 3),
3. Nichtseßhaften (§ 4)
4. aus Freiheitsentziehung Entlassenen (§ 5),
5. verhaltensgestörten jungen Menschen, denen Hilfe zur Erziehung nicht gewährt werden kann (§ 6).

Bestehen besondere Lebensverhältnisse, wird Hilfe nur gewährt, wenn auch die sonstigen Voraussetzungen des Absatzes 1 Satz 1 erfüllt sind und § 72 Abs. 1 Satz 2 des Gesetzes nicht entgegensteht.

§ 2 Personen ohne ausreichende Unterkunft. Personen ohne ausreichende Unterkunft im Sinne des § 1 Abs. 2 Satz 1 Nr. 1 sind Personen, die in Obdachlosen- oder sonstigen Behelfsunterkünften oder in vergleichbaren Unterkünften leben.

§ 3 Landfahrer. (1) Landfahrer im Sinne des § 1 Abs. 2 Satz 1 Nr. 2 sind Personen, die im Sippen- oder Familienverband oder in sonstigen Gruppen nach besonderen, vor allem ethnisch bedingten, gemeinsamen Wertvorstellungen leben und mit einer beweglichen Unterkunft zumindest zeitweise umherziehen.

(2) Den Landfahrern stehen Personen gleich, die als frühere Landfahrer oder als deren Angehörige auf Wohnplätzen oder in für sie bestimmten Siedlungen wohnen.

§ 4 Nichtseßhafte. Nichtseßhafte im Sinne des § 1 Abs. 2 Satz 1 Nr. 3 sind Personen, die ohne gesicherte wirtschaftliche Lebensgrundlage umherziehen oder die sich zur Vorbereitung auf eine Teilnahme am Leben in der Gemeinschaft oder zur dauernden persönlichen Betreuung in einer Einrichtung für Nichtseßhafte aufhalten.

§ 5 Aus Freiheitsentziehung Entlassene. Aus Freiheitsentziehung Entlassene im Sinne des § 1 Abs. 2 Satz 1 Nr. 4 sind Personen, die aus einer richterlich angeordneten Freiheitsentziehung in ungesicherte Lebensverhältnisse entlassen werden oder entlassen worden sind.

§ 6 Verhaltensgestörte jungen Menschen. Personen im Sinne des § 1 Abs. 2 Satz 1 Nr. 5 sind Minderjährige und junge Volljährige mit erheblichen Verhaltensstörungen, denen nach dem Gesetz für Jugendwohlfahrt Hilfe zur Erziehung nicht oder nicht mehr gewährt werden kann.

Abschnitt 2. Art und Umfang der Maßnahmen

§ 7 Beratung, persönliche Betreuung. (1) Zur Beratung im Sinne des § 72 Abs. 2 des Gesetzes gehört es vor allem, den Hilfeempfänger über die zur Überwindung seiner sozialen Schwierigkeiten in Betracht kommenden Maßnahmen zu unterrichten.

(2) Die persönliche Betreuung im Sinne des § 72 Abs. 2 des Gesetzes umfaßt vor allem Maßnahmen, die darauf gerichtet sind,

1. die Ursachen der Schwierigkeiten des Hilfeempfängers festzustellen, sie ihm bewußt zu machen und auf die Inanspruchnahme der für ihn in Betracht kommenden Sozialleistungen hinzuwirken,
2. die Bereitschaft und Fähigkeit des Hilfeempfängers zu entwickeln und zu festigen, bei der Überwindung seiner Schwierigkeiten nach seinen Kräften mitzuwirken und soweit wie möglich unabhängig von der Hilfe am Leben in der Gemeinschaft teilzunehmen.

(3) Soweit es im Einzelfall erforderlich ist, erstreckt sich die persönliche Betreuung auch darauf, in der Umgebung des Hilfeempfängers

1. Verständnis für seine Schwierigkeiten zu wecken und Vorurteilen entgegenzuwirken,
2. Einflüssen zu begegnen, die seine Bereitschaft oder Fähigkeit zur Teilnahme am Leben in der Gemeinschaft beeinträchtigen.

(4) Hilfeempfänger können auch in Gruppen betreut werden, wenn diese Art der Hilfegewährung besonders geeignet ist, den Erfolg der Maßnahmen herbeizuführen.

§ 8 Beschaffung und Erhaltung einer Wohnung. Zu den Maßnahmen bei der Beschaffung und Erhaltung einer Wohnung im Sinne des § 72 Abs. 2 des Gesetzes gehören auch die Übernahme der Kosten für den Umzug in eine ausreichende Wohnung sowie Maßnahmen, die den Hilfeempfänger befähigen sollen, die Wohngewohnheiten seiner Umgebung anzunehmen. Kommen als Maßnahmen bei der Beschaffung und Erhaltung einer Wohnung im Sinne des § 72 Abs. 2 des Gesetzes Geldleistungen in Betracht, können sie als Beihilfe oder als Darlehen gewährt werden.

§ 9 Erlangung und Sicherung eines Platzes im Arbeitsleben. Zu den Maßnahmen im Sinne des § 72 Abs. 2 des Gesetzes gehört auch die Hilfe zur Erlangung und Sicherung eines Platzes im Arbeitsleben. Die Hilfe umfaßt vor allem Maßnahmen, die darauf gerichtet sind,

1. die Bereitschaft des Hilfeempfängers zu entwickeln und zu festigen, einer geregelten Arbeit nachzugehen und den Lebensbedarf für sich und seine Angehörigen aus regelmäßigem Erwerbseinkommen zu bestreiten,
2. einen geeigneten Arbeits- oder Ausbildungsplatz zu erlangen und zu sichern,
3. dem drohenden Verlust eines Arbeits- oder Ausbildungsplatzes entgegenzuwirken.

Bei der Gewährung der Hilfe sollen die schulische und berufliche Bildung des Hilfeempfängers, seine besonderen Fähigkeiten und Neigungen sowie Besonderheiten, die ihm als Angehörigen einer bestimmten Personengruppe eigen sind, berücksichtigt werden.

§ 10 Ausbildung. Zu den Maßnahmen im Sinne des § 72 Abs. 2 des Gesetzes gehören auch Hilfen,

1. die es dem Hilfeempfänger erleichtern, den Ausbildungsabschluß allgemeinbildender Schule nachzuholen,
2. die den Hilfeempfänger zu einer Ausbildung für einen angemessenen Beruf oder für eine sonstige angemessene Tätigkeit anregen oder seine Teilnahme an ihr sichern.

§ 11 Hilfe zur Begegnung und zur Gestaltung der Freizeit. Zu den Maßnahmen im Sinne des § 72 Abs. 2 des Gesetzes gehört auch die Hilfe zur Begegnung und zur Gestaltung der Freizeit. Sie umfaßt vor allem Maßnahmen der persönlichen Hilfe,

1. welche die Begegnung und den Umgang des Hilfeempfängers mit anderen Personen anregen oder ermöglichen,
2. die dem Hilfeempfänger den Besuch von Einrichtungen oder Veranstaltungen der Gemeinschaft ermöglichen, die der Geselligkeit, der Unterhaltung oder kulturellen Zwecken dienen,
3. die den Hilfeempfänger zur geselligen, sportlichen oder kulturellen Betätigung anregen.

Abschnitt 3. Schlußbestimmungen

§ 12 Berlin-Klausel. Diese Verordnung gilt nach § 14 des Dritten Überleitungsgesetzes vom 4. Januar 1952 (Bundesgesetzbl. I S. 1) in Verbindung mit § 152 des Bundessozialhilfegesetzes auch im Land Berlin.

§ 13 Inkrafttreten. Diese Verordnung tritt am Tage nach der Verkündung in Kraft.

1. Die Vorschrift bezweckt, den in Abs. 1 S. 1 genannten Personen, die in den §§ 1 bis 6 der VO zu § 72 näher umschrieben sind (s. Erl. 3), geeignete Hilfen bereitzustellen (s. Erl. 4), wenn diese Personen nicht aus eigener Kraft fähig sind, ihre besonderen sozialen Schwierigkeiten im Hinblik auf die Teilnahme am Leben in der Gemeinschaft zu überwinden (eingehend DV 1984; Schulze ZfF 1987, 145; zur Statistik s. Erl. 4). Der Personenkreis ist durch das 3. ÄndGes zum BSHG gegenüber der früheren Fassung ,,Hilfe für Gefährdete" erweitert worden (s. Einf. II. 3.); zugleich wurde der **Fürsorgecharakter** der hier vorgesehenen Maßnahmen betont, die an die Stelle früherer polizeilich motivierter und entsprechend gestalteter Maßnahmen zum Schutz der öffentlichen Sicherheit und Ordnung vor ,,Störern" getreten sind. Die Vorschrift ist auch dadurch ,,entschärft" worden, daß die früher vorgesehene Anstaltsunterbringung gegen den Willen der Betroffenen wegen eines Verstoßes gegen die Grundrechte der Betroffenen (Art. 1, 2 Abs. 1 GG) vom BVerfG für verfassungswidrig und nichtig erklärt worden ist (vgl. BVerfGE 22, 181; das Urteil erging zu **§ 73** a. F.).

2. Bei den betroffenen Personengruppen gehen der Gesetz- und auch der Verordnungsgeber davon aus, daß i. d. R. besondere, von den normalen Lebensverhältnissen abweichende Lebensumstände vorhanden sind, die durch geeignete Maßnahmen ausgeglichen werden müssen, um den Betroffenen die **Teilnahme am Leben in der Gemeinschaft** überhaupt zu ermöglichen oder zu erleichtern. Hier bestehen von der Zielrichtung der Art der Hilfe her Paralellen zu § 39 Abs. 3 S. 2.

3. Zu den **Personen** i. S. v. **Absatz 1 Satz 1** gehören vor allem: Personen ohne ausreichende Unterkunft (z. B. ,,Obdachlose", Bewohner von Behelfsunterkünften, vgl. § 2 VO zu § 72); Landfahrer (z. B. Sinti und Roma, § 3 VO zu § 72); Nichtseßhafte (§ 4 VO zu § 72); aus Freiheitsentziehung Entlassene (z. B. aus Straf- oder Untersuchungshaft, § 5 VO zu § 72); verhaltensgestörte jungen Menschen (i. d. R. junge Volljährige mit psychischen Auffälligkeiten, bei denen Maßnahmen der öffentlichen Erziehungshilfe nach dem JWG nicht mehr oder nicht gewährt werden können, § 6 VO zu § 72). Die Abgrenzung der einzelnen Gruppen kann in der Praxis schwierig sein, weil die Übergänge fließend sind (was zu verzögerlichen Kompetenzstreitigkeiten zwischen örtlichem und überörtlichem SHTr. führen kann, wenn für einzelne Gruppen – z. B. die Nichtseßhaften und die Personen ohne ausreichende Unterkunft – unterschiedliche sachliche Zuständigkeiten bestehen; dazu z. B. OVG NRW NDV 1987, 458).

Zum Personenkreis des Abs. 1 S. 1 können ferner gehören: Stadtstreicher (,,Penner"), umherziehende Bettler, Suchtkranke, Prostituierte, Straftäter mit Strafaussetzung zur Bewährung.

Die Aufzählung zeigt, daß es sich um Personen mit sozialen Schwierigkeiten von „besonderer“ Art handeln muß, also nicht mit Problemen, die in der Gesellschaft als noch hinnehmbar (und nicht unmittelbar das öffentliche Interesse berührend) angesehen werden (wie z. B. Kontaktprobleme oder längere Arbeitslosigkeit mit Verschuldung und Sozialhilfebedürftigkeit, vgl. OVG Bremen FEVS 36, 106).

4. Die in **Absatz 2** allgemein umschriebenen **Maßnahmen** sind im einzelnen (die Aufzählung ist nicht abschließend):

a) Beratung und persönliche Betreuung (vgl. § 7 VO zu § 72, der diese prioritäre und gewichtigste Hilfeform durch Hervorhebung einzelner Maßnahmen konkretisiert);

b) Beschaffung und Erhaltung einer Wohnung (§ 8 VO zu § 72), weil häufig der Verlust der Wohnung den sozialen Abstieg einleitet. In Betracht kommen z. B. Bereitstellung einer Unterkunft als Sachleistung; Übernahme von Mietkosten während einer Maßnahme in einer sozialtherapeutischen Einrichtung (vgl. auch OVG Bremen FEVS 27, 142 u. 28, 407 zur Übernahme von Mietkosten bei inhaftierten Straftätern); Finanzierungshilfen für Sanierungsarbeiten an einem Altbau durch alleinstehende Wohnungslose, um sich individuellen Wohnraum zu schaffen; sog. „betreutes Wohnen“ in der eigenen Wohnung;

c) Erlangung und Sicherung eines Platzes im Arbeitsleben (§ 9 VO zu § 72), z. B. durch Beschaffung eines geeigneten Arbeitsplatzes, durch Hilfe zur Gewöhnung an Arbeit (u. a. in einer sog. Arbeiterkolonie); aber auch durch Übernahme von Kosten in einer Einrichtung der freien Wohlfahrtspflege, in der sozialversicherungspflichtige Arbeitsverhältnisse geschaffen werden;

d) Ausbildung (§ 10 VO zu § 72), z. B. durch Hilfe zum Abschluß der Hauptschule, durch Übernahme der Kosten für Nachhilfeunterricht, durch Angebote in (teilstationären) arbeitstherapeutischen Werkstätten mit bestimmten Lehrgängen, v. a. für Suchtgefährdete;

e) Hilfe zur Begegnung und zur Gestaltung der Freizeit (§ 11 VO zu § 72), z. B. zum Besuch von Veranstaltungen, zur gemeinsamen Bearbeitung eines Gartens oder gemeinsamer Kleintierhaltung, zur Wahrnehmung von Angeboten und Aktivitäten in Teestuben, Kontaktläden, Nachbarschaftstreffs usw.

Die im Rahmen des § 72 Abs. 2 i. V. m. der VO zu § 72 vorgesehenen Maßnahmen werden **ambulant** (z. B. in Beratungsstellen, durch Straßensozialarbeit; zum defizitären Angebot vgl. DV NDV 1987, 59), **teilstationär** (z. B. in arbeitstherapeutischen Werkstätten mit betreutem Schulabschluß – und Ausbildungsmöglichkeiten) und **stationär** (z. B. in Heimen für Nichtseßhafte, Arbeiterkolonien, Herbergen zur Heimat, Einrichtungen für Suchtkranke) durchgeführt. Nähere Regelungen für die Gewährung von Hilfe in teil- bzw. vollstationären Einrichtungen (durch den überörtlichen SHTr., vgl. § 100 Abs. 1 Nr. 5) finden sich in (meist umfangreichen) Verwaltungsvorschriften.

Weder § 72 noch die VO zu § 72 enthalten eine zeitliche Begrenzung für die Hilfe. § 72 verfolgt zwar primär das Ziel, einen eingetretenen Zustand zu verbessern; die Vorschrift erfaßt aber auch Maßnahmen, die eine „Verschlimmerung" der Schwierigkeiten verhüten sollen, mithin auch „bewahrende" Hilfen mit einer speziellen (fachlichen) Betreuung, mit der ein Zurückfallen in die frühere Lebensweise vermieden werden kann. Diese „bewahrende" Hilfe (z. B. in einer Einrichtung für Nichtseßhafte) kann dann zeitlich unbegrenzt sein (vgl. OVG Lüneburg ZfF 1985, 63: es sei denn, Hilfe zum Lebensunterhalt – ohne spezielle Betreuung – reicht aus).

Der Schwerpunkt der Maßnahmen nach § 72 liegt auf der (stationär) erbrachten **persönlichen Hilfe** (Beratung, Betreuung), die hier nicht als Form der Hilfe i. S. d. § 8 Abs. 1, sondern als selbständige Leistung zu verstehen ist. 1985 wurden für die stationäre Hilfe nach § 72 rd. 224 Mio. DM (für ca. 14200 Hilfeempfänger), für die Hilfe außerhalb von Einrichtungen rd. 19 Mio. DM (für ca. 6200 Hilfeempfänger) ausgegeben.

5. **Absatz 5 Satz 1** privilegiert die persönliche Hilfe im Hinblick auf den Einsatz von Einkommen und Vermögen; diese Priviligierung wird auch auf Angehörige des Hilfesuchenden erstreckt, wenn dies geboten erscheint, um die Hilfe wirksam werden zu lassen; dieser Zielsetzung gemäß ist der Begriff **„Angehörige"** weit auszulegen. Neben der persönlichen Hilfe kommt auch die Gewährung von Geld- und Sachleistungen in Betracht; diese Leistungen sind allerdings gegenüber anderen Leistungen des BSHG, des JWG und anderer Sozialleistungsgesetze (v. a. im Rahmen der Rehabilitation Behinderter) nachrangig. Geld- und Sachleistungen sind in erster Linie dazu bestimmt, die persönliche Hilfe zu ergänzen bzw. deren Erfolg ggf. durch zusätzliche materielle Leistungen abzusichern. **Satz 2** dient gleichfalls dem Ziel zu vermeiden, daß der Erfolg der Maßnahmen durch Inpflichtnahme des Empfängers selbst oder seiner Angehörigen gefährdet wird; insbesondere soll verhindert werden, daß der Hilfeempfänger mit Rücksicht auf den Einsatz seines Einkommens und Vermögens von der Inanspruchnahme der Hilfe absieht.

6. Nach **Absatz 4** sollen die SHTr. mit den Vereinigungen, die den Personenkreis nach Abs. 1 S. 1 betreuen (v. a. den freien Wohlfahrtsverbänden), sowie mit den sonstigen Stellen (z. B. Arbeits-, Jugend- und Gesundheitsamt, Schule, Justizbehörden, Bewährungshilfe) zusammenarbeiten und eine gegenseitige Ergänzung der Aktivitäten fördern (zum – seltenen – Gesamtplan s. auch die Erl. zu § 46). Die Vorschrift des Abs. 4 ist eine Sonderregelung zu § 17 Abs. 3 SGB I.

Absatz 5 beinhaltet die Ermächtigungsgrundlage für die VO zu § 72.

7. Soweit nicht die Voraussetzungen des Absatzes 3 vorliegen, gilt die **allgemeine Einkommensgrenze** des § 79. **Sachlich zuständig** ist der **überörtliche** Träger bei stationärer oder teilstationärer Hilfe (in

einigen Bundesländern auch bei ambulanter Nichtseßhaftenhilfe; s. Erl. 4 zu § 100), im übrigen der **örtliche** Träger der Sozialhilfe.

8. Zur Gewährung von **Hilfe zum Lebensunterhalt** an Nichtseßhafte s. § 22 Erl. 9. **Frauenhäuser** sind nicht nach § 72 zu finanzieren, sondern über Leistungen der Hilfe zum Lebensunterhalt (einschließlich anteiliger Kosten der Unterkunft) an die Zuflucht suchenden Frauen und Kinder sowie durch institutionelle Hilfen (z. B. für sozialpädagogische Fachkräfte) der Länder, SHTr. und freien Wohlfahrtsverbände (vgl. Empfehlungen des DV NDV 1983, 138; Dreyer ZfSH/SGB 1986, 66; dazu auch Giese ZfSH 1981, 321; BT-Dr. 10/291).

73 und 74 (weggefallen)

Unterabschnitt 13. Altenhilfe

75 (1) **Alten Menschen soll außer der Hilfe nach den übrigen Bestimmungen dieses Gesetzes Altenhilfe gewährt werden. Sie soll dazu beitragen, Schwierigkeiten, die durch das Alter entstehen, zu verhüten, zu überwinden oder zu mildern und alten Menschen die Möglichkeit zu erhalten, am Leben in der Gemeinschaft teilzunehmen.**

(2) **Als Maßnahmen der Hilfe kommen vor allem in Betracht:**

1. **Hilfe bei Beschaffung und zur Erhaltung einer Wohnung, die den Bedürfnissen des alten Menschen entspricht,**
2. **Hilfe in allen Fragen der Aufnahme in eine Einrichtung, die der Betreuung alter Menschen dient, insbesondere bei der Beschaffung eines geeigneten Heimplatzes,**
3. **Hilfe in allen Fragen der Inanspruchnahme altersgerechter Dienste,**
4. **Hilfe zum Besuch von Veranstaltungen oder Einrichtungen, die der Geselligkeit, der Unterhaltung, der Bildung oder den kulturellen Bedürfnissen alter Menschen dienen,**
5. **Hilfe, die alten Menschen die Verbindung mit nahestehenden Personen ermöglicht,**
6. **Hilfe zu einer Betätigung, wenn sie vom alten Menschen gewünscht wird.**

(3) **Hilfe nach Absatz 1 soll auch gewährt werden, wenn sie der Vorbereitung auf das Alter dient.**

(4) **Altenhilfe soll ohne Rücksicht auf vorhandenes Einkommen oder Vermögen gewährt werden, soweit im Einzelfall persönliche Hilfe erforderlich ist.**

1. Die Altenhilfe ist nicht die Zusammenfassung aller Maßnahmen der Sozialhilfe für alte Menschen. Dieser Hilfetyp **ergänzt** vielmehr die übrigen Arten der Sozialhilfe, die auch alten Menschen zugute kommen (z. B. Krankenhilfe, Hilfe zur Pflege). Die Altenhilfe berücksichtigt also die **besonderen Bedürfnisse,** die **nur** in der **Alterssituation betagter Menschen** eine Rolle spielen.

Eine eingehende, praxisorientierte Darstellung der Altenhilfe findet sich in DV 1975. Der Aufwand für die Hilfe nach § 75 betrug 1985 rd. 31,5 Mio. DM (für ca. 19000 Hilfeempfänger).

2. § 75 sieht keine **Altersgrenze** für die Hilfe vor. Die Praxis nimmt aber die Altersvoraussetzungen der Vorschrift im allgemeinen mit der Vollendung des 65. Lebensjahres als gegeben an; bei früher auftretenden altersbedingten Schwierigkeiten wird aber durchaus flexibel verfahren und Altenhilfe auch früher gewährt.

3. **Absatz 2** zählt die wichtigsten Maßnahmen der Altenhilfe auf. Der **Schwerpunkt** der Altenhilfe liegt demnach in der **persönlichen Hilfe,** und zwar vor allem in Information, Beratung und Vermittlung. Beispiele für die einzelnen (nicht abschließend aufgezählten) Maßnahmen sind bei

- **Nr. 1:** Beratung, Vermittung und Mithilfe bei der Suche nach einer altersgerechten Wohnung (z. B. zu ebener Erde, mit Zentralheizung, Haltegriffen im Bad usw.); teilweise Übernahme der Kosten zur altersgerechten Ausstattung der Wohnung (i. d. R. darlehensweise).
- **Nr. 2:** Information und Beratung über Möglichkeiten und Folgen einer Heimaufnahme (auch hinsichtlich der Kosten und der Rechte von Heimbewohnern); Mithilfe bei der Aufgabe der bisherigen Wohnung, Vermittlung von Heimplätzen (vgl. OVG Lüneburg FEVS 29, 63).
- **Nr. 3:** Hilfe zur Inanspruchnahme von Putz- und Wäschediensten, Fahrdiensten, Mahlzeitdiensten usw., die im allgemeinen die Verbände der freien Wohlfahrtspflege anbieten (das ,,Essen auf Rädern" bzw. stationäre Mahlzeitdienste – z. B. ,,Volksküchen" – sind i. d. R. für Sozialhilfeempfänger verbilligt).
- **Nr. 4:** Hilfe zur Teilnahme an Ausflugsfahrten, Seniorennachmittagen, Vorträgen; Ausgabe verbilligter oder unentgeltlicher Karten zum Besuch von Theater und Konzerten; Organisation von Vorlesediensten und Bücherdiensten.
- **Nr. 5:** Gewährung von finanziellen Beihilfen zum Besuch von Verwandten oder Freunden; Umzugskosten zu einem Verwandten zur Vermeidung der Heimaufnahme (vgl. auch OVG Lüneburg FEVS 31, 340); Übernahme der Anschlußkosten und der Grundgebühren für ein Telefon bei alleinstehenden Personen, die unter Vereinsa-

mung oder altersbedingten Schwierigkeiten leiden (die Praxis verlangt – zu engherzig –, daß der alte Mensch nicht in der Lage sein darf, seine Wohnung zu verlassen).

– **Nr. 6:** Vermittlung von Betätigungsmöglichkeiten z. B. in einer Altenwerkstätte (in der Praxis sehr selten).

Absatz 3 betrifft z. B. Veranstaltungen und Kurse zur längerfristigen Vorbereitung auf den Ruhestand.

4. Einkommen und Vermögen müssen **nicht** eingesetzt werden, soweit im Einzelfall **persönliche Hilfe** gewährt wird (Absatz 3). Im übrigen (z. B. bei Besuchsbeihilfen nach Absatz 2 Nr. 5) gilt die **allgemeine Einkommensgrenze. Sachlich zuständig** ist der **örtliche** Träger.

Abschnitt 4. Einsatz des Einkommens und des Vermögens

Unterabschnitt 1. Allgemeine Bestimmungen über den Einsatz des Einkommens

Begriff des Einkommens

76 **(1) Zum Einkommen im Sinne dieses Gesetzes gehören alle Einkünfte in Geld oder Geldeswert mit Ausnahme der Leistungen nach diesem Gesetz und der Grundrente nach dem Bundesversorgungsgesetz und der Renten oder Beihilfen, die nach dem Bundesentschädigungsgesetz für Schaden an Leben sowie an Körper oder Gesundheit gewährt werden, bis zur Höhe der vergleichbaren Grundrente nach dem Bundesversorgungsgesetz.**

(2) Von dem Einkommen sind abzusetzen

1. auf das Einkommen entrichtete Steuern,
2. Pflichtbeiträge zur Sozialversicherung einschließlich der Arbeitslosenversicherung,
3. Beiträge zu öffentlichen oder privaten Versicherungen oder ähnlichen Einrichtungen, soweit diese Beiträge gesetzlich vorgeschrieben oder nach Grund und Höhe angemessen sind,
4. die mit der Erzielung des Einkommens verbundenen notwendigen Ausgaben.

(3) Die Bundesregierung kann durch Rechtsverordnung mit Zustimmung des Bundesrates Näheres über die Berechnung des Einkommens, besonders der Einkünfte aus Land- und Forstwirtschaft, aus Gewerbebetrieb und aus selbständiger Arbeit, bestimmen.

Verordnung zur Durchführung des § 76 des Bundessozialhilfegesetzes

Vom 28. November 1962 (BGBl. S. 692) in der Fassung der VO
vom 23. November 1976 (BGBl. S. 3234)

Auf Grund des § 76 Abs. 3 des Bundessozialhilfegesetzes vom 30. Juni 1961 (Bundesgesetzbl. I S. 815) verordnet die Bundesregierung mit Zustimmung des Bundesrates:

§ 1 Einkommen: Bei der Berechnung der Einkünfte in Geld oder Geldeswert, die nach § 76 Abs. 1 des Gesetzes zum Einkommen gehören, sind alle Einnahmen ohne Rücksicht auf ihre Herkunft und Rechtsnatur sowie ohne Rücksicht darauf, ob sie zu den Einkunftsarten im Sinne des Einkommensteuergesetzes gehören und ob sie der Steuerpflicht unterliegen, zugrunde zu legen.

§ 2 Bewertung von Sachbezügen. (1) Für die Bewertung von Einnahmen, die nicht in Geld bestehen (Kost, Wohnung und sonstige Sachbezüge), sind die auf Grund des § 160 Abs. 2 der Reichsversicherungsordnung für die Sozialversicherung zuletzt festgesetzten Werte der Sachbezüge maßgebend; soweit der Wert der Sachbezüge nicht festgesetzt ist, sind der Bewertung die üblichen Mittelpreise des Verbrauchsortes zugrunde zu legen. Die Verpflichtung, den notwendigen Lebensunterhalt im Einzelfall nach Abschnitt 2 des Gesetzes sicherzustellen, bleibt unberührt.

(2) Absatz 1 gilt auch dann, wenn in einem Tarifvertrag, einer Tarifordnung, einer Betriebs- oder Dienstordnung, einer Betriebsvereinbarung, einem Arbeitsvertrag oder einem sonstigen Vertrag andere Werte festgesetzt worden sind.

§ 3 Einkünfte aus nichtselbständiger Arbeit. (1) Welche Einkünfte zu den Einkünften aus nichtselbständiger Arbeit gehören, bestimmt sich nach § 19 Abs. 1 Ziff. 1 des Einkommensteuergesetzes.

(2) Als nichtselbständige Arbeit gilt auch die Arbeit, die in einer Familiengemeinschaft von einem Familienangehörigen des Betriebsinhabers gegen eine Vergütung geleistet wird. Wird die Arbeit nicht nur vorübergehend geleistet, so ist in Zweifelsfällen anzunehmen, daß der Familienangehörige eine Vergütung erhält, wie sie einem Gleichaltrigen für eine gleichartige Arbeit gleichen Umfangs in einem fremden Betrieb ortsüblich gewährt wird.

(3) Bei der Berechnung der Einkünfte ist von den monatlichen Bruttoeinnahmen auszugehen. Einmalige Einnahmen sind von dem Monat an zu berücksichtigen, in dem sie anfallen; sie sind, soweit nicht im Einzelfall eine andere Regelung angezeigt ist, auf einen angemessenen Zeitraum aufzuteilen und monatlich mit einem entsprechenden Teilbetrag anzusetzen. Satz 2 gilt auch für Sonderzuwendungen, Gratifikationen und gleichartige Bezüge und Vorteile, die in größeren als monatlichen Zeitabständen gewährt werden.

(4) Zu den mit der Erzielung der Einkünfte aus nichtselbständiger Arbeit verbundenen Ausgaben im Sinne des § 76 Abs. 2 Nr. 4 des Gesetzes gehören vor allem

1. notwendige Aufwendungen für Arbeitsmittel,
2. notwendige Aufwendungen für Fahrten zwischen Wohnung und Arbeitsstätte,
3. notwendige Beiträge für Berufsverbände,
4. notwendige Mehraufwendungen infolge Führung eines doppelten Haushalts nach näherer Bestimmung des Absatzes 7.

Ausgaben im Sinne des Satzes 1 sind nur insoweit zu berücksichtigen, als sie von dem Bezieher des Einkommens selbst getragen werden.

(5) Als Aufwendungen für Arbeitsmittel (Absatz 4 Nr. 1) kann ein monatlicher Pauschbetrag von zehn Deutsche Mark berücksichtigt werden, wenn nicht im Einzelfall höhere Aufwendungen nachgewiesen werden.

(6) Wird für die Fahrt zwischen Wohnung und Arbeitsstätte (Absatz 4 Nr. 2) ein eigenes Kraftfahrzeug benutzt, gilt folgendes:

1. Wäre bei Nichtvorhandensein eines Kraftfahrzeuges die Benutzung eines öffentlichen Verkehrsmittels notwendig, so ist ein Betrag in Höhe der Kosten der tariflich günstigsten Zeitkarte abzusetzen.
2. Ist ein öffentliches Verkehrsmittel nicht vorhanden oder dessen Benutzung im Einzelfall nicht zumutbar und deshalb die Benutzung eines Kraftfahrzeuges notwendig, so sind folgende monatliche Pauschbeträge abzusetzen:
   a) bei Benutzung eines Kraftwagens 10,— Deutsche Mark,
   b) bei Benutzung eines Kleinstkraftwagens (drei- oder vierrädriges Kraftfahrzeug, dessen Motor einen Hubraum von nicht mehr als 550 ccm hat) 7,20 Deutsche Mark,
   c) bei Benutzung eines Motorrades oder eines Motorrollers 4,40 Deutsche Mark,
   d) bei Benutzung eines Fahrrades mit Motor 2,40 Deutsche Mark

für jeden vollen Kilometer, den die Wohnung von der Arbeitsstätte entfernt liegt, jedoch für nicht mehr als 40 Kilometer. Bei einer Beschäftigungsdauer von weniger als einem Monat sind die Beträge anteilmäßig zu kürzen.

(7) Ist der Bezieher des Einkommens außerhalb des Ortes beschäftigt, an dem er einen eigenen Hausstand unterhält, und kann ihm weder der Umzug noch die tägliche Rückkehr an den Ort des eigenen Hausstandes zugemutet werden, so sind die durch Führung des doppelten Haushalts ihm nachweislich entstehenden Mehraufwendungen, höchstens ein Betrag von zweihundertfünfzig Deutsche Mark monatlich, sowie unter Ausnutzung bestehender Tarifvergünstigungen entstehenden Aufwendungen für Fahrtkosten der zweiten Wagenklasse für eine Familienheimfahrt im Kalendermonat abzusetzen. Ein eigener Hausstand ist dann anzunehmen, wenn der Bezieher des Einkommens eine Wohnung mit eigener oder selbstbeschaffter Möbelausstattung besitzt. Eine doppelte Haushaltsführung kann auch dann anerkannt werden, wenn der Bezieher des Einkommens nachweislich ganz oder überwiegend die Kosten für einen Haushalt trägt, den er gemeinsam mit nächsten Angehörigen führt.

§ 4 Einkünfte aus Land- und Forstwirtschaft, Gewerbebetrieb und selbständiger Arbeit. (1) Welche Einkünfte zu den Einkünften aus Land- und Forstwirtschaft, Gewerbebetrieb und selbständiger Arbeit gehören, bestimmt sich nach § 13 Abs. 1 und 2, § 15 Abs. 1 und § 18 Abs. 1 des Einkommensteuergesetzes; der Nutzungswert der Wohnung im eigenen Haus bleibt unberücksichtigt.

(2) Die Einkünfte sind für das Jahr zu berechnen, in dem der Bedarfszeitraum liegt (Berechnungsjahr).

(3) Als Einkünfte ist bei den einzelnen Einkaufsarten ein Betrag anzusetzen, der auf der Grundlage früherer Betriebsergebnisse aus der Gegenüberstellung der im Rahmen des Betriebes im Berechnungsjahr bereits erzielten Einnahmen und geleisteten notwendigen Ausgaben sowie der im Rahmen des Betriebes im Berechnungsjahr noch zu erwartenden Einnahmen und notwendigen Ausgaben zu errechnen ist. Bei der Ermittlung früherer Betriebsergebnisse (Satz 1) kann ein durch das Finanzamt festgestellter Gewinn berücksichtigt werden.

(4) Soweit im Einzelfall geboten, kann abweichend von der Regelung des Absatzes 3 als Einkünfte ein Betrag angesetzt werden, der nach Ablauf des Berechnungsjahres aus der Gegenüberstellung der im Rahmen des Betriebes im Berechnungsjahr erzielten Einnahmen und geleisteten notwendigen Ausgaben zu errechnen ist. Als Einkünfte im Sinne des Satzes 1 kann auch der vom Finanzamt für das Berechnungsjahr festgestellte Gewinn angesetzt werden.

(5) Wird der vom Finanzamt festgestellte Gewinn nach Absatz 3 Satz 2 berücksichtigt oder nach Absatz 4 Satz 2 als Einkünfte angesetzt, so sind Absetzungen, die bei Gebäuden und sonstigen Wirtschaftsgütern durch das Finanzamt nach

1. den §§ 7, 7b und 7e des Einkommensteuergesetzes,
2. den Vorschriften des Berlinförderungsgesetzes,
3. den §§ 76, 77 und 78 Abs. 1 der Einkommensteuer-Durchführungsverordnung,
4. der Verordnung über Steuervergünstigungen zur Förderung des Baues von Landarbeiterwohnungen in der Fassung der Bekanntmachung vom 6. August 1974 (Bundesgesetzbl. I S. 1869)

vorgenommen worden sind, dem durch das Finanzamt festgestellten Gewinn wieder hinzuzurechnen. Soweit jedoch in diesen Fällen notwendige Ausgaben für die Anschaffung oder Herstellung der in Satz 1 genannten Wirtschaftsgüter im Feststellungszeitraum geleistet worden sind, sind sie vom Gewinn abzusetzen.

§ 5 Sondervorschrift für die Einkünfte aus Land- und Forstwirtschaft. (1) Die Träger der Sozialhilfe können mit Zustimmung der zuständigen Landesbehörde die Einkünfte aus Land- und Forstwirtschaft abweichend von § 4 nach § 7 der Dritten Verordnung über Ausgleichsleistungen nach dem Lastenausgleichsgesetz (3. LeistungsDV-LA) berechnen; der Nutzungswert der Wohnung im eigenen Haus bleibt jedoch unberücksichtigt.

(2) Von der Berechnung der Einkünfte nach Absatz 1 ist abzusehen,

1. wenn sie im Einzelfalle offenbar nicht den besonderen persönlichen oder wirtschaftlichen Verhältnissen entspricht oder
2. wenn der Bezieher der Einkünfte zur Einkommensteuer veranlagt wird, es sei denn, daß der Gewinn auf Grund von Durchschnittssätzen ermittelt wird.

§ 6 Einkünfte aus Kapitalvermögen. (1) Welche Einkünfte zu den Einkünften aus Kapitalvermögen gehören, bestimmt sich nach § 20 Abs. 1 bis 3 des Einkommensteuergesetzes.

(2) Als Einkünfte aus Kapitalvermögen sind die Jahresroheinnahmen anzusetzen, vermindert um die Kapitalertragsteuer sowie um die mit der Erzielung der Einkünfte verbundenen notwendigen Ausgaben (§ 76 Abs. 2 Nr. 4 des Gesetzes).

(3) Die Einkünfte sind auf der Grundlage der vor dem Berechnungsjahr erzielten Einkünfte unter Berücksichtigung der im Berechnungsjahr bereits eingetretenen und noch zu erwartenden Veränderungen zu errechnen. Soweit im Einzelfall geboten, können hiervon abweichend die Einkünfte für das Berechnungsjahr auch nachträglich errechnet werden.

§ 7 Einkünfte aus Vermietung und Verpachtung. (1) Welche Einkünfte zu den Einkünften aus Vermietung und Verpachtung gehören, bestimmt sich nach § 21 Abs. 1 und 3 des Einkommensteuergesetzes.

(2) Als Einkünfte aus Vermietung und Verpachtung ist der Überschuß der Einnahmen über die mit ihrer Erzielung verbundenen notwendigen Ausgaben (§ 76 Abs. 2 Nr. 4 des Gesetzes) anzusetzen; zu den Ausgaben gehören

1. Schuldzinsen und dauernde Lasten,
2. Steuern vom Grundbesitz, sonstige öffentliche Abgaben und Versicherungsbeiträge,
3. Leistungen auf die Hypothekengewinnabgabe und die Kreditgewinnabgabe, soweit es sich um Zinsen nach § 211 Abs. 1 Nr. 2 des Lastenausgleichsgesetzes handelt,
5. sonstige Aufwendungen zur Bewirtschaftung des Haus- und Grundbesitzes, ohne besonderen Nachweis Aufwendungen in Höhe von 1 vom Hundert der Jahresroheinnahmen.

Zum Erhaltungsaufwand im Sinne des Satzes 1 Nr. 4 gehören die Ausgaben für Instandsetzung und Instandhaltung, nicht jedoch die Ausgaben für Verbesserungen; ohne Nachweis können bei Wohngrundstücken, die vor dem 1. Januar 1925 bezugsfähig geworden sind, 15 vom Hundert, bei Wohngrundstücken, die nach dem 31. Dezember 1924 bezugsfähig geworden sind, 10 vom Hundert der Jahresroheinnahmen als Erhaltungsaufwand berücksichtigt werden.

(3) Die in Absatz 2 genannten Ausgaben sind von den Einnahmen insoweit nicht abzusetzen, als sie auf den vom Vermieter oder Verpächter selbst genutzten Teil des vermieteten oder verpachteten Gegenstandes entfallen.

(4) Als Einkünfte aus der Vermietung von möbilierten Wohnungen und von Zimmern sind anzusetzen

bei möblierten Wohnungen	80 vom Hundert,
bei moblierten Zimmern	70 vom Hundert,
bei Leerzimmern	90 vom Hundert,

der Roheinnahmen. Dies gilt nicht, wenn geringere Einkünfte nachgewiesen werden.

(5) Die Einkünfte sind als Jahreseinkünfte, bei der Vermietung von möblierten Wohnungen und von Zimmern jedoch als Monatseinkünfte zu berechnen. Sind sie als Jahreseinkünfte zu berechnen, gilt § 6 Abs. 3 entsprechend.

§ 8 Andere Einkünfte. (1) Andere als die in den §§ 3, 4, 6 und 7 genannten Einkünfte sind, wenn sie nicht monatlich oder wenn sie monatlich in unterschiedlicher Höhe erzielt werden, als Jahreseinkünfte zu berechnen. Zu den anderen Einkünften im Sinne des Satzes 1 gehören auch die in § 19 Abs. 1 Ziff. 2 des Einkommensteuergesetzes genannten Bezüge sowie Renten und sonstige wiederkehrende Bezüge. § 3 Abs. 3 Satz 2 und 3 gilt entsprechend.

(2) Sind die Einkünfte als Jahreseinkünfte zu berechnen, gilt § 6 Abs. 3 entsprechend.

§ 9 Einkommensberechnung in besonderen Fällen. Ist der Bedarf an Sozialhilfe einmalig oder nur von kurzer Dauer und duldet die Entscheidung über die Hilfe keinen Aufschub, so kann der Träger der Sozialhilfe nach Anhörung des Beziehers des Einkommens die Einkünfte schätzen.

§ 150 Verlustausgleich. Ein Verlustausgleich zwischen einzelnen Einkunftsarten ist nicht vorzunehmen. In Härtefällen kann jedoch die gesamtwirtschaftliche Lage des Beziehers des Einkommens berücksichtigt werden.

§ 11 Maßgebender Zeitraum. (1) Soweit die Einkünfte als Jahreseinkünfte berechnet werden, gilt der zwölfte Teil dieser Einkünfte zusammen mit den monatlich berechneten Einkünften als monatliches Einkommen im Sinne des Gesetzes. § 8 Abs. 1 Satz 3 geht der Regelung des Satzes 1 vor.

(2) Ist der Betrieb oder die sonstige Grundlage der als Jahreseinkünfte zu berechnenden Einkünfte nur während eines Teils des Jahres vorhanden oder zur Einkommenserzielung genutzt, so sind die Einkünfte aus der betreffenden Einkunftsart nur für diesen Zeitraum zu berechnen; für ihn gilt als monatliches Einkommen im Sinne des Gesetzes derjenige Teil der Einkünfte, der der Anzahl der in den genannten Zeitraum fallenden Monate entspricht. Satz 1 gilt nicht für Einkünfte aus Saisonbetrieben und andere ihrer Natur nach auf einen Teil des Jahres beschränkte Einkünfte, wenn die Einkünfte den Hauptbestandteil des Einkommens bilden.

§ 12 Ausgaben nach § 76 Abs. 2 Nrn. 1 bis 3 des Gesetzes. Die in § 76 Abs. 2 Nrn. 1 bis 3 des Gesetzes bezeichneten Ausgaben sind von der Summe der Einkünfte abzusetzen, soweit sie nicht bereits nach den Bestimmungen dieser Verordnung bei den einzelnen Einkunftsarten abzuziehen sind.

§ 13 Berlin-Klausel. Diese Verordnung gilt nach § 14 des Dritten Überleitungsgesetzes vom 4. Januar 1952 (Bundesgesetzbl. I S. 1) in Verbindung mit § 152 des Bundessozialhilfegesetzes vom 30. Juni 1961 (Bundesgesetzbl. I S. 815) auch im Land Berlin.

§ 14 Inkrafttreten. Diese Verordnung tritt am 1. Januar 1963 in Kraft.

1. Der **Abschnitt 4** konkretisiert die in den Abschnitten 2 Hilfe zum Lebensunterhalt (§§ 11–26) und 3 Hilfe in besonderen Lebenslagen (§§ 27–75) enthaltenen Vorschriften über den Einsatz von Einkommen und Vermögen (s. insbes. § 11 Abs. 1 und § 28). Dabei behandeln die

Bestimmungen des **Unterabschnitts 1** (§§ 76–78) den Einsatz des **Einkommens** für beide Arten der Sozialhilfe (s. § 1 Abs. 1), während **Unterabschnitt 2** (§§ 79–87) besondere Regeln für die Hilfe in besonderen Lebenslagen aufstellt. **Unterschnitt 3** (§§ 88, 89) befaßt sich dann mit dem Einsatz des Vermögens.

2. Was die **Abgrenzung von Einkommen und Vermögen** anbetrifft, so folgt die Praxis weitgehend den Empfehlungen des DV (vgl. DV 1971): Danach sind Einkünfte, die im Zeitraum der Sozialhilfebedürftigkeit zufließen, nur im Monat des Zuflusses Einkommen i. S. d. § 76 (gleich, ob es sich um laufende oder einmalige Einkünfte handelt, z. B. Lottogewinn, Kapitalbetrag aus Lebensversicherung). Nach Ablauf des Monats wird der nicht verbrauchte Teil dieser Einkünfte zu Vermögen und erst dann evtl. gem § 88 Abs. 2 geschützt; eine Ausnahme wird nur bei Einkünften im Zusammenhang mit § 88 Abs. 2 Nr. 1 gemacht (sog. Zuflußtheorie, vgl. z. B. SHR B.-W. 76.01; a. A. insbesondere BVerwGE 29, 295: Einkommen sind nur solche Zuflüsse, die der Sozialhilfegewährung hinsichtlich des Zwecks und des Zeitraums gleichen; wieder anders LPK-BSHG § 76 Rz 11: Einkünfte, die mangels Bedarfsidentität nicht dem Einkommen zuzurechnen sind, zählen zum Vermögen, wenn sie nach der Verkehrsanschauung zur längerfristigen Anlage oder Nutzung bestimmt sind).

Beispiel: Ein Empfänger von Hilfe zum Lebensunterhalt gewinnt im Lotto 2000 DM (anderes Vermögen ist nicht vorhanden). Nach der Zuflußtheorie ist der Gewinn im Monat des Zuflusses zunächst Einkommen mit der Folge, daß der sozialhilferechtliche Bedarf gedeckt ist und Hilfe zum Lebensunterhalt folglich für diesen Monat entfällt. Der nicht zur Bedarfsdeckung verbrauchte Rest wird dann zum Vermögen, das unter den Voraussetzungen des § 88 Abs. 2 Nr. 8 geschützt ist, im nächsten Bedarfszeitraum also nicht eingesetzt werden muß.

3. **Absatz 1** legt den **Begriff des Einkommens** für das Sozialhilferecht fest. Einkommen sind alle Einkünfte aus den unterschiedlichen Einkommensarten abzüglich der zu ihrer Erzielung notwendigen Ausgaben. Es spielt keine Rolle, ob auf die dem Empfänger zufließenden Einkünfte ein Rechtsanspruch besteht oder nicht; auch eine sittliche oder rechtliche Mißbilligung der Art und Weise der Erlangung der Einkünfte ist unerheblich (z. B. bei Schwarzarbeit).

Zum Einkommen zählen z. B. Arbeitsentgelt, Rente (s. auch Erl. 4), Krankengeld, Mieteinnahmen, Unterhaltszahlungen, Zinsen. Zum Pflegegeld als Einkommen der Pflegeperson, das der Pflegebedürftige regelmäßig an sie weiterleitet vgl. (überzeugend) DV, Gutachten, NDV 1986, 290; zum vertraglichen Anspruch auf Pflege als Einkommen vgl. Küfner ZFSH/SGB 1985, 66; zu Sachbezügen s. Erl. 5, zu Wohngeld und Kindergeld s. § 77 Erl. 4 u. 5.

Das Einkommen muß den Hilfesuchenden **tatsächlich zur Verfügung stehen** (Grundsatz der bereiten Mittel). Ansprüche gegen Dritte,

z. B. Unterhaltsansprüche, zählen deshalb nur dann zum Einkommen, wenn sie vom Dritten erfüllt werden oder zumindest alsbald durchsetzbar sind (BVerwGE 29, 295; OVG Bremen FEVS 36, 133; zur Zumutbarkeit der Durchsetzung von Unterhaltsansprüchen OVG Lüneburg FEVS 36, 77). Zur Minderung des Einkommens des Hilfesuchenden durch Unterhaltsleistungen s. Erl. 4.

Bestimmte Einkünfte zählen kraft ausdrücklicher Bestimmung **nicht als Einkommen** i. S. d. § 76. Dies sind vor allem:

- Leistungen nach dem BSHG selbst (§ 76 Abs. 1),
- Grundrente nach dem Bundesversorgungsgesetz (§ 76 Abs. 1) sowie die in entsprechender Anwendung des BVG gewährten Grundrenten (nach dem Soldatenversorgungsgesetz, Zivildienstgesetz, Bundesseuchengesetz usw.; str.),
- Leistungen, die Verfolgte nationalsozialistischer Gewaltmaßnahmen und deren Hinterbliebene aufgrund eines Schadens an Körper oder Gesundheit oder eines Schadens an Leben nach dem Bundesentschädigungsgesetz erhalten (§ 76 Abs. 1),
- Rentenbeträge in Höhe einer Grundrente (gem. BVG) nach § 21 Abs. 2 des Gesetzes über die Errichtung einer Stiftung „Hilfswerk für behinderte Kinder" (Contergangesetz),
- Leistungen nach dem Kindererziehungsleistungs-Gesetz v. 12. 7. 1987 (BGBl. I S. 1585 = § 65 Arbeiter- bzw. Angestelltenversicherungs-Neuregelungsgesetz u. § 39 Knappschaftsrentenversicherungs-Neuregelungsgesetz), mit denen (auch) eine Anerkennung der außergewöhnlichen Belastungen der Mütter bei der Kindererziehung in besonders schwierigen Zeiten – aber nur für 1921 u. früher – erfolgen soll (vgl. BT-Dr. 11/197, 13),
- Schmerzensgeld (§ 77 Abs. 2),
- Leistungen der Stiftung „Mutter und Kind – Schutz des ungeborenen Lebens" (§ 5 Abs. 2 S. 1 des Gesetzes zur Errichtung der Stiftung),
- Erziehungsgeld (§ 8 Abs. 1 S. 1 BErzGG),
- Zuwendungen der freien Wohlfahrtspflege unter den Voraussetzungen des § 78 Abs. 1 (s. Erl. dort),
- Zuwendungen Dritter unter den Voraussetzungen des § 78 Abs. 2 (s. Erl. dort),
- öffentlich-rechtliche Leistungen, die ausdrücklich zu einem anderen Zweck als dem der Sozialhilfe gewährt werden (§ 77 Abs. 1; s. Erl. dort).

4. **Absatz 2** regelt die Abzüge, die von den nach Absatz 1 zu berücksichtigenden Einkünften vorgenommen werden müssen, um das sozialhilferechtlich relevante Einkommen zu vermitteln.

Vom Einkommen i. S. d. § 76 Abs. 1 BSHG sind **abzusetzen** (vgl. § 76 Abs. 2 Nr. 1–4):

- auf das Einkommen entrichtete **Steuern** (einschließlich Kirchensteuer),
- **Pflichtbeiträge** zur **Sozialversicherung** einschließlich der Beiträge zur **Arbeitslosenversicherung** (bei gesetzlicher Krankenversicherung der Rentner: gemindert um Beitragszuschüsse der Rentenversicherungsträger, vgl. Haber ZfF 1987, 99; abwegig Ingenhütt ZfF 1986, 128),
- **Beiträge** zu **öffentlichen** oder **privaten Versicherungen** oder ähnlichen Einrichtungen, soweit diese Beträge gesetzlich vorgeschrieben oder nach

Grund und Höhe angemessen sind, z. B. Einbruchdiebstahls-, Feuer-, Hausrat-, Haftpflicht-, Kranken-, Rechtschutzversicherung; nicht aber Ausbildungs-, Aussteuer- oder Lebensversicherung (OVG Münster FEVS 28, 412). Ferner (ja): Zusatzversorgungseinrichtungen, Sterbekasse; Kfz-Haftpflichtversicherung nur dann, wenn die Haltung des Kfz (aus sozialhilferechtlicher Sicht) notwendig ist (BVerwGE 62, 261); bei privater Krankenversicherung der Rentner: gemindert um Beitragszuschüsse der Rentenversicherungsträger (s. o.),

- die mit der **Erzielung** des **Einkommens** verbundenen **notwendigen Ausgaben,** v. a. Aufwendungen für Arbeitsmittel, Fahrten zum Arbeitsplatz, Beiträge zu Berufsverbänden (z. B. Gewerkschaft, auch bei Rentnern, BVerwGE 62, 275).

Unterhaltsverpflichtungen sind in § 76 (und in der VO zu § 76, s. Erl. 5) nicht als abzugsfähig genannt. Sie können nach Ansicht des BVerwG (BVerwGE 55, 148; 66, 342) aber deshalb relevant sein, weil es dem Hilfesuchenden insofern an „bereiten Mitteln" fehlt; dies gelte allerdings nur dann, wenn die Unterhaltsansprüche des minderjährigen Kindes bereits gepfändet seien (weil in diesem Umfang dem Hilfesuchenden kein Einkommen zufließt). Der Pfändung der Unterhaltsverpflichtung wird man freilich die nachweisliche freiwillige Erfüllung von Unterhaltsansprüchen (auch an die geschiedene Ehefrau) gleichzustellen haben (offengelassen von Hess. VGH info also 1987, 36).

Nicht absetzbar sind hingegen z. B. Kfz-Haftpflichtversicherung (i. d. R.), Beiträge zu Parteien, Sportvereinen, Rundfunk- und Fernsehgebühren, Kosten für Tages- und Rundfunkzeitungen, Kosten für Krankenhaus-Tagegeldversicherungen, Beiträge zu Sparverträgen, Tilgungsbeträge und Schuldzinsen (Ausnahme: Schuldzinsen für die Belastung von Eigenheimen und Eigentumswohnungen, wenn sie tatsächlich erforderlich sind, um dem Hilfesuchenden die Wohnung zu erhalten).

5. Einzelheiten sind in der VO zu § 76 geregelt, die auf der Grundlage des **Absatzes 3** erlassen worden ist. § 1 VO erläutert die Bestimmung des Absatzes 1. § 2 VO verweist für **Sachbezüge** auf § 160 Abs. 2 RVO. An die Stelle dieser Bestimmung ist mittlerweile § 17 SGB IV getreten, ohne daß der Text der Verordnung entsprechend korrigiert worden wäre. Nach Maßgabe des § 17 S. 1 Nr. 3 SGB IV ergeht jährlich eine sogenannte Sachbezugsverordnung, die dann auch für die Bewertung von Sachbezügen i. S. des § 2 VO gilt (vgl. Verordnung über den Wert der Sachbezüge in der Sozialversicherung für das Kalenderjahr 1988 (Sachbezugsverordnung 1988 – SachbezV 1988) i. d. F. d. Bek. v. 18. 12. 1987, BGBl. I S. 2812).

§ 3 VO trifft aus Gründen der Praktikabilität und der Verwaltungsvereinfachung Regelungen über **Einkünfte aus nichtselbständiger Arbeit,** die sich weitgehend an die entsprechenden einkommensteuerrechtlichen Regelungen anlehnen.

Die **Einkünfte aus selbständiger Tätigkeit** (einschließlich der Einkünfte aus Land- und Forstwirtschaft sowie Gewerbebetrieb) sind in §§ 4, 5 VO geregelt.

Für **Einkünfte aus Kapitalvermögen** verweist § 6 VO, für **Einkünfte aus Vermietung** und **Verpachtung** § 7 VO im wesentlichen auf die entsprechenden Vorschriften des Einkommensteuergesetzes (vgl. §§ 20, 21 EStG).

§ 8 VO erfaßt alle **anderen Einkünfte,** z. B. Ruhegelder, Witwen- und Waisengelder u. a. (vgl. § 19 Abs. 1 Ziff. 2 EStG).

§ 9 VO ermächtigt den Träger der Sozialhilfe, unter bestimmten Voraussetzungen von einer genauen Einkommensberechnung abzusehen zugunsten einer Schätzung der Einkünfte. Im Interesse der in dringenden Fällen gebotenen unbürokratischen Hilfe wird der Träger der Sozialhilfe von den Regularien der VO zu § 76 befreit. Eine solche Form der Einkommensermittlung ist genauso endgültig wie eine Berechnung nach Maßgabe der einzelnen Bestimmungen der Verordnung; allerdings kann sich der Träger der Sozialhilfe auch eine genaue Nachberechnung vorbehalten (vgl. Gottschick/Giese § 10 VO zu § 76 Rz. 5).

Die übrigen Vorschriften der Verordnung befassen sich mit dem **Verlustausgleich** zwischen einzelnen Einkunftsarten, der nur in Härtefällen zur Anwendung kommen kann (§ 10 VO), dem **Zeitraum** für die Berechnung der Einkünfte (§ 11 VO), sowie den Beträgen, die von der Summe der Einkünfte i. S. des Absatzes 1 abzuziehen sind, um das sozialhilferechtliche Einkommen zu ermitteln (s. Erl. 4).

6. Vgl. auch das **Berechnungsbeispiel 1 im Anhang 3.**

Nach Zweck und Inhalt bestimmte Leistungen

77 **(1) Leistungen, die auf Grund öffentlich-rechtlicher Vorschriften zu einem ausdrücklich genannten Zweck gewährt werden, sind nur soweit als Einkommen zu berücksichtigen, als die Sozialhilfe im Einzelfall demselben Zweck dient.**

(2) Eine Entschädigung, die wegen eines Schadens, der nicht Vermögensschaden ist, nach § 847 des Bürgerlichen Gesetzbuches geleistet wird, ist nicht als Einkommen zu berücksichtigen.

1. Die Vorschrift soll verhindern, daß Leistungen, die ein Hilfesuchender zu einem spezifischen **Zweck** erhält, dadurch diesen ihnen zugedachten Zweck verfehlen, daß sie als Einkommen im Rahmen der Sozialhilfe berücksichtigt und damit zu der von der Sozialhilfe angestrebten Bedarfsdeckung eingesetzt werden müssen (vgl. BVerwGE 45, 157).

2. **„Öffentlich-rechtliche Vorschriften"** sind nicht nur Gesetze, sondern auch Verordnungen und Verwaltungsvorschriften, gleichgültig, ob sie Pflicht- oder Ermessensleistungen vorsehen. Vertraglich geschuldete Leistungen fallen demgegenüber nicht in den Anwendungsbereich der Vorschrift.

Bei **Anwendung des § 77** ist somit in einem **ersten Schritt** zu prüfen, ob in der anderen öffentlich-rechtlichen Leistungsvorschrift der Zweck der Leistung ausdrücklich genannt ist. Ist diese Voraussetzung erfüllt, dann ist in einem **zweiten Schritt** der Zweck der konkret in Frage stehenden Sozialhilfeleistung (Hilfe zum Lebensunterhalt oder Hilfe in besonderer Lebenslage) festzustellen. In einem **dritten Schritt** sind die so festgestellten Zwecke der Leistungen einander gegenüberzustellen. Bei Zweckidentität ist die andere öffentlich-rechtliche Leistung bei der Gewährung der Sozialhilfe als anrechenbares Einkommen zu berücksichtigen. Bei Fehlen einer Identität der Zwecke scheidet die Anrechnung der Leistung als Einkommen aus (vgl. BVerwGE 69, 177 u. NDV 1987, 294).

3. Leistungen, die im Hinblick auf Sozialhilfeleistungen ausdrücklich zweckidentisch sind und voll als **Einkommen** berücksichtigt werden, sind z. B.:

- Ausbildungsförderung (nach AFG, BAföG usw.): bei der Hilfe zum Lebensunterhalt des Auszubildenden, nicht aber seiner Angehörigen, vgl. z. B. Hess. VGH FamRZ 1986, 380;
- Beihilfen für Angehörige des öffentlichen Dienstes: bei Hilfen nach §§ 15, 37, 37a, 37b, 38, 40, 43, 68 (Heimpflege);
- Berlin-Zulage nach § 28 Berlinförderungsgesetz: bei der Hilfe zum Lebensunterhalt des Hilfesuchenden (vgl. BVerwG NDV 1987, 294);
- Haushaltshilfe nach RVO, BVG u. ä.: bei der Hilfe nach § 70;
- Heilbehandlung nach RVO, BVG u. ä.: bei Hilfen nach §§ 37, 37a, 37b, 38, 40, 43;
- Pflegegeld nach § 558 RVO, Pflegezulage nach § 35 BVG u. ä.: bei der Hilfe zur Pflege gem. § 69 Abs. 3 bzw. bei sonstiger Hilfe zur Pflege.

Nicht als Einkommen zu berücksichtigen sind z. B. die Aufwandsentschädigung für ein Gemeinderatsmitglied (die nicht zur Deckung des notwendigen Lebensunterhalts bestimmt ist); die Abfindung, die aufgrund gerichtlichen Vergleichs als Ausgleich für den Verlust des Arbeitsplatzes gezahlt wird (keine Zweckidentität mit der Hilfe zum Lebensunterhalt, nicht aufgrund einer öffentlich-rechtlichen Vorschrift; vgl. VG Arnsberg ZfF 1986, 85; s. aber § 78 Erl. 6).

Nicht ausdrücklich zweckbestimmt („zweckneutral") und damit **anrechnungsfähig** sind z. B. Arbeitslosengeld und -hilfe, Kindergeld (s. Erl. 5), Renten, Schlechtwettergeld, Übergangsgeld, Unterhaltsgeld, Wohngeld (s. Erl. 4).

4. Das **Wohngeld** ist seinem Zweck nach ein Zuschuß zu den Aufwendungen für den Wohnraum; es ist deshalb als Einkommen i. S. d.

§ 76 einzusetzen bzw. (sowohl bei der Hilfe zum Lebensunterhalt als auch bei der Hilfe in besonderen Lebenslagen) auf die Unterkunftskosten anzurechnen (vgl. BVerwGE 45, 157; 75, 168; s. auch § 79 Erl. 3b).

5. Das **Kindergeld** wird zwar nicht zu einem bestimmten, im BKGG ausdrücklich genannten Zweck gewährt (die Bezeichnung „Kindergeld" ist insofern zweckneutral). Das Kindergeld ist aber keine Prämie für das Gebären und Erziehen von Kindern, sondern es dient dazu, die wirtschaftliche Lage von Familien mit Kindern im Verhältnis zu solchen ohne Kinder zu verbessern, d. h. wirtschaftliche Nachteile, die mit dem „Haben" von Kindern zwangsläufig verbunden sind (teilweise) auszugleichen (vgl. BVerwG FEVS 35, 1). Das Kindergeld, das der Minderung der Lebenshaltungskosten dient, ist deshalb als Einkunft in Geld in vollem Umfang Einkommen i. S. d. § 76 (vgl. BVerwG a. a. O.; ferner BVerwGE 20, 188; 25, 307; 39, 314; 60, 18; Giese ZfSH/SGB 1986, 159; Piel ZfSH/SGB 1986, 386; a. A. Schoch ZfSH/SGB 1986, 103). Dies gilt sowohl bei der Hilfe zum Lebensunterhalt als auch bei der Hilfe in besonderen Lebenslagen. Auch der Kinderzuschuß bei Sozialversicherungsrenten (für Neufälle seit dem 1. 1. 1984 weggefallen) ist Einkommen i. S. d. § 76 (BVerwGE 39, 314; 60, 18).

Das Kindergeld (der Kinderzuschuß) ist in voller Höhe monatliches Einkommen des Kindergeldberechtigten (§§ 1, 2 BKGG), es sei denn, es liegen glaubhafte Anhaltspunkte für eine Weiterleitung an das Kind (die Kinder) vor.

Aufgrund der Rspr. des BVerwG hat sich insoweit folgende **Praxis** durchgesetzt:

- Sind der Kindergeldberechtigte und das Kind einkommenslos und bilden sie eine Einsatzgemeinschaft (§§ 11, 28), so wird das Kindergeld bei der gemeinsamen Einkommensberechnung ohne gezielte Zuordnung angesetzt.
- Ist der Kindergeldberechtigte nicht sozialhilfebedürftig (z. B. weil er Leistungen nach dem BAföG bezieht), sondern nur das Kind, dann wird davon ausgegangen, daß das Kindergeld ganz an das Kind (bei mehreren Kindern anteilsmäßig) weitergeleitet wird und damit bis zur Höhe des sozialhilferechtlichen Bedarfs des Kindes (der Kinder) als dessen (deren) Einkommen anzusetzen ist (u. U. mit der Folge, daß dann Sozialhilfe für das Kind/die Kinder entfällt, wenn diese auch eigenes Einkommen – z. B. Ausbildungsvergütung, Waisenrente – haben).
- Haben der Kindergeldberechtigte und das Kind (die Kinder) Einkommen unter dem Sozialhilfebedarf, so wird davon ausgegangen, daß das Kindergeld an die Kinder bis zur Höhe des sozialhilferechtlichen Bedarfs des Kindes (der Kinder) weitergeleitet wird (und damit dessen/deren Einkommen ist, u. U. mit der Folge, daß die Sozialhilfebedürftigkeit entfällt) und nur ein evtl. Restbetrag (der nach völliger Deckung des sozialhilferechtlichen Bedarfs des Kindes/der Kinder „übrigbleibt") als Einkommen des Kindergeldberechtigten anzusetzen ist.

Der **Kindergeldzuschlag** nach § 11a BKGG (sog. Zusatzkindergeld in Höhe von bis zu 46 DM je Kind und Monat seit 1. 1. 1986) ist grundsätzlich wie das allgemeine Kindergeld zu behandeln (zur Differenzierung bei Zahlung nach Ablauf eines Jahres – § 11a Abs. 7 BKGG – bzw. bei laufender Zahlung – § 11a Abs. 8 BKGG – sowie zum Erstattungsanspruch des SHTr. gegen die Bundesanstalt für Arbeit gem. § 104 SGB X vgl. Putz info also 1986, 176).

6. **Absatz 2** trägt dem Gedanken Rechnung, daß das Schmerzensgeld wegen eines immateriellen Schadens gezahlt wird und das BSHG für immaterielle Schäden keine (zweckidentischen) Leistungen vorsieht (vgl. BT-Dr. 7/308, 17).

Zuwendungen

78 **(1) Zuwendungen der freien Wohlfahrtspflege bleiben als Einkommen außer Betracht; dies gilt nicht, soweit die Zuwendung die Lage des Empfängers so günstig beeinflußt, daß daneben Sozialhilfe ungerechtfertigt wäre.**

(2) Zuwendungen, die ein anderer gewährt, ohne hierzu eine rechtliche oder sittliche Pflicht zu haben, sollen als Einkommen außer Betracht bleiben, soweit ihre Berücksichtigung für den Empfänger eine besondere Härte bedeuten würde.

1. Die Vorschrift nimmt bestimmte Zuflüsse von Geld oder Geldeswert vom Anwendungsbereich des § 76 Abs. 1 aus. Damit soll verhindert werden, daß die Bereitschaft, freiwillige Hilfe zu leisten, dadurch beeinträchtigt wird, daß die Hilfe im wirtschaftlichen Ergebnis nicht dem Empfänger zugute kommt, sondern mittelbar durch die Anrechnung als Einkommen lediglich den Träger der Sozialhilfe entlastet.

2. **Absatz 1** betrifft freiwillig gewährte Leistungen (auch regelmäßige Leistungen) von Verbänden der freien Wohlfahrtspflege (s. § 10). Darunter fallen auch Stiftungen und Vereine, die mildtätigen und gemeinnützigen Zwecken dienen.

3. Die Anrechnung als Einkommen unterbleibt allerdings nur, wenn sie angesichts der **„Lage des Empfängers“** (s. § 3) nicht gerechtfertigt erscheint. Auch eine **partielle Anrechnung** ist möglich. In der Praxis werden regelmäßig gewährte Zuwendungen der freien Wohlfahrtspflege als Einkommen angerechnet, wenn sie einen bestimmten (i. d. R. durch Verwaltungsvorschrift festgelegten) Prozentsatz des Regelsatzes eines Haushaltsvorstands übersteigen (z. B. 50%, so SHR B.-W. 78.01); für Zuschüsse der freien Wohlfahrtspflege (z. B. zu Erholungsmaßnahmen nach § 36) bestehen entspr. Regelungen. Allerdings dürfen solche Verwaltungsvorschriften nicht schematisch gehandhabt

werden, sondern der Träger muß offen sein für die Berücksichtigung der Umstände des Einzelfalles, wie sie in die unbestimmten Rechtsbegriffe „Lage" – eben auch nicht nur „wirtschaftliche Lage" – und „günstig beeinflußt" einfließen.

4. **Absatz 2** berücksichtigt Zuwendungen Dritter, die nicht der freien Wohlfahrtspflege angehören (z. B. Freunde, Bekannte oder entfernte Verwandte, frühere Arbeitgeber des Hilfesuchenden).

5. Eine **rechtliche Pflicht** kann auf Rechtsvorschriften, Gewohnheitsrecht oder Vertrag beruhen, aber auch aus einer „betrieblichen Übung" mit Rechtscharakter erwachsen (z. B. im Falle von Zuwendungen durch den Arbeitgeber für lange Betriebszugehörigkeit u. a.).

6. Eine **sittliche Pflicht** setzt eine gewisse Nähe zwischen den Beteiligten voraus (z. B. Verwandtschaft). Die Umstände des Einzelfalles sind maßgebend (vgl. z. B. VG Arnsberg ZfF 1986, 85 zu seiner Abfindung durch früheren Arbeitgeber).

7. Eine **„besondere Härte"** ist etwa dann anzunehmen, wenn die Anrechnung der Zuwendung zu ihrem Wegfall führen würde, wenn sie die Sozialhilfe ergänzen soll oder wenn sich der Hilfesuchende die Zuwendung des Dritten in der Vergangenheit in besonderer Weise verdient hat. So dienen z. B. Hilfen eines Resozialisierungsfonds (zur Schuldenregulierung) der Ergänzung von Sozialhilfe; sie sind mithin nicht als Einkommen i. S. d. § 76 anzusetzen.

Die Praxis läßt z. B. bei Zuwendungen nach Abs. 2 bis zu 30% des Regelsatzes eines Haushaltsvorstands unberücksichtigt; hier gilt das in Erl. 3 Gesagte entsprechend.

8. § 16 geht der Bestimmung des Absatzes 2 vor; die Gewährung von Unterhalt innerhalb einer Haushaltsgemeinschaft fällt also nicht unter Absatz 2.

Unterabschnitt 2. Einkommensgrenzen für die Hilfe in besonderen Lebenslagen

Allgemeine Einkommensgrenze

79 **(1) Bei der Hilfe in besonderen Lebenslagen ist dem Hilfesuchenden und seinem nicht getrennt lebenden Ehegatten die Aufbringung der Mittel nicht zuzumuten, wenn während der Dauer des Bedarfs ihr monatliches Einkommen zusammen eine Einkommensgrenze nicht übersteigt, die sich ergibt aus**

1. einem Grundbetrag in Höhe von 736 Deutsche Mark,*

* Zur gegenwärtigen Höhe des Grundbetrags s. Erl. 3a).

2. den Kosten der Unterkunft, soweit die Aufwendungen hierfür den der Besonderheit des Einzelfalles angemessenen Umfang nicht übersteigen, und
3. einem Familienzuschlag in Höhe des auf volle Deutsche Mark aufgerundeten Betrages von 80 vom Hundert des Regelsatzes eines Haushaltsvorstandes für den nicht getrennt lebenden Ehegatten und für jede Person, die vom Hilfesuchenden oder seinem nicht getrennt lebenden Ehegatten bisher überwiegend unterhalten worden ist oder der sie nach der Entscheidung über die Gewährung der Sozialhilfe unterhaltspflichtig werden.

(2) Ist der Hilfesuchende minderjährig und unverheiratet, so ist ihm und seinen Eltern die Aufbringung der Mittel nicht zuzumuten, wenn während der Dauer des Bedarfs das monatliche Einkommen des Hilfesuchenden und seiner Eltern zusammen eine Einkommensgrenze nicht übersteigt, die sich ergibt aus

1. einem Grundbetrag in Höhe von 736 Deutsche Mark,*
2. den Kosten der Unterkunft, soweit die Aufwendungen hierfür den der Besonderheit des Einzelfalles angemessenen Umfang nicht übersteigen, und
3. einem Familienzuschlag in Höhe des auf volle Deutsche Mark aufgerundeten Betrages von 80 vom Hundert des Regelsatzes eines Haushaltsvorstandes für einen Elternteil, wenn die Eltern zusammenleben, sowie für den Hilfesuchenden und für jede Person, die von den Eltern oder dem Hilfesuchenden bisher überwiegend unterhalten worden ist oder der sie nach der Entscheidung über die Gewährung der Sozialhilfe unterhaltspflichtig werden.

Leben die Eltern nicht zusammen, richtet sich die Einkommensgrenze nach dem Elternteil, bei dem der Hilfesuchende lebt; lebt er bei keinem Elternteil, bestimmt sich die Einkommensgrenze nach Absatz 1.

(3) Der für den Familienzuschlag maßgebende Regelsatz bestimmt sich nach dem Ort, an dem der Hilfeempfänger die Hilfe erhält. Bei der Hilfe in einer Anstalt, einem Heim oder einer gleichartigen Einrichtung sowie bei Unterbringung in einer anderen Familie oder bei den in § 104 genannten anderen Personen bestimmt er sich nach dem gewöhnlichen Aufenthalt des Hilfeempfängers oder, wenn im Falle des Absatzes 2 auch das Einkommen seiner Eltern oder eines Elternteils maßgebend ist, nach deren gewöhnlichem Aufenthalt; ist ein gewöhnlicher Aufenthalt im Geltungsbereich dieses Gesetzes nicht vorhanden oder nicht zu ermitteln, gilt Satz 1.

* Zur gegenwärtigen Höhe des Grundbetrags s. Erl. 3a).

(4) **Die Länder und, soweit nicht landesrechtliche Vorschriften entgegenstehen, auch die Träger der Sozialhilfe sind nicht gehindert, für bestimmte Arten der Hilfe in besonderen Lebenslagen der Einkommensgrenze einen höheren Grundbetrag zugrundezulegen.**

1. Der Einsatz des Einkommens ist bei der **Hilfe in besonderen Lebenslagen** wesentlich anders geregelt als bei der **Hilfe zum Lebensunterhalt.** Bei der Hilfe zum Lebensunterhalt wird der Einsatz des **gesamten** (bereinigten) Einkommens verlangt. Bei der Hilfe in besonderen Lebenslagen ist das Einkommen dagegen nur insoweit einzusetzen, als dies **„zumutbar"** ist. Der Grund dafür ist: Wer in einer besonderen Lebenslage (Krankheit, Behinderung, Pflegebedürftigkeit usw.) hilfebedürftig wird, soll durch diese Lebenslage nicht auch noch in seiner allgemeinen Lebensführung – über das „Zumutbare" hinaus – beeinträchtigt werden. Was zumutbar und was nicht zumutbar ist, wird nach den §§ 79ff. mit Hilfe von **Einkommensgrenzen** „gemessen". Das BSHG unterscheidet dabei eine **allgemeine** Einkommensgrenze (§ 79 und unten Erl. 3ff.) und eine **besondere** Einkommensgrenze (§ 81); als Leitlinie gilt dabei: je schwieriger die besondere Lebenslage (je größer also die finanzielle und immaterielle Belastung), desto höher die Einkommensgrenze (s. Erl. zu § 81).

2. Zunächst ist – wie bei der Hilfe zum Lebensunterhalt – vom bereinigten Einkommen (s. Erl. zu § 76) auszugehen. Dieses **bereinigte Einkommen** ist dann zu vergleichen mit der **Einkommensgrenze,** die für die jeweilige Hilfe in besonderen Lebenslagen gilt:

Liegt das Einkommen **unter** der Einkommensgrenze, dann bleibt es grundsätzlich unberücksichtigt; der Hilfesuchende hat also grundsätzlich Anspruch auf die Hilfe ohne finanzielle Eigenbeteiligung (Ausnahmen ergeben sich aus § 85). Das **über** der Einkommensgrenze liegende Einkommen wird in „angemessenem Umfang" zu den Kosten der Hilfe herangezogen (s. Erl. zu § 84).

3. Die **allgemeine** Einkommensgrenze des § 79 setzt sich zusammen aus dem **Grundbetrag** (a), den **Kosten der Unterkunft** (b) und dem **Familienzuschlag** (c).

a) Der **Grundbetrag** nach Abs. 1 Nr. 1 und Abs. 2 S. 1 Nr. 1 beträgt gegenwärtig 786 DM (vgl. Zweite VO über die Neufestsetzung der Grundbeträge der Einkommensgrenzen nach dem BSHG v. 11. 6. 1987, BGBl. I S. 1547).

b) Zu den Bestandteilen der **Kosten der Unterkunft** bei Mietwohnungen sowie bei Eigenheimen und Eigentumswohnungen s. § 22 Erl. 4; zur Ansetzung von Tilgungsbeträgen s. § 84 Erl. 1 a. Im Unterschied zur Hilfe zum Lebensunterhalt sind bei § 79 nach h. M. die Kosten der Unterkunft ohne Zuschläge für Heizung und Warmwasserversorgung anzusetzen (vgl. z. B. Gottschick/Giese § 79 Rz. 7.3;

OVG Lüneburg FEVS 36, 108; Empfehlungen des DV NDV 1986, 257; a. A. zurecht Schoch NDV 1987, 70); allenfalls unüblich hohe Heizkosten sollen nach § 84 Abs. 1 S. 2 als besondere Belastungen berücksichtigt werden (s. § 84 Erl. 1 a). Wohngeld mindert nach zutreffender h. M. die Kosten der Unterkunft (vgl. nur Gottschick/Giese § 79 Rz. 7.3; a. A. Krahmer BldW 1984, 114; Schoch NDV 1987, 70).

Ohne weiteres als angemessen sind die Kosten der Unterkunft dann anzusehen, soweit sie einen Gesamtbetrag aus dem nach Haushalts- und Gemeindegrößenklassen unterschiedlichen Höchstbetrag nach § 8 WoGG (letzte Spalte der Tabelle) nicht überschreitet (so zurecht Empfehlungen des DV NDV 1986, 257; abzulehnen ist BVerwG FEVS 36, 397; s. auch § 22 Erl. 4); bei erheblichem Abweichen vom Höchstbetrag nach § 8 WoGG sind entspr. Zu- bzw. Abschläge zu machen und ggf. der Entwicklung anzupassen. Bei besonderen Umständen des Einzelfalls können höhere Unterkunftskosten berücksichtigt werden, z. B. bei Behinderung, Pflegebedürftigkeit oder hohem Alter des Hilfesuchenden, der lange in seiner Wohnung gelebt hat (zum Ganzen die Empfehlungen des DV aaO).

c) Der **Familienzuschlag** (Absatz 1 Nr. 3, Absatz 2 Satz 1 Nr. 3) wird in Höhe des auf volle DM aufgerundeten Betrags von 80% des Regelsatzes eines Haushaltsvorstands angesetzt. ,,Überwiegend unterhalten" wird eine Person, wenn für sie mehr als 50% ihres Lebensbedarfs aufgebracht wird (vgl. Knopp/Fichtner § 79 Rz 12).

4. Die **Zusammensetzung der allgemeinen Einkommensgrenze** läßt sich am besten an den beiden Fällen darstellen, die das Gesetz in Absatz 1 und Absatz 2 Satz 1 umschreibt; dort unterscheidet es, ob der Hilfesuchende **volljährig** ist (a) oder ob er **minderjährig und unverheiratet** ist (b):

a) Ist der Hilfesuchende **volljährig,** so besteht die Einkommensgrenze aus dem **Grundbetrag** (gegenwärtig – bis 30. 6. 1988 – also in Höhe von 786 DM), den **Kosten der Unterkunft** in angemessenem Umfang und einem **Familienzuschlag** für die in Absatz 1 Satz 1 Nr. 3 genannten Personen.

Beispiel: Das Ehepaar F lebt in Düsseldorf. Herr F ist pflegebedürftig i. S. d. § 69 Abs. 2 (s. Erl. 2a) zu § 69); er bezieht ein bereinigtes Einkommen (Rente) von 1650 DM monatlich, seine Frau hat kein Einkommen. Herr F möchte Antrag auf Erstattung der angemessenen Aufwendungen stellen, die seiner Frau durch die Pflege in Höhe von 50 DM monatlich entstehen. Die angemessenen Kosten der Unterkunft (Miete) betragen 350 DM. Die nach § 79 maßgebliche Einkommensgrenze beträgt (zum 1. 7. 1987: Grundbetrag = 786 DM plus Kosten der Unterkunft (350 DM) plus Familienzuschlag für Frau F (80% von 405 DM = 324 DM) = insgesamt 1460 DM. Damit liegt das Einkommen von Herrn F (1650 DM) 190 DM über der maßgeblichen Einkommensgrenze; liegen keine besonderen Belastungen i. S. d. § 84 Abs. 1 vor (s. Erl. dort), die von dem über der Einkommensgrenze liegenden Betrag von 190 DM abgezogen werden könnten, dann ist es Herrn F. zuzumuten, die Kosten für die Pflegeaufwendungen selbst zu zahlen (s. auch das Beispiel in Erl. 1 zu § 81).

b) Ist der Hilfesuchende **minderjährig und unverheiratet,** dann setzt sich die Einkommensgrenze zusammen aus: dem Grundbetrag (gegenwärtig – bis 30. 6. 1988 – also in Höhe von 786 DM), den **Kosten der Unterkunft** in angemessenem Umfang und einem **Familienzuschlag** in Höhe von 80% eines Haushaltsvorstands für den Hilfesuchenden selbst **und** für **einen** Elternteil **und** die anderen in Absatz 2 Satz 1 Nr. 3 genannten Personen.

Beispiel: Die 10jährige B benötigt eine Erholungskur (s. § 36); sie lebt mit zwei weiteren Geschwistern (6 und 8 Jahre) bei ihren Eltern in Köln; die angemessenen Kosten der Unterkunft betragen 600 DM. Die maßgebliche allgemeine Einkommensgrenze beträgt (zum 1. 7. 1987: Grundbetrag = 786 DM plus Kosten der Unterkunft (600 DM) plus Familienzuschlag für B als Hilfesuchende (80% von 405 DM = 324 DM) plus Familienzuschlag für **einen** Elternteil (80% von 405 DM = 324 DM) plus Familienzuschläge für die beiden Geschwister (2 x 80% von 405 DM = 648 DM) = insgesamt 2682 DM. Ob eine Eigenbeteiligung an den (nicht von der Krankenversicherung übernommenen) Kosten der Erholungskur in Betracht kommt, richtet sich danach, ob das Einkommen der Familie (s. § 28) über oder unter dieser Einkommensgrenze liegt (s. §§ 84, 85).

Die (mit obigem Beispiel) illustrierte Regelung des **Absatzes 2 Satz 1** gilt nur, wenn die Eltern des Hilfesuchenden zusammenleben (vgl. den Wortlaut der Nr. 3 dieser Vorschrift); ob der Hilfesuchende bei ihnen lebt, ist nach h. M. gleichgültig (zw.).

Leben die Eltern nicht zusammen (z. B. geschieden), dann bilden der Hilfesuchende und der Elternteil, bei dem er lebt, die Einkommens- und Vermögensgemeinschaft; für den Elternteil gibt es keinen Familienzuschlag **(Absatz 2 Satz 2, 1. HS)**. Lebt der Hilfesuchende bei keinem der nicht zusammenlebenden Elternteile (sondern z. B. in einem Heim), dann wird nach **Absatz 2 Satz 2, 2. HS** bei der Bildung der Einkommensgrenze sowie beim Einkommens- und Vermögenseinsatz nur der Hilfesuchende allein berücksichtigt; die Eltern können aber als Unterhaltspflichtige nach §§ 90, 91 herangezogen werden (vgl. BVerwG FEVS 33, 309 zur entspr. Problematik im JWG). Im einzelnen ist hier (wegen des nicht gerade geglückten Wortlauts des Abs. 2) manches streitig (vgl. Gottschick/Giese § 79 Rz. 7.3).

5. Bei **laufenden** Leistungen (z. B. Pflegeaufwendungen) ist der Einkommensgrenze das **Monatseinkommen** gegenüberzustellen, das während des Bedarfszeitraums der Hilfeleistung erzielt wurde (s. Absatz 1 Satz 1 „während der Dauer des Bedarfs"; sog. **Grundsatz der Gleichzeitigkeit).** Bei **einmaligen** Leistungen ist grundsätzlich das Einkommen im Monat der Hilfegewährung zugrunde zu legen; eine Ausnahme gilt aber für einmalige Leistungen zur Beschaffung von bestimmten Bedarfsgegenständen (s. Erl. 3 zu § 84).

6. Von der Ermächtigung des **Absatze 4** haben die Länder Berlin, Hessen, Nordrhein-Westfalen und das Saarland in ihren Ausführungs-

vorschriften zum BSHG für bestimmte Hilfearten zugunsten einzelner Personenkreise (u. a. Krebskranke) Gebrauch gemacht.

80 (weggefallen)

Besondere Einkommensgrenze

81 (1) An die Stelle des Grundbetrages nach § 79 tritt ein Grundbetrag in Höhe von 1104 Deutsche Mark*

1. bei der Eingliederungshilfe für Behinderte nach § 39 Abs. 1 Satz 1 und Abs. 2, wenn die Hilfe in einer Anstalt, einem Heim oder einer gleichartigen Einrichtung oder in einer Einrichtung zur teilstationären Betreuung gewährt wird,
2. bei der ambulanten Behandlung der in § 39 Abs. 1 Satz 1 und Abs. 2 genannten Personen sowie bei den für diese durchzuführenden sonstigen ärztlichen und ärztlich verordneten Maßnahmen (§ 40 Abs. 1 Nr. 1),
3. bei der Versorgung der in § 39 Abs. 1 Satz 1 und Abs. 2 genannten Personen mit Körperersatzstücken sowie mit größeren orthopädischen und größeren anderen Hilfsmitteln (§ 40 Abs. 1 Nr. 2),
4. (weggefallen)
5. bei der Pflege (§ 68) in einer Anstalt, einem Heim oder einer gleichartigen Einrichtung, wenn sie voraussichtlich auf längere Zeit erforderlich ist, sowie bei der häuslichen Pflege (§ 69), wenn der in § 69 Abs. 3 Satz 1 genannte Schweregrad der Hilflosigkeit besteht,
6. bei der Krankenhilfe (§ 37), nachdem die Krankheit während eines zusammenhängenden Zeitraumes von 3 Monaten entweder dauerndes Krankenlager oder wegen ihrer besonderen Schwere ständige ärztliche Betreuung erfordert hat, außerdem bei der Heilbehandlung für Tuberkulosekranke.

(2) An die Stelle des Grundbetrages nach § 79 tritt bei der Blindenhilfe nach § 67 und bei dem Pflegegeld nach § 69 Abs. 4 Satz 2 ein Grundbetrag in Höhe 2208 Deutsche Mark.* Absatz 1 Nr. 5 gilt insoweit nicht.

(3) Der Familienzuschlag beträgt in den Fällen des Absatzes 2 für den nicht getrennt lebenden Ehegatten die Hälfte des Grund-

* Zur gegenwärtigen Höhe des Grundbetrags s. Erl. 1.

betrags nach Absatz 1, wenn jeder Ehegatte blind oder behindert im Sinne des § 24 Abs. 1 Satz 2 oder Abs. 2 ist.

(4) **§ 79 Abs. 4 gilt nicht.**

(5) **Die Bundesregierung kann durch Rechtsverordnung mit Zustimmung des Bundesrates bestimmen, welche orthopädischen und anderen Hilfsmittel die Voraussetzungen des Absatzes 1 Nr. 3 erfüllen.**

Verordnung zur Durchführung des § 81 Abs. 1 Nr. 3 des Bundessozialhilfegesetzes

Vom 12. Mai 1975 (BGBl. I S. 1109)

Auf Grund des § 81 Abs. 6 des Bundessozialhilfegesetzes in der Fassung der Bekanntmachung vom 18. September 1969 (Bundesgesetzbl. I S. 1688), zuletzt geändert durch das Gesetz zur Änderung des Einführungsgesetzes zum Strafgesetzbuch vom 15. August 1974 (Bundesgesetzbl. I S. 1942), verordnet die Bundesregierung mit Zustimmung des Bundesrates:

§ 1. (1) Größere orthopädische oder größere andere Hilfsmittel im Sinne des § 81 Abs. 1 Nr. 3 des Gesetzes sind solche, deren Preis mindestens 350 Deutsche Mark beträgt.

(2) Die Hilfe zur Beschaffung eines Kraftfahrzeuges nach § 8 Abs. 1 der Eingliederungshilfe-Verordnung in der Fassung der Bekanntmachung vom 1. Februar 1975 (Bundesgesetzbl. I S. 433) gilt als Hilfe im Sinne des § 81 Abs. 1 Nr. 3 des Gesetzes; das gleiche gilt für Leistungen nach § 10 Abs. 6 der Eingliederungshilfe-Verordnung.

§ 2. Diese Verordnung gilt nach § 14 des Dritten Überleitungsgesetzes vom 4. Januar 1952 (Bundesgesetzbl. I S. 1) in Verbindung mit § 152 des Bundessozialhilfegesetzes auch im Land Berlin.

§ 3. Diese Verordnung tritt am Tage nach der Verkündung in Kraft. Gleichzeitig tritt die Verordnung zur Durchführung des § 81 Abs. 1 Satz 1 Nr. 3 des Bundessozialhilfegesetzes vom 28. Mai 1971 (Bundesgesetzbl. I S. 727) außer Kraft.

1. Der Gesetzgeber geht bei den in Absatz 1 und 2 genannten Hilfen davon aus, daß Art und Dauer des Bedarfs (z. B. Pflege), Schwere der Belastung (z. B. Blindheit) oder hoher Kostenaufwand (z. B. durch stationäre Unterbringung) eine **höhere Einkommensgrenze** und damit eine größere Schonung des Hilfebedürftigen als bei anderen Hilfen rechtfertigen: Anstelle des Grundbetrags nach § 79 tritt in den Fällen des **Absatzes 1** der **(erhöhte)** Grundbetrag in Höhe von gegenwärtig 1179 DM, in den Fällen des **Absatzes 2** der Grundbetrag in Höhe von gegenwärtig 2358 DM (vgl. Zweite VO über die Neufestsetzung der Grundbeträge der Einkommensgrenzen nach dem BSHG v. 11. 6.

1987, BGBl. I S. 1547). Im übrigen setzt sich die besondere Einkommensgrenze des § 81 zusammen wie die allgemeine Einkommensgrenze des § 79 (also: 1179 DM bzw. 2358 DM als erhöhter Grundbetrag plus Kosten der Unterkunft in angemessenem Umfang plus Familienzuschläge).

Beispiel: (Ausgangsfall in Erl. 4a) zu § 79): Ist Herr F in erheblichem Umfang dauernd pflegebedürftig (s. § 69 Abs. 3 S. 1 und Erl. 2b) zu § 69), dann erhöht sich der Grundbetrag auf 1179 DM (s. § 81 Abs. 1 Nr. 5). Die Einkommensgrenze beträgt dann (zum 1. 7. 1987): Grundbetrag (1179 DM) plus Kosten der Unterkunft (350 DM) plus Familienzuschlag für Frau F (324 DM), insgesamt also 1853 DM; bei einem Einkommen von 1650 DM (Rente) ist ein Antrag auf Pflegegeld zu bewilligen: Das Einkommen liegt unter der maßgeblichen Einkommensgrenze (eine Ausnahme nach § 85 kommt nicht in Betracht).

2. Zur Abgrenzung von (teil-) stationärer und ambulanter Hilfe nach **Absatz 1 Nr. 1** (mit der Folge unterschiedlicher Schonung des vorhandenen Einkommens) vgl. OVG Bremen FEVS 36, 338 (für eine Wohngemeinschaft von seelisch Behinderten).

Bei den in **Absatz 1 Nr. 3** genannten „größeren" orthopädischen oder anderen Hilfsmitteln muß der Preis des einzelnen Hilfsmittels mindestens den Betrag erreichen, der in § 1 Abs. 1 der oben abgedruckten VO angegeben ist (gegenwärtig also mindestens 350 DM).

Absatz 1 Nr. 4 wurde durch das Zweite Rechtsbereinigungsgesetz gestrichen (s. Erl. zu Unterabschnitt 8, S. 147). Pflege in einer Einrichtung ist nach gängiger Praxis **„voraussichtlich auf längere Zeit erforderlich" (Absatz 1 Nr. 5),** wenn die Beendigung der Pflege voraussichtlich innerhalb eines Jahres nicht zu erwarten ist. Liegt diese Voraussetzung vor, gilt die besondere Einkommensgrenze von Anfang an (nicht erst nach Ablauf eines Jahres).

Bei **Absatz 1 Nr. 6** gilt die besondere Einkommensgrenze erst nach Ablauf von 3 Monaten. Der Zusatz „außerdem bei der Heilbehandlung für Tuberkulosekranke" wurde durch das Zweite Rechtsbereinigungsgesetz angefügt (s. Erl. zu Unterabschnitt 8, S. 147). Dieser (nicht eindeutige) Zusatz ist dahin auszulegen, daß unter „Heilbehandlung" die Krankenhilfe nach § 37 zu verstehen ist (für die Eingliederungshilfe bei Tuberkulosekranken gilt in den Fällen des § 81 Abs. 1 Nr. 1 bis 3 die besondere, in den übrigen Fällen die allgemeine Einkommensgrenze des § 79), daß ferner der Zeitraum von 3 Monaten für diese Heilbehandlung nicht gilt und daß schließlich nicht jede Leistung der Krankenhilfe „für" Tuberkulosekranke in Betracht kommt, sondern nur die Krankenhilfe „wegen" der Tuberkulose (vgl. BT-Dr. 10/5532, 28: Es soll ein Anreiz bestehen, wegen der Tuberkulose alle notwendigen Maßnahmen der Heilbehandlung in Anspruch zu nehmen und so einer Übertragung der Krankheit auf andere Personen vorzubeugen).

3. Vgl. auch das **Berechnungsbeispiel 2 im Anhang 3.**

Änderung der Grundbeträge

82 **Der Bundesminister für Jugend, Familie, Frauen und Gesundheit setzt durch Rechtsverordnung mit Zustimmung des Bundesrates die Grundbeträge nach den §§ 79 und 81 Abs. 1 und 2 jährlich, erstmals mit Wirkung vom 1. Juli 1986, entsprechend der Entwicklung der allgemeinen Bemessungsgrundlage in der Rentenversicherung der Arbeiter (§ 1255 Abs. 2 der Reichsversicherungsordnung) neu fest.**

Die durch das 4. ÄndGes eingefügte Vorschrift (zu ihr eingehend Einf. II. 10.) ermöglicht die jährliche **Anpassung der Grundbeträge** durch Rechtsverordnung (zur jeweiligen VO s. § 79 Erl. 3a u. § 81 Erl. 1). Die Vorschrift entspricht insoweit dem durch das 3. ÄndGes (1974) aufgehobenen § 82 a. F.

Zusammentreffen mehrerer Einkommensgrenzen

83 **Kann dieselbe Leistung gleichzeitig nach mehreren Bestimmungen gewährt werden, für die unterschiedliche Einkommensgrenzen maßgebend sind, so wird sie nach der Bestimmung gewährt, für welche die höhere Einkommensgrenze maßgebend ist.**

Eine Maßnahme (z. B. die ärztliche Behandlung eines Behinderten) kann die Voraussetzungen verschiedener Hilfearten erfüllen (z. B. der Krankenhilfe nach § 37 Abs. 2 und der Eingliederungshilfe für Behinderte nach § 40 Abs. 1 Nr. 1). Für diese Fälle sieht § 83 vor, daß die Maßnahme der Hilfeart zugeschlagen wird, die durch die **höhere Einkommensgrenze** für den Hilfesuchenden vorteilhafter ist.

Einsatz des Einkommens über der Einkommensgrenze

84 **(1) Soweit das zu berücksichtigende Einkommen die maßgebende Einkommensgrenze übersteigt, ist die Aufbringung der Mittel in angemessenem Umfang zuzumuten. Bei der Prüfung, welcher Umfang angemessen ist, sind vor allem die Art des Bedarfs, die Dauer und Höhe der erforderlichen Aufwendungen sowie besondere Belastungen des Hilfesuchenden und seiner unterhaltsberechtigten Angehörigen zu berücksichtigen.**

(2) Verliert der Hilfesuchende durch den Eintritt eines Bedarfsfalles sein Einkommen ganz oder teilweise und ist sein Bedarf nur von kurzer Dauer, so kann die Aufbringung der Mittel auch aus dem Einkommen verlangt werden, das er innerhalb eines ange-

messenen Zeitraumes nach dem Wegfall des Bedarfs erwirbt und das die maßgebende Einkommensgrenze übersteigt, jedoch nur insoweit, als ihm ohne den Verlust des Einkommens die Aufbringung der Mittel zuzumuten gewesen wäre.

(3) **Bei einmaligen Leistungen zur Beschaffung von Bedarfsgegenständen, deren Gebrauch für mindestens ein Jahr bestimmt ist, kann die Aufbringung der Mittel nach Maßgabe des Absatzes 1 auch aus dem Einkommen verlangt werden, das die in § 28 genannten Personen innerhalb eines Zeitraumes von bis zu 3 Monaten nach Ablauf des Monats, in dem über die Hilfe entschieden worden ist, erwerben.**

1. Der Betrag, der die nach den §§ 79, 81 maßgebende Einkommensgrenze übersteigt, muß nicht unbedingt in voller Höhe als Eigenanteil zugemutet werden. **Absatz 1** gibt dem Sozialhilfeträger vielmehr die Möglichkeit, den Eigenanteil („in angemessenem Umfang") individuell unter Berücksichtigung der in Absatz 1 **Satz 2** genannten Anhaltspunkte festzulegen. Die Praxis richtet sich dabei weitgehend nach den „Empfehlungen für die Anwendung der §§ 84ff. BSHG" des Deutschen Vereins für öffentliche und private Fürsorge (DV 1975).

a) Der praktisch wichtigste Fall des Absatzes 1 Satz 2 ist die Berücksichtigung von **„besonderen Belastungen"** des Hilfesuchenden und seiner unterhaltsberechtigten Angehörigen. Solche „besonderen Belastungen" sind vor allem

- **Abzahlungsverpflichtungen** (z. B. Ratenkäufe, etwa wegen Anschaffung von Möbeln und Hausrat anläßlich der Einrichtung oder notwendigen Erweiterung des Hausstands, solange es sich nicht gerade um Luxusgegenstände handelt);
- Belastungen in Zusammenhang mit **Heirat, Geburt, Tod** (z. B. Kosten der Hochzeit, Beerdigung usw.);
- Belastungen für die **Beschaffung und Erhaltung der Unterkunft** (z. B. Umzugskosten, Abtragung von Mietrückständen, Tilgungsbeträge, auch Zahlungen an Bausparkassen, soweit dadurch spätere Mietübernahmen vom SHTr. vermieden werden können);
- **Heizungskosten,** soweit sie das übliche Maß übersteigen und unvermeidbar sind (s. § 79 Erl. 3b);
- **Kosten** für Fort- und Weiterbildung, notwendige Kosten eines Rechtsstreits, Versicherungsbeiträge (soweit nicht schon nach § 76 absetzbar, s. § 76 Erl. 4);
- **Unterhaltsleistungen,** soweit sie nicht durch einen Familienzuschlag nach §§ 79, 81 gedeckt werden.

Beispiel: Das Einkommen (z. B. Rente) eines Behinderten liegt um 300 DM über der allgemeinen Einkommensgrenze. Beantragt der Behinderte eine Weckuhr für Körperbehinderte (also ein „anderes Hilfsmittel" i. S. d. § 40 Abs. 1 Nr. 2, § 9 VO zu § 47) und ist er mit Ratenzahlungen für Umzugskosten noch für 12 Monate in Höhe von 200 DM monatlich belastet, so sind diese 200 DM vom Einkommen, das über der Einkommensgrenze liegt (also von den 300 DM) abzuziehen. Der Behinderte liegt dann im Ergebnis nur mit 100 DM über der Einkommensgrenze.

b) Ein weiterer praktisch wichtiger Anhaltspunkt nach Absatz 1 Satz 2 ist die **Größe der Familie:** Je mehr Mitglieder die Familie (als Bedarfsgemeinschaft nach § 28) hat, desto mehr soll ihr von dem Betrag belassen werden, der die Einkommensgrenze übersteigt.

c) Im **Ergebnis** ist festzuhalten: Liegt das Einkommen nach Abzug der besonderen Belastungen über der maßgeblichen Einkommensgrenze, dann prüft der SHTr., in welchem Umfang der Einsatz dieses „grenzüberschreitenden" Einkommensteils zur Bedarfsdeckung zumutbar ist. Bei dieser Ermessensentscheidung (h. M., vgl. z. B. OVG Bremen FEVS 36, 338) muß der SHTr. v. a. die Familienverhältnisse (oben b), die Art und Dauer des Bedarfs usw. berücksichtigen. Nach den SHR, die mit schematischen Kriterien und bestimmten Prozentsätzen arbeiten, werden meist 80–100% des „grenzüberschreitenden" Einkommens in Anspruch genommen (z. B. 100% bei einmaligen Leistungen und bei Dauerpflege; s. Erl. zu § 85 Nr. 3).

2. **Absatz 2** enthält eine Ausnahme vom Grundsatz der Gleichzeitigkeit (s. Erl. 5 zu § 79); zu dieser Vorschrift, die in der Praxis keine große Rolle spielt, vgl. Gottschick/Giese § 84 Rz 8 mit Berechnungsbeispiel bei Rz 9).

3. Bei **einmaligen** Leistungen zur Beschaffung der in **Absatz 3** genannten **Bedarfsgegenstände** (das sind im wesentlichen Zahnersatz, orthopädische und andere Hilfsmittel) wird ebenfalls eine Ausnahme vom Grundsatz der Gleichzeitigkeit (s. Erl. 5 zu § 79) gemacht: Der über der Einkommensgrenze liegende Betrag kann nämlich insgesamt **viermal als Eigenanteil** berücksichtigt werden (einmal für den Entscheidungsmonat plus drei weitere Monate). Die Selbsthilfe des Betroffenen wird also auf mehrere Monate „gestreckt" mit der Begründung, daß der „Nichthilfeempfänger bei Beschaffung teuerer und langlebiger Gebrauchsgegenstände in der Regel auch nicht nur auf das Einkommen eines Monats zurückgreifen kann" (vgl. BT-Dr. 7/308, 28).

Im obigen **Beispiel** (s. 1 a) kann also nach Absatz 3 dem Behinderten ein Eigenanteil von insgesamt 400 DM zugemutet werden; kostet die Weckuhr z. B. 300 DM, so kommt eine Kostenübernahme durch den Sozialhilfeträger nicht in Betracht.

Einsatz des Einkommens unter der Einkommensgrenze

85 **Die Aufbringung der Mittel kann, auch soweit das Einkommen unter der Einkommensgrenze liegt, verlangt werden,**

1. soweit von einem anderen Leistungen für einen besonderen Zweck gewährt werden, für den sonst Sozialhilfe zu gewähren wäre,
2. wenn zur Deckung des Bedarfs nur geringfügige Mittel erforderlich sind,
3. soweit bei der Hilfe in einer Anstalt, einem Heim oder einer gleichartigen Einrichtung oder in einer Einrichtung zur teilstationären Betreuung Aufwendungen für den häuslichen Lebensunterhalt erspart werden. Darüber hinaus soll in angemessenem Umfange die Aufbringung der Mittel verlangt werden von Personen, die auf voraussichtlich längere Zeit der Pflege in einer Anstalt, einem Heim oder einer gleichartigen Einrichtung bedürfen, solange sie nicht einen anderen überwiegend unterhalten.

Vom Grundsatz, daß das unter der Einkommensgrenze liegende Einkommen unberücksichtigt bleibt (s. Erl. 2 zu § 79), macht § 85 **drei Ausnahmen:**

1. Erhält der Hilfesuchende (oder eine andere Person der Einsatzgemeinschaft des § 28) Leistungen, die dem **gleichen Zweck** dienen wie die Sozialhilfe, dann kann der Sozialhilfeträger nach **Nr. 1** den Einsatz dieser Leistungen verlangen (z. B. das Kindergeld, auch wenn die Eltern nach §§ 1, 2 BKGG anspruchsberechtigt sind, h. M.; Wohngeld für Heimbewohner, wenn die Unterkunftskosten durch den Pflegesatz mitabgedeckt sind).

Beispiel: Ein Pflegebedürftiger, dessen Einkommen 200 DM unter der maßgeblichen Einkommensgrenze des § 79 liegt, beantragt die Erstattung von Pflegeaufwendungen in Höhe von 100 DM monatlich, die seiner Nachbarin entstehen (s. Erl. 2a) zu § 69). Von seiner Nichte erhält er monatlich 80 DM; diese möchte sich damit an den Kosten der Pflege beteiligen. Die Leistung der Nichte kann auf die Pflegeaufwendungen angerechnet werden.

2. Bei **Bagatellfällen** (nach gängiger Praxis: wenn die Hilfe höchstens 30 DM bei einmaligen Leistungen und höchstens 10 DM bei laufenden Leistungen nicht übersteigt), kann eine Eigenbeteiligung nach **Nr. 2** zugemutet werden.

3. Die für die Praxis wichtige Vorschrift der **Nr. 3** unterscheidet **zwei Fälle:**

a) Bei **stationärer** oder **teilstationärer Unterbringung** kann der Einsatz des Einkommens unter der Einkommensgrenze in Höhe der **ersparten Aufwendungen für den häuslichen Unterhalt** als Kostenbeitrag verlangt werden (**Satz 1).** Denn während des Aufenthalts in der Einrichtung (z. B. Krankenhaus, Sonderkindergarten, Werkstatt für Behinderte) spart der Hilfesuchende Kosten, die er zu Hause hätte (in der Einrichtung wird er ja versorgt, s. Erl. 5 zu § 27). Die Höhe dieser häuslichen Ersparnis wird zwar im Einzelfall unterschiedlich hoch sein; die Praxis orientiert sich aber aus Gründen der Verwaltungsvereinfachung am Regelsatz des Hilfeempfängers und verlangt bei einer Vollunterbringung i. d. R. eine Eigenbeteiligung zwischen 70 und 150% dieses Regelsatzes (unter Berücksichtigung der individuellen Einkommensverhältnisse). Bei einem sechsmonatigen Krankenhausaufenthalt können also z. B. 6 × 70% des maßgeblichen Regelsatzes als Eigenbeteiligung verlangt werden, auch wenn das Einkommen unter der maßgeblichen Einkommensgrenze liegt. Allerdings kann dabei nur die häusliche Ersparnis des Hilfesuchenden selbst bzw. der nach § 28 verpflichteten Angehörigen einen Kostenbeitrag rechtfertigen (BVerwG FEVS 32, 309). Ein Kostenbeitrag kommt nicht in Betracht, wenn eine Ersparnis des häuslichen Lebensunterhalts gar nicht entstehen kann (z. B. weil der Hilfesuchende keine oder zu geringe Mittel hat, um überhaupt den häuslichen Lebensbedarf allein zu bestreiten und eine Einsatzgemeinschaft gem. § 28 nicht besteht).

Bei seiner Ermessensentscheidung muß der SHTr. prüfen, ob besondere Gründe in der Person des Hilfesuchenden ein teilweises oder vollständiges **Absehen** vom Kostenbeitrag gebieten (z. B. damit ein Behinderter die Unterstützung durch nahestehende Personen angemessen honorieren kann).

b) Von Personen, die auf voraussichtlich längere Zeit **stationäre Pflege** nach **Satz 2** bedürfen, wird in der Praxis meist der **volle** Einsatz des Einkommens verlangt, solange sie nicht einen anderen unterhalten. Unter **„längere Zeit der Pflege“** wird im allgemeinen eine länger als 1 Jahr dauernde stationäre Pflege verstanden (vgl. Gottschick/Giese § 85 Rz. 9.3); „Pflege“ i. S. v. Satz 2 umfaßt nach Ansicht des BVerwG (FEVS 32, 309) auch Maßnahmen der Krankenhilfe, der Eingliederungshilfe für Behinderte und der – inzwischen weggefallenen – Tuberkulosehilfe (a. A. zu Recht Gottschick/Giese § 85 Rz 9.1: nur Hilfe zur Pflege i. S. d. § 68).

Die Regelung der Nr. 3 Satz 2 findet i. d. R. Anwendung bei alleinstehenden, teil- oder vollstationär untergebrachten Pflegebedürftigen (ausnahmsweise – aber selten – auch bei stationärer Pflege der ganzen Einsatzgemeinschaft des § 28; nicht also z. B., wenn von einem Ehepaar nur der eine Ehegatte auf längere Zeit im Pflegeheim ist: Auf den außerhalb der Einrichtung lebenden Ehegatten ist die Nr. 3 nicht anwendbar – vgl. DV, Gutachten, NDV 1986, 58; dieser kann allenfalls gem. §§ 90, 91 herangezogen werden).

Beispiel: Der 70jährige F wird dauernd pflegebedürftig und deshalb in einem Pflegeheim untergebracht; der Pflegesatz des Heimes beträgt einschließlich Taschengeld 3000 DM monatlich. Liegt das Einkommen (z. B. die Rente) von F **unter** der maßgeblichen Einkommensgrenze des § 81 Abs. 1 Nr. 5, so muß er es nach gängiger Praxis voll einsetzen (der Sozialhilfeträger beansprucht also z. B. die Rente in voller Höhe für sich). Liegt das Einkommen von F **über** der

Einkommensgrenze (z. B. mit 200 DM), dann wird **zunächst** der **unter** der Einkommensgrenze liegende Teil des Einkommens (der Rente) **voll als Eigenanteil** zugemutet; der **über** der Einkommensgrenze liegende Teil wird nach § 84 Abs. 1 ,,in angemessenem Umfang" als Eigenanteil zugemutet (was in der Praxis aber in Fällen der vorliegenden Art meist 100% bedeutet; im Beispiel würden also die vollen 200 DM, die über der Einkommensgrenze liegen, beansprucht). Die §§ 84 und 85 werden nämlich in der Praxis – gestützt auf die herrschende Meinung – nebeneinander angewendet (also § 84 für das über der Einkommensgrenze, § 85 für das unter der Einkommensgrenze liegende Einkommen; vgl. Knopp/Fichtner § 85 Rz 1). Von seiner Rente kann also F nichts für sich behalten; er erhält lediglich das ,,Taschengeld" nach § 21 Abs. 3.

Auch bei der Ermessensentscheidung nach Nr. 3 Satz 2 muß der SHTr. prüfen, ob nur ein teilweiser oder gar kein Beitrag für die Kosten der Unterbringung zu verlangen ist (z. B. – folgt man der Ansicht des BVerwG aaO – bei einem seelisch Behinderten mit eigenem Arbeitseinkommen in einer Übergangseinrichtung, damit ein selbständiges Wirtschaften – im Hinblick auf ein Leben ohne Eingliederungshilfe – erlernt werden kann).

86 (weggefallen)

Einsatz des Einkommens bei mehrfachem Bedarf

87 (1) **Wird im Einzelfall der Einsatz eines Teils des Einkommens zur Deckung eines bestimmten Bedarfs zugemutet oder verlangt, darf dieser Teil des Einkommens bei der Prüfung, inwieweit der Einsatz des Einkommens für einen anderen, gleichzeitig bestehenden Bedarf zuzumuten ist oder verlangt werden kann, nicht berücksichtigt werden.**

(2) **Sind im Falle des Absatzes 1 für die Bedarfsfälle unterschiedliche Einkommensgrenzen maßgebend, so ist zunächst über die Hilfe zu entscheiden, für welche die niedrigere Einkommensgrenze maßgebend ist.**

(3) **Sind im Falle des Absatzes 1 für die Bedarfsfälle gleiche Einkommensgrenzen maßgebend, jedoch für die Gewährung der Hilfe verschiedene Träger der Sozialhilfe zuständig, so hat die Entscheidung über die Hilfe für den zuerst eingetretenen Bedarf den Vorrang; treten die Bedarfsfälle gleichzeitig ein, so ist das über der Einkommensgrenze liegende Einkommen zu gleichen Teilen bei den Bedarfsfällen zu berücksichtigen.**

1. In der Praxis kommt es nicht selten vor, daß für eine Person verschiedene Hilfen in besonderen Lebenslagen (z. B. für eine alleinerziehende Mutter: vorbeugende Gesundheitshilfe und Hilfe zur Weiter-

führung des Haushalts) oder in einer Familie für mehrere Familienmitglieder unterschiedliche Hilfearten in Betracht kommen. **Absatz 1** regelt für diese Fälle etwas Selbstverständliches: Der Einkommensteil, mit dem der Hilfesuchende den einen Bedarf decken muß, weil sein Einkommen über der Einkommensgrenze liegt (z. B. den Bedarf: Restkosten für die Müttererholungskur), muß bei dem weiteren Bedarf (z. B. nach Hilfe zur Weiterführung des Haushalts) vom Einkommen abgezogen werden (er ist ja für den einen Bedarf bereits verbraucht worden).

2. **Absatz 2** trifft eine Regelung für unterschiedliche Einkommensgrenzen. **Absatz 3** kommt zum Zuge, wenn in den Fällen des Absatzes 1 verschiedene Sozialhilfeträger (z. B. örtlicher und überörtlicher) zuständig sind (Beispiele für die recht komplizierte Regelung dieser beiden Absätze bei Gottschick/Giese § 87 Rz 2, 4).

3. Vgl. auch das **Berechnungsbeispiel 2 im Anhang 3.**

Unterabschnitt 3. Einsatz des Vermögens

Einzusetzendes Vermögen, Ausnahmen

88 **(1) Zum Vermögen im Sinne dieses Gesetzes gehört das gesamte verwertbare Vermögen.**

(2) Die Sozialhilfe darf nicht abhängig gemacht werden vom Einsatz oder von der Verwertung

1. eines Vermögens, das aus öffentlichen Mitteln zum Aufbau oder zur Sicherung einer Lebensgrundlage oder zur Gründung eines Hausstandes gewährt wird,
2. (weggefallen)
3. eines angemessenen Hausrats; dabei sind die bisherigen Lebensverhältnisse des Hilfesuchenden zu berücksichtigen,
4. von Gegenständen, die zur Aufnahme oder Fortsetzung der Berufsausbildung oder der Erwerbstätigkeit unentbehrlich sind,
5. von Familien- und Erbstücken, deren Veräußerung für den Hilfesuchenden oder seine Familie eine besondere Härte bedeuten würde,
6. von Gegenständen, die zur Befriedigung geistiger, besonders wissenschaftlicher oder künstlerischer Bedürfnisse dienen und deren Besitz nicht Luxus ist,
7. eines kleinen Hausgrundstücks, besonders eines Familienheims, wenn der Hilfesuchende das Grundstück allein oder zusammen mit Angehörigen, denen es nach seinem Tode weiter als Wohnung dienen soll, ganz oder teilweise bewohnt,
8. kleinerer Barbeträge oder sonstiger Geldwerte; dabei ist eine besondere Notlage des Hilfesuchenden zu berücksichtigen.

(3) **Die Sozialhilfe darf ferner nicht vom Einsatz oder von der Verwertung eines Vermögens abhängig gemacht werden, soweit dies für den, der das Vermögen einzusetzen hat, und für seine unterhaltsberechtigten Angehörigen eine Härte bedeuten würde. Dies ist bei der Hilfe in besonderen Lebenslagen vor allem der Fall, soweit eine angemessene Lebensführung oder die Aufrechterhaltung einer angemessenen Alterssicherung wesentlich erschwert würde.**

(4) **Der Bundesminister für Jugend, Familie, Frauen und Gesundheit kann durch Rechtsverordnung mit Zustimmung des Bundesrates die Höhe der Barbeträge oder sonstigen Geldwerte im Sinne des Absatzes 2 Nr. 8 bestimmen.**

Verordnung zur Durchführung des § 88 Abs. 2 Nr. 8 des Bundessozialhilfegesetzes

Vom 11. Februar 1988 (BGBl. I S. 150)

Auf Grund des § 88 Abs. 4 des Bundessozialhilfegesetzes in der Fassung der Bekanntmachung vom 20. Januar 1987 (BGBl. I S. 401) wird mit Zustimmung des Bundesrates verordnet:

§ 1. (1) Kleinere Barbeträge oder sonstige Geldwerte im Sinne des § 88 Abs. 2 Nr. 8 des Gesetzes sind,

1. wenn die Sozialhilfe vom Vermögen des Hilfesuchenden abhängig ist,
   a) bei der Hilfe zum Lebensunterhalt 2500 Deutsche Mark,
   b) bei der Hilfe in besonderen Lebenslagen 4500 Deutsche Mark, im Falle des § 67 und des § 69 Abs. 4 Satz 2 des Gesetzes jedoch 8000 Deutsche Mark,

zuzüglich eines Betrages von 500 Deutsche Mark für jede Person, die vom Hilfesuchenden überwiegend unterhalten wird,

2. wenn die Sozialhilfe vom Vermögen des Hilfesuchenden und seines nicht getrennt lebenden Ehegatten abhängig ist,
   der nach Nummer 1 Buchstabe a oder b maßgebende Betrag zuzüglich eines Betrages von 1200 Deutsche Mark für den Ehegatten und eines Betrages von 500 Deutsche Mark für jede Person, die vom Hilfesuchenden oder seinem Ehegatten überwiegend unterhalten wird,
3. wenn die Sozialhilfe vom Vermögen eines minderjährigen unverheirateten Hilfesuchenden und seiner Eltern abhängig ist,
   der nach Nummer 1 Buchstabe a oder b maßgebende Betrag zuzüglich eines Betrages von 1200 Deutsche Mark für einen Elternteil und eines Betrages von 500 Deutsche Mark für den Hilfesuchenden und für jede Person, die von den Eltern oder vom Hilfesuchenden überwiegend unterhalten wird.

Im Falle des § 67 und des § 69 Abs. 4 Satz 2 des Gesetzes tritt an die Stelle des in Satz 1 genannten Betrages von 1200 Deutsche Mark ein Betrag von

3000 Deutsche Mark, wenn beide Eheleute (Nummer 2) oder beide Elternteile (Nummer 3) blind oder behindert im Sinne des § 24 Abs. 1 Satz 2 oder Abs. 2 Satz 1 des Gesetzes sind.

(2) Ist im Falle des Absatzes 1 Satz 1 Nr. 3 das Vermögen nur eines Elternteils zu berücksichtigen, so ist der Betrag von 1200 Deutsche Mark, im Falle des § 67 und des § 69 Abs. 4 Satz 2 des Gesetzes von 3000 Deutsche Mark, nicht anzusetzen. Leben im Falle der Hilfe in besonderen Lebenslagen die Eltern nicht zusammen, so ist das Vermögen des Elternteils zu berücksichtigen, bei dem der Hilfesuchende lebt; lebt er bei keinem Elternteil, so ist Absatz 1 Satz 1 Nr. 1 anzuwenden.

§ 2. (1) Der nach § 1 Abs. 1 Satz 1 Nr. 1 Buchstabe a oder b maßgebende Betrag ist angemessen zu erhöhen, wenn im Einzelfall eine besondere Notlage des Hilfesuchenden besteht. Bei der Prüfung, ob eine besondere Notlage besteht, sowie bei der Entscheidung über den Umfang der Erhöhung sind vor allem Art und Dauer des Bedarfs sowie besondere Belastungen zu berücksichtigen.

(2) Der nach § 1 Abs. 1 Satz 1 Nr. 1 Buchstabe a oder b maßgebende Betrag kann angemessen herabgesetzt werden, wenn die Voraussetzungen des § 92a Abs. 1 Satz 1 des Gesetzes vorliegen.

§ 3. Diese Verordnung gilt nach § 14 des Dritten Überleitungsgesetzes in Verbindung mit § 152 des Bundessozialhilfegesetzes auch im Land Berlin.

§ 4. Diese Verordnung tritt am 1. April 1988 in Kraft. Gleichzeitig tritt die Verordnung zur Durchführung des § 88 Abs. 2 Nr. 8 des Bundessozialhilfegesetzes vom 9. November 1970 (BGBl. I S. 1529), zuletzt geändert durch Verordnung vom 6. Dezember 1979 (BGBl. I S. 2004), außer Kraft.

1. Die Vorschrift konkretisiert die §§ 2, 11, 28, die ihrerseits bereits den Hilfesuchenden zum vorrangigen Einsatz seines Vermögens verpflichten, und bestimmt, was zum Vermögen gehört und in welchem Umfang das Vermögen bzw. einzelne Vermögensgegenstände eingesetzt werden müssen.

2. **Absatz 1** gibt keine Definition dessen, was zum **„verwertbaren Vermögen“** gehört. Man rechnet dazu alle einer Person gehörenden Gegenstände (bewegliche und unbewegliche Sachen, Forderungen, sonstige Rechte), die wirtschaftlich nutzbar sind und für die Zwecke der Sozialhilfe verwertet werden können. Dabei sind Schulden zu berücksichtigen, wenn sie im Fall der Verwertung des Vermögens aus rechtlichen oder zwingenden wirtschaftlichen Gründen vor Deckung des sozialhilferechtlichen Bedarfs getilgt werden müßten, so daß zur Bedarfsdeckung real nichts übrigbleibt (vgl. VGH Bad.-Württ. FEVS 36, 199). Zur Abgrenzung von Vermögen und Einkommen s. § 76 Erl. 2.

3. Vermögen, welches nicht der Pfändung unterliegt (vgl. §§ 811, 812 ZPO) wird auch als nicht verwertbar i. S. des § 88 angesehen, so

z. B. Sachen zum persönlichen Gebrauch (Kleidungsstücke, Wäsche, Hausrat, Nahrungsmittel, Heizungsmaterial).

4. **Absatz 2** enthält einen nicht abschließenden Katalog der Gegenstände, deren Einsatz nicht verlangt werden darf.

5. **Nr. 1** setzt eine spezifische Zweckbindung des Vermögens voraus.

6. **Nr. 2,** die durch das 2. HStruktG aufgehoben worden ist, schützte Vermögensgegenstände, die zum Aufbau oder zur Sicherung einer angemessenen Lebensgrundlage, zur Gründung eines angemessenen Hausstandes oder zur angemessenen Ergänzung des Hausrats ,,alsbald" verwendet wurden, sowie Vermögen, das nachweislich zur alsbaldigen Beschaffung oder Erhaltung eines kleinen Hausgrundstücks i. S. der Nr. 7 bestimmt war, soweit dieser Zweck durch den Einsatz oder die Verwertung des Vermögens gefährdet worden wäre. Heute ist zu prüfen, ob Vermögensgegenstände, die früher unter Nr. 2 fielen, möglicherweise im Rahmen des Absatzes 3 oder des § 89 geschützt werden.

7. **Nr. 3–Nr. 6** schützen Gegenstände, die der Befriedigung spezifischer Bedürfnisse des einzelnen dienen.

8. **Nr. 7** schützt unter bestimmten Voraussetzungen (s. a–c) vor dem Einsatz bzw. der Verwertung eines **,,kleinen Hausgrundstücks".** Im wesentlichen gilt folgendes:

a) ,,Hausgrundstück" sind v. a. **Wohnzwecken** dienende Häuser und Eigentumswohnungen (gleich ob im Eigentum oder Erbbaurecht) sowie Miteigentumsanteile daran.

b) Das Hausgrundstück muß nach h. M. ganz oder teilweise **vom Hilfesuchenden** (allein oder mit den in Nr. 7 genannten Angehörigen i. w. S.) bewohnt werden (vgl. BVerwG FEVS 28, 309; OVG NRW FEVS 33, 163 u. die gängige Praxis; a. A. zurecht Schellhorn/Jirasek/Seipp § 88 Rz 53: Bewohnen durch andere Personen der Einsatzgemeinschaft des § 28 reicht aus).

c) Für die Beurteilung der Frage, ob ein Hausgrundstück **,,klein"** ist, gilt die vom BVerwG entwickelte **Kombinationstheorie** (vgl. BVerwG FEVS 23, 89; 28, 309; ihm folgen Rspr., Literatur und Praxis). Danach sind personen-, sach- und wertbezogene Kriterien zu kombinieren:

- **Personenkriterien:** Zahl der Bewohner und ihr Wohnbedarf in Quadratmetern (z. B. mit Zuschlägen für Behinderte und Pflegebedürftige nach dem jeweiligen individuellen Bedarf); Verkehrsflächen (Flur usw.) sind nicht einzubeziehen (str.).
- **Sachkriterien:** bauliche Ausstattung, Zuschnitt (die Rspr. ist hier zumeist restriktiv); Größe des Hausgrundstücks im Verhältnis zur Bewohnerzahl und den Wohnbedürfnissen.
- **Wertkriterien:** Rspr. und Praxis gehen zumeist von bestimmten Wertgrenzen aus (z. B. 200000 DM Verkehrswert als Obergrenze; mit der Wertermitt-

lung werden i. d. R. die entspr. Bauämter beauftragt). Im einzelnen ist die Praxis der SHTr. sehr unterschiedlich; zumeist wird der Wert aber ohne Berücksichtigung von Belastungen ermittelt (vgl. auch BVerwG FEVS 23, 89; die Belastungen werden anerkannt, wenn sie den geschützten Wert des Hausgrundstücks übersteigen; in dieser Höhe wird die Hilfe dann nicht als Darlehen, sondern als „verlorene" Beihilfe gewährt).

Beispiele aus der Rspr.: VG Arnsberg ZfF 1982, 230; OVG NRW FEVS 31, 341; OVG Bremen FEVS 32, 26; OVG Berlin ZfSH/SGB 1985, 38; VG München ZfSH/SGB 1985, 39 (Verkehrswert: 364000 DM im Einzugsbereich von München); OVG Hamburg FEVS 35, 229; Bay. VGH FEVS 35, 324 (Verkehrswert: 368000 DM; schwerstpflegebedürftiges Kind); VG Berlin FamRZ 1986, 96 (Verkehrswert: 410000 DM bei Heranziehung nicht gesteigerter Unterhaltspflichtiger).

Kein „kleines Hausgrundstück" sind Miet- und Mehrfamilienhäuser, Appartment- und Luxushäuser.

9. Zu **Nr. 8** ist die VO zu § 88 Abs. 2 Nr. 8 ergangen. Die Verordnung unterscheidet vier Konstellationen in Ansehung des Vermögenseinsatzes, nämlich die entsprechende Verpflichtung

(1) des Hilfesuchenden allein,

(2) des Hilfesuchenden und seines nicht getrennt lebenen Ehegatten,

(3) des minderjährigen unverheirateten Hilfesuchenden und seiner Eltern,

(4) des minderjährigen unverheirateten Hilfesuchenden mit nur einem Elternteil.

Einzelheiten sind der nachfolgenden Tabelle (s. Erl. 12) zur Durchführung des § 88 Abs. 2 Nr. 8 zu entnehmen. (Eine Erhöhung der geschützten „kleineren" Beträge ist ab 1. 4. 1988 erfolgt; s. die VO auf S. 196). Sonstige Geldwerte i. S. d. Nr. 8 sind z. B. Wertpapiere, Wechsel, Beträge auf Festgeldkonten, Rückkaufwert von Lebensversicherungen.

10. **Absatz 3** enthält eine **Härteregelung,** bei der auf den Einzelfall abzustellen ist. Als unbestimmter Rechtsbegriff unterliegt der Begriff „Härte" der verwaltungsgerichtlichen Kontrolle (vgl. BVerwGE 23, 149; Gottschick/Giese § 88 Rz. 6–8).

Die Härteklausel wird zumeist durch SHR konkretisiert (u. a. zugunsten von pflegebedürftigen bzw. behinderten Hilfesuchenden im Hinblick auf die Verwertung eines nicht nach Nr. 7 geschützten Hausgrundstücks); die Rspr. sollte nicht restriktiver sein als diese Verwaltungsvorschriften. Eine Härte i. S. d. Abs. 3 kann z. B. vorliegen, wenn der Hilfesuchende das Haus unter großen Opfern erworben hat oder wenn Bauspargelder bzw. ein aus dem Pflegegeld angespartes Bauguthaben für die Errichtung einer behindertengerechten Wohnung vorgesehen sind (vgl. auch DV, Gutachten, NDV 1985, 232; Bay. VGH FEVS 35, 324; VG Wiesbaden NVwZ 1987, 923).

11. **Absatz 4** enthält die Ermächtigungsgrundlage für die VO zu § 88 Abs. 2 Nr. 8.

12. Tabelle zur Durchführung des § 88 Abs. 2 Nr. 8 BSHG

Sozialhilfe (Jugendhilfe) ist abhängig vom Vermögen	HILFE zum Lebensunterhalt DM	HILFE in bes. Lebenslagen u. z. Erziehung DM	Blindenhilfe und Pflegegeld nach § 69 Abs. 4 Satz 2 allg. DM	Blindenhilfe und Pflegegeld nach § 69 Abs. 4 Satz 2 wenn beide Ehegatten (o. Elternteile) blind sind DM
1. des Hilfesuchenden allein				
a) Grundbetrag	2500	4500	8000	–
für jede Person, die vom Hilfesuchenden überwiegend unterhalten wird	je 500	je 500	je 500	–
2. des Hilfesuchenden und seines nicht getrennt lebenden Ehegatten				
a) Grundbetrag	2500	4500	8000	8000
b) Ehegatte	1200	1200	1200	3000
c) für jede Person, die vom Hilfesuchenden oder seinem Ehegatten überwiegend unterhalten wird	je 500	je 500	je 500	je 500
3. eines minderjährigen, unverheirateten Hilfesuchenden und seiner Eltern				
a) Grundbetrag	2500	4500	8000	8000
b) ein Elternteil	1200	1200	1200	3000
c) Hilfesuchender	500	500	500	500
d) für jede Person, die von den Eltern oder vom Hilfesuchenden überwiegend unterhalten wird	je 500	je 500	je 500	je 500
4. eines minderjährigen, unverheirateten Hilfesuchenden und des Elternteils, bei dem der Hilfesuchende lebt, wenn die Eltern nicht zusammenleben				
a) Grundbetrag	2500	4500	8000	–
b) Hilfesuchender	500	500	500	
c) für jede Person, die von dem Elternteil oder dem Hilfesuchenden überwiegend unterhalten wird	je 500	je 500	je 500	

Stand: 1. 4. 1988

Darlehen

89 Soweit nach § 88 für den Bedarf des Hilfesuchenden Vermögen einzusetzen ist, jedoch der sofortige Verbrauch oder die sofortige Verwertung des Vermögens nicht möglich ist oder für den, der es einzusetzen hat, eine Härte bedeuten würde, soll die Sozialhilfe als Darlehen gewährt werden. Die Gewährung kann davon abhängig gemacht werden, daß der Anspruch auf Rückzahlung dinglich oder in anderer Weise gesichert wird.

1. Die Vorschrift verfolgt den Zweck, Härten zu vermeiden, die dadurch entstehen können, daß ein **Vermögen** gemäß § 88 eingesetzt werden muß, eine sofortige Auflösung dieses Vermögens jedoch wirtschaftlich nicht sinnvoll wäre (z. B. weil sie mit einer relativ hohen wirtschaftlichen Einbuße verbunden wäre, die Kosten einer alsbaldigen Verwertung unverhältnismäßig hoch wären o. ä.). Statt dessen erlaubt die Vorschrift, die **Verwertung in die Zukunft** zu verlagern (z. B. bis zum Ablauf einer Festlegungsfrist im Falle einer langfristigen Geldanlage oder bis zur Kursstabilisierung von Wertpapieren, deren aktueller Marktwert vorübergehend besonders niedrig liegt).

2. Die Vorschrift darf nicht dazu eingesetzt werden, Vermögen, dessen Verwertung gemäß § 88 Abs. 2 **ausgeschlossen** ist, dem künftigen Zugriff des Trägers der Sozialhilfe auszusetzen; darin läge eine Umgehung des § 88 Abs. 2.

Der Verlust einer Familien-Heimstatt bei Verwertung eines nicht geschützten Hausgrundstücks kann eine Härte i. S. des Satzes 1 darstellen. Wird eine Härte i. S. d. § 88 Abs. 3 bejaht, ist Sozialhilfe als Zuschuß, nicht als Darlehen zu gewähren (a. A. BVerwG FEVS 23, 89).

3. Weigert sich derjenige, der zum Einsatz des Vermögens verpflichtet ist, die Hilfe als Darlehen entgegenzunehmen, so kann sie versagt werden, wenn die Deckung des Bedarfs des Hilfesuchenden durch die Verwertung des Vermögens gesichert ist. Der Träger der Sozialhilfe ist in diesem Fall also nicht zur Gewährung von Sozialhilfe verpflichtet.

4. **Satz 2** räumt dem Träger der Sozialhilfe die Möglichkeit ein, nach pflichtmäßigem Ermessen eine **Sicherung** (Pfandrecht, Bürgschaft usw.) des Rückzahlungsanspruchs aus dem Darlehen zu verlangen. Auch die sonstigen Darlehensbedingungen kann der Träger der Sozialhilfe nach seinem pflichtgemäßen Ermessen festsetzen.

5. Zur Darlehensgewährung und ihren Modalitäten s. Erl. zu § 15b.

Abschnitt 5. Verpflichtungen anderer

Übergang von Ansprüchen

90 **(1) Hat ein Hilfeempfänger oder haben Personen nach § 28 für die Zeit, für die Hilfe gewährt wird, einen Anspruch gegen einen anderen, der kein Leistungsträger im Sinne von § 12 des Ersten Buches Sozialgesetzbuch ist, kann der Träger der Sozialhilfe durch schriftliche Anzeige an den anderen bewirken, daß dieser Anspruch bis zur Höhe seiner Aufwendungen auf ihn übergeht. Er kann den Übergang dieses Anspruchs auch wegen seiner Aufwendungen für diejenige Hilfe zum Lebensunterhalt bewirken, die er gleichzeitig mit der Hilfe für den in Satz 1 genannten Hilfeempfänger dessen nicht getrennt lebendem Ehegatten und dessen minderjährigen unverheirateten Kindern gewährt. Der Übergang des Anspruchs darf nur insoweit bewirkt werden, als bei rechtzeitiger Leistung des anderen entweder die Hilfe nicht gewährt worden wäre oder in den Fällen des § 11 Abs. 2, des § 29 und des § 43 Abs. 1 Aufwendungsersatz oder ein Kostenbeitrag zu leisten wäre. Der Übergang ist nicht dadurch ausgeschlossen, daß der Anspruch nicht übertragen, verpfändet oder gepfändet werden kann.**

(2) Die schriftliche Anzeige bewirkt den Übergang des Anspruchs für die Zeit, für die dem Hilfeempfänger die Hilfe ohne Unterbrechung gewährt wird; als Unterbrechung gilt ein Zeitraum von mehr als 2 Monaten.

(3) Widerspruch und Anfechtungsklage gegen den Verwaltungsakt, der den Übergang des Anspruchs bewirkt, haben keine aufschiebende Wirkung.

(4) Absatz 1 gilt nicht, wenn in den Fällen des § 19 Abs. 2 und des § 20 Abs. 2 Hilfe zum Lebensunterhalt zuzüglich einer Entschädigung für Mehraufwendungen gewährt wird. Die §§ 115 und 116 des Zehnten Buches Sozialgesetzbuch gehen der Regelung des Absatzes 1 vor.

1. Die Sozialhilfeträger sind vielfach gezwungen, zur Behebung der Notlage eines Hilfebedürftigen in ,,Vorlage" zu treten, weil andere ihren Verpflichtungen nicht nachkommen. Um die Sozialhilfeträger vor solchen säumigen Verpflichteten zu schützen, aber auch um ungerechtfertigte Nachzahlungen der anderen Verpflichteten an den Sozialhilfeempfänger zu vermeiden, mußte ein Instrument geschaffen werden, mit dessen Hilfe der Nachrang der Sozialhilfe (s. § 2) wiederhergestellt werden kann. Dieses Instrument ist der in den §§ 90 und 91 geregelte Übergang von Ansprüchen (zumeist **,,Überleitung"** ge-

nannt): Damit kann der Sozialhilfeträger Ansprüche des Hilfeempfängers gegen bestimmte Dritte auf sich überleiten (zu den Ausnahmen s. Erl. 2); er kann also einen Gläubigerwechsel herbeiführen, mithin sich selbst anstelle des Hilfeempfängers zum Gläubiger dieser Ansprüche machen (vgl. z. B. BVerwGE 34, 219; 42, 198; 50, 64). Zugleich greift diese Überleitung in die Rechtssphäre des Hilfeempfängers ein: Er verliert seine Forderung gegen den Dritten. Die Voraussetzungen und die Grenzen dieses Forderungsverlusts durch die Überleitung sind deshalb gleichfalls – zum Schutz des Hilfeempfängers – Gegenstand der §§ 90, 91.

2. Der Überleitungsmöglichkeit nach § 90 **gehen** insbesondere **vor**

- die **Erstattungsansprüche** nach §§ 102ff. SGB X (s. Absatz 1 Satz 1; dazu unten Erl. 7a);
- die **Erstattungs-** und **Ersatzansprüche** der §§ 115 und 116 SGB X (s. Absatz 4 Satz 2; zu diesen Ansprüchen unten Erl. 7b);

Neben der Überleitungsmöglichkeit nach § 90 besteht die Berechtigung des SHTr., die **Auszahlung** von Leistungen bei einem anderen Sozialleistungsträger zu beantragen (vgl. § 48 Abs. 1 S. 1 SGB I; dazu unten Erl. 7c).

3. Der Anwendungsbereich des § 90 ist somit stark eingeschränkt: **Hauptfälle** sind – i. V. m. § 91 – die Überleitung von **Unterhaltsansprüchen nach bürgerlichem Recht** (s. Erl. zu § 91) und die **Überleitung von sonstigen Ansprüchen in Geld oder Geldeswert gegen „Private"** (Ausnahme: Erl. 7b) und **Beihilfeträger** des öffentlichen Dienstes. Dies sind v. a. Ansprüche

a) gegen eine **private Kranken-** bzw. **Unfallversicherung** sowie **Beihilfeansprüche** eines Angehörigen des öffentlichen Dienstes (auch für die in § 28 genannten Personen);

b) aus **Altenteil- und Leibgedingverträgen** (Geldansprüche; Naturalversorgungs- und Wohnansprüche, diese ersatzweise als Geldrente, wenn der Berechtigte die Ansprüche – z. B. wegen Pflege im Heim – nicht wahrnehmen kann; vgl. Germer BWNotZ 1983, 73; Schneider/Winkler ZfF 1986, 193; Büllesbach ZfSH/SGB 1987, 344);

c) **erbrechtlicher Art** (z. B. Anspruch aus Vermächtnis; Pflichtteilsanspruch; Pflichtteilsergänzungsanspruch, vgl. BGH FamRZ 1986, 1197 zur Frist des § 2325 Abs. 3 BGB; ferner Frank BWNotZ 1983, 153; Winkler ZfF 1987, 56). Ist der Hilfesuchende als Erbe (z. B. durch Vor- und Nacherbschaft mit Testamentsvollstreckung) beschwert, so kann er die Erbschaft ausschlagen und den Pflichtteil verlangen; die Ausschlagung ist allerdings ein Gestaltungsrecht, das der SHTr. nicht nach § 90 auf sich übergeleiten kann.

d) auf **Herausgabe einer Schenkung,** wenn der Schenker (z. B. der Vater) nach Vollziehung der Schenkung (z. B. eines Grundstücks an den Sohn) außerstande ist, seinen angemessenen Unterhalt (z. B. in einem Pflegeheim) zu bestreiten; vgl. §§ 528, 529 BGB (dazu z. B. BVerwG FEVS 36, 309: bei der Überleitung gilt der Schutz des § 91 Abs. 3 nicht; ferner z. B. Hesse ZfSH/SGB

1985, 549; Schneider/Winkler ZfF 1986, 175; BGH FamRZ 1986, 778 zum Wertersatz; BGH ZfSH/SGB 1986, 324 zum Erlöschen des Herausgabeanspruchs; BGH NDV 1986, 401 zur Pflichtschenkung i. S. d. § 534 BGB; OLG Köln FamRZ 1986, 988 zur Sittenwidrigkeit einer Grundstücksschenkung und § 826 BGB).

Insgesamt betrachtet zeigt die Entwicklung der Rspr., daß Vermögensdispositionen zum ,,Ausmanöverieren" der SHTr. (zurecht) nur in besonders gelagerten Ausnahmefällen zum Ziel führen können (zum Unterhaltsverzicht s. § 91 Erl. 6).

4. Der Anspruch, dessen Überleitung im **Ermessen** des Sozialhilfeträgers steht (s. **Absatz 1 Satz 1:** ,,kann"; vgl. BVerwGE 19, 149), muß für dieselbe Zeit bestehen, in der Sozialhilfe geleistet wurde (sog. **Grundsatz der Gleichzeitigkeit**); davor liegende Zeiten, für die z. B. eine Nachzahlung fällig ist, werden also nicht erfaßt. Der Sozialhilfeträger kann den Anspruch aber nur bis zur Höhe seiner Aufwendungen überleiten (der ,,Rest" des Anspruchs verbleibt also dem Anspruchberechtigten). Allerdings ist das Überleitungsrecht des Sozialhilfeträgers nicht nur auf die Deckung der Aufwendungen für den Sozialhilfeempfänger selbst beschränkt: Auch Leistungen der Hilfe zum Lebensunterhalt an die in § 28 genannten Personen können aus dem Anspruch gedeckt werden (s. **Absatz 1 Satz 2**): **Grundsatz der überleitungsrechtlichen Familieneinheit**.

5. Eine Überleitung kommt u. a. dann **nicht** in Betracht, wenn Hilfe in besonderen Lebenslagen geleistet wurde und selbst die rechtzeitige Leistung durch den Dritten nichts an der Bedürftigkeit des Hilfeempfängers geändert hätte (wenn die Zahlung des Dritten also nur ,,Tropfen auf den heißen Stein" gewesen, weil auch damit die maßgebliche Einkommensgrenze nicht überschritten worden wäre, s. **Absatz 1 Satz 3, Halbsatz 1**).

6. Die übergeleiteten Ansprüche **behalten ihre Rechtsnatur** und sind deshalb im Streitfall auf dem entsprechenden Rechtsweg geltend zu machen (privatrechtliche Ansprüche also vor den Zivilgerichten usw.). Die **Überleitung der Ansprüche** selbst wird vom SHTr. durch schriftliche Anzeige an den Dritten bewirkt (sog. **Überleitungsanzeige** gem. **Abs. 1 Satz 1),** die ein belastender Verwaltungsakt ist, vgl. **Absatz 3).** Das VG prüft im Streitfall nur, ob die Überleitung **nach öffentlichem Recht** wirksam ist (z. B. im Hinblick auf § 91 Abs. 3), vgl. z. B. BVerwGE 34, 219; 58, 209; FEVS 35, 441; FEVS 36, 309; es prüft aber nicht Bestand und Umfang des Anspruchs, außer wenn ein solcher Anspruch offensichtlich nicht besteht. Zur **Klagebefugnis** des **Drittschuldners** gegen die Überleitung vor dem VG vgl. BVerwGE 29, 229; 56, 220; 58, 209: ja bei Überleitung bürgerlich-rechtlicher Unterhaltsansprüche; BVerwG FEVS 36, 309: ja, wenn die Überleitung ,,familiäre Belange" des Drittschuldners betrifft; vgl. auch Mehr ZfSH/SGB 1986, 28).

Die unverzügliche schriftliche sog. **Rechtswahrungsanzeige** nach **Absatz 2,** die mit der Überleitungsanzeige verbunden werden kann und der Mahnung vergleichbar ist, ermöglicht die Inanspruchnahme des Dritten auch für die Vergangenheit (ab Bewilligung der Sozialhilfe; vgl. BGH FamRZ 1985, 793). Zur Umschreibung von (z. B. durch Urteil) titulierten Ansprüchen auf den SHTr. nach § 727 ZPO vgl. z. B. OLG Karlsruhe FamRZ 1987, 852.

7. Sondervorschriften, die § 90 vorgehen:

a) Nach **§ 102 SGB X hat** der aufgrund einzelner gesetzlicher Vorschriften vorläufig leistende Sozialleistungsträger gegen den eigentlich verpflichteten Sozialleistungsträger einen Erstattungsanspruch; diese Vorschrift kann dem SHTr., der generell vorleistungspflichtig ist, praktisch nicht zugutekommen (s. sogleich zu § 104 SGB X).

Nach **§ 104 SGB X** hat der Sozialhilfeträger einen **Erstattungsanspruch,** wenn er in einer Notlage nach dem BSHG Sozialhilfe gewähren mußte, obwohl er nur nachrangig verpflichtet ist (z. B. weil das Arbeitslosengeld nicht rechtzeitig gezahlt wurde; oder im Fall des § 44, s. Erl. zu § 44; vgl. Giese ZfSH/SGB 1985, 385; BSG SozR 2200 § 182b Nr. 32; OVG Berlin FEVS 36, 282; Bay. VGH ZfSH/SGB 1987, 480; ferner z. B. BSG FEVS 36, 303 zur Gleichartigkeit und Gleichzeitigkeit). Zum Rechtsweg vgl. § 114 SGB X.

Die Abwicklung dieser Ersatzansprüche richtet sich nach §§ 106ff. SGB X; die übrigen Erstattungsansprüche (nach §§ 103 u. 105 SGB X) haben für den Bereich der Sozialhilfe keine praktische Bedeutung.

b) Nach **§ 115 SGB X** hat der Sozialhilfeträger **Erstattungsansprüche gegen den Arbeitgeber,** wenn dieser seine Verpflichtung zur Zahlung von Arbeitsentgelt nicht oder nur teilweise erfüllt, der Arbeitnehmer dadurch sozialhilfebedürftig wird und deshalb der Sozialhilfeträger Sozialhilfe leisten muß. Den übergegangenen Anspruch auf Arbeitsentgelt muß der Sozialhilfeträger im Streitfall vor dem Arbeitsgericht geltend machen.

Nach **§ 116 SGB X** gehen **Schadensersatzansprüche des Geschädigten** (z. B. aus unerlaubter Handlung gemäß §§ 823ff. BGB, nach dem Straßenverkehrsgesetz usw.) auf den Sozialhilfeträger über, soweit dieser auf Grund des Schadensereignisses Sozialhilfe an den Geschädigten zu erbringen hat (z. B. wenn ein Selbständiger infolge eines Verkehrsunfalls, den ein Dritter schuldhaft verursacht hat, sein Gewerbe monatelang nicht ausüben kann und deshalb Sozialhilfe erhält). Der Geschädigte hat allerdings ein Befriedigungsvorrecht, d. h. den vollen (Erst-)Zugriff auf die zur Verfügung stehende Schadenssumme; nur der überschießende Teil des Schadensersatzanspruchs geht auf den Sozialhilfeträger über (§ 116 Abs. 2 und 4 SGB X). In der Praxis stehen sich bei § 116 SGB X meist der Sozialhilfeträger und ein privater Versicherungsträger gegenüber, der den Schaden zu decken hat (eingehend Plagemann ZfSH/SGB 1985, 9).

c) Nach **§ 48 Abs. 1 S. 1 und 2 SGB I** können laufende Geldleistungen, die zur Sicherung des Lebensunterhalts bestimmt sind (z. B. Arbeitslosengeld bzw. -hilfe, Rente) in angemessener Höhe an den Ehegatten oder an die Kinder des Leistungsberechtigten ausgezahlt werden, wenn dieser ihnen gegenüber seiner gesetzlichen Unterhaltspflicht nicht nachkommt; die Auszahlung kann auch an die Stelle (z. B. den SHTr.) erfolgen, die dem Ehegatten Unterhalt gewährt (in der Praxis **Abzweigung** genannt).

Beispiel: Eine mittellose Ehefrau und ihr Kind erhalten Hilfe zum Lebensunterhalt, weil der getrennt lebende (Arbeitslosengeld – Alg – beziehende) Ehemann seiner gesetzlichen Unterhaltspflicht nicht nachkommt. Der SHTr. kann beim zuständigen Arbeitsamt (AA) Antrag auf Abzweigung eines Teils des Alg an sich stellen (um sich insoweit als nachrangig Verpflichteter zu entlasten). Das AA entscheidet nach pflichtgemäßem Ermessen, ob es abzweigt; die Höhe der Abzweigung an den SHTr. bzw. des Selbstbehalts für den Ehemann bestimmt das AA grundsätzlich schematisch nach der sog. Düsseldorfer Tabelle (s. § 91 Erl. 5), weil die Abzweigung eine Soforthilfemaßnahme ohne größeren Verwaltungsaufwand sein soll (vgl. z. B. BSGE 57, 59, 30; zur abweichenden Bemessung im Einzelfall vgl. BSG FamRZ 1987, 274).

Ansprüche gegen einen nach bürgerlichem Recht Unterhaltspflichtigen

91 (1) **Der Träger der Sozialhilfe darf den Übergang eines Anspruchs nach § 90 gegen einen nach bürgerlichem Recht Unterhaltspflichtigen nicht bewirken, wenn der Unterhaltspflichtige mit dem Hilfeempfänger im zweiten oder in einem entfernteren Grade verwandt ist. In den übrigen Fällen darf er den Übergang nur in dem Umfange bewirken, in dem ein Hilfeempfänger nach den Bestimmungen des Abschnitts 4 mit Ausnahme des § 84 Abs. 2 und des § 85 Nr. 3 Satz 2 sein Einkommen und Vermögen einzusetzen hätte.**

(2) **Für die Vergangenheit kann ein Unterhaltspflichtiger außer unter den Voraussetzungen des bürgerlichen Rechts nur in Anspruch genommen werden, wenn ihm die Gewährung der Sozialhilfe unverzüglich schriftlich mitgeteilt worden ist.**

(3) **Der Träger der Sozialhilfe soll davon absehen, einen nach bürgerlichem Recht Unterhaltspflichtigen in Anspruch zu nehmen, soweit dies eine Härte bedeuten würde; er soll vor allem von der Inanspruchnahme unterhaltspflichtiger Eltern absehen, soweit einem Behinderten, einem von einer Behinderung Bedrohten oder einem Pflegebedürftigen nach Vollendung des 21. Lebensjahres Eingliederungshilfe für Behinderte oder Hilfe zur Pflege gewährt wird. Der Träger der Sozialhilfe kann davon absehen, einen Unterhaltspflichtigen in Anspruch zu nehmen, wenn anzunehmen ist,**

daß der mit der Inanspruchnahme des Unterhaltspflichtigen verbundene Verwaltungsaufwand in keinem angemessenen Verhältnis zu der Unterhaltsleistung stehen wird.

1. **Allgemeines.** Auch bei § 91 geht es um die **Wiederherstellung** des **Nachrangs** (s. Erl. zu § 90): Denn die Sozialhilfe ist auch gegenüber den Verpflichtungen Unterhaltspflichtiger nachrangig (s. § 2 Abs. 2 S. 1). Deshalb ist **vor** Gewährung von Sozialhilfe i. d. R. zunächst zu prüfen, ob der Hilfesuchende seinen Bedarf nicht ganz oder zumindest teilweise dadurch befriedigen kann, daß er **Unterhaltsansprüche** realisiert. Allerdings braucht die Durchsetzung von Unterhaltsansprüchen (v. a. im Wege der Klage durch den Unterhaltspflichtigen vor dem Zivilgericht) i. d. R. eine gewisse Zeit; oft reichen die (voraussichtlichen) Leistungen des Unterhaltspflichtigen nicht aus, um den gesamten Bedarf abzudecken. Die bloße Aussicht auf Unterhalt bzw. nur ungenügender Unterhalt vermögen aber nicht, den durch die Notlage bedingten gegenwärtigen Bedarf des Hilfesuchenden rechtzeitig und ausreichend zu decken. In einer solchen Situation wäre der Verweis auf Selbsthilfe nicht gerechtfertigt. Der Sozialhilfeträger muß vielmehr die erforderliche Hilfe – bei Vorliegen der Leistungsvoraussetzungen – gewähren. Dann kann er freilich mit dem Instrument der Überleitung nach §§ 90, 91 den Nachrang der Sozialhilfe wiederherstellen, indem er **sich selbst zum Gläubiger** des Unterhaltsanspruchs (anstelle des Hilfeempfängers) macht und den Anspruch gegen den Unterhaltspflichtigen realisiert. Dem Sozialhilfeträger als neuem Gläubiger werden freilich vom Gesetzgeber gewisse Beschränkungen bei der Durchsetzung der Unterhaltsansprüche auferlegt (s. Erl. 5ff.).

2. Mit § 91 werden aus dem (umfassenden) Anwendungsbereich des § 90 **Sonderregelungen für Unterhaltsansprüche** getroffen, die nach bürgerlichem Recht dem Hilfeempfänger (möglicherweise) gegen Dritte zustehen. § 91 bezieht sich unstreitig auf gesetzliche Unterhaltspflichten. Vertragliche Unterhaltspflichten fallen richtiger Ansicht nach nur dann unter § 91 (und seine Schutzvorschriften), wenn sie wesentliche Elemente der gesetzlichen Unterhaltspflicht aufweisen (verwandtschaftliche Beziehung, einseitige Verpflichtung, keine Rückforderung des erbrachten Unterhalts); nicht aber, wenn sie sich aus einem wirtschaftlichen Austauschvertrag ergeben (offengelassen von BVerwG ZfSH/SGB 1987, 260). Auch der Rückgewähranspruch aus § 528 gegen einen beschenkten Verwandten fällt nicht unter § 91 (vgl. BVerwG aaO; s. auch § 90 Erl. 3d).

3. Für **gesetzliche Unterhaltsansprüche** gelten u. a. folgende gemeinsame Grundsätze:

a) Die Unterhaltspflicht hängt von der **Leistungsfähigkeit** des Verpflichteten, der Unterhaltsanspruch von der **Bedürftigkeit** des Berechtigten ab. Wer nicht ausreichend eigenes Einkommen hat, braucht nicht zu leisten; wer aus eigenen Kräften und Mitteln für sich sorgen kann, hat keinen Anspruch.

b) Die **Rangfolge** mehrerer leistungsfähiger Unterhaltspflichtiger bestimmt sich nach §§ 1584, 1586a Abs. 1, 1603 Abs. 2 S. 2, 1606, 1608, 1615l Abs. 3 S. 2, 1751 Abs. 4 BGB. Für die Rangfolge mehrerer Bedürftiger gelten die §§ 1582, 1609, 1615l Abs. 3 S. 3 BGB.

c) Der Unterhalt wird i. d. R. als (monatliche) **Geldrente** im voraus geleistet (§ 1612 Abs. 1 und 3 BGB; vgl. aber § 1360 S. 2 BGB: durch Haushaltsführung; § 1606 Abs. 3 S. 2 BGB: durch Pflege und Erziehung des Kindes). **Eltern** können nach § 1612 Abs. 2 BGB gegenüber ihren unverheirateten (auch volljährigen) Kindern die Art der Unterhaltsgewährung selbst bestimmen (z. B. Naturalunterhalt – Wohnung, Verpflegung usw. – im elterlichen Haushalt; zum Nachrang der Hilfe zum Lebensunterhalt in diesen Fällen vgl. VG München info also 1987, 138 mit Anm. Trenk-Hinterberger).

d) Der Unterhalt umfaßt grundsätzlich den **gesamten Lebensbedarf** (Nahrung, Wohnung, Kleidung, Ausbildung, Sozialversicherung, Arztkosten usw.). Sein Maß richtet sich nach der Lebensstellung des Bedürftigen (§§ 1610 Abs. 1 u. 3, 1615f. u. g BGB), beim Ehegattenunterhalt nach den jeweiligen ehelichen Lebensverhältnissen (§§ 1360 S. 1, 1361 Abs. 1 S. 1 BGB), beim Geschiedenenunterhalt nach den ehelichen Lebensverhältnissen z. Z. der Scheidung (§§ 1578 Abs. 1, 58 Abs. 1 EheG a. F.).

Anders als der sozialhilferechtliche Bedarf umfaßt der **Unterhaltsbedarf** v. a. **nicht** die Übernahme von Zahlungsverpflichtungen (z. B. Mietschulden: anders § 15a), Hilfe bei Schwangerschaftsabbruch, Sterilisation und Familienplanung (anders §§ 37a u. b), Hilfen im Hinblick auf das Arbeitsleben (wie sie in §§ 40 Abs. 1 Nr. 6 und 7, 40 Abs. 2 vorgesehen sind). Für solche Bedarfe gewährte Sozialhilfe kann der Unterhaltspflichtige mithin nicht herangezogen werden.

Zur **Höhe** des Unterhalts s. Erl. 5ff.

e) Auf Unterhalt kann grundsätzlich nicht für die Zukunft **verzichtet** werden (§ 1614 Abs. 1 BGB; vgl. auch § 1615e Abs. 1 S. 2 BGB: kein unentgeltlicher Verzicht). Ausnahmen: §§ 1585c BGB, 72 EheG für die Zeit nach der Scheidung; ein solcher Unterhaltsverzicht ist aber **unwirksam,** wenn der Unterhaltsanspruch vom SHTr. bereits übergeleitet wurde bzw. wenn er (auch ohne Schädigungsabsicht) nach Inhalt, Zweck und Motiv des Verzichts zu Lasten des SHTr. sittenwidrig ist (dazu BGH FamRZ 1983, 137 u. 930; FamRZ 1987, 152; VG München FamRZ 1985, 292).

f) Der vom Unterhaltspflichtigen zu zahlende Betrag wird **begrenzt** durch die Höhe der gewährten Sozialhilfe.

g) Zur Einstandspflicht von Unterhaltspflichtigen in einer Bedarfs (Einstands-) gemeinschaft s. die Erl. zu §§ 11 Abs. 1 S. 2, 28; zur Auskunftspflicht des Unterhaltspflichtigen und des Arbeitgebers des Unterhaltspflichtigen s. die Erl. zu § 116.

4. Das **BGB** unterscheidet zwischen **gesteigert** und **nicht gesteigert Unterhaltspflichtigen** (s. Erl. 5 u. 6). Dieser Unterscheidung **folgt das Sozialhilferecht** bei der Heranziehung, die entsprechend dem bürgerlichrechtlichen Haftungsmaßstab „gestaffelt“ wird.

5. **Gesteigert Unterhaltspflichtige.** a) Gesteigert unterhaltspflichtig sind im wesentlichen:

- **Eltern gegenüber ihren minderjährigen unverheirateten Kindern** (gleich, ob diese ehelich, nichtehelich, für ehelich erklärt, durch nachfolgende Ehe legitimiert oder adoptiert sind; §§ 1603 Abs. 2, 1615a, 1736, 1740f, 1719, 1754 BGB);
- **Ehegatten untereinander** (§ 1360, bei getrennt lebenden Ehegatten § 1361 BGB).

Der gesteigert Unterhaltspflichtige ist nun nach dem BGB in der Regel gehalten, **alle** verfügbaren Mittel zu seinem und der gesteigert Unterhaltsberechtigten Unterhalt gleichmäßig zu verwenden: Die gesteigert Unterhaltspflichtigen müssen also gleichsam ,,bis zum letzten Pfennig" teilen. Das bedeutet aber, daß der gesteigert Unterhaltspflichtige den Gürtel enger schnallen und seinen eigenen Lebensunterhalt einschränken muß. Wie hoch sein Bedarf anzusetzen ist, welcher Betrag also dem gesteigert Unterhaltspflichtigen zum eigenen Lebensunterhalt zu belassen ist (sog. **Garantiebetrag**), wird im BSHG nicht geregelt. Die Praxis der Sozialhilfe richtet sich zumeist nach den ,,Empfehlungen für die Heranziehung Unterhaltspflichtiger" des DV (vgl. DV 1978; neu bearbeitete Fassung in NDV 1987, 273 u. mit Erläuterungen DV 1988. Auch dieser Neufassung wird die Praxis erfahrungsgemäß folgen, wenn auch – wie früher – mit Modifikationen; im Einzelfall sind deshalb stets die entspr. Verwaltungsvorschriften der SHTr. zu beachten). In den Empfehlungen wird zwischen dem Einsatz des Einkommens bei Gewährung von **Hilfe zum Lebensunterhalt** (unten b) und bei Gewährung von **Hilfe in besonderen Lebenslagen** (unten c) sowie dem Einsatz des **Vermögens** unterschieden (unten d).

b) Wird dem gesteigert unterhaltsberechtigten Sozialhilfeempfänger **Hilfe zum Lebensunterhalt** gewährt, dann kann der gesteigert Unterhaltspflichtige von seinem Gesamteinkommen einen **Gesamt-Garantiebetrag** für sich beanspruchen. Die Ermittlung dieses Garantiebetrags (Mindestselbstbehalts) kann unterschiedlich erfolgen:

aa) Nach den **Empfehlungen des DV von 1978** soll sich der Mindestselbstbehalt zusammensetzen aus dem Betrag, der dem Unterhaltspflichtigen (und seinen weiteren tatsächlich unterhaltenen, gesteigert unterhaltsberechtigten Angehörigen) zustehen würde als

- laufende Leistung zum Lebensunterhalt (Regelsatz für den Unterhaltspflichtigen, Regelsätze der entspr. Altersstufe für die genannten Angehörigen; plus Mehrbedarfszuschläge; plus Kosten der Unterkunft einschließlich Heizung)
- plus 25% der Summe der jeweiligen Regelsätze (zur Abgeltung einmaliger Leistungen; maßgeblich sind die am Wohnort des Unterhaltspflichtigen geltenden Regelsätze)
- plus Betrag für notwendige und unaufschiebbare Aufwendungen des Unter-

haltspflichtigen (z. B. Ausbildung, Krankheit, Behinderung) für sich selbst und die genannten Angehörigen.

bb) Nach den **Empfehlungen des DV von 1987** (krit. Renn info also 1987, 113) soll dem Unterhaltspflichtigen (**erster Schritt**) grundsätzlich der Mindestselbstbehalt verbleiben, wie er sich aus der „Düsseldorfer Tabelle" ergibt; wenn der Unterhaltspflichtige (außer dem Hilfeempfänger) anderen gesteigert unterhaltsberechtigten Angehörigen Unterhalt leistet (z. B. seinem Ehegatten bzw. minderjährigen Kind), muß ihm außer dem genannten Mindestselbstbehalt für sich auch der notwendige Betrag für diese Angehörigen nach Maßgabe der „Düsseldorfer Tabelle" verbleiben (diese Tabelle wird in der jeweils gültigen Fassung regelmäßig z. B. in der FamRZ u. NJW veröffentlicht).

Diesem Mindestselbstbehalt ist – **zweiter Schritt** – das (in entsprechender Anwendung des § 76) bereinigte Einkommen gegenüberzustellen (so schon DV 1978; s. § 76 Erl. 4 u. 5, §§ 77 Erl. 4 u. 5 zu Wohn- und Kindergeld). Darüberhinaus sind bei der Einkommensermittlung die Zins- und Tilgungsbeträge derjenigen berücksichtigungsfähigen Schulden (Anmerkung II B 5 der „Düsseldorfer Tabelle") einkommensmindernd anzuerkennen, für die der Unterhaltspflichtige haftet und die er erfüllt; aus der Ehe herrührende Schulden sind i. d. R. zu berücksichtigen.

Der über den Mindestselbstbehalt (des Unterhaltspflichtigen und der genannten Angehörigen) hinausgehende Betrag kann dann (**dritter Schritt**) als Unterhaltsbeitrag in Anspruch genommen werden. Um die Sozialhilfebedürftigkeit des Unterhaltspflichtigen auszuschließen, ist allerdings (**vierter Schritt**) eine sozialhilferechtliche „Gegenprobe" zu machen: Dem Unterhaltspflichtigen (und den genannten Angehörigen) soll ein bestimmter, die Sozialhilfebedürftigkeit ausschließender Garantiebetrag verbleiben; dieser Betrag ist nach der oben aa) dargestellten Methode zu ermitteln.

c) Wird dem gesteigert unterhaltsberechtigten Sozialhilfeempfänger **Hilfe in besonderen Lebenslagen** (z. B. Hilfe zur Pflege) gewährt, dann wird der gesteigert Unterhaltspflichtige bei der Ermittlung seines Unterhaltsbeitrags nach **Absatz 1 Satz 2** so behandelt, als wenn er **selbst Hilfeempfänger** (z. B. pflegebedürftig) wäre. Das bedeutet: Der Garantiebetrag, der dem Unterhaltspflichtigen (und den in § 28 genannten Angehörigen) zu belassen ist, muß (unabhängig davon, wie die Leistungsfähigkeit nach bürgerlichem Recht zu ermitteln ist) jedenfalls der – i. d. R. günstigeren und deshalb maßgeblichen – Einkommensgrenze nach §§ 79, 81 entsprechen (je nach Art der dem Unterhaltsberechtigten gewährten Hilfe in besonderen Lebenslagen).

d) Gesteigert Unterhaltspflichtige haben grundsätzlich auch ihr **Vermögen** einzusetzen, wenn das Einkommen nicht ausreicht, den Bedarf des Unterhaltsberechtigten abzudecken (vgl. z. B. §§ 1603, 1581 S. 2

BGB). Für die Feststellung, ob und inwieweit dem Unterhaltspflichtigen der Einsatz von Vermögen zuzumuten ist, gilt § 88 (vgl. **Absatz 1 Satz 2**).

6. **Nicht gesteigert Unterhaltspflichtige.** a) Nicht gesteigert Unterhaltspflichtige sind im wesentlichen:

- **Verwandte in gerader Linie untereinander** (vgl. §§ 1589 S. 1, 1601 i. V. m. §§ 1603 Abs. 1, 1615a, 1736, 1740f, 1754 BGB), also Personen, die **voneinander abstammen,** z. B. Eltern gegenüber ihren volljährigen Kindern bzw. Kinder gegenüber ihren Eltern (s. aber unten 7a) bzw. solchen **gleichstehen.**
  Keine (rechtliche) Unterhaltspflicht besteht also zwischen **Geschwistern** und **Verschwägerten;** sie kommen damit auch nicht für eine Heranziehung nach §§ 90, 91 in Betracht.
- der **Vater eines nichtehelichen Kindes gegenüber dessen Mutter** für die in § 1615l BGB genannte Zeit;
- **Ehegatten,** deren Ehe nach dem 30. 6. 1977 geschieden (aufgehoben oder für nichtig erklärt) wurde. Zwischen ihnen besteht ein Unterhaltsanspruch, wenn der Ehegatte nicht selbst – wegen der in §§ 1570–1576 BGB genannten Umstände – für seinen Unterhalt sorgen kann (§ 1569 BGB).

Der nicht gesteigert Unterhaltspflichtige ist nur insoweit zum Unterhalt verpflichtet, als er in der Lage ist, die Unterhaltsleistung – bei Berücksichtigung seiner sonstigen Verpflichtungen – ohne Gefährdung seines **eigenen angemessenen Unterhalts** zu gewähren (§ 1603 Abs. 1 BGB). Die Verpflichtung geht also nicht so weit wie beim gesteigert Unterhaltspflichtigen: Es wird nicht Solidarität „bis zum letzten Pfennig“, sondern ein Weniger verlangt. Die Praxis der Sozialhilfe trägt dem dadurch Rechnung, daß sie den **Garantiebetrag** für den nicht gesteigert Unterhaltspflichtigen sowohl beim Einkommen (s. unten b) als auch beim Vermögen (s. unten c) **großzügiger ansetzt;** im übrigen orientiert sie sich auch hier an den bereits erwähnten Empfehlungen des DV (1978). Für nicht gesteigert unterhaltspflichtige **Ehegatten** (s. o.) soll nach den Empfehlungen des DV von 1987 der angemessene Eigenbedarf gemäß der „Düsseldorfer Tabelle“ (Anm. A 5) maßgebend sein. Für die **übrigen** nicht gesteigert Unterhaltspflichtigen soll wie folgt verfahren werden:

b) Wird dem Unterhaltsberechtigten Sozialhilfe gewährt (gleich, ob **Hilfe zum Lebensunterhalt** oder **Hilfe in besonderen Lebenslagen**), dann kann der nicht gesteigert Unterhaltspflichtige von seinem Gesamteinkommen einen **Gesamt-Garantiebetrag** für sich beanspruchen, der sich zusammensetzt aus:

- dem doppelten Regelsatz für den Unterhaltspflichtigen und den anderthalbfachen (je nach Alter abgestuften) Regelsatz für die von ihm unterhaltenen unterhaltsberechtigten Angehörigen (es gelten die Regelsätze am Wohnort des Unterhaltspflichtigen)

- plus den Kosten der Unterkunft (auch etwaige angemessene Tilgungskosten z. B. für ein Eigenheim)
- plus 10% des (i. S. d. § 76) bereinigten Einkommens (s. § 76 Erl. 4 u. 5) zur Erhaltung eines angemessenen Lebensstandards
- plus 10% des monatlichen Netto-Erwerbseinkommens i. S. d. § 76 für erwerbstätige Unterhaltspflichtige als Anreiz zur Arbeit. Soweit besondere Belastungen anfallen (z. B. Abzahlungsverpflichtungen) sind sie in Anlehnung an § 84 (s. § 84 Erl. 1 a) als erhöhter Eigenbedarf anzuerkennen.

Nach der Ermittlung des Garantiebetrages gemäß dieser Methode ist dann, wenn dem Unterhaltsberechtigten **Hilfe in besonderen Lebenslagen** gewährt wird, eine ,,Gegenprobe" anhand des Absatzes 1 Satz 2 zu machen (wobei die §§ 84 Abs. 2 und 85 Nr. 3, aber auch – so DV 1987 – § 84 Abs. 3 nicht anzuwenden sind; s. auch Erl. 5c).

Für die Einkommensermittlung gilt das oben (Erl. 5bbb) Gesagte entsprechend.

Von dem Betrag, der über den Eigenbedarf des Unterhaltspflichtigen hinausgeht, sind nach den Empfehlungen des DV von 1987 i. d. R. 50% als Unterhaltsbeitrag in Anspruch zu nehmen (der dem alleinstehenden Unterhaltspflichtigen nach der ,,Düsseldorfer Tabelle" i. d. R. zustehende Mindestbetrag ist dabei zu berücksichtigen).

c) Bei der Heranziehung des **Vermögens** nicht gesteigert Unterhaltspflichtiger wird in der Praxis zumeist

- die Freigrenze des geschützten Barvermögens (s. § 88 Abs. 2 Nr. 8) verdreifacht,
- Betriebs- und Grundvermögen nicht berücksichtigt, soweit es zur Einkommenserzielung des Unterhaltspflichtigen notwendig ist,
- bei der Freilassung von Vermögenswerten, die für die Alterssicherung bestimmt sind, großzügig verfahren.

7. **Besonderer Schutz der Unterhaltspflichtigen.** Über den Schutz hinaus, der durch die relativ großzügige Bemessung des Garantiebetrages gewährt wird, sieht das Gesetz eine Reihe von Fällen vor, in denen von einer Heranziehung Unterhaltspflichtiger **abgesehen werden muß, soll oder kann.**

a) Von einer Heranziehung **muß** abgesehen werden, wenn der Unterhaltspflichtige mit dem Hilfeempfänger im **zweiten** oder **entfernteren Grade verwandt** ist **(Absatz 1 Satz 1).** Damit ist es dem Sozialhilfeträger untersagt, Enkel (Urenkel usw.) sowie Großeltern (Urgroßeltern usw.) des Hilfeempfängers heranzuziehen.

b) Eine Heranziehung **muß** auch dann entfallen, wenn der Hilfeempfänger nach **§§ 19, 20** Arbeit leistet (die auch auf diese Weise ,,honoriert" wird, s. § 90 Abs. 4 S. 1) oder wenn die Sozialhilfe einen Bedarf gedeckt hat, der von der **bürgerlich-rechtlichen** Unterhaltspflicht überhaupt **nicht erfaßt** wird (z. B. Leistungen nach § 40 Abs. 1 Nr. 6 und 7 oder Leistungen nach § 75; s. auch oben Erl. 2e).

c) Von einer Heranziehung **muß** schließlich in den Fällen des § 72

Abs. 3 bei Gewährung persönlicher Hilfe bzw. bei Gefährdung des Erfolgs der Hilfe abgesehen werden.

d) Von einer Heranziehung **soll** abgesehen werden bei unterhaltspflichtigen Eltern, soweit deren über 21 Jahre altem Kind Eingliederungshilfe für Behinderte oder Hilfe zur Pflege gewährt wird (**Absatz 3 Satz 1, Halbsatz 2;** zu Kindern unter 21 Jahren s. auch Erl. zu § 43 Abs. 2).

Dabei ist zu beachten, daß es sich hier um eine **spezielle Ausprägung** der allgemeinen Härteklausel (dazu e) handelt. Ist bei Vorliegen spezieller (mit der Behinderung bzw. Pflegebedürftigkeit zusammenhängender) Umstände eine „spezielle" Härte anzunehmen, muß (außer in besonderen Ausnahmefällen) schon deshalb – **unabhängig von Einkommen und Vermögen** – von einer Heranziehung abgesehen werden (**Beispiel:** jahrelange häusliche Betreuung eines Pflegebedürftigen, der jetzt Heimpflege erhält, unter Verzicht auf Berufstätigkeit, Urlaub und Freizeit). Erst wenn ein solcher Härtefall nicht vorliegt, kann in der Praxis ein Unterhaltsbeitrag (v. a. bei Hilfebedürftigen über 27 Jahre), allerdings nur bei hohem Einkommen bzw. großem Vermögen verlangt werden (das Nähere regeln Verwaltungsvorschriften; eingehend Wendt 1987).

Schließt die Härteklausel die Heranziehung der Eltern aus, muß den Ehegatten auch das Kindergeld verbleiben (also keine isolierte Überleitung des Kindergeldes), sofern sie sich noch um die im Rahmen der Eingliederungshilfe betreuten Kinder – auch mit finanziellen Belastungen – kümmern (vgl. OVG NRW FamRZ 1986, 98). Die Härteregelung gilt ihrem Sinn und Zweck nach auch bei häuslicher Pflege mit Gewährung von **Hilfe zum Lebensunterhalt** (vgl. VG Braunschweig ZfF 1985, 158).

e) Von einer Heranziehung **soll** der Sozialhilfeträger absehen, soweit dies eine **Härte** bedeuten würde **(Absatz 3 Satz 1, Halbsatz 1);** entscheidend ist die Lage des Einzelfalles (vgl. BVerwGE 29, 229; 58, 209; die Praxis stellt an das Vorliegen einer „Härte" hohe Anforderungen (genügen sollte freilich z. B. die drohende Zerstörung der Familienbeziehungen). Ob eine Härte gegeben ist, unterliegt der verwaltungsgerichtlichen Nachprüfung (vgl. BVerwGE 58, 209).

f) Von der Heranziehung **soll** schließlich abgesehen werden im Fall des § 75 Abs. 4 bei Gewährung persönlicher Hilfe.

g) Der Sozialhilfeträger **kann** in **Bagatellfällen** (z. B. bei einem Unterhaltsbeitrag unter 20 DM) von einer Heranziehung absehen (**Absatz 3 Satz 2**).

8. **Zur Rechtswahrungsanzeige und Überleitung der Unterhaltsansprüche** s. schon § 90 Erl. 6. Mit der sog. **Rechtswahrungsanzeige** (s. **Absatz 2**) sichert der Sozialhilfeträger die Inanspruchnahme des Unterhaltspflichtigen für die **Vergangenheit** (vergleichbar einer Mahnung nach dem BGB, die in Verzug setzt; vgl. BVerwGE 50, 66). Der Rechtswahrungsanzeige wird in aller Regel ein Fragebogen zur Feststellung der Unterhaltsverpflichtung mit dem Hinweis auf die Auskunftspflicht des Unterhaltspflichtigen (s. Erl. zu § 116 Abs. 1) beigefügt.

Ergibt die Prüfung, daß der Verpflichtete Unterhalt zu leisten hat, so kann der **Übergang des Unterhaltsanspruches** – mit Rückwirkung auf den Zeitpunkt der Hilfegewährung – auf den Sozialhilfeträger durch Zustellung der **schriftlichen Überleitungsanzeige** (Absatz 1 Satz 1) bewirkt werden; ist die Berechnung des Unterhaltsanspruchs zum Zeitpunkt der Überleitung noch nicht möglich (z. B. weil noch einige Angaben fehlen), so kann die Überleitung auch dem Grunde nach – also unbeziffert – erfolgen (vgl. BVerwGE 42, 198).

Kommt der Unterhaltspflichtige seinen Verpflichtungen nicht nach, so kann der Sozialhilfeträger den auf ihn übergegangenen Unterhaltsanspruch im Mahnverfahren (§§ 688ff. ZPO) oder durch Klage vor den Zivilgerichten (§§ 253ff. ZPO) geltend machen.

Zum **zweigleisigen Regreßverfahren** (Überleitung durch Verwaltungsakt, Rechtsschutz dagegen im verwaltungsgerichtlichen Verfahren; Durchsetzung des übergeleiteten Anspruchs im zivilgerichtlichen Verfahren) und den damit verbundenen Komplikationen vgl. Giese ArchsozArb 1985, 157; Schulze-Werner/Bischoff NJW 1986, 696.

9. Zur Heranziehung Unterhaltspflichtiger s. auch das **Berechnungsbeispiel 3 im Anhang 3.**

Feststellung der Sozialleistungen

91 a **Der erstattungsberechtigte Träger der Sozialhilfe kann die Feststellung einer Sozialleistung betreiben sowie Rechtsmittel einlegen. Der Ablauf der Fristen, die ohne sein Verschulden verstrichen sind, wirkt nicht gegen ihn; dies gilt nicht für die Verfahrensfristen, soweit der Träger der Sozialhilfe das Verfahren selbst betreibt.**

1. In der Praxis kommt es häufig vor, daß der Sozialhilfeträger eine Leistung erbringen soll (z. B. einen Elektrorollstuhl als Maßnahme der Eingliederungshilfe für Behinderte nach § 40 Abs. 1 Nr. 2), weil z. B. der für den Hilfeempfänger zuständige Sozialversicherungsträger (etwa die AOK) die Leistung verweigert hat. Der Sozialhilfeträger hat naturgemäß ein Interesse daran, daß die Leistungsverpflichtung des Sozialversicherungsträgers (des anderen Sozialleistungsträgers) festgestellt wird und damit zugleich geklärt ist, daß der Sozialhilfeträger in diesem (und in einem gleichgelagerten) Fall nicht (mehr) leisten muß. § 91a gibt ihm die Möglichkeit, dieses Interesse zu verwirklichen: Der Sozialhilfeträger kann danach im **eigenen Namen** (an Stelle des Hilfeempfängers) vorgehen, um die Leistungsverpflichtung des Sozialversicherungsträgers (des anderen Sozialleistungsträgers) feststellen zu lassen (durch Klage vor dem Sozialgericht bzw. Verwaltungsgericht).

2. § 91a setzt voraus, daß es sich um **Sozialleistungen** handelt (nicht nur solche i. S. d. § 11 SGB I, sondern auch anderweitig geregelte, z. B. im LAG; h. M.); ferner muß der SHTr. **„erstattungsberechtigt“** sein: Nach Sinn und Zweck des § 91a genügt es allerdings, daß der SHTr. über die Gewährung von Sozialhilfe dem Grunde nach positiv entschieden hat; tatsächliche Leistungserbringung ist nicht erforderlich (h. M.; anders die Voraufl.).

3. Der Ablauf von Fristen wirkt nach **Satz 2** nicht gegen den Träger der Sozialhilfe, wenn die Fristen ohne sein Verschulden verstrichen sind (z. B. weil die AOK es unterläßt, dem Sozialhilfeträger eine Kopie des Bescheids zuzustellen, mit dem sie die Ausstattung mit dem Elektrorollstuhl ablehnt, und der Behinderte die Rechtsbehelfsfrist verstreichen läßt).

4. Neben dem Feststellungsverfahren nach § 91a hat der Sozialhilfeträger **wahlweise** die Möglichkeit, seine Erstattungsansprüche nach §§ 102ff. SGB X in einem eigenen (getrennten) Verfahren geltend zu machen (vgl. Gottschick/Giese § 91a Rz 6).

Abschnitt 6. Kostenersatz

Allgemeines

92 (1) **Eine Verpflichtung zum Ersatz der Kosten der Sozialhilfe nach diesem Gesetz besteht nur in den Fällen der §§ 92a und 92c; eine Verpflichtung zum Kostenersatz nach anderen Rechtsvorschriften bleibt unberührt.**

(2) **Eine Verpflichtung zum Kostenersatz besteht in den Fällen der §§ 92a und 92c nicht, wenn nach § 19 Abs. 2 oder nach § 20 Abs. 2 Hilfe zum Lebensunterhalt zuzüglich einer Entschädigung für Mehraufwendungen gewährt wird.**

1. Sozialhilfe muß **grundsätzlich nicht zurückgezahlt** werden **(Absatz 1);** sie soll kein Mühlstein für die Zukunft sein (vgl. Schulte/Trenk-Hinterberger 1986, 423). Eine Ausnahme von diesem Grundsatz sehen nur die § 92a und 92c vor (s. dort).

Liegt einer der Ersatztatbestände der §§ 92a oder 92c vor, dann wird der Anspruch durch Verwaltungsakt (Leistungsbescheid) geltend gemacht. Von der Heranziehung zum Kostenersatz kann abgesehen werden, wenn die Forderung nicht oder nur mit unverhältnismäßig hohem Verwaltungsaufwand beigetrieben werden kann (letzteres i. d. R. bei Kosten unter 100 DM). In **Absatz 2** honoriert der Gesetzgeber die vom Sozialhilfeempfänger geleistete gemeinnützige und zusätzliche Arbeit (§§ 19 Abs. 2, 20) mit einem Verzicht auf Kostenersatz, selbst wenn die Voraussetzungen der §§ 92a, 92c vorliegen.

2. Vom Kostenersatz nach §§ 92–92c sind zu **unterscheiden:**

a) Die Verpflichtung zur **Beteiligung** des Sozialhilfeempfängers und anderer Personen an den Kosten der Hilfe (s. §§ 11 Abs. 2 und 3, 29, 43, 72 Abs. 3, 84, 85).

b) Die **Erstattung** von Sozialhilfe, die aufgrund **falscher Angaben** gewährt wurde: Sie beurteilt sich nach den §§ 45, 50 SGB X (Rücknahme des Bewilligungsbescheids und Rückforderung der zu Unrecht erbrachten Sozialhilfe). In Betrugsfällen besteht daneben ein zivilrechtlicher Anspruch auf Schadensersatz nach §§ 823ff. BGB. Die Vorschriften der §§ 92–92c setzen hingegen voraus, daß die Sozialhilfe nach den Bestimmungen des BSHG **zu Recht** gewährt wurde (BVerwGE 29, 295; 67, 163; OVG NRW FEVS 35, 457).

c) Die Rückzahlung von Sozialhilfe, die in Form eines **Darlehens** gewährt wurde (s. §§ 15a und b, 27 Abs. 2 S. 2, 30 Abs. 3, 89). Dies ist insbesondere dann der Fall, wenn Sozialhilfe als „Überbrückung" (z. B. bis zur Zahlung von Rente, Arbeitslosenunterstützung oder Unterhalt) gewährt wurde. Die Nachzahlung der Rente usw. wird dann mit dem Sozialhilfe-Darlehen verrechnet.

Kostenersatz bei schuldhaftem Verhalten

92a (1) **Zum Ersatz der Kosten der Sozialhilfe ist verpflichtet, wer nach Vollendung des 18. Lebensjahres die Voraussetzungen für die Gewährung der Sozialhilfe an sich selbst oder an seine unterhaltsberechtigten Angehörigen durch vorsätzliches oder grobfahrlässiges Verhalten herbeigeführt hat. Von der Heranziehung zum Kostenersatz kann abgesehen werden, soweit sie eine Härte bedeuten würde; es ist davon abzusehen, soweit die Heranziehung die Fähigkeit des Ersatzpflichtigen beeinträchtigen würde, künftig unabhängig von Sozialhilfe am Leben in der Gemeinschaft teilzunehmen.**

(2) **Eine nach Absatz 1 eingetretene Verpflichtung zum Ersatz der Kosten geht auf den Erben über. Der Erbe haftet nur mit dem Nachlaß.**

(3) **Der Anspruch auf Kostenersatz erlischt in 3 Jahren vom Ablauf des Jahres an, in dem die Hilfe gewährt worden ist. Die Bestimmungen des Bürgerlichen Gesetzbuchs über die Hemmung und Unterbrechung der Verjährung gelten entsprechend; der Erhebung der Klage steht der Erlaß eines Leistungsbescheides gleich.**

1. Die Sozialhilfe muß zunächst für die Beseitigung der Notlage sorgen. Nach den **Gründen** für die Notlage kann sie zwar fragen, aber grundsätzlich nicht, um die Hilfe zu verweigern, sondern um zu prü-

fen, ob sie später zurückgezahlt werden muß, weil der Sozialhilfeempfänger seine Notlage oder die Notlage seiner unterhaltsberechtigten Angehörigen vorsätzlich oder grob fahrlässig herbeigeführt hat (**Absatz 1 Satz 1:** Vorwurf eines nicht mehr hinnehmbaren Versagens des Hilfeempfängers bei der Steuerung seines „Gemeinschaftsverhaltens").

2. **Vorsätzliches oder grob fahrlässiges Verhalten** (das nicht rechtswidrig, aber **sozialwidrig** – d.h. gesellschaftlich mißbilligt – sein muß; vgl. BVerwGE 51, 61) kann z. B. vorliegen bei einem:

a) Kraftfahrer, der infolge Trunkenheit einen Unfall verursacht und deshalb Krankenhilfe (§ 37) oder Eingliederungshilfe für Behinderte (§§ 39ff.) erhält;

b) Familienvater, der wegen einer Straftat (z. B. Betrugs) inhaftiert ist, wenn für seine Ehefrau und Kinder Hilfe zum Lebensunterhalt geleistet wurde (VG Bremen ZfF 1966, 24);

c) Ehemann, der seine mittellose Ehefrau mit Gewalt zum Verlassen des Hauses zwingt, so daß sie auf Sozialhilfe angewiesen ist;

d) Arbeitslosen, der durch schweres eigenes Verschulden die Arbeitsstelle verloren hat (vgl. aber OVG Lüneburg FEVS 21, 171 zum Verlust aus religiösen Gründen). Ferner bei einem Arbeitslosen, der sich nicht arbeitslos meldet und deshalb den Krankenversicherungsschutz verliert (OVG Lüneburg FEVS 36, 196 zur Krankenhilfe; anders u. U. hinsichtlich der Hilfe zum Lebensunterhalt);

e) Familienvater, der seinen Beruf aufgibt, um sich weiterzubilden (BVerwGE 51, 61; OVG Bremen FEVS 29, 197; VG Hannover ZfF 1986, 135);

f) Hilfsbedürftigen, der die Vorsorge für den Krankheitsfall (durch Krankenversicherung) unterläßt (OVG Berlin FEVS 29, 138 u. NDV 1987, 455; vgl. aber VGH Bad.-Württ. FEVS 35, 108: nur in besonderen Fällen, z. B. bei Unterlassen trotz Anratens des SHTr.).

3. Ein **Härtefall** nach **Absatz 1 Satz 2,** bei dem vom Kostenersatz abgesehen werden kann, liegt insbesondere vor, wenn die Lebensgrundlage des Kostenersatzpflichtigen und seiner Angehörigen gefährdet würde (z. B. durch Verlust der Wohnung oder durch Absinken unter einen **„Garantiebetrag",** den die Praxis meist mit 1¼ des Regelsatzes zuzüglich Mehrbedarf und Kosten der Unterkunft ansetzt). Bei Strafentlassenen sollte zum Zwecke der Resozialisierung von der Heranziehung zum Kostenersatz abgesehen werden.

4. Hemmung und Unterbrechung der Verjährung sind in den §§ 202–217 BGB geregelt.

92 b (weggefallen)

Kostenersatz durch Erben

92 c **(1) Der Erbe des Hilfeempfängers oder seines Ehegatten, falls dieser vor dem Hilfeempfänger stirbt, ist zum Ersatz der Kosten der Sozialhilfe mit Ausnahme der vor dem 1. Januar**

1987 entstandenen Kosten der Tuberkulosehilfe verpflichtet. Die Ersatzpflicht besteht nur für die Kosten der Sozialhilfe, die innerhalb eines Zeitraumes von 10 Jahren vor dem Erbfall aufgewendet worden sind und die das Zweifache des Grundbetrages nach § 81 Abs. 1 übersteigen. Die Ersatzpflicht des Erben des Ehegatten besteht nicht für die Kosten der Sozialhilfe, die während des Getrenntlebens der Ehegatten gewährt worden ist. Ist der Hilfeempfänger der Erbe seines Ehegatten, so ist er zum Ersatz der Kosten nach Satz 1 nicht verpflichtet.

(2) **Die Ersatzpflicht des Erben gehört zu den Nachlaßverbindlichkeiten; der Erbe haftet nur mit dem Nachlaß.**

(3) **Der Anspruch auf Kostenersatz ist nicht geltend zu machen,**

1. **soweit der Wert des Nachlasses unter dem Zweifachen des Grundbetrages nach § 81 Abs. 1 liegt,**
2. **soweit der Wert des Nachlasses unter dem Betrag von 30000 Deutsche Mark liegt, wenn der Erbe der Ehegatte des Hilfeempfängers oder mit diesem verwandt ist und nicht nur vorübergehend bis zum Tode des Hilfeempfängers mit diesem in häuslicher Gemeinschaft gelebt und ihn gepflegt hat,**
3. **soweit die Inanspruchnahme des Erben nach der Besonderheit des Einzelfalles eine besondere Härte bedeuten würde.**

(4) **Der Anspruch auf Kostenersatz erlischt in 3 Jahren nach dem Tode des Hilfeempfängers oder seines Ehegatten. § 92a Abs. 3 Satz 2 gilt entsprechend.**

1. Gehört zum **Nachlaß eines Sozialhilfeempfängers** Vermögen, das zu seinen Lebzeiten als sog. **Schonvermögen** aus sozialen Gründen geschützt war (z. B. ein kleines Haus i. S. des § 88 Abs. 2 Nr. 7), dann wäre es unbillig, wenn auch dem Erben dieser Schutz zugute käme, obwohl bei ihm die sozialen Gründe für die Schonung des Vermögens nicht vorliegen (das gleiche gilt für die Schutzvorschrift des § 88 Abs. 3). Der Nachlaß des Hilfeempfängers muß also ohne sozialhilferechtliche ,,Schutzhülle" auf den Erben übergehen. Der Gesetzgeber hat deshalb eine **Kostenersatzpflicht des Erben** und – wenn der Ehegatte des Hilfeempfängers von einem Dritten beerbt wird – des Erben des Ehegatten bestimmt. Diese **eigenständige Erbenhaftung** ist von der (strengeren) Kostenersatzpflicht des Hilfeempfängers zu unterscheiden, die auf den Erben nach § 92a Abs. 2 übergeht.

Wer **Erbe** ist, bestimmt sich nach §§ 1922ff. BGB (Erbe ist deshalb auch der nicht befreite Vorerbe; vgl. BVerwGE 66, 61). Der **Umfang des Nachlasses** ergibt sich aus Testament, Erbvertrag oder gesetzlicher Erbfolge. **Nachlaß** ist der um die Nachlaßverbindlichkeiten (z. B. Beerdigungskosten, Mietschulden) gekürzte Rohnachlaß (vgl. OVG Lüneburg FEVS 31, 197).

2. Der Erbe haftet nicht uneingeschränkt. **Nicht ersatzpflichtig** sind

a) die vor dem 1. 1. 1987 entstandenen Kosten der Tuberkulosehilfe **(Absatz 1 Satz 1),**

b) die Sozialhilfekosten, die mehr als 10 Jahre vor dem Erbfall aufgewandt wurden **(Absatz 1 Satz 2),**

c) die Sozialhilfekosten, die zwar innerhalb eines Zeitraums von 10 Jahren vor dem Erbfall aufgewendet wurden, aber unter dem Zweifachen des Grundbetrages nach § 81 Abs. 1 liegen (Absatz 1 Satz 2, **Absatz 3 Nr. 1;** auch bei einer Mehrheit von Erben ist dieser Betrag nur einmal vom Nachlaß abzusetzen, vgl. BVerwGE 27, 100). Übersteigt der Sozialhilfeaufwand diese Bagatellgrenze, so ist nur der übersteigende Betrag zu ersetzen.

Die 10-Jahres-Frist (früher: 5 Jahre) wurde durch das Haushaltsbegleitgesetz 1984 eingeführt.

3. Bei einem **Nachlaß im Wert unter 30000 DM** kann nach **Absatz 3 Nr. 2** kein Anspruch auf Kostenersatz gemacht werden, wenn der Hilfeempfänger

- von seinem **Ehegatten** oder von einem **Verwandten** (s. § 1589 BGB) beerbt wird und diese Personen
- **nicht nur vorübergehend** bis zum Tode des Hilfeempfängers mit diesem **in häuslicher Gemeinschaft gelebt** und ihn **gepflegt** (d. h. stetig, nicht unwesentlich betreut) haben. Als „nicht nur vorübergehend" wird in der Praxis meist ein Zeitraum von 6 Monaten angesehen; entscheidend bleiben aber die Verhältnisse des Einzelfalls, so daß auch ein kürzerer Zeitraum in Betracht kommt (vgl. Schellhorn/Jirasek/Seipp § 92c Rz 17). Durch die Regelung des Absatzes 3 Nr. 2 würdigt der Gesetzgeber die materiellen und ideellen Bemühungen der Familienangehörigen um den Hilfeempfänger, dem auf diese Weise eine stationäre (für die Sozialhilfe auch teurere) Unterbringung erspart wird.

4. **Kein** Anspruch auf Kostenersatz besteht schließlich im Falle des **Absatzes 3 Nr. 3.** Eine **besondere Härte** i. S. dieser Vorschrift liegt z. B. vor, wenn der Erbe den Hilfeempfänger gepflegt hat, aber nicht mit ihm verwandt ist (s. Absatz 3 Nr. 2), oder wenn die Inanspruchnahme für den Erben eine wesentliche Erschwerung einer angemessenen Lebensführung bzw. seiner angemessenen Altersversorgung bedeuten würde.

5. Der **Erbe des Ehegatten des Hilfeempfängers** ist grundsätzlich in gleicher Weise kostenersatzpflichtig wie der Erbe des Hilfeempfängers. **Keine** Ersatzpflicht besteht aber

a) für die während des Getrenntlebens der Ehegatten aufgewendete Sozialhilfe (s. Absatz 1 Satz 3),

b) wenn der Ehegatte nach dem Hilfeempfänger stirbt (s. Absatz 1 Satz 1),

c) wenn der Hilfeempfänger selbst der Erbe seines Ehegatten ist (s. Absatz 1 Satz 4); hier bleibt die sozialhilferechtliche „Schutzhülle" folgerichtig bestehen.

Abschnitt 7. Einrichtungen, Arbeitsgemeinschaften

Einrichtungen

93 **(1) Zur Gewährung von Sozialhilfe sollen die Träger der Sozialhilfe eigene Einrichtungen nicht neu schaffen, soweit geeignete Einrichtungen der in § 10 Abs. 2 genannten Träger der freien Wohlfahrtspflege vorhanden sind, ausgebaut oder geschaffen werden können.**

(2) Der Träger der Sozialhilfe ist zur Übernahme der Kosten der Hilfe in einer Einrichtung eines anderen Trägers nur verpflichtet, wenn mit dem Träger der Einrichtung oder seinem Verband eine Vereinbarung über die Höhe der zu übernehmenden Kosten besteht; in anderen Fällen soll er die Kosten übernehmen, wenn dies nach der Besonderheit des Einzelfalles geboten ist, um angemessenen Wünschen des Hilfeempfängers (§ 3 Abs. 2 und 3) zu entsprechen. Die Vereinbarungen und die Kostenübernahme müssen den Grundsätzen der Wirtschaftlichkeit, Sparsamkeit und Leistungsfähigkeit Rechnung tragen. Sind sowohl Einrichtungen der in § 10 genannten Träger als auch anderer Träger vorhanden, die zur Gewährung von Sozialhilfe in gleichem Maße geeignet sind, soll der Träger der Sozialhilfe Vereinbarungen nach Satz 1 vorrangig mit den in § 10 genannten Trägern abschließen. § 95 des Zehnten Buches Sozialgesetzbuch und landesrechtliche Vorschriften über die zu übernehmenden Kosten bleiben unberührt.

1. Die Sozialhilfeträger sind verpflichtet, darauf hinzuwirken, daß geeignete Einrichtungen für die Gewährung von Sozialhilfe rechtzeitig und ausreichend zur Verfügung stehen (s. § 17 Abs. 1 Nr. 2 SGB I); sie haben aber **nicht** die Pflicht, **Sachleistungen** (z. B. Beratung Suchtkranker, Betreuung Behinderter, Pflege alter Menschen) **selbst,** also in eigenen Einrichtungen zu erbringen. Die Sozialhilfeträger haben nur die Verpflichtung **sicherzustellen,** daß der Hilfesuchende die im Gesetz vorgesehene erforderliche Hilfe erhält.

Mit der Trennung von **Sicherstellung der Gewährung** (durch die Sozialhilfeträger) und **unmittelbarer Gewährung der Hilfe** (i. d. R. durch andere) trägt der Gesetzgeber den historisch gewachsenen Tätigkeitsfeldern anderer, vor allem der Verbände der freien Wohlfahrtspflege (s. Erl. zu § 10), Rechnung: Diese Tätigkeitsfelder und die dazu gehörenden Einrichtungen (z. B. Anstalten, Heime, Tagesstätten, Sozialstationen, Beratungsstellen, Pflegedienste) sollen erhalten und gesichert werden. Den Trägern der freien Wohlfahrtspflege (s. § 10 Abs. 2) wird deshalb in **Absatz 1** eine gewisse Vorrangstellung eingeräumt. Auf dem Hintergrund dieser Vorrangstellung ist die Sicherstellungspflicht der Sozialhilfeträger zu sehen: Diese sollen zunächst auf Einrichtungen der freien Wohlfahrtspflege zurückgreifen, ehe sie eigene schaffen. Sie können dabei die Träger der freien Wohlfahrtspflege veranlassen, entsprechende Einrichtungen zu schaffen; sie können aber auch vereinbaren, daß diese in ihren Einrichtungen Plätze für Hilfeempfänger bereithalten.

Zur Schaffung und zum Ausbau von Einrichtungen der freien Träger leisten die Sozialhilfeträger eine – ihrer Finanzkraft angemessene – **finanzielle Unterstützung** zum Eigenanteil des freien Trägers (s. § 10 Abs. 3 S. 2; zum Ganzen Schulte/Trenk-Hinterberger 1986, 84 ff.). Die finanzielle Unterstützung kann z. B. versagt werden, wenn im jeweiligen Bezirk entsprechende Einrichtungen in angemessenem Umfang vorhanden sind (vgl. Knopp/Fichtner § 93 Rz 6).

2. Die vom freien Träger der Wohlfahrtspflege in der Einrichtung durchgeführte Hilfe (z. B. Pflege, Therapie, pädagogische Betreuung) verursacht **Kosten.** Das BSHG sieht allerdings nicht vor, daß der freie Träger Ersatz dieser Kosten vom Sozialhilfeträger kraft Gesetzes verlangen kann; zwischen den beiden Trägern besteht also **kein gesetzliches Erstattungsverhältnis.** Die Kosten des freien Trägers für die Durchführung der Hilfe werden vielmehr aus dem Anspruch des Hilfesuchenden gegen den Sozialhilfeträger finanziert. Rechtlich geschieht dies dadurch, daß die Kosten der durchgeführten Hilfe aufgrund von **Vereinbarungen** i. S. des **Absatzes 2** vom Sozialhilfeträger unmittelbar an den freien Träger überwiesen werden (statt an den Hilfsempfänger, der sie dann an den freien Träger weiterleitet).

Der Grund für dieses – durch das Haushaltsbegleitgesetz 1984 neu geregelte – Verfahren liegt zum einen darin, daß der freie Träger eine rechtsverbindliche Kostenzusage des Sozialhilfeträgers wünscht, um sich hinsichtlich der für den Hilfeempfänger aufgewendeten Kosten abzusichern und um den Rechnungs- und Zahlungsverkehr zu erleichtern. Zum anderen soll mit Absatz 2 Satz 1 dem Sozialhilfeträger die Möglichkeit eingeräumt werden, auf die Höhe und Ausgestaltung der zu übernehmenden Kosten im Sinne einer gewissen **„Bedarfssteuerung“** Einfluß zu nehmen: Der Abschluß der Vereinbarung mit dem Einrichtungsträger muß den Grundsätzen der Wirtschaftlichkeit, Sparsamkeit und Leistungsfähigkeit Rechnung tragen; dabei prüft der Sozialhilfeträger, ob die Einrichtung zur Gewährung der Hilfe geeignet ist und ob sie die Gewähr für eine wirtschaftliche und sparsame Verwendung öffentlicher Mittel bietet (vgl. BT-Dr. 10/335, 103). Für die Kosten, die von den Sozialhilfeträgern v. a. an stationäre oder teilstationäre Einrichtungen gezahlt werden müssen, sind Pflegesatz- bzw. Tagessatzvereinbarungen mit den Trägern der Einrichtungen üblich (s. Erl. 5).

Zur Auslegung und Anwendung der Grundsätze der Sparsamkeit, Wirtschaftlichkeit und Leistungsfähigkeit sowie zu Form und Inhalten der Bedarfssteuerung vgl. OVG Lüneburg NDV 1986, 138 u. FEVS 34, 419.

3. Durch **Absatz 2 Satz 3** wird der Vorrang der **etablierten** Träger der freien Wohlfahrtspflege beim Abschluß von Vereinbarungen über die Höhe der zu übernehmenden Kosten klargestellt (vgl. aber Ruland 1985, 24). Der Hinweis auf § 95 SGB X (u. a. Zusammenarbeit bei der Planung) soll die Gesamtplanungsverantwortung des Sozialhilfeträgers für die Bereitstellung und Inanspruchnahme von sozialen Diensten und Einrichtungen verdeutlichen (vgl. BT-Dr. 10/335, 104).

4. Zwischen dem **Hilfeempfänger** und dem **freien Träger** der Einrichtung kommt ein privatrechtlicher Vertrag zustande, der im wesentlichen die zu erbringenden Dienst- und Sachleistungen sowie das zu zahlende Entgelt regelt; die Hilfegewährung durch einen öffentlich-rechtlichen Einrichtungsträger wird i. d. R. gleichfalls durch privatrechtlichen Vertrag gestaltet. Die Regelungen des **Heimgesetzes** von 1974 zum Heimvertrag sollen die rechtliche und tatsächliche Position des Heimbewerbers und späteren Heimbewohners stärken (vgl. Dahlem/Giese § 4 Rz 2ff.)

5. Die Kostenvereinbarungen im Rahmen des § 93 Abs. 2 (s. Erl. 2) sind richtiger Ansicht nach **öffentlich-rechtliche Verträge** (vgl. z. B. OVG Bremen FEVS 34, 272; VG Berlin ZfSH/SGB 1987, 325; DV, Gutachten, NDV 1986, 331; Schulte/Trenk-Hinterberger 1986, 88 u. 90; Übersicht bei Igl u. Fuchs ZfS 1987, 129 u. 138). Für Klagen auf Abschluß von bzw. aus solchen Kostenvereinbarungen sind deshalb die Verwaltungsgerichte zuständig (§ 40 VwGO). Im übrigen bleibt bei angemessener Berücksichtigung des Kooperationsgedankens auch im Rahmen eines öffentlich-rechtlichen Vertrags der Eigencharakter der („freien") Einrichtungsträger gewahrt.

Der Abschluß der Kostenvereinbarung steht im Ermessen des SHTr. (unstr.; vgl. auch BT-Dr. 10/335, 103), das auf Ermessensfehler überprüft werden kann (§ 114 VwGO).

94 (weggefallen)

Arbeitsgemeinschaften

95 Die Träger der Sozialhilfe sollen die Bildung von Arbeitsgemeinschaften anstreben, wenn es geboten ist, die gleichmäßige oder gemeinsame Durchführung von Maßnahmen zu beraten oder zu sichern. In den Arbeitsgemeinschaften sollen vor allem die Stellen vertreten sein, deren gesetzliche Aufgaben dem gleichen Ziel dienen oder die an der Durchführung der Maßnahmen beteiligt sind, besonders die Verbände der freien Wohlfahrtspflege.

Mit Hilfe der (auf freiwilliger Basis gegründeten) **Arbeitsgemeinschaften** soll eine bessere Vorbereitung und Koordinierung sowie eine gleichmäßige oder gemeinsame Durchführung der Aufgaben nach dem BSHG erreicht werden. Solche Arbeitsgemeinschaften bestehen in großer Zahl auf Bundes- und Landesebene sowie auf der Ebene der Kreise und kreisfreien Städte (z. B. Bundesarbeitsgemeinschaft der überörtlichen Träger der Sozialhilfe, Landesarbeitsgemeinschaften der öffentlichen und freien Wohlfahrtspflege, Arbeitsgemeinschaften der Sozialamtsleiter, Arbeitsgemeinschaften der örtlichen Träger der Sozialhilfe mit den Verbänden der freien Wohlfahrtspflege).

Abschnitt 8. Träger der Sozialhilfe

Örtliche und überörtliche Träger

96 Örtliche Träger der Sozialhilfe sind die kreisfreien Städte und die Landkreise. Die Länder können bestimmen, daß und inwieweit die Landkreise ihnen zugehörige Gemeinden oder Gemeindeverbände zur Durchführung von Aufgaben nach diesem Gesetz heranziehen und ihnen dabei Weisungen erteilen können; in diesen Fällen erlassen die Landkreise den Widerspruchsbescheid nach der Verwaltungsgerichtsordnung.

(2) **Die Länder bestimmen die überörtlichen Träger. Sie können bestimmen, daß und inwieweit die überörtlichen Träger örtliche Träger sowie diesen zugehörige Gemeinden und Gemeindeverbände zur Durchführung von Aufgaben nach diesem Gesetz heranziehen und ihnen dabei Weisungen erteilen können; in diesen Fällen erlassen die überörtlichen Träger den Widerspruchsbescheid nach der Verwaltungsgerichtsordnung.**

Die Sozialhilfe wird von örtlichen und überörtlichen Trägern gewährt (s. § 9).

1. Die **örtlichen Träger** der Sozialhilfe (die kreisfreien Städte und die Landkreise, s. **Absatz 1 Satz 1)** führen das BSHG als Selbstverwal-

tungsangelegenheit durch, also im eigenen Namen und in eigener Verantwortung (im Rahmen des Gesetzes). „Träger" der Sozialhilfe ist dabei die kreisfreie Stadt oder der Landkreis als **Gesamtkörperschaft.**

Das **Sozialamt** ist also nicht Träger der Sozialhilfe. Die örtlichen Sozialhilfeträger haben aber kraft ihrer Organisationsgewalt die Ausführung des BSHG im wesentlichen bei den Sozialämtern der Stadt (der Gemeinde) bzw. den Kreissozialämtern konzentriert (zu den – begrenzten – Aufgaben der Gesundheitsämter nach dem BSHG s. z. B. §§ 63, 64, 124, 126).

2. Die **überörtlichen** Träger der Sozialhilfe, die mit Rücksicht auf den (historisch gewachsenen) unterschiedlichen Verwaltungsaufbau durch die Länder bestimmt werden (Absatz 2 Satz 1), sind in **Baden-Württemberg** der Landeswohlfahrtsverband Baden – Landessozialamt – in Karlsruhe und der Landeswohlfahrtsverband Württemberg-Hohenzollern – Landessozialamt – in Stuttgart; in **Bayern:** die Bezirke – Sozialhilfeverwaltungen – Oberbayern (in München), Niederbayern (in Landshut), Oberpfalz (in Regensburg), Schwaben (in Augsburg), Mittelfranken (in Ansbach), Unterfranken (in Würzburg) und Oberfranken (in Bayreuth); in **Berlin:** der Senator für Arbeit und Soziales; in **Bremen:** der Senator für Soziales, Jugend und Sport; in **Hamburg:** die Arbeits- und Sozialbehörde – Amt für Soziales und Rehabilitation; in **Hessen:** der Landeswohlfahrtsverband – Landessozialamt – in Kassel; in **Niedersachsen:** das Landessozialamt Niedersachsen in Hildesheim; in **Nordrhein-Westfalen:** der Landschaftsverband Rheinland in Köln und der Landschaftsverband Westfalen-Lippe-Abteilung Sozialhilfe und Sonderschulen – in Münster; in **Rheinland-Pfalz:** das Landesamt für Jugend und Soziales Rheinland-Pfalz – Sozialabteilung – in Mainz; im **Saarland:** der Minister für Arbeit, Gesundheit und Sozialordnung in Saarbrücken; in **Schleswig-Holstein:** der Sozialminister des Landes Schleswig-Holstein – Amt für Wohlfahrt und Sozialhilfe in Kiel (vgl. dazu die Ausführungsvorschriften der Länder zum BSHG, abgedr. bei Oestreicher 1987; ein Verzeichnis aller örtlichen und überörtlichen SHTr. findet sich in ZfF 1986, 53; 1987, 8).

3. Die Vorschriften über die **Heranziehung von Trägern** (Absatz 1 **Satz 2,** Absatz 2 **Satz 2)** sollen die Wirksamkeit von Maßnahmen der Sozialhilfe durch die Einschaltung **ortsnaher** Verwaltungsträger verbessern. Deshalb können durch Landesrecht

- die **Landkreise** die ihnen zugehörigen Gemeinden oder Gemeindeverbände zur Durchführung von Aufgaben nach dem BSHG heranziehen (d. h. ihnen die Gewährung der Sozialhilfe – von der Antragsaufnahme bis zur Verfolgung von Erstattungsansprüchen – übertragen);
- die **überörtlichen Träger** das gleiche mit den örtlichen Trägern sowie den zugehörigen Gemeinden und Gemeindeverbänden tun.

Die **herangezogenen Gebietskörperschaften** werden auf diese Weise gleichsam als **„Außenstellen“** eingesetzt. An der Trägerschaft des heranziehenden Trägers ändert sich dadurch nichts: Dieser kann dem Herangezogenen für die Durchführung der Aufgaben Weisungen erteilen, er hat dem Herangezogenen die Kosten der Sozialhilfeaufwendungen zu ersetzen, er entscheidet über Widersprüche gegen Entscheidungen des Herangezogenen (s. Absatz 1 Satz 2, Halbsatz 2; Absatz 2 Satz 2, Halbsatz 2), und gegen ihn ist nach § 78 Abs. 1 Nr. 1 VwGO die Klage zu richten. Für den Hilfesuchenden hat diese Dezentralisierung den Vorteil, daß das ihm vertrautere, ortsnahe Sozialamt mit seinem Fall befaßt ist.

Örtliche Zuständigkeit

97 **(1) Für die Sozialhilfe örtlich zuständig ist der Träger der Sozialhilfe, in dessen Bereich sich der Hiflesuchende tatsächlich aufhält. In den Fällen des § 15 ist örtlich zuständig der Träger, in dessen Bereich der Bestattungsort liegt; § 100 Abs. 2 bleibt unberührt.**

(2) Die nach Absatz 1 Satz 1 begründete Zuständigkeit bleibt bestehen, wenn der Träger der Sozialhilfe oder die von ihm beauftragte Stelle die Unterbringung des Hilfeempfängers zur Hilfegewährung außerhalb seines Bereichs veranlaßt hat oder ihr zustimmt. Die Zuständigkeit endet, wenn dem Hilfeempfänger für einen zusammenhängenden Zeitraum von 2 Monaten Hilfe nicht zu gewähren war.

1. **Absatz 1 Satz 1** soll eine leichte und schnelle Feststellung der örtlichen Zuständigkeit ermöglichen, damit Kompetenzstreitigkeiten vermieden werden und die erforderliche Hilfe rasch erfolgt. Entscheidend ist allein der **tatsächliche Aufenthalt** (also die physische Anwesenheit): Gleichgültig ist deshalb vor allem, ob der Aufenthalt ein nur vorübergehender ist (z. B. Besuch, Durchreise); nicht entscheidend sind demnach auch Wohnsitz, Anmeldung, Rechtmäßigkeit, Zweck oder Ursache des Aufenthalts usw. (vgl. VGH Bad.-Württ. FEVS 32, 326).

Allerdings muß zum tatsächlichen Aufenthalt eine **konkrete gegenwärtige Notlage** hinzukommen (eine zukünftige genügt also nicht); erforderlich ist ferner, daß der angegangene SHTr. vom Bedarf **Kenntnis** i. S. d. § 5 erlangt hat, als der Hilfesuchende seinen tatsächlichen Aufenthalt (noch) im räumlichen Zuständigkeitsbereich dieses Trägers hatte (vgl. OVG NRW FEVS 36, 205).

2. **Ausnahmen von Absatz 1 Satz 1** sehen vor:

– Absatz 1 Satz 2 (bei Verstorbenen hinsichtlich der Bestattungskosten),

- § 98 (s. Erl. zu § 98),
- § 119 Abs. 5 S. 2 (bei Sozialhilfegewährung an Deutsche, die ihren gewöhnlichen Aufenthaltsort im Ausland haben).

Nach **Absatz 2 Satz 1** bleiben die örtliche Zuständigkeit des „verbringenden" Trägers und damit seine Pflicht, die Kosten der Hilfeleistung zu tragen, bestehen (es sei denn, daß für einen zusammenhängenden Zeitraum von zwei Monaten Hilfe nicht zu gewähren war, s. Satz 2; vgl. auch DV, Gutachten, NDV 1980, 129).

Örtliche Zuständigkeit bei der Gewährung von Sozialhilfe an Personen in Einrichtungen zum Vollzug richterlich angeordneter Freiheitsentziehung

98 Für Personen, die sich in Einrichtungen zum Vollzug richterlich angeordneter Freiheitsentziehung aufhalten, ist örtlich zuständig der Träger der Sozialhilfe, in dessen Bereich der Hilfesuchende seinen gewöhnlichen Aufenthalt im Zeitpunkt der Aufnahme in die Einrichtung hat oder in den 2 Monaten vor der Aufnahme zuletzt gehabt hat. Ist ein gewöhnlicher Aufenthalt im Bereich dieses Gesetzes nicht vorhanden oder nicht zu ermitteln, richtet sich die örtliche Zuständigkeit nach § 97 Abs. 1 Satz 1; § 106 gilt entsprechend.

1. Die Vorschrift soll diejenigen Träger der Sozialhilfe **finanziell entlasten,** in deren Bereich sich eine Einrichtung zum Vollzug richterlich angeordneten Freiheitsentzugs befindet (z. B. eine Strafvollzugsanstalt, ein psychiatrisches Krankenhaus). Bliebe es nämlich bei der Regelung des § 97 Abs. 1 S. 1, dann wäre örtlich zuständig der Sozialhilfeträger, in dessen Bereich sich z. B. die Strafanstalt befindet (die Verbüßung einer Freiheitsstrafe allein steht grundsätzlich der Gewährung von Sozialhilfe nicht entgegen, soweit der sozialhilferechtliche Bedarf des Insassen nicht z. B. nach dem StVollzG sichergestellt ist). Das führte vor Einführung des § 98 (1983) zu einer nicht gerechtfertigten Belastung dieser Träger, die nicht selten Sozialhilfe verweigerten und damit die Resozialisierung gefährdeten (vgl. BT-Dr. 8/2534, 21).

Seinen **„gewöhnlichen Aufenthaltsort"** hat der Betroffene dort, „wo er sich unter Umständen aufhält, die erkennen lassen, daß er an diesem Ort oder in diesem Gebiet nicht nur vorübergehend verweilt" (s. § 30 Abs. 3 S. 2 SGB I).

2. Eine **richterlich angeordnete Freiheitsentziehung** i. S. von **Satz 1** liegt insbesondere vor bei Anordnung der Untersuchungshaft, bei Vollzug einer Freiheitsstrafe und bei richterlich angeordneter Unterbringung von psychisch Kranken nach den Unterbringungs- bzw. Psychischkrankengesetzen der Länder (vgl. Gottschick/Giese § 98 Rz 3; Crefeld/Schulte 1987).

3. Zur Übernahme von Mietkosten von Personen, die sich in den genannten Einrichtungen aufhalten, vgl. § 15a Erl. 6 und § 72 Erl. 4b); zu § 98 insgesamt Dahlinger NDV 1983, 146.

Sachliche Zuständigkeit des örtlichen Trägers

99 **Für die Sozialhilfe sachlich zuständig ist der örtliche Träger der Sozialhilfe, soweit nicht nach § 100 oder nach Landesrecht der überörtliche Träger sachlich zuständig ist.**

1. Die **sachliche Zuständigkeit** beantwortet die Frage, ob und welche Hilfe im Einzelfall von einem **örtlichen** oder von einem **überörtlichen** Träger der Sozialhilfe zu gewähren ist. Bei der Festlegung der sachlichen Zuständigkeit ließ sich der Gesetzgeber vom Prinzip der räumlichen Nähe zu den sozialen Problemen und hilfebedürftigen Personen leiten. Als allgemeine Regel gilt deshalb nach § 99: Sachlich zuständig sind die kreisfreien Städte und Landkreise, also die örtlichen Träger; Ausnahmen werden in § 100 oder durch Landesrecht geregelt (s. Erl. zu § 100).

2. Zweifel über die sachliche Zuständigkeit des örtlichen oder des überörtlichen Sozialhilfeträgers dürfen nicht zu Lasten des Hilfesuchenden gehen. Die landesrechtlichen Ausführungsvorschriften sehen deshalb durchweg eine Regelung zur **vorläufigen Hilfeleistung** vor (so z.B. § 7 Abs. 1 S. 1 des hessischen Ausführungsgesetzes zum BSHG: „Steht nicht fest, welcher Träger der Sozialhilfe sachlich zuständig ist, hat der örtliche Träger, in dessen Bereich der Hilfesuchende sich tatsächlich aufhält, bis zur Klärung der sachlichen Zuständigkeit einzutreten.“).

Ein Hilfesuchender wendet sich also am besten an den örtlichen Träger (bzw. dessen Sozialamt), in dessen Bereich er sich tatsächlich aufhält; dieser hat – zwar nicht im Rechtssinn, aber durch verschiedene Regelungen zugunsten des Hilfesuchenden – gleichsam die Vermutung der „Allzuständigkeit“ für sich (z. B. durch die genannte Regelung der vorläufigen Hilfeleistung, der Heranziehung nach § 96 und der Pflicht zur Weiterleitung von Anträgen nach § 16 Abs. 2 SGB I).

Sachliche Zuständigkeit des überörtlichen Trägers

100 **(1) Der überörtliche Träger der Sozialhilfe ist sachlich zuständig, soweit nicht nach Landesrecht der örtliche Träger zuständig ist,**

1. für die Hilfe in besonderen Lebenslagen für die in § 39 Abs. 1 Satz 1 und Abs. 2 genannten Personen, für Geisteskranke, Per-

sonen mit einer sonstigen geistigen oder seelischen Behinderung oder Störung, Anfallskranke und Suchtkranke, wenn es wegen der Behinderung oder des Leidens dieser Personen in Verbindung mit den Besonderheiten des Einzelfalles erforderlich ist, die Hilfe in einer Anstalt, einem Heim oder einer gleichartigen Einrichtung oder in einer Einrichtung zur teilstationären Betreuung zu gewähren; dies gilt nicht, wenn die Hilfegewährung in der Einrichtung überwiegend aus anderem Grunde erforderlich ist,

2. für die Versorgung Behinderter mit Körperersatzstücken, größeren orthopädischen und größeren anderen Hilfsmitteln im Sinne des § 81 Abs. 1 Nr. 3,

3. (weggefallen)

4. für die Blindenhilfe nach § 67,

5. für die Hilfe zur Überwindung besonderer sozialer Schwierigkeiten nach § 72, wenn es erforderlich ist, die Hilfe in einer Anstalt, einem Heim oder einer gleichartigen Einrichtung oder in einer Einrichtung zur teilstationären Betreuung zu gewähren,

6. für die Hilfe zum Besuch einer Hochschule im Rahmen der Eingliederungshilfe für Behinderte.

(2) **In den Fällen des Absatzes 1 Nr. 1 und 5 erstreckt sich die Zuständigkeit des überörtlichen Trägers auf alle Leistungen an den Hilfeempfänger, für welche die Voraussetzungen nach diesem Gesetz gleichzeitig vorliegen, sowie auf die Hilfe nach § 15; dies gilt nicht, wenn die Hilfe in einer Einrichtung zur teilstationären Betreuung gewährt wird.**

1. Der Katalog des § 100 umfaßt im wesentlichen Aufgaben, ,,die wegen ihrer überörtlichen Bedeutung und der mit ihnen verbundenen besonders hohen Kosten für die Sicherheit einer wirksamen Hilfe die Zuständigkeit des überörtlichen Trägers erfordern" (vgl. BT-Dr. 3/1799, 57); zum überörtlichen Träger s. Erl. 2 zu § 96.

2. Die sachliche Zuständigkeit des überörtlichen Trägers nach dem praktisch bedeutsamen **Absatz 1 Nr. 1** hängt von drei Voraussetzungen ab:

- Der Hilfesuchende muß zu dem genannten Personenkreis gehören (dies wird i. d. R. aufgrund eines ärztlichen Gutachtens entschieden);
- es muß ein ursächlicher Zusammenhang zwischen der Behinderung oder dem Leiden und dem Erfordernis der Hilfegewährung in einer der genannten Einrichtungen bestehen (zu den Problemen dieser Voraussetzung vgl. Knopp/Fichtner § 100 Rz 6);
- der Hilfesuchende muß einer Hilfe in besonderen Lebenslagen i. S. d. § 27 Abs. 1 bedürfen, die in einer der genannten Einrichtungen (im wesentlichen) zur Rehabilitation mit entspr. Betreuung erbracht

wird (zur Abgrenzung von teilstationärer und ambulanter Betreuung vgl. BVerwG FEVS 23, 403; OVG NRW FEVS 36, 74 zu einem Mutter-Kind-Kurs).

3. **Absatz 2** dehnt die sachliche Zuständigkeit des überörtlichen Trägers aus, damit nicht örtlicher und überörtlicher Träger bei engem Sachzusammenhang nebeneinander zuständig sind und damit unnötiger Verwaltungsaufwand entsteht.

Der überörtliche SHTr. ist z. B. auch sachlich zuständig, wenn ein Behinderter Eingliederungshilfe in einer Werkstatt für Behinderte bei gleichzeitiger Wohnheimunterbringung erhält (§ 40 Abs. 2) und zugleich Krankenhilfe gem. § 37 (z. B. für eine Blinddarmoperation im benachbarten Krankenhaus) oder Hilfe zur häuslichen Pflege in Form des Pflegegelds gem. § 69 benötigt (z. B. während der Wochenenden im elterlichen Haushalt; vgl. OVG NRW FEVS 36, 210). Insofern wird also die Zuständigkeit des örtlichen SHTr. „aufgesaugt".

4. Die **Länder** haben durch Ausführungsvorschriften zum BSHG die sachliche Zuständigkeit der überörtlichen Träger nach § 99 auf bestimmte Bereiche **ausgedehnt,** v. a. auf die ambulante Nichtseßhaftenhilfe (z. B. Baden-Württemberg, Hessen, Niedersachsen, Rheinland-Pfalz, Saarland), auf die Hilfe für Krebskranke (z. B. Hessen, Rheinland-Pfalz, Schleswig-Holstein) und auf alle Hilfen in stationären oder teilstationären Einrichtungen (z. B. Bayern).

5. Die **Länder** werden in **Absatz 1 Satz 1** ermächtigt, von der gegebenen Zuständigkeitszuweisung abzuweichen, wie dies im umgekehrten Verhältnis nach § 99 bereits möglich ist. Auf diese Weise können Zuständigkeiten für bestimmte Bereiche – im Interesse des Hilfesuchenden und der Praxis – auf **örtliche Träger verlagert** werden.

So wurde in **Schleswig-Holstein** die sachliche Zuständigkeit in den Fällen des § 100 Abs. 1 Nr. 1, in **Niedersachsen** für alle Hilfen bei Hilfeempfängern, die das 60. Lebensjahr vollendet haben, auf die örtlichen SHTr. übertragen (vgl. Conrad NDV 1984, 394 für Schleswig-Holstein; Friedrich ZfF 1986, 154 für Niedersachsen; zur Kommunalisierung der Hilfe, die nicht zum Abbau von Leistungen führen darf, krit. Frank NDV 1984, 180).

Allgemeine Aufgaben des überörtlichen Trägers

101 **Die überörtlichen Träger sollen zur Weiterentwicklung von Maßnahmen der Sozialhilfe, vor allem bei verbreiteten Krankheiten, beitragen; hierfür können sie die erforderlichen Einrichtungen schaffen oder fördern.**

Die Vorschrift regelt nicht die sachliche Zuständigkeit, sondern enthält eine **allgemeine Aufforderung** an die überörtlichen Träger, die aufgrund ihrer größeren Übersicht und Finanzkraft Anstöße geben sollen, die über die bislang praktizierten Maßnahmen der Sozialhilfe hinausgehen. Dies gilt insbesondere für die verbreiteten Krankheiten (z. B. Krebs, Rheuma, Diabetes) und für die Rehabilitation Behinderter einschließlich der dafür – gemeinsam mit anderen Sozialleistungsträgern – zu schaffenden oder zu fördernden Einrichtungen (z. B. Krebsnachsorgestellen, Sozialstationen, ambulante und teilstationäre Einrichtungen für die gemeindenahe Versorgung psychisch Kranker, Zentren zur Früherkennung von Behinderungen).

Fachkräfte

102 **Bei der Durchführung dieses Gesetzes sollen Personen beschäftigt werden, die sich hierfür nach ihrer Persönlichkeit eignen und in der Regel entweder eine ihren Aufgaben entsprechende Ausbildung erhalten haben oder besondere Erfahrungen im Sozialwesen besitzen.**

Das BSHG rückt die Hilfe in besonderen Lebenslagen in den Vordergrund (s. Einf. I. 1.) und betont die persönliche Hilfe (s. § 8). In der Praxis läßt sich eine wirksame Hilfe aber nur verwirklichen, wenn **geeignete Fachkräfte** in ausreichender Zahl sowie mit den entsprechenden Kenntnissen und Erfahrungen eingesetzt werden. Das Gesetz beschränkt sich freilich auf eine allgemein gehaltene Forderung an die Sozialhilfeträger und an die Länder, die Voraussetzungen für eine geeignete Ausbildung von Fachkräften (Sachbearbeiter und Mitarbeiter der sozialen Dienste) zu schaffen (zur Relevanz des § 102 vgl. Bäumerich, Der Städtetag 1986, 646). Für die Verbände der freien Wohlfahrtspflege gilt die Vorschrift nur im Falle des § 10 Abs. 5.

Abschnitt 9. Kostenerstattung zwischen den Trägern der Sozialhilfe

Kostenerstattung bei Aufenthalt in einer Anstalt

103 **(1) Kosten, die ein Träger der Sozialhilfe für den Aufenthalt eines Hilfeempfängers in einer Anstalt, einem Heim oder einer gleichartigen Einrichtung oder im Zusammenhang hiermit aufgewendet hat, sind von dem sachlich zuständigen Träger zu erstatten, in dessen Bereich der Hilfeempfänger seinen gewöhnlichen Aufenthalt im Zeitpunkt der Aufnahme in die Einrichtung hat oder in den 2 Monaten vor der Aufnahme zuletzt gehabt hat. Tritt jemand aus einer Anstalt, einem Heim oder einer gleichartigen Einrichtung in eine andere Einrichtung oder von dort in weitere Einrichtungen über, richtet sich der zur Kostenerstattung verpflichtete Träger nach dem gewöhnlichen Aufenthalt, der für die erste Einrichtung maßgebend ist.**

(2) **Als Aufenthalt in einer Anstalt, einem Heim oder einer gleichartigen Einrichtung gilt auch, wenn jemand außerhalb der Einrichtung untergebracht wird, aber in ihrer Betreuung bleibt oder aus der Einrichtung beurlaubt wird.**

(3) **Die Verpflichtung zur Kostenerstattung nach Absatz 1 besteht auch, wenn jemand beim Verlassen einer Einrichtung oder innerhalb von 2 Wochen danach der Sozialhilfe bedarf, solange er sich nach dem Verlassen der Einrichtung ununterbrochen im Bereich des örtlichen Trägers, in dem die Einrichtung liegt, außerhalb einer Anstalt, eines Heimes oder einer gleichartigen Einrichtung aufhält; die Verpflichtung zur Erstattung fällt weg, wenn für einen zusammenhängenden Zeitraum von einem Monat Hilfe nicht zu gewähren war.**

(4) **Anstalten, Heime oder gleichartige Einrichtungen im Sinne der Absätze 1 bis 3 sind alle Einrichtungen, die der Pflege, der Behandlungen oder sonstigen in diesem Gesetz vorgesehenen Maßnahmen oder der Erziehung dienen.**

1. Die Vorschrift bezweckt, die Träger der Sozialhilfe, in deren Zuständigkeitsbereich Anstalten u. ä. liegen, **vor nicht gerechtfertigt erscheinenden finanziellen Belastungen zu schützen.** Dies geschieht dadurch, daß andere Träger der Sozialhilfe zur Erstattung der Kosten einer anstaltsmäßigen Hilfegewährung in solchen Fällen herangezogen werden, in denen der Hilfeempfänger seinen **gewöhnlichen Aufenthalt zum Zeitpunkt der stationären Aufnahme** im Zuständigkeitsbereich eines anderen Trägers gehabt hat. Es soll vermieden werden, daß Träger der Sozialhilfe nur deshalb mit Kosten belastet werden, weil sich in ihrem Einzugsbereich im Gegensatz zu demjenigen anderer Träger stationäre Einrichtungen befinden, die zum Zuzug von hilfsbedürftigen Sozialhilfeempfängern führen.

Zu erwähnen ist in diesem Zusammenhang auch die Bestimmung des § 97 Abs. 2, die durch das 2. ÄndGes. zum BSHG eingeführt worden ist. Diese Bestimmung läßt die örtliche Zuständigkeit des Trägers der Sozialhilfe auch bei Unterbringung des Hilfeempfängers in dem Zuständigkeitsbereich eines anderen Trägers bestehen und führt so zu demselben Ergebnis wie **Absatz 1 Satz 1.** Der Anwendungsbereich des § 103 wird insofern eingeschränkt.

2. Der Kostenerstattungsanspruch stand bis zum Inkrafttreten des Haushaltsbegleitgesetz 1983 am 1. 1. 1984 nur einem **örtlichen,** nicht aber einem überörtlichen Träger der Sozialhilfe zu, wenn dieser die Kosten für eine anstaltsmäßige Hilfegewährung aufgebracht hatte. Durch die Streichung des Wortes ,,örtlicher" in **Absatz 1 Satz 1** ist diese Einschränkung entfallen. Diese Erweiterung der Kostentragungsregelung wurde vorgenommen, um angesichts der durch die

Neufassung des § 100 Abs. 1 erfolgten Erweiterung der Möglichkeit, Aufgaben in größerem Umfang als bisher auf örtliche Träger zu übertragen, unerwünschte Auswirkungen auf eine gleichmäßige Kostentragung auszuschließen (s. auch § 100 Erl. 5).

3. Nur die Kosten **stationärer,** nicht aber die Kosten offener oder halb-offener Hilfe sind erstattungsfähig (vgl. auch VG Hannover ZfF 1985, 180 zum Einrichtungscharakter eines Studentenwohnheims).

4. Zum **„gewöhnlichen Aufenthalt"** vgl. die Definition in § 30 Abs. 3 S. 2 SGB I; danach hat jemand den gewöhnlichen Aufenthalt dort, „wo er sich unter Umständen aufhält, die erkennen lassen, daß er an diesem Ort oder in diesem Gebiet nicht nur vorübergehend verweilt".

5. **Erstattungspflichtige Tatbestände** sind der **Anstaltsaufenthalt** (Absatz 1), die **Betreuung bei Unterbringung außerhalb der Anstalt** und die **Beurlaubung (Absatz 2)** sowie die **Hilfsbedürftigkeit nach Entlassung (Absatz 3).**

6. Zu Einzelheiten dieser in der Praxis nicht leicht handhabbaren Regelung – auch zum Verhältnis von Sozial- und Jugendhilfe – vgl. Gottschick/Giese Vorbem. zu Abschnitt 9 u. § 113 Rz 1–14; zur Erstattungsvereinbarung hinsichtlich der Kosten bei Unterbringung in sog. Frauenhäusern vgl. ZfF 1986, 176; Basse ZfF 1987, 176).

Kostenerstattung bei Unterbringung in einer anderen Familie

104 **§ 103 gilt entsprechend, wenn ein Kind oder ein Jugendlicher unter 16 Jahren in einer anderen Familie oder bei anderen Personen als bei seinen Eltern oder bei einem Elternteil untergebracht ist.**

1. Diese Vorschrift soll verhindern, daß es aus Kostengründen nicht zur **Unterbringung von Kindern und Jugendlichen** außerhalb des Zuständigkeitsbereichs des jeweils zuständigen Trägers der Sozialhilfe kommt.

2. Zu einer „anderen Familie" oder zu „anderen Personen" gehören auch die Großeltern, nicht aber der nichteheliche Vater. „Eltern" sind auch die Adoptiveltern, nicht aber die Stiefeltern.

3. Aus der Verweisung auf § 103 folgt, daß die Vorschrift (im Gegensatz zur Zeit vor Inkrafttreten des Haushaltsbegleitgesetzes, d. h. vor dem 1. 1. 1984) immer Anwendung findet, wenn die Kosten bei einem **Träger der Sozialhilfe** entstehen (und nicht mehr lediglich, wenn dies bei einem „örtlichen" Träger der Fall ist).

4. Die Unterbringung in einer Familie oder bei anderen Personen wird der Anstaltsunterbringung gleichgestellt. Es muß eine **umfassen-**

de Betreuung bzw. **Pflege** erfolgen; bloße Wohnungsgewährung reicht nicht aus.

5. Die §§ 103 Abs. 2 u. 3 (s. § 103 Erl. 5) findet entsprechende Anwendung. Die Erreichung der Altersgrenze von 16 Jahren steht dem Verlassen der Einrichtung i. S. des § 103 Abs. 3 gleich.

Kostenerstattung bei Geburt in einer Anstalt

105 **Wird ein Kind in einer Anstalt, einem Heim oder einer gleichartigen Einrichtung geboren, so gilt § 103 entsprechend; an die Stelle des gewöhnlichen Aufenthalts des Hilfeempfängers tritt der gewöhnliche Aufenthalt der Mutter des Kindes. Die nach Satz 1 begründete Verpflichtung zur Kostenerstattung bleibt bestehen, wenn das Kind die Einrichtung verläßt und vor Ablauf von 2 Monaten nach der Geburt in einer Anstalt, einem Heim oder einer gleichartigen Einrichtung, in einer anderen Familie oder bei den in § 104 genannten anderen Personen untergebracht wird.**

1. Die Vorschrift erstreckt Sinn und Zweck des § 103 (den Schutz des Trägers der Sozialhilfe, innerhalb dessen Zuständigkeitsbereichs sich Anstalten u. ä. befinden, vor Kostenüberwälzungen zu gewährleisten) auf den Tatbestand der **Geburt eines Kindes** in einer derartigen Anstalt bzw. Einrichtung. Die Sonderregelung war erforderlich, weil der Nasciturus noch keinen gewöhnlichen Aufenthalt hat. Es wird insofern zur Bestimmung des endgültig zur Kostentragung verpflichteten Trägers der Sozialhilfe auf den gewöhnlichen Aufenthalt der Kindesmutter abgestellt.

2. Auch hier ist die Neuregelung des § 103 Abs. 1 S. 1 durch das Haushaltsbegleitgesetz 1984 zu berücksichtigen.

Kostenerstattungspflicht des überörtlichen Trägers

106 **Ist in Fällen der §§ 103 bis 105 ein gewöhnlicher Aufenthalt im Geltungsbereich dieses Gesetzes nicht vorhanden oder nicht zu ermitteln, so sind dem örtlichen Träger der Sozialhilfe die aufgewendeten Kosten von dem überörtlichen Träger der Sozialhilfe zu erstatten, zu dessen Bereich der örtliche Träger gehört.**

1. Die Vorschrift gewährleistet den von den §§ 103–105 intendierten Schutz des örtlichen Trägers der Sozialhilfe vor unbilligen finanziellen Belastungen auch in Fällen, in denen ein **gewöhnlicher Aufent-**

halt des Hilfeempfängers **nicht gegeben** ist oder **nicht festgestellt** werden kann (z. B. bei nichtseßhaften Personen) mit der Folge, daß auf diesem Wege die Bestimmung eines endgültig zur Kostentragung verpflichteten Trägers nicht möglich ist. Nur die Kosten eines örtlichen Trägers werden erstattet; daran hat das Haushaltsbegleitgesetz 1984 nichts geändert.

2. S. auch § 98.

Kostenerstattung bei pflichtwidriger Handlung

107 **(1) Ein Träger der Sozialhilfe hat einem anderen Träger die aufgewendeten Kosten zu erstatten, wenn diese Kosten durch eine pflichtwidrige Handlung des Trägers der Sozialhilfe oder der von ihm beauftragten Stelle entstanden sind.**

(2) Gewährt ein Träger der Sozialhilfe einem Hilfesuchenden Reisegeld, so handelt er nicht pflichtwidrig, wenn dadurch die Reise an den Ort des gewöhnlichen Aufenthalts ermöglicht wird oder wenn dadurch die Notlage des Hilfesuchenden beseitigt oder wesentlich gemindert wird oder wenn die Reise zur Zusammenführung naher Angehöriger geboten und eine Unterkunft für den Hilfesuchenden gesichert ist.

(3) Im Falle des Absatzes 1 hat der erstattungspflichtige Träger der Sozialhilfe auf Verlangen des anderen Trägers außerdem einen Betrag in Höhe eines Drittels der aufgewendeten Kosten, mindestens jedoch 50 Deutsche Mark zu zahlen.

(4) Die Verpflichtung nach den Absätzen 1 und 3 besteht nicht oder fällt weg, wenn für einen zusammenhängenden Zeitraum von 3 Monaten Hilfe nicht zu gewähren war.

1. Die Vorschrift konkretisiert den allgemeinen Grundsatz von Treu und Glauben für die Sozialhilfe im Verhältnis der Träger der Sozialhilfe untereinander. Der Grundsatz besagt, daß ein Träger der Sozialhilfe nicht durch eine **pflichtwidrige Handlung** (z. B. die „Abschiebung" eines Hilfsbedürftigen) eine Änderung der gesetzlichen Aufgaben- und Kostenverteilung zu Lasten eines anderen Trägers der Sozialhilfe bewirken darf. Die Vorschrift sanktioniert einen derartigen Pflichtenverstoß dadurch, daß einem anderen Träger dadurch erwachsene **Kosten erstattet** werden müssen.

2. Auch eine pflichtwidrige Unterlassung – etwa die nicht rechtzeitige und nicht vollständige Leistung oder die Nichtleistung in Kenntnis oder in fahrlässiger Unkenntnis der Leistungsverpflichtung – kann eine pflichtwidrige Handlung darstellen. Zwischen der pflichtwidrigen Handlung und den entstandenen Kosten muß ein ursächlicher Zusammenhang bestehen.

3. Träger der Sozialhilfe ist die gesamte Gebietskörperschaft (s. § 96; Stadt, Gemeinde, Landkreis u. a.). Die pflichtwidrige Handlung kann also nicht nur von den mit der Durchführung der Aufgaben nach den BSHG unmittelbar betrauten Stellen (z. B. dem Sozialamt) vorgenommen werden, sondern auch von jeder anderen Stelle. Zu den **beauftragten Stellen,** für welche die Träger der Sozialhilfe gleichfalls einzustehen haben, gehören z. B. Verbände der freien Wohlfahrtspflege (s. § 10) und kreisangehörige Gemeinden, soweit ihnen Aufgaben nach den BSHG übertragen worden sind.

4. Der Träger der Sozialhilfe, der den Kostenerstattungsanspruch geltend macht, hat auch die Beweislast.

5. In den Fällen des **Absatzes 2** liegt keine pflichtwidrige Handlung vor (zum Wohnortwechsel des Hilfeempfängers vgl. Basse ZfF 1983, 192 u. Zeitler ZfF 1984, 8).

6. Nach **Absatz 3** hat der pflichtwidrig handelnde Träger der Sozialhilfe einen **Verwaltungskostenzuschlag** in Höhe eines Drittels der aufgewendeten Kosten, mindestens jedoch von 50 DM zu erstatten.

7. **Absatz 4** regelt die **Beendigung der Haftung** aus pflichtwidrigem Handeln (vgl. Knopp/Fichtner § 107 Rz 9 u. 10).

Kostenerstattung bei Übertritt aus dem Ausland

108 **(1) Tritt jemand, der weder im Ausland noch im Geltungsbereich dieses Gesetzes einen gewöhnlichen Aufenthalt hat, aus dem Ausland in den Geltungsbereich dieses Gesetzes über und bedarf er innerhalb eines Monats nach seinem Übertritt der Sozialhilfe, so sind die aufgewendeten Kosten von dem überörtlichen Träger der Sozialhilfe zu erstatten, in dessen Bereich der Hilfesuchende geboren ist. Satz 1 gilt auch für Personen, die aus den zum Staatsgebiet des Deutschen Reiches nach dem Stand vom 31. Dezember 1937 gehörenden Gebieten östlich der Oder-Neiße-Linie in den Geltungsbereich dieses Gesetzes übertreten.**

(2) Liegt der Geburtsort des Hilfesuchenden nicht im Geltungsbereich dieses Gesetzes oder ist er nicht zu ermitteln, wird der zur Kostenerstattung verpflichtete überörtliche Träger der Sozialhilfe von einer Schiedsstelle bestimmt. Hierbei hat die Schiedsstelle die Einwohnerzahl und die Belastungen, die sich im vorangegangenen Haushaltsjahr nach den Absätzen 1 bis 4 und nach § 119 ergeben haben, zu berücksichtigen. Die Schiedsstelle wird durch Verwaltungsvereinbarung der Länder gebildet.

(3) Leben Ehegatten, Verwandte und Verschwägerte bei Eintritt des Bedarfs an Sozialhilfe zusammen, richtet sich der erstattungspflichtige Träger nach dem ältesten von ihnen, der im Geltungs-

bereich dieses Gesetzes geboren ist. Ist keiner von ihnen im Geltungsbereich dieses Gesetzes geboren, so ist ein gemeinsamer erstattungspflichtiger Träger nach Absatz 2 zu bestimmen.

(4) **Ist ein Träger der Sozialhilfe nach Absatz 1, Absatz 2 oder Absatz 3 zur Erstattung der für einen Hilfeempfänger aufgewendeten Kosten verpflichtet, so hat er auch die für den Ehegatten oder die minderjährigen Kinder des Hilfeempfängers aufgewendeten Kosten zu erstatten, wenn diese Personen später in den Geltungsbereich dieses Gesetzes übertreten und innerhalb eines Monats der Sozialhilfe bedürfen.**

(5) **Die Verpflichtung zur Erstattung der für einen Hilfeempfänger aufgewendeten Kosten fällt weg, wenn ihm inzwischen für einen zusammenhängenden Zeitraum von 3 Monaten Sozialhilfe nicht zu gewähren war.**

(6) **Die Absätze 1 bis 5 gelten nicht für Personen, deren Unterbringung nach dem Übertritt in den Geltungsbereich dieses Gesetzes bundesrechtlich oder durch Vereinbarung zwischen Bund und Ländern geregelt ist.**

1. Die Vorschrift bezweckt, eine **unbillige Kostenbelastung** einzelner Träger der Sozialhilfe, namentlich derer, die in Grenznähe liegen, zu vermeiden. Die Kostenerstattungspflicht trifft den überörtlichen Träger der Sozialhilfe des Geburtsortes des Hilfesuchenden. Die Vorschrift hat Vorrang gegenüber § 103 (dazu Zeitler ZfF 1984, 189).

2. **„Grenzübertritt“** ist die physische Überschreitung der Grenze, gleichgültig aus welchen Gründen und ob sie freiwillig oder unfreiwillig geschieht. **Absatz 1** knüpft darüber hinaus an den **Eintritt eines Bedarfs** an (innerhalb der Monatsfrist). Das Bestehen einer Bedarfslage allein genügt allerdings nicht; diese muß dem Sozialhilfeträger i. S. v. § 5 bekannt geworden sein.

3. **Absatz 2** sieht für bestimmte Fälle die Bestimmung des kostenerstattungspflichtigen überörtlichen Trägers durch eine Schiedsstelle vor. Die Aufgaben der Schiedsstelle werden mangels des Abschlusses einer Verwaltungsvereinbarung i. S. des **Satzes 3** vom Bundesverwaltungsamt (in Köln) wahrgenommen.

4. **Absatz 3** regelt den gemeinsamen Übertritt von Familienangehörigen, **Absatz 4** erstreckt die Kostenerstattungspflicht auf den Ehegatten und die minderjährigen Kinder des Hilfeempfängers, **Absatz 5** begrenzt die Kostenerstattungspflicht, und **Absatz 6** betrifft die Nichtanwendbarkeit der Vorschrift auf bestimmte Personengruppen, z. B. auf Personen, die unter das Gesetz über das Asylverfahren fallen (vgl. Zeitler ZfF 1987, 217).

Ausschluß des gewöhnlichen Aufenthalts

109 **Als gewöhnlicher Aufenthalt im Sinne dieses Abschnitts gelten nicht der Aufenthalt in einer Einrichtung der in § 103 Abs. 4 genannten Art, die Unterbringung im Sinne des § 104, der in § 105 Satz 2 genannte vorübergehende Aufenthalt des Kindes sowie der auf richterlich angeordneter Freiheitsentziehung beruhende Aufenthalt in einer Einrichtung.**

1. Die Vorschrift enthält eine **Fiktion,** derzufolge der Erwerb **des „gewöhnlichen Aufenthalts"** in bestimmten Fällen nicht eintritt. Die Regelung bezweckt, die Gebietskörperschaften (s. § 96) vor Ansprüchen auf Kostenerstattung zu schützen, in denen bestimmte Anstalten oder gleichartige Einrichtungen sich befinden.

2. Die Fiktion gilt auch dann, wenn der Hilfeempfänger in der betreffenden Einrichtung keine Sozialhilfe bezogen hat, sondern „Selbstzahler" war oder wenn die Kosten seines Aufenthalts von einem anderen Leistungsträger aufgebracht worden sind.

3. Die Vorschrift setzt voraus, daß eine Anstalts- oder Familienpflege i. S. der §§ 103–105 oder eine gerichtlich angeordnete Freiheitsentziehung (z. B. Strafhaft) vorliegt.

4. Zur Anknüpfung an den „gewöhnlichen Aufenthalt" s. §§ 103–105.

Übernahme der Hilfe

110 **(1) Der Träger der Sozialhilfe, der die Hilfe gewährt, kann von dem kostenerstattungspflichtigen Träger verlangen, daß dieser die Gewährung der Hilfe in seinem Bereich übernimmt. Der kostenerstattungspflichtige Träger kann verlangen, daß die Hilfe von ihm in seinem Bereich gewährt wird. Der kostenerstattungspflichtige Träger hat die Kosten zu tragen, die durch den Wechsel des Aufenthaltsortes des Hilfeempfängers entstehen.**

(1) Die Übernahme der Hilfe kann nicht verlangt werden, wenn der Hilfeempfänger dem Wechsel seines Aufenthaltsortes nicht zustimmt oder wenn sonst ein wichtiger Grund entgegensteht, besonders wenn der erstrebte Erfolg der Hilfe beeinträchtigt oder ihre Dauer wesentlich verlängert würde.

(3) Absatz 1 gilt nicht im Falle des § 106.

1. Die Vorschrift versucht, **Kostentragung** und **Hilfegewährung** auf die Dauer möglichst **in einer Hand** zu vereinen, d. h. kostenerstattungspflichtiger Träger und hilfegewährender Träger sollen möglichst identisch sein.

2. Die Regelung setzt allerdings voraus, daß der **Hilfeempfänger** der Übernahme der Hilfe **zustimmt,** d. h. in den damit verbundenen Aufenthaltswechsel einwilligt (vgl. Art. 11 GG, welcher der Freizügigkeit Grundrechtsqualität zuerkennt).

Umfang der Kostenerstattung

111 **(1) Die aufgewendeten Kosten sind zu erstatten, soweit die Hilfe diesem Gesetz entspricht. Dabei gelten die Grundsätze für die Gewährung von Sozialhilfe, die am Aufenthaltsort des Hilfeempfängers zur Zeit der Hilfegewährung bestehen.**

(2) Kosten unter 400 Deutsche Mark sind außer im Falle des § 107 Abs. 1 nicht zu erstatten; im Falle des § 108 tritt an die Stelle des Betrages von 400 Deutsche Mark der Betrag von 200 Deutsche Mark. Verzugszinsen können nicht verlangt werden.

1. Die Vorschrift regelt, welche Kosten ein Träger, der nach den vorhergehenden Vorschriften (§§ 103–110) kostenpflichtig ist, erstatten muß. Der **erstattungsfähige Aufwand** orientiert sich an Art und Maß des Leistungsrechts nach dem BSHG und erstreckt sich dabei sowohl auf Muß-, Soll- und Kann-Leistungen (s. § 4) als auch auf ggf. darüber hinaus erbrachte freiwillige Leistungen.

2. Bei **stationärem Aufenthalt** in einer Einrichtung gehören zu den erstattungsfähigen Kosten die Pflegekosten und alle damit in Zusammenhang stehenden Leistungen, z. B. die Kosten der Fahrt in die Einrichtung. Generell sind die Kosten des „**Reinaufwandes**" (Brutto-Aufwand abzüglich Einnahmen) zu erstatten (vgl. Knopp/Fichtner § 112 Rz 4).

3. **Absatz 2** enthält eine **Bagatellgrenze.**

4. Die Nichterstattungsfähigkeit von **Verwaltungskosten** einerseits und die Erstattungsfähigkeit von Auslagen über 200 DM andererseits ergibt sich aus **§ 109 SGB X.**

Frist zur Geltendmachung des Anspruchs auf Kostenerstattung

112 **Will ein Träger der Sozialhilfe von einem anderen Träger Kostenerstattung verlangen, hat er ihm dies innerhalb von 6 Monaten nach der Entscheidung über die Gewährung der Hilfe mitzuteilen. Unterläßt er die Mitteilung innerhalb dieser Frist, kann er nur die Erstattung der Kosten verlangen, die in den 6 Monaten vor der Mitteilung entstanden sind und nachher entstehen. Kann er den erstattungspflichtigen Träger der Sozialhilfe trotz**

sorgfältiger Ermittlungen nicht feststellen, so wird die Frist nach Satz 1 gewahrt, wenn er vor ihrem Ablauf den Erstattungsanspruch bei der zuständigen Behörde anmeldet.

1. Die Vorschrift bezweckt, den kostenerstattungspflichtigen Träger der Sozialhilfe vor einer allzu **späten Geltendmachung** von Erstattungsansprüchen und damit auch vor der Inanspruchnahme für in der Vergangenheit liegende Tatbestände zu schützen.

2. Für die Berechnung der 6-Monatsfrist gelten die §§ 187, 188 BGB.

3. Eine verspätete Geltendmachung des Kostenerstattungsanspruchs entfaltet Wirksamkeit nur noch für die 6 Monate, die der Geltendmachung unmittelbar vorausgehen, sowie für die Zukunft.

4. **Satz 3** ermöglicht es dem kostenerstattungsberechtigten Träger, durch eine sog. **Sicherungsanmeldung** oder -anzeige den Anspruch auf Kostenerstattung zu wahren, obwohl er den kostenerstattungspflichtigen Träger nicht hat ermitteln können.

113 **(weggefallen)**

Anstelle des § 113 a. F. regelt heute **§ 113 SGB X** die Verjährung. Die Verjährungsfrist beträgt 4 Jahre nach Ablauf des Kalenderjahres, in dem der Erstattungs- oder Rückerstattungsanspruch entstanden ist.

Abschnitt 10. Verfahrensbestimmungen

Beteiligung sozial erfahrener Personen

114 **(1) Vor dem Erlaß allgemeiner Verwaltungsvorschriften und der Festsetzung der Regelsätze sind sozial erfahrene Personen zu hören, besonders aus Vereinigungen, die Bedürftige betreuen, oder aus Vereinigungen von Sozialleistungsempfängern.**

(2) Vor dem Erlaß des Bescheides über einen Widerspruch gegen die Ablehnung der Sozialhilfe oder gegen die Festsetzung ihrer Art und Höhe sind Personen, wie sie in Absatz 1 bezeichnet sind, beratend zu beteiligen.

1. Die **Beteiligung** erfolgt lediglich als **Anhörung (Absatz 1)** oder als **Beratung (Absatz 2).** Die Vorschrift zeigt aber, daß der Gesetzgeber der Erfahrung in der Sozialarbeit erhebliches Gewicht beimißt

(BVerwGE 21, 208). Dies gilt sowohl für den Erlaß von allgemeinen Verwaltungsvorschriften, die z. B. die Auslegung und Anwendung unbestimmter Rechtsbegriffe und die Ermessensausübung regeln, als auch bei der Festsetzung der Regelsätze (s. § 22 Abs. 3) sowie im Einzelfall.

2. **Absatz 2** (beratende Beteiligung) ist eine **wesentliche Verfahrensvorschrift,** nicht nur ein bloßes Ordnungserfordernis (vgl. BVerwGE 21, 108, st. Rspr., z. B. E 70, 196; FEVS 36, 1). Die Vorschrift gilt allerdings nur im **Widerspruchsverfahren** (nicht aber – zur Vermeidung unnötiger Verzögerung – bei der Erstbescheidung oder bei ,,Einstellung" der Hilfe), dort aber sowohl für die (völlige oder teilweise) Versagung der Hilfe von Anfang an als auch für die nachträgliche Rücknahme einer vom SHTr. für rechtswidrig gehaltenen Hilfebewilligung (BVerwGE 70, 196). Wird die Verletzung des § 114 Abs. 2 nicht durch Nachholung der Beteiligung geheilt (vgl. den Rechtsgedanken des § 41 SGB X), sind Verpflichtungs- und Anfechtungsklage unzulässig (§ 42 SGB X gilt wegen der abweichenden Regelung des § 79 Abs. 2 S. 2 VwGO u. des § 114 Abs. 2 i. V. m. § 37 SGB I nicht). Auf das sachverständige Mitspracherecht der sozial erfahrenen Personen kann der Hilfesuchende nicht ,,verzichten" (a. A. Engel ZfSH/SGB 1986, 317).

Nicht unter § 114 Abs. 2 fallen die Überleitung nach §§ 90, 91 und die Geltendmachung von Kostenersatz (BVerwGE 70, 196).

3. Bestimmung und Auswahl der **sozial erfahrenen** (d. h. mit Problemen sozial schwacher Bürger praktisch vertrauten) **Personen** trifft in den Fällen des **Absatzes 1** die Stelle, welche die Verwaltungsvorschriften erläßt oder die Regelsätze festsetzt, im Falle des **Absatzes 2** die Stelle, die den Widerspruchsbescheid erläßt. Die meisten Länder haben in Ausführungsvorschriften eingehendere Regelungen erlassen (so z. B. Art. 2, 20 bayer. AGBSHG: Beratende Mitglieder der sog. Sozialhilfeausschüsse bei den örtlichen Trägern der Sozialhilfe sind sozial erfahrene Personen, insbesondere Vertreter von Verbänden der freien Wohlfahrtspflege, der Kirchen und der Vereinigungen von Sozialleistungsempfängern; zu den letzteren gehören z. B. Verbände von Kriegsopfern).

Da die **Formen** der beratenden Beteiligung und die **verfahrensrechtliche Stellung** der sozial erfahrenen Personen i. S. d. § 114 Abs. 2 bislang weder bundes- noch landesrechtlich näher ausgestaltet sind, ist insofern auf die allgemeinen Vorschriften über das Verwaltungsverfahren nach SGB X zurückzugreifen (vgl. DV, Gutachten, NDV 1987, 196 zur Akteneinsicht: nicht allgemein zu bejahen; zur persönlichen Anhörung der Beteiligten: wenn der SHTr. dies für die Sachverhaltsermittlung dienlich erachtet und alle übrigen Beteiligten damit einverstanden sind). Die Länder sollten freilich – auch im Interesse der SHTr.

– die Stellung sozial erfahrener Personen durch weitergehendere Beteiligungsregelungen stärken.

115 (weggefallen)

Pflicht zur Auskunft

116 (1) **Die Unterhaltspflichtigen und die Kostenersatzpflichtigen sind verpflichtet, dem Träger der Sozialhilfe über ihre Einkommens- und Vermögensverhältnisse Auskunft zu geben, soweit die Durchführung dieses Gesetzes es erfordert.**

(2) **Der Arbeitgeber ist verpflichtet, dem Träger der Sozialhilfe über die Art und Dauer der Beschäftigung, die Arbeitsstätte und den Arbeitsverdienst des bei ihm beschäftigten Hilfesuchenden oder Hilfeempfängers, Unterhaltspflichtigen oder Kostenersatzpflichtigen Auskunft zu geben, soweit die Durchführung dieses Gesetzes es erfordert.**

(3) **Die nach den Absätzen 1 und 2 zur Erteilung einer Auskunft Verpflichteten können Angaben verweigern, die ihnen oder ihnen nahestehenden Personen (§ 383 Abs. 1 Nr. 1 bis 3 der Zivilprozeßordnung) die Gefahr zuziehen würden, wegen einer Straftat oder einer Ordnungswidrigkeit verfolgt zu werden.**

(4) **Ordnungswidrig handelt, wer als Arbeitgeber vorsätzlich oder fahrlässig die Auskunft nach Absatz 2 nicht, unrichtig, unvollständig oder nicht fristgemäß erteilt. Die Ordnungswidrigkeit kann mit einer Geldbuße geahndet werden.**

1. Durch Auskünfte des **Unterhaltspflichtigen** und **Kostenersatzpflichtigen** nach **Absatz 1** soll geklärt werden, ob und in welchem Umfang der Sozialhilfeträger Ersatzansprüche geltend machen kann. Die Auskunftspflicht des **Arbeitgebers** nach Absatz 2 soll dem Sozialhilfeträger einen Überblick über Einkommensverhältnisse und Zahlungsfähigkeit verschaffen, um den Umfang der notwendigen Sozialhilfe (für den Antragsteller oder den Sozialhilfeempfänger) sowie etwaiger Ersatzansprüche (gegen Unterhalts- oder Kostenersatzpflichtige) zu ermitteln. Die Vorschrift regelt also die Auskunftspflicht von **Privatpersonen;** Auskünfte **öffentlicher Stellen** regeln die Vorschriften über die Amtshilfe (s. §§ 3ff. SGB X) bzw. § 21 Abs. 4 SGB X (Auskunftspflicht der Finanzbehörden). Die Auskunftspflicht von **Ärzten,** Angehörigen eines anderen Heilberufs, Krankenhäusern sowie Kur- und Spezialeinrichtungen gegenüber dem SHTr. regelt § 100 SGB X.

2. Die **Unterhaltspflicht** kann auf Gesetz oder Vertrag beruhen. **Kostenersatzpflichtige** sind die in die Einstandsgemeinschaft nach den §§ 11, 28 einbezogenen Personen, die nach §§ 92a, 92c Verpflichteten, die von § 90 erfaßten Personen und Stellen sowie Personen, die dem SHTr. zur Erstattung unrechtmäßig erlangter Hilfe verpflichtet sind.

3. Auskunftsansprüche gegen **Unterhaltspflichtige** kann der SHTr. **nur** auf die eigenständige öffentlich-rechtliche Regelung des **§ 116 Abs. 1** stützen (nicht also auch auf den unterhaltsrechtlichen, im Zivilprozeßverfahren geltend zu machenden Auskunftsanspruch nach § 1605 BGB: Denn dieser Anspruch kann seiner Natur nach nicht durch die Überleitung des Unterhaltsanspruchs gem. § 90, 91 auf den SHTr. mitübergehen; vgl. BGH FamRZ 1986, 568; Baur FamRZ 1986, 1175). **Grundsätzlich Unterhaltspflichtige** müssen dem SHTr. **stets** Auskunft über ihre Leistungsfähigkeit erteilen; erst im Zivilprozeßverfahren, in dem die übergeleiteten Unterhaltsansprüche geltend gemacht werden, können besondere Gründe für den Wegfall der Unterhaltspflicht geltend gemacht werden.

4. Das **Auskunftsverlangen** des SHTr. stellt einen **Verwaltungsakt** dar, der die Pflicht nach § 116 Abs. 1 und 2 konkretisiert. Dieser Verwaltungsakt kann bei Weigerung des Auskunftspflichtigen nach Maßgabe der jeweiligen landesrechtlichen Vorschriften (z. B. §§ 55ff. des VwVG NRW) mit **verwaltungsrechtlichen Zwangsmitteln** durchgesetzt werden (Androhung, Festsetzung, Aufforderung zur Zahlung und Beitreibung von Zwangsgeld, ggf. Ersatzzwangshaft, vgl. AG Ottersdorf ZfF 1986, 230: in casu 3 Tage; nicht aber unmittelbarer Zwang, persönliche Vorführung und Anhaltung). Zur angemessenen Höhe bzw. zur Erhöhung des Zwangsgelds Baur aaO.

Die Auskünfte des **Arbeitgebers** können nicht nur durch das Beugemittel des verwaltungsrechtlichen Zwangs, sondern auch nach Abs. 4 i. V. m. dem Gesetz über Ordnungswidrigkeiten durch Geldbuße – als Unrechtssanktion – (mit höchstens 1000 DM) erzwungen werden; die zuständige Behörde für das Bußgeldverfahren nach § 116 Abs. 4 ist (außer in Berlin und Bremen) landesrechtlich bestimmt.

5. Sind wegen Weigerung des Auskunftspflichtigen dessen Einkommens- und Vermögensverhältnisse nicht zu ermitteln, kann sie der SHTr. **schätzen.** Im Zivilprozeß wirkt sich die Nichterfüllung der Auskunftspflicht (mit der Folge eines unaufgeklärten Sachverhalts) bei der Beweiswürdigung dann zu Lasten des Verpflichteten aus (Baur aaO). Die Verweigerung der Auskunft geht aber grundsätzlich nicht zu Lasten des Hilfesuchenden (es sei denn, die Hilfe duldet Aufschub bis zur Auskunft oder die fehlende Hilfsbedürftigkeit ist aufgrund des Verhaltens des Auskunftspflichtigen evident).

6. **Absatz 3** räumt in bestimmtem Umfang ein Auskunftsverweigerungsrecht ein.

117 und 118 (weggefallen)

§ 117, der die Auskunftspflicht von Verwaltungsbehörden (v. a. Finanzbehörden) und von Trägern anderer Sozialleistungen im Wege der Amtspflicht auf Ersuchen des Sozialhilfeträgers regelte, ist weggefallen, weil **§§ 3 ff., 21 Abs. 4 SGB X** die **Amtshilfe** näher regeln.

§ 118 ist weggefallen, weil die Kostenfreiheit für das **Verfahren über Sozialleistungen** nunmehr in **§ 64 SGB X** im Einzelnen geregelt ist; nach § 64 Abs. 2 S. 3 Nr. 2 sind u. a. von Beurkundungs- und Beglaubigungskosten befreit ... Urkunden, die ... im Sozialhilferecht aus Anlaß der Beantragung, Erbringung oder Erstattung einer nach dem BSHG vorgesehenen Leistung benötigt werden. In Verfahren vor den **Verwaltungsgerichten** gilt **§ 188 S. 2 VwGO:** keine Gerichtskosten (Gebühren und Auslagen) in Sozialhilfesachen.

Abschnitt 11. Sonstige Bestimmungen

Sozialhilfe für Deutsche im Ausland

119 (1) **Deutschen, die ihren gewöhnlichen Aufenthalt im Ausland haben und im Ausland der Hilfe bedürfen, soll, vorbehaltlich der Regelung in Absatz 2 Nr. 1, Hilfe zum Lebensunterhalt, Krankenhilfe und Hilfe für werdende Mütter und Wöchnerinnen gewährt werden. Sonstige Sozialhilfe kann ihnen gewährt werden, wenn die besondere Lage des Einzelfalles dies rechtfertigt.**

(2) **Soweit es im Einzelfall der Billigkeit entspricht, kann folgenden Personen, die ihren gewöhnlichen Aufenthalt im Ausland haben und im Ausland der Hilfe bedürfen, Sozialhilfe gewährt werden:**

1. **Deutschen, die gleichzeitig die Staatsangehörigkeit ihres Aufenthaltsstaates besitzen, wenn auch ihr Vater oder ihre Mutter die Staatsangehörigkeit dieses Staates besitzt oder besessen hat, sowie ihren Abkömmlingen,**
2. **Familienangehörigen von Deutschen, wenn sie mit diesen in Haushaltsgemeinschaft leben,**
3. **ehemaligen Deutschen, zu deren Übernahme die Bundesrepublik Deutschland aufgrund zwischenstaatlicher Abkommen verpflichtet wäre, sowie ihren Familienangehörigen.**

(3) **Hilfe wird nicht gewährt, soweit sie von dem hierzu verpflichteten Aufenthaltsland oder von anderen gewährt wird oder zu erwarten ist. Hilfe wird ferner nicht gewährt, wenn die Heimführung des Hilfesuchenden geboten ist.**

(4) **Art, Form und Maß der Hilfe sowie der Einsatz des Einkommens und des Vermögens richten sich nach den besonderen Verhältnissen im Aufenthaltsland unter Berücksichtigung der notwendigen Lebensbedürfnisse eines dort lebenden Deutschen.**

(5) **Für die Gewährung der Hilfe sachlich zuständig ist der überörtliche Träger der Sozialhilfe. Örtlich zuständig ist der Träger, in dessen Bereich der Hilfesuchende geboren ist; § 108 Abs. 2 und 3 gilt entsprechend; die nach § 108 Abs. 3 begründete Zuständigkeit bleibt bestehen, solange noch eine der dort genannten Personen der Sozialhilfe bedarf.**

(6) **Die Träger der Sozialhilfe arbeiten mit den deutschen Dienststellen im Ausland zusammen.**

(7) **Die Vorschriften der Absätze 1 bis 6 finden entsprechende Anwendung auf Deutsche, die ihren gewöhnlichen Aufenthalt in dem zum Staatsgebiet des Deutschen Reiches nach dem Stand vom 31. Dezember 1937 gehörenden Gebiete östlich der Oder-Neiße-Linie haben. Dabei gilt als Aufenthaltsstaat oder als Aufenthaltsland im Sinne der genannten Vorschriften der Staat, der die Verwaltung ausübt.**

1. Die Vorschriften der §§ 119, 120 stellen eine **Einschränkung des** für die Sozialhilfe maßgeblichen **Territorialitätsprinzips** dar, demzufolge Sozialhilfe von dem Träger zu gewähren ist, in dessen Bereich die Notlage eintritt, zugunsten des **Heimatprinzips,** demzufolge der bzw. die Träger des Landes leistungspflichtig sind, dessen Staatsangehörigkeit der Hilfesuchende besitzt.

2. Nach **Absatz 1** anspruchsberechtigt ist jeder **Deutsche i. S. des Grundgesetzes,** d. h. vorbehaltlich anderweitiger gesetzlicher Regelung jeder, der die deutsche Staatsangehörigkeit besitzt oder als Flüchtling oder Vertriebener deutscher Volkszugehörigkeit oder als dessen Ehegatte oder Abkömmling in dem Gebiete des Deutschen Reiches nach dem Stande vom 31. Dezember 1937 Aufnahme gefunden hat. Danach wird nicht differenziert zwischen der Herkunft aus dem Geltungsbereich des GG, d. h. der Bundesrepublik Deutschland einschließlich Berlin (West), der DDR oder einem Gebiet des früheren Deutschen Reiches; die Vorschrift gilt deswegen insbesondere auch für Bürger der DDR, die sich darauf berufen. Vgl. Art. 116 GG.

3. Die Unterstützung von Staatsangehörigen im Ausland hat insbesondere auch insofern Bedeutung, als die Hilfsbedürftigkeit vielfach einen Ausweisungstatbestand darstellt (vgl. für die Bundesrepublik Deutschland selbst § 10 Abs. 1 Nr. 10 AuslG). Durch die Gewährung von Auslandsfürsorge hat man bereits in der Vergangenheit die Ausweisung aus armenpolizeilichen Gründen zu vermeiden gesucht (vgl. Knopp/Fichtner § 119 Rz 1).

4. Die Hilfe ist grundsätzlich entweder als Soll- oder Kann-Leistung ausgestaltet. Muß-Leistungen gibt es für Deutsche im Ausland nicht.

5. Sowohl der gewöhnliche Aufenthalt (vgl. § 30 Abs. 3 S. 2 SGB I) als auch der **Ort der Hilfsbedürftigkeit** müssen im Ausland liegen **(Satz 1).** Hingegen kann die Hilfe selbst auch im Inland gewährt werden.

5. Als **Soll-Leistungen** werden diejenigen Leistungen gewährt, die lebensnotwendig sind (s. den Katalog in Absatz 1).

6. Sonstige Leistungen der Sozialhilfe können – Kann-Leistungen – gewährt werden gemäß Absatz 1 Satz 2, wenn dies im Einzelfall gerechtfertigt ist.

7. Als Kann-Leistung wird Sozialhilfe auch dem in **Absatz 2** genannten Personenkreis gewährt, wenn es ,,im Einzelfall der Billigkeit entspricht". Nähe zur Bundesrepublik Deutschland und zu deutschen Angehörigen sind neben dem Ausmaß der Hilfsbedürftigkeit in diesem Zusammenhang zu berücksichtigen.

8. **Nr. 1** betrifft Deutsche, die zugleich Staatsangehörige des Staates sind, in dem sie ihren gewöhnlichen Aufenthalt haben und in dem Hilfsbedürftigkeit eintritt. Personen, die eine dritte Staatsangehörigkeit haben, fallen demgegenüber unter Absatz 1.

9. Die Familienangehörigen von Deutschen, die selbst Deutsche i. S. des Grundgesetzes sind, fallen nicht unter **Nr. 2,** sondern unmittelbar unter Absatz 1. Nr. 2 gilt nur für nichtdeutsche Angehörige.

10. Ein Anwendungsfall der **Nr. 3** ist Art. 2 (a) (ii) i. V. m. Art. 8 (b) des Europäischen Fürsorgeabkommens (EFA), der die Bundesrepublik als Vertragspartei verpflichtet, diejenigen Staatsangehörigen zu übernehmen, die nach Maßgabe des Art. 7 EFA **rückgeschafft** werden.

11. **Absatz 3** konkretisiert den Grundsatz des Nachrangs (s. § 2) in bezug auf Hilfe, die im Aufenthaltsland des Hilfesuchenden oder von dritter Seite gewährt wird oder zu gewähren ist. Die Gewährung von Sozialhilfe an Deutsche im Ausland soll nicht dazu führen, daß **ausländische Leistungsträger** entlastet werden. Eine Verpflichtung ausländischer Leistungsträger zum Tätigwerden kann sich aufgrund des dortigen innerstaatlichen Rechts oder auch aufgrund internationaler Rechtsvorschriften – z. B. des Europäischen Fürsorgeabkommens (EFA), zwischenstaatlicher Abkommen (vgl. Vereinbarung zwischen der Bundesrepublik Deutschland und der Schweizerischen Eidgenossenschaft über die Fürsorge für Hilfsbedürftige v. 14. 7. 1952, Abkommen zwischen der Bundesrepublik Deutschland und der Republik Österreich über Fürsorge und Jugendwohlfahrtspflege v. 17. 1. 1966, sowie aus einzelnen Bestimmungen des Europäischen Gemeinschaftsrechts – ergeben. Allerdings geht die im Aufenthaltsland gewährte Hilfe der im Rahmen dieser Vorschrift gewährleisteten Unterstützung

nur in dem Umfang vor, in welchem sie dem BSHG entspricht; deshalb kommt auch eine ergänzende Hilfe nach dem BSHG in Betracht.

12. Nach **Abs. 4** hängen **Art, Form und Maß der Hilfe** von den Verhältnissen im Aufenthaltsland und den notwendigen Lebensbedürfnissen eines dort lebenden Deutschen ab. Der Begriff **„Lebensbedürfnisse"** ist recht weit – weiter als derjenige der „persönlichen Bedürfnisse des täglichen Lebens" (s. § 12) – und gestattet die Berücksichtigung aller Bedarfsgegenstände, die zur Sicherung der physischen, psychischen und kulturellen Existenz eines im Aufenthaltsland lebenden Deutschen erforderlich sind. Dazu können auch Arten der Hilfe gehören, die im Katalog der Hilfe in besonderen Lebenslagen des § 27 Abs. 1 nicht enthalten sind (vgl. Knopp/Fichtner § 119 Rz 13). Auch für den Einsatz von **Einkommen** und **Vermögen** sind die maßgeblichen Vorschriften der §§ 11, 76ff. den vorstehend erwähnten Besonderheiten im ausländischen Aufenthaltsstaat anzupassen.

13. **Absatz 5** regelt die sachliche (s. auch § 100) und die örtliche **Zuständigkeit** (s. § 108).

14. Praktisch wichtig ist die in **Absatz 6** angeordnete **Zusammenarbeit der Träger der Sozialhilfe mit den deutschen Dienststellen im Ausland,** d. h. den diplomatischen und berufskonsularischen Auslandsvertretungen der Bundesrepublik Deutschland. Einzelheiten dazu regelt das Rundschreiben des Bundesministers des Innern betr. Sozialhilfe für Deutsche im Ausland v. 10. 4. 1962 (GMBl. S. 195), v. 27. 9. 1962 (GMBl. S. 479) u. v. 22. 4. 1969 (GMBl. S. 181). Die ausländischen Dienststellen haben die Hilfsbedürftigkeit zu prüfen und Vorschläge zu unterbreiten, wie die Hilfe aussehen soll. Vgl. auch das Konsulargesetz v. 11. 9. 1974 (BGBl. I S. 2317), welches Vorschriften über die Hilfe für Deutsche im Ausland enthält, die z. T. dem § 119 Abs. 1 vorgehen (vgl. Gottschick/Giese § 119 Rz 9.4.).

15. **Absatz 7** soll gewährleisten, daß eine Schlechterstellung der in den genannten Gebieten lebenden Deutschen gegenüber anderen Auslandsdeutschen vermieden wird.

Sozialhilfe für Ausländer

120 **(1) Personen, die nicht Deutsche im Sinne des Artikels 116 Abs. 2 des Grundgesetzes sind und die sich im Geltungsbereich dieses Gesetzes tatsächlich aufhalten, ist Hilfe zum Lebensunterhalt, Krankenhilfe, Hilfe für werdende Mütter und Wöchnerinnen und Hilfe zur Pflege nach diesem Gesetz zu gewähren; wer sich in den Geltungsbereich dieses Gesetzes begeben hat, um Sozialhilfe zu erlangen, hat keinen Anspruch. Im übrigen kann Sozialhilfe gewährt werden, soweit dies im Einzelfall**

gerechtfertigt ist. Rechtsvorschriften, nach denen außer den in Satz 1 genannten Leistungen auch sonstige Sozialhilfe zu gewähren ist oder gewährt werden soll, bleiben unberührt.

(2) **Abweichend von Absatz 1 Satz 1 beschränkt sich der Anspruch bei folgenden Personen auf die Hilfe zum Lebensunterhalt:**

1. **Asylsuchenden Ausländern, deren Asylverfahren noch nicht unanfechtbar abgeschlossen ist und die keine Aufenthaltserlaubnis oder Aufenthaltsberechtigung besitzen,**
2. **zur Ausreise verpflichteten Ausländern, deren Aufenthalt aus völkerrechtlichen, politischen, humanitären oder den in § 14 Abs. 1 Satz 1 des Ausländergesetzes genannten Gründen geduldet wird,**
3. **sonstigen Ausländern, die zur Ausreise verpflichtet sind.**

Sonstige Sozialhilfe kann gewährt werden. Die Hilfe soll, soweit dies möglich ist, als Sachleistung gewährt werden; sie kann auch durch Aushändigung von Wertgutscheinen gewährt werden. Die Hilfe kann auf das zum Lebensunterhalt Unerläßliche eingeschränkt werden.

(3) **Der Bundesminister für Jugend, Familie und Gesundheit kann durch Rechtsverordnung mit Zustimmung des Bundesrates bestimmen, daß außer den in Absatz 1 Satz 1 genannten Leistungen auch sonstige Sozialhilfe zu gewähren ist oder gewährt werden soll.**

1. **Absatz 1** bezieht in den personellen Anwendungsbereich der Vorschrift alle Personen ein, die nicht Deutsche i. S. des Art. 116 Abs. 1 GG sind (s. § 119 Erl. 2), d. h. **Personen mit einer fremden Staatsangehörigekit** und **Staatenlose,** wenn sie sich **im Geltungsbereich des BSHG,** d. h. im Bundesgebiet und in Berlin (s. § 152) aufhalten. Bürger der DDR sind ,,Deutsche". Das Gesetz stellt auf den **,,tatsächlichen Aufenthalt",** nicht auf den ,,gewöhnlichen Aufenthalt" (s. § 119 Erl. 5) ab und erfaßt mithin auch Personen, die sich besuchsweise hier aufhalten oder die sich auf der Durchreise befinden. ,,Tatsächlicher" Aufenthalt bezeichnet also die bloße physische Anwesenheit. Unerheblich ist, ob der Fremde zum Aufenthalt berechtigt ist. In ihrer ursprünglichen Fassung räumte die Vorschrift den Personen, die in ihren Anwendungsbereich fielen, einen Anspruch auf die in **Satz 1** genannten Leistungen ein. Vor allem **völkerrechtliche Regelungen** (Europäisches Fürsorgeabkommen, deutsch-schweizerisches und deutsch-österreichisches Fürsorgeabkommen, Abkommen über die Rechtstellung der Flüchtlinge, übereinkommen über die Rechtsstellung der Staatenlosen; s. Einf. IV. 4.) führten zu einer **Differenzierung der Rechtsstellung** unterschiedlicher Ausländergruppen im Sozialhilferecht bis hin zur **Gleichstellung mit deutschen Sozialhilfebe-**

rechtigten. Durch (zwischenzeitlich mehrfach geänderte) Sonderregelungen für asylsuchende Ausländer, zur Ausreise verpflichtete Ausländer, sowie solche zur Ausreise verpflichtete Ausländer, deren Aufenthalt aus bestimmten Gründen geduldet wird (s. Abs. 2) ist durch das **nationale Recht** eine weitere Differenzierung ,,nach unten" eingeführt worden (vgl. Schubert InfAuslR 1984, 80; Korde/Berger-Delhey ZfSH/SGB 1987, 393): Bestimmte Gruppen von Ausländern haben lediglich Anspruch auf **sozialhilferechtliche Mindestleistungen,** die hinter dem im Vergleich zu dem deutschen Sozialhilfeberechtigten eröffneten Leistungsspektrum ohnehin eingeschränkten Katalog der Leistungen für ,,normale" Ausländer zurückbleiben. Berücksichtigt man, daß auch Angehörige aus **Mitgliedstaaten der EG** unabhängig von der Geltung des Europäischen Fürsorgeabkommens auch sozialhilferechtlich eine privilegierte Stellung innehaben (vgl. Zuleeg NDV 1987, 342), ergeben sich eine Vielzahl von Abstufungen, die von der Gleichstellung mit Deutschen bis zum völligen Ausschluß von der Sozialhilfe (im Falle des Abs. 1 S. 1, 2. HS) reicht (vgl. auch Gottschick/Giese § 120; LPK-BSHG § 120). Völlig ausgenommen von der Geltung des § 120 sind die Mitglieder und Bediensteten der **Alliierten Streitkräfte** in der Bundesrepublik Deutschland und deren Angehörige aufgrund des NATO-Truppenstatuts.

2. Die Regelung des § 120 schließt inzidenter die Verweisung auf die Rückkehr ins Heimatland oder die Ausreise in ein Drittland als Form der Selbsthilfe (s. § 2 Abs. 1) aus. **Satz 1 Halbsatz 2** billigt hingegen denjenigen Personen keinen Leistungsanspruch zu, die sich in der (vom Träger der Sozialhilfe zu beweisenden) **Absicht** hierhin begeben haben, **Sozialhilfe zu erlangen.** Damit soll die **mißbräuchliche Inanspruchnahme von Leistungen der Sozialhilfe verhindert** werden. Auch diesem Personenkreis **kann** allerdings Sozialhilfe gewährt werden. Das Merkmal ,,um Sozialhilfe zu erlangen" ist nach h. M. bereits dann erfüllt, wenn nach den objektiven Umständen von einem Wissen und Wollen i. S. eines bedingten Vorsatzes ausgegangen werden kann, der für den Entschluß zur Einreise von prägender Bedeutung war; Kenntnis des deutschen Sozialhilferechts und seiner zahlreichen Hilfemöglichkeiten soll nicht erforderlich sein (BVerwGE 59, 73; zw.). Zumindest wird man wohl verlangen müssen, daß die Möglichkeit, auf Sozialhilfe angewiesen zu sein und Sozialhilfe zu erlangen, für den Einreiseentschluß subjektiv (sei es allein, sei es neben anderen Gründen) in besonderer Weise bedeutsam gewesen ist (so OVG Lüneburg FEVS 33, 252). Der Ausschlußtatbestand ist nicht erfüllt, wenn nach den objektiven Umständen zu vermuten ist, daß der Hilfesuchende auch ohne die Möglichkeit, Sozialhilfe zu erlangen, ins Bundesgebiet eingereist wäre; es müssen vielmehr Anhaltspunkte dafür vorhanden sein, daß der Hilfesuchende in seinem Heimatland oder in dem Land,

in dem er sich zuletzt ständig aufgehalten hat, verblieben und nicht ins Bundesgebiet eingereist wäre, wenn hier sein Lebensunterhalt nicht notfalls durch Sozialhilfe gesichert würde (OVG Bremen InfAuslR 1986, 153); auch OVG Bremen FEVS 35, 380).

Ist der Ausschlußtatbestand erfüllt, so scheidet auch eine Anwendung des **Europäischen Fürsorgeabkommens** (EFA) aus, weil Rechte daraus nur geltend gemacht werden können, wenn der Aufenthalt aus einem anderen Grunde als dem in § 120 Abs. 1 S. 1, 2. HS genannten begründet worden ist (zu diesem „allgemeinen Vorbehalt" hinsichtlich der Anwendbarkeit des EFA vgl. OVG Münster InfAuslR 1986, 155 m. w. N.).

3. Auch wenn ein Anspruch auf Sozialhilfe nicht gegeben ist, darf man einen Hilfesuchenden gleichwohl nicht „verhungern" lassen; aus verfassungsrechtlichen Gründen (Menschenwürde, Art. 1 GG) kann Hilfeleistung gleichwohl geboten sein und der dem Träger der Sozialhilfe in Absatz 1 **Satz 2** eingeräumte Ermessensspielraum sich zu einem Anspruch des Hilfesuchenden verdichten (illustrativ VG Hamburg NDV 1987, 269: Ausländer im Besitz einer ausländerrechtlichen Duldung hat Anspruch auf Sozialleistungen in Höhe, wenigstens einer Minimal-Sicherung seiner physischen Existenz", sofern nicht die aufenthaltsrechtlichen Gesichtspunkte das Sozialhilferecht überlagern und einen vollen Anspruch begründen). (Vgl. auch als Parallele die Problematik des § 25 Erl. 4). **Satz 2** betrifft außer dem Fall, daß ein Anspruch nach Satz 1 nicht gegeben ist, die Leistungen, die keine Muß-Leistungen i. S. des Abs. 1 S. 1 sind. Voraussetzung für die Hilfegewährung ist hier, daß dies „im Einzelfall gerechtfertigt ist". Damit verpflichtet das Gesetz den Träger der Sozialhilfe, bei seiner Ermessensentscheidung unter Berücksichtigung der Notlage des Hilfesuchenden und seiner Bindung an die Bundesrepublik Deutschland eine gerechte Abwägung zwischen Territorialprinzip und Heimatprinzip zu finden (vgl. Knopp/Fichtner § 120 Rz 3). Dabei hat sich der Sozialhilfeträger an den sozialhilferechtlichen Leitvorstellungen – namentlich an den §§ 1, 2 u. 7 – sowie an Sinn und Zweck der Ausschlußnorm des Abs. 1 S. 2, HS 2 (Verhinderung der mißbräuchlichen Inanspruchnahme von Sozialhilfeleistungen) zu orientieren. Das individuelle **Interesse des Hilfesuchenden** am Aufenthalt in der Bundesrepublik Deutschland (z. B. wegen seiner Integration in die hiesigen Lebensverhältnisse aufgrund langjähriger früherer Anwesenheit oder wegen des Aufenthalts naher Angehöriger in der Bundesrepublik Deutschland) ist ein für die Ermessensausübung sachgerechter Gesichtspunkt; hingegen sind eine fehlende Unterstützungsbedürftigkeit im Heimatland bzw. am früheren Aufenthaltsort oder eine frühere Erwerbstätigkeit in der Bundesrepublik Deutschland (wodurch zum Steueraufkommen und damit mittelbar zur Leistungsfähigkeit der Sozialhilfe beigetragen wurde) keine sachgerechten Kriterien (OVG Münster NDV 1985, 367).

4. Nach § 10 Abs. 1 Nr. 10 AuslG kann ein Ausländer **ausgewiesen** werden, wenn er den Lebensunterhalt für sich und seine unterhaltsberechtigten Angehörigen nicht ohne Inanspruchnahme der Sozialhilfe bestreitet oder bestreiten kann. Damit wird die Ausweisung von dem Vorliegen eines sozialhilferechtlichen Tatbestandes abhängig gemacht. Nach **Absatz 2** hängt umgekehrt der Umfang der Hilfegewährung vom aufenthaltsrechtlichen Status des Hilfesuchenden ab. Dementsprechend verwendet der Gesetzgeber hier ausländerrechtliche Begriffe – „Aufenthaltserlaubnis", „Aufenthaltsberechtigung", „zur Ausreise verpflichtet", „geduldet" – (vgl. §§ 2, 8, 12, 17 AuslG). Absatz 2 **Satz 2 Nr. 1 bis 3** sind deshalb wörtlich in ausländerrechtlichem Sinne zu verstehen. Ausländer, die eine Aufenthaltserlaubnis nach § 2 Abs. 1 AuslG haben, fallen deshalb nicht unter die Vorschrift (VG Düsseldorf InfAuslR 1985, 266).

5. **Satz 3** ordnet an, daß sonstige Rechtsvorschriften, die Ausländern zusätzliche Leistungen einräumen, unberührt bleiben und dieser Vorschrift vorgehen. Zu diesen Vorschriften gehören z. B. Art. 23 des **Abkommens über die Rechtsstellung der Flüchtlinge** v. 28. 7. 1951 (BGBl. 1953 II S. 559), § 19 des **Gesetzes über die Rechtsstellung heimatloser Ausländer im Bundesgebiet** v. 25. 4. 1951 (BGBl. I S. 269), das **Gesetz über Maßnahmen für die im Rahmen humanitärer Hilfsaktionen aufgenommenen Flüchtlinge** v. 22. 7. 1980 (BGBl. I S. 1057), das **Europäische Fürsorgeabkommen** (EFA) v. 11. 12. 1953, die **bilateralen Abkommen** der Bundesrepublik Deutschland mit der **Schweiz** und **Österreich** (s. Einf. IV. 4). Das EFA gilt für Belgien, Dänemark, Frankreich, Griechenland, Irland, Island, Italien, Luxemburg, Malta, Niederlande, Norwegen, Portugal, Schweden, Spanien, Türkei, Vereinigtes Königreich. Die Bestimmung, daß die in S. 3 genannten Rechtsvorschriften „unberührt" bleiben, bedeutet, daß deren Regelungen derjenigen des S. 1 vorgehen und die davon begünstigten Ausländer nach Maßgabe der für sie geltenden Vorschriften vor allem des Internationalen Fürsorgerechts (s. Erl. 1) eine privilegierte sozialhilferechtliche Position haben. Staatsangehörige aus Unterzeichnerstaaten des EFA haben Anspruch auf alle Leistungen des BSHG mit Ausnahme derjenigen, für welche die Bundesrepublik Deutschland einen Vorbehalt erklärt hat, nämlich die Hilfe zum Aufbau oder zur Sicherung der Lebensgrundlage (§ 30) und die Hilfe zur Überwindung besonderer sozialer Schwierigkeiten (§ 72). (Der Vorbehalt in bezug auf die Ausbildungshilfe (§§ 31–35 a. F.) ist heute gegenstandslos.) Auch ein noch nicht 16jähriger Ausländer, der bei seinen Eltern lebt und wegen seines Alters keiner eigenen Aufenthaltserlaubnis bedarf, fällt in den Schutzbereich des EFA, wenn er eine Fürsorgeleistung in Anspruch nimmt; er darf desahlb gemäß Art. 6a EFA auch nicht wegen seiner Hilfsbedürftigkeit rückgeschafft werden (BVerwGE 75, 26).

Auch einzelne Bestimmungen des **Europäischen Gemeinschaftsrechts** haben sozialhilferechtliche Bedeutung. Nach Art. 7 Abs. 2 VO (EWG) Nr. 1612/68 genießt ein Arbeitnehmer, der Staatsangehöriger eines Mitgliedsstaats ist und im Hoheitsgebiet eines anderen Mitgliedstaats beschäftigt ist, „dort die gleichen sozialen und steuerlichen Vergünstigungen wie die inländischen Arbeitnehmer". Diese Vorschrift ist nach der Auslegung, die sie in der Judikatur des EuGH erfahren hat, nicht auf solche Vorschriften beschränkt, die unmittelbar mit der Stellung des Arbeitnehmers als Lohn- und Gehaltsempfänger zusammenhängen, sondern erfaßt alle Vergünstigungen, deren Vorenthaltung der Mobilität der Arbeitnehmer innerhalb der Gemeinschaft entgegenstehen könnte. Damit werden auch diejenigen Sozialhilfeleistungen erfaßt, die ihrer Zweckbestimmung nach von EG-Ausländern in gleicher Weise wie von Deutschen in Anspruch genommen werden können. Vom Leistungszweck her ausgeschlossen können allerdings ggf. solche Leistungen sein, die wie bestimmte Leistungen der Eingliederungshilfe für Behinderte oder der Hilfe zur Überwindung besonderer sozialer Schwierigkeiten auf Integration in die Lebensverhältnisse in der Bundesrepublik Deutschland abzielen; die Verfolgung dieses Zieles kann im Einzelfall bei Wanderarbeitnehmern, die in ihr Heimatland zurückkehren wollen, ausscheiden. Auch fällt z. B. ein Angehöriger eines Mitgliedstaates der EG unter die Vorschriften des EG-Rechts über die Freizügigkeit der Arbeitnehmer (Art. 48ff. EWGV; Verordnung (EWG) Nr. 1408/71), der im Hoheitsgebiet eines anderen Mitgliedstaats eine Tätigkeit im Lohn- oder Gehaltsverhältnis ausübt, mit der er weniger als das in dem betreffenden Staat geltende Existenzminimum verdient (mit der Folge, daß er ggf. Sozialhilfeleistungen in Anspruch nehmen muß). Ausländer aus einem Mitgliedstaat der EG dürfen deshalb bei Sozialhilfebedürftigkeit und auch bei tatsächlicher Inanspruchnahme von Sozialhilfe nicht ausgewiesen werden, solange sie sich im übrigen erlaubt im Bundesgebiet aufhalten (vgl. EuGH, RS 53/81 (Levin) EuGHE 1982, 1035; vgl. ferner RS 122/84 (Scrivner) EuGHE 1985, 982; zum Verhältnis von Sozialhilferecht und EG-Recht vgl. Schulte/Trenk-Hinterberger 1986, 446; Korde/Berger-Delhey InfAuslR 1987, 393; Zuleeg NDV 1987, 342). Auch wenn alle EG-Staaten inzwischen das EFA ratifiziert haben, hat die Frage, ob das Gemeinschaftsrecht gilt, durchaus praktische Bedeutung, da das EFA einen Vorbehalt seitens der Bundesrepublik Deutschland unterliegt (s. oben) und das Gemeinschaftsrecht in mancherlei Hinsicht eine bessere Rechtsstellung und insbesondere Rechtsdurchsetzungsmöglichkeit einräumt. Nach BVerwG (E 66, 28) beeinträchtigt die weitere Anwesenheit eines Ausländers grundsätzlich die Belange der Bundesrepublik Deutschland i. S. des § 2 Abs. 1 S. 2 AuslG mit der Folge, daß die Verlängerung der Aufenthaltserlaubnis versagt werden muß, wenn zu erwarten ist, daß er seinen Lebensunterhalt auf Dauer nicht ohne Inanspruchnahme von Sozialhilfe bestreiten kann; das EFA schränke die Gründe, aus denen eine (weitere) Aufenthaltserlaubnis abgelehnt werden dürfe oder müsse, nicht ein und hindere auch nicht die zwangsweise Beendigung eines Aufenthalts, für den die Behörde die erforderliche Aufenthaltserlaubnis abgelehnt habe, weil nur sonstige aufenthaltsbeendende behördliche Maßnahmen betreffe, die während der Dauer eines erlaubten Aufenthalts ergingen (zw., da nach Art. 6 (a) EFA ein Vertragsschließender einen Staatsangehörigen eines anderen Vertragsschließenden, der in seinem Gebiet erlaubt seinen gewöhnlichen Aufenthalt hat, nicht allein aus Gründen der Hilfsbedürftigkeit rückschaffen kann; zu Unrecht geht das BVerwG davon aus, das Rückschaffungsverbot beziehe sich nicht auf die Nichtverlängerung der Aufenthaltserlaubnis, und ermöglicht insofern eine Umgehung des Art. 6 (a) EFA; vgl. zu dieser Problematik ausführlich Hailbronner 1984 Rz 127ff.).

6. **Absatz 2,** der durch das 2. HStruktG v. 22. 12. 1981 eingeführt worden ist auf dem Hintergrund des damals besonders starken Zustroms von Asylbewerbern ins Bundesgebiet und vor allem nach Berlin, beschränkt den Anspruch von **Asylbewerbern** auf Sozialhilfe auf die **Hilfe zum Lebensunterhalt.** Damit wurde das Ziel verfolgt, die Bundesrepublik Deutschland als Asylland weniger attraktiv zu machen und sog. „Wirtschaftsflüchtlinge" abzuwehren. Angesichts des Umstandes, daß die Zahl der Asylbewerber von derartigen sozialrechtlichen Maßnahmen offensichtlich nicht nennenswert beeinflußt wird, bestehen Zweifel an Sinn und Zweck dieser Sonderregelung für bestimmte Gruppen von Hilfesuchenden; entsprechendes gilt für Pläne, die darauf abzielen, für diesen Personenkreis eine eigenständige Regelung zu treffen und ihn aus dem BSHG herauszunehmen, zumal dadurch eine wesentliche „Errungenschaft" des BSHG, nämlich seine universelle Geltung auch in personeller Hinsicht aufgegeben würde und zumindest auch dann verfassungsrechtliche Bedenken entstünden, wenn diese Sonderregelung ihrem materiellrechtlichen Inhalt nach hinter dem das verfassungsrechtlich gebotene sozialstaatliche Minimum festschreibende BSHG zurückbliebe.

7. Zum Kreis der **asylsuchenden Ausländer** werden alle Ausländer gerechnet, die einen Antrag auf Asylgewährung gestellt haben (einschließlich Angehöriger von Mitgliedstaaten des EFA, z. B. türkische Staatsangehörige), Angehörige von Asylbewerbern, die selber keinen Antrag gestellt haben, sowie Ausländer nach rechtskräftiger Ablehnung oder nach Rücknahme des Asylantrages bis zum Verlassen des Bundesgebiets. Die sog. **Kontingentflüchtlinge** gehören nicht zu diesem Personenkreis. Kontingentflüchtlinge sind diejenigen Flüchtlinge, die nach der Genfer Konvention im Rahmen humanitärer Hilfsaktionen der Bundesrepublik Deutschland ins Bundesgebiet aufgenommen

worden sind, ohne ein Asylverfahren durchlaufen zu müssen (vgl. Hailbronner 1984 Rz 40f.).

8. Die in **Absatz 2 Satz 4** vorgesehene Einschränkbarkeit laufender Geldleistungen auf das zum Lebensunterhalt Unerläßliche verstößt nach BVerwG NDV 1985, 333 nicht gegen das Grundrecht auf Asyl (Art. 16 Abs. 2 S. 2). Die Leistungseinschränkung sei auch gegenüber einem Ausländer türkischer Staatsangehörigkeit möglich, der die Anerkennung als Asylberechtigter beantragt habe; das EFA stehe dem nicht entgegen (zw.; krit. Schuler/Schulte InfAuslR 1986, 8; Stolleis/Schlamelcher NDV 1985, 309). In derselben Entscheidung weist das BVerwG (aaO) allerdings ausdrücklich darauf hin, daß die Einschränkung laufender Geldleistungen auf das zum Lebensunterhalt Unerläßliche im Wege der Ermessensausübung nur unter Berücksichtigung der **Umstände des Einzelfalles** angeordnet werden darf. Rechtswidrig ist es z. B., allein den Umstand zugrunde zu legen, daß der Hilfesuchende die Anerkennung als Asylberechtigter beantragt hat, weil auf diesem Umstand § 120 Abs. 2 S. 1, 1. HS ja gerade den Rechtsanspruch auf die ungekürzte Regelsatzhilfe gründet. Es ist ebenfalls unzulässig, die Träger der Sozialhilfe durch Richtlinien anzuhalten, die Einschränkung der Geldleistung auf das zum Lebensunterhalt Unerläßliche als Regel und die Gewährung der Hilfe bis zum „normalen" Regelsatz als Ausnahme vorzusehen, weil dadurch das im Gesetz angelegte Regel-Ausnahme-Verhältnis gerade umgekehrt wird. Zweifel bestehen auch daran, ob man in dem Umfang, wie dies in der Praxis oft geschieht, asylsuchenden Ausländern mit der Begründung eine Einschränkung der Hilfe zumuten kann, daß sie einen geringeren Bedarf hätten als deutsche Hilfesuchende; vielmehr ist im Einzelfall zu prüfen, ob nicht einem möglichen Minderbedarf auch höherer Bedarf – z. B. wegen des notwendigen Einfügens in eine fremde Umwelt – gegenübersteht, der einen etwaigen Minderbedarf ausgleicht. Als Beispiel für eine differenzierende Abwägung vgl. OVG Hamburg InfAuslR 1986, 318 (Kürzung bei den Positionen Teilnahme am kulturellen Leben und Fahren mit öffentlichen Verkehrsmitteln).

Der Runderlaß des Sozialministers des Landes **Schleswig-Holstein** v. 30. 9. 1985 – IX 510 – 2530 – 21–2 (abgedr. in: InfAuslR 1986, 116) schließt eine Einschränkung der Leistungen der Hilfe zum Lebensunterhalt für Ernährung und hauswirtschaftliche Bedürfnisse in der Regel aus. Leistungseinschränkungen seien etwa bei alkoholischen Getränken und bei den persönlichen Bedürfnissen in folgenden Bereichen möglich: Änderungsschneiderarbeit, Desinfektionsmittel, chemische Reinigung, Postanweisung, Zeitungsabonnement, Eintrittskarte für Kino und Hallenbad; im Einzelfall sei die Kürzung der regelsatzmäßigen Leistungen um bis zu 15 v. H. möglich. Der Betrag für Unterkunft bzw. für Kochfeuerung und Beleuchtung sei i. d. R. unmittelbar an den Vermieter bzw. an das Versorgungsunternehmen zu überweisen. Nach den Richtlinien der bayerischen Bezirke zum Vollzug des § 120 Abs. 2 BSHG v. 7. Juli 1982 wird in

Bayern (bay. SHR Anh. XXVII) wird bei dezentraler Unterbringung – von Ausnahmen in konkreten Einzelfällen abgesehen – der Regelsatz (evtl. auch der Mehrbedarf) i. d. R. um 20 v. H. gekürzt, weil aus einem fremden Land und Kulturkreis stammende Asylbewerber einen bestimmten, bei deutschen Hilfeempfängern ohne weiteres zu bejahenden Bedarf nicht hätten.

Zu Recht sind **verfassungsrechtliche Zweifel** gegenüber Abs. 2 S. 4 angemeldet worden, weil hier gleichsam „generalpräventiv" ausländer- und finanzpolitische Ziele verfolgt werden, die Bestimmung hingegen nicht, wie es von einem sozialhilferechtlichen Instrument zu erwarten ist, „Teil eines Hilfskonzepts" ist. Als „unterster sozialstaatlicher Interventionspunkt" sichert die Sozialhilfe das verfassungsrechtlich gebotene Existenzminimum, dem wiederum der notwendige Lebensunterhalt (§ 12) – und nicht ein darunterliegender Bedarfssatz – entspricht (vgl. mit ausf. Begr. Stolleis/Schlamelcher NDV 1985, 309). Den Bestimmungen der §§ 25 Abs. 2, 64 Abs. 2 S. 2, die gleichfalls eine Einschränkung der Leistungen „auf das zum Lebensunterhalt Unerläßliche" gestatten, liegt demgegenüber ein – allerdings in seiner Anwendung in der Praxis nicht unbedenkliches – Hilfskonzept zugrunde, weil die Einschränkung der Hilfe nur im Rahmen des sozialhilferechtlichen Betreuungsverhältnisses und damit als eine Maßnahme neben anderen zulässig ist (vgl. dazu Schulte/Trenk-Hinterberger 1986, 213; s. auch Erl. zu § 19).

9. Aus denselben Gründen begegnen auch sonstige **restriktive Praktiken** bei der Sozialhilfegewährung an asylsuchende Ausländer und ihnen gleichgestellte Personen Bedenken. Die Bestimmung, wonach Hilfe, soweit dies möglich ist, als **Sachleistung** gewährt werden „soll", begründet keine Verpflichtung, in Fällen, in denen Sachleistungen nicht möglich sind, Wertgutscheine auszugeben. Die Bestimmung, welche die Gewährung von Sachleistungen gebietet, enthält **kein Verbot der Geldleistung.**

Von dem Ermessen, das dem SHTr. in § 120 Abs. 2 S. 2, 2. HS („kann") in bezug auf die Aushändigung von **Wertgutscheinen** eingeräumt ist, wird kein Gebrauch gemacht (Rechtsfehler!), wenn der Träger der Sozialhilfe ohne Ansehung des Einzelfalles allen Asylbewerbern, die Hilfe zum Lebensunterhalt nicht als Sachleistung erhalten, Lebensmittelgutscheine aushändigen läßt. Auch ist eine Stückelung in Beträge von 50, 100, 150 und 200 DM als rechtswidrig anzusehen, weil dann ein rationeller Einkauf und damit das wirtschaftliche Verhalten, zu dem der Hilfeempfänger verpflichtet ist (und auch genötigt, will er seinen Lebensunterhalt einigermaßen sicherstellen), nicht möglich ist (VG Wiesbaden InfAuslR 1984, 149).

Nach BVerwGE 67, 349 hat ein Asylbewerber, der die Möglichkeit hat, während der Dauer des Asylverfahrens in einer von einem Dritten eingerichteten **Sammelunterkunft** aufgenommen zu werden und dort Sach- und Geldleistungen in Anspruch zu nehmen, die seinen notwendigen Lebensunterhalt sicherstellen können, wegen des Nachrangs der Sozialhilfe keinen Anspruch auf laufende Hilfe zum Lebensunterhalt (a. A. mit Recht VG München InfAuslR 1984, 150, da auf diese Weise ein mittelbarer Zwang auf den Asylbewerber ausgeübt wird, in eine Sammelunterkunft zu ziehen, obwohl er darauf weder einen Rechtsanspruch hat noch dazu verpflichtet ist).

Nach OVG Saarlouis (FEVS 36, 153) rechtfertigt die dadurch eröffnete Möglichkeit zur Ersparnis öffentlicher Mittel die Verweisung eines Asylbewerbers auf eine Gemeinschaftsunterkunft selbst dann, wenn der Betroffene sich auf eine unübersehbar lange Aufenthaltsdauer in der Bundesrepublik Deutschland einrichten kann (zw., weil die Unterbringung in einer Gemeinschaftsunterkunft für Asylberwerber die Integration des Betroffenen, die gleichfalls ein sozialhilferechtliches Ziel ist, erschwert.)

Die Berechtigung des Trägers der Sozialhilfe, einen Asylbewerber auf eine Gemeinschaftsunterkunft zu verweisen, findet jedenfalls da ihre Grenzen, wo diese Unterkunft nicht geeignet ist, den Unterkunftsbedarf ohne Verletzung der Menschenwürde abzudecken. Da das Grundgesetz von einem einheitlichen Menschenbild ausgeht und keine Abstufung in der Menschenwürde zwischen Menschen verschiedener Herkunft, Rasse, Religion oder Nationalität zuläßt, darf in bezug darauf, was eine menschenwürdige Unterkunft ist, nicht zwischen Deutschen, Ausländern mit Aufenthaltserlaubnis und Asylbewerbern differenziert werden (VG Düsseldorf InfAuslR 1981, 248). Ein Sozialhilfeträger darf ferner Asylberechtigte, zu deren Unterbringung er verpflichtet ist, nicht allein deshalb auf Unterkünfte in anderen Gemeinden verweisen, weil er einen Anstieg des Ausländeranteils an der eigenen Gemeindebevölkerung verhindern will (Hess. VGH FEVS 35, 417: Verletzung des durch Art. 26 Flüchtlingskonvention garantierten Rechts auf Freizügigkeit). Auch bei Unterbringung in einer Gemeinschaftsunterkunft steht Alleinstehenden der Regelsatz für den Haushaltsvorstand (Eckregelsatz) zu, da die Gemeinschaftsunterbringung allein noch keine Haushaltsgemeinschaft (gemeinsame Wirtschaftsführung u. ä.) konstituiert (VG Hannover InfAuslR 1987, 124).

10. Nach BVerwG (InfAuslR 1987, 54) haben in der **Ausbildung** befindliche **Asylbewerber,** die mangels Arbeitserlaubnis nicht arbeiten können, keinen Anspruch auf Hilfe zum Lebensunterhalt gemäß § 26, da auch in diesem Fall der Bedarf „ausbildungsgeprägt" (s. auch § 26 Erl. 2 u. 5). Zur Schaffung von Gelegenheit zu gemeinnütziger und zusätzlicher Arbeit für Asylbewerber s. § 19 Erl. 9; zu sonstigen sozialhilferechtlichen Problemen im Zusammenhang mit dieser Gruppe von Hilfesuchenden vgl. Nees NDV 1982, 247; Korde/Berger-Delhey ZfSH/SGB 1987, 393.

11. In § 71 Abs. 2 SGB X ist u. a. die Mitteilung des Sozialhilfebezugs von Ausländern durch die Träger des Sozialhilfe an die Ausländerbehörden geregelt. Die Vorschrift ist im Zusammenhang mit dem

Umstand bedeutsam, daß gemäß § 10 Abs. 1 Nr. 10 AuslG ein Ausländer ausgewiesen werden kann, wenn er den Lebensunterhalt für sich und seine unterhaltsberechtigten Angehörigen nicht ohne Inanspruchnahme der Sozialhilfe bestreiten kann oder bestreitet. Zu der Handhabung dieser Vorschrift vgl. Sieveking, DV 1985 u. InfAulR 1985, 16), ferner Sbresny u. Sachse ZfF 1984, 126 u. 196.

Erstattung von Aufwendungen anderer

121 Hat jemand in einem Eilfall einem anderen Hilfe gewährt, die der Träger der Sozialhilfe bei rechtzeitiger Kenntnis nach diesem Gesetz gewährt haben würde, sind ihm auf Antrag die Aufwendungen in gebotenem Umfange zu erstatten, wenn er sie nicht auf Grund rechtlicher oder sittlicher Pflicht selbst zu tragen hat. Dies gilt nur, wenn er den Antrag innerhalb angemessener Frist stellt.

1. Die Vorschrift gewährt demjenigen, der in einem Eilfall einem anderen Hilfe gewährt, die sonst von einem Träger der Sozialhilfe hätte erbracht werden müssen, einen **Aufwendungserstattungsanspruch** gegen den örtlich und sachlich zuständigen SHTr. Dieser (antragsabhängige) selbstständige Anspruch des sog. **Nothelfers** dient der Stärkung der Bereitschaft zu unbürokratischer Nächstenhilfe im Notfall. Aus diesem Grunde sollten die Anspruchsvoraussetzungen des § 121 nicht zu eng zu Lasten des Nothelfers ausgelegt werden.

2. **„Jemand“** kann eine natürliche oder juristische Person (z. B. niedergelassener Arzt; Wohlfahrtsverband), nicht aber ein Träger der Sozialhilfe oder eine andere Dienststelle eines solchen Trägers (z. B. das Städtische Krankenhaus) sein.

3. Ein **„Eilfall“** ist gegeben, wenn die rechtzeitige Hilfegewährung des SHTr. von vornherein ausgeschlossen erscheint. Dabei ist ausschlaggebend, ob der dem Nothelfer bekannte Sachverhalt bei objektiver Beurteilung so gelagert war, daß er berechtigterweise davon ausgehen konnte, sofort Hilfe leisten zu müssen (z. B. bei Unfall, plötzlicher Erkrankung, Überfall, Entbindung; vgl. OVG Rh.-Pf. FEVS 34, 257; VGH Bad.-Württ. FEVS 36, 139). Der SHTr. dort von der Notlage keine Kenntnis haben (BVerwG NDV 87, 383). Die Nichtaufklärbarkeit des Sachverhalts hinsichtlich des Eilfalls geht nach h. M. zu Lasten des Nothelfers (BVerwGE 45, 131; OVG Rh.-Pf. aaO; zw. im Hinblick auf den Zweck der Vorschrift, s. Erl. 1).

4. Ferner müssen die **Voraussetzungen für die Leistungsverpflichtung des Trägers der Sozialhilfe** vorliegen, d. h. der örtlich und sachlich zuständige Träger, gegen den sich der Anspruch richtet, müßte bei rechtzeitiger Kenntniserlangung Hilfe nach dem BSHG gewährt haben.

5. Was die **Höhe** der zu erstattenden **Aufwendungen** angeht, so ist darauf abzustellen, welche Aufwendungen der Träger der Sozialhilfe bei rechtzeitiger Kenntniserlangung hätte machen müssen. Zusätzlich ist zu berücksichtigen, daß der Hilfeleistende möglicherweise Aufwendungen für erforderlich halten durfte, die dem Träger der Sozialhilfe nicht entstanden wären. Der Zweck der Vorschrift (s. Erl. 1) verbietet eine engherzige Auslegung.

6. Kein Ersatzanspruch besteht, wenn der Hilfeleistende aufgrund einer rechtlichen oder sittlichen **Pflicht** ohnehin tätig werden mußte. Diese Einschränkung entspricht dem Nachrang der Sozialhilfe gegenüber derartigen Verpflichtungen (s. § 2 Abs. 2 S. 1), die auf Gesetz (z. B. § 1601 BGB in bezug auf die familiäre Unterhaltsverpflichtung), auf Vertrag (z. B. Altenteilsvertrag) oder auf einer sittlichen Verpflichtung (z. B. aufgrund Verwandtschaft, die keine bürgerlich-rechtliche Unterhaltsverpflichtung begründet, etwa zwischen Geschwistern) beruhen können.

7. Die **„angemesse Frist"**, innerhalb derer der Antrag auf Aufwendungsersatz gestellt werden muß, ist gleichfalls von den Umständen des Einzelfalles abhängig, wobei gleichermaßen die Belange des Nothelfers und des SHTr. zu berücksichtigen sind (vgl. BVerwGE 37, 133; VG Arnsberg ZfF 1986, 615: der SHTr. muß Vorkehrungen zur rechtzeitigen Überleitung evtl. bestehender anderweitiger Ersatzansprüche treffen können). Die schematisierenden Vorgaben der SHR sehen z. B. Zeiträume zwischen 6 Wochen und 2 Monaten als angemessene Frist an.

Eheähnliche Gemeinschaft

122 **Personen, die in eheähnlicher Gemeinschaft leben, dürfen hinsichtlich der Voraussetzungen sowie des Umfanges der Sozialhilfe nicht besser gestellt werden als Ehegatten. § 16 gilt entsprechend.**

1. Die Vorschrift verfolgt den Zweck, eine **Besserstellung** von Personen, die in eheähnlicher Gemeinschaft leben, **gegenüber Eheleuten** zu verhindern. Eine derartige Besserstellung könnte bei isolierter Anwendung der sonstigen Vorschriften des BSHG deshalb eintreten, weil Partner einer eheähnlichen Gemeinschaft im Rahmen der Einzelberechnung möglicherweise höhere Leistungen erhalten würden, als dies bei der Ehegattenberechnung im Rahmen der §§ 11 Abs. 1, 28, 79 der Fall wäre. Grund für die Einführung dieser dem früheren Fürsorgerecht unbekannten Regelung waren die sog. „Onkelehen" der Nachkriegszeit. Heute hat die Vorschrift deshalb besondere Bedeutung, weil die **eheähnliche Gemeinschaft** („faktische Ehe", „Ehe ohne

Trauschein“) eine immer stärker verbreitete Form des zeitweiligen oder dauernden Zusammenlebens darstellt. Die Vorschrift ist beschränkt auf das Zusammenleben von **Personen verschiedenen Geschlechts,** erfaßt somit nicht gleichgeschlechtliche Lebens-, Wohn- und Wirtschaftsgemeinschaften. Der Bundesrat hatte in seiner Stellungnahme zum Entwurf des 2. HStruktG (Anlage 2 zu BT-Dr. 9/842) im Jahre 1981 vorgeschlagen, die Vorschrift mit dem Titel ,,Wohn- und Wirtschaftsgemeinschaft“ zu überschreiben und ihren Wortlaut im Anschluß an ,,eheähnlicher Gemeinschaft“ um die Worte ,,oder in einer anderen Wohn- und Wirtschaftsgemeinschaft“ zu ergänzen. Damit sollte eine Gleichbehandlung von eheähnlichen Gemeinschaften und sonstigen Wohn- und Wirtschaftsgemeinschaften erreicht werden. Das BVerwG hat in der geltenden Beschränkung auf die eheähnliche Gemeinschaft (aus letztlich nicht überzeugenden Gründen) keine Verletzung des Gleichheitssatzes (Art. 3 GG) gesehen (BVerwGE 52, 11).

In der Praxis werden allerdings **Wohngemeinschaften,** die nicht unter § 122 fallen, bei Vorliegen einer für alle gemeinsamen Wirtschaftsführung (v. a. Gemeinsamkeit der Haushaltsführung, gemeinsame Nutzung bestimmter Räume) so behandelt, daß der Eckregelsatz (s. § 22 Erl. 3) nur einmal gezahlt wird, und zwar anteilsmäßig aufgeteilt auf die sozialhilfebedürftigen Mitglieder der Wohngemeinschaft (ist nur ein Mitglied sozialhilfebedürftig, so steht ihm aber der volle Regelsatz und der entspr. Anteil der Unterkunftskosten als Bedarf zu).

2. Das Vorliegen einer ,,eheähnlichen Gemeinschaft“ ist anhand der **Umstände des jeweiligen Einzelfalles** zu prüfen. Dabei kommt es darauf an, ob zwischen einem **Mann** und einer **Frau** eine **Wohn- und Wirtschaftsgemeinschaft** besteht, in der – wie in einer Ehe – **„aus einem Topf“ gewirtschaftet** wird (vgl. z. B. BVerwGE 52, 11; 70, 279, st. Rspr., der sich die h. M., u. a. die OVGs und VGHs angeschlossen haben). Dabei sollen **nicht erforderlich** sein: gemeinsame Kassenführung, gemeinsame Verfügung über Konten, gemeinsame Ausgaben, gemeinsames Auftreten als Mieter usw. Als hinreichend wird vielmehr das einvernehmliche Bestreiten der nötigen Ausgaben für die gesamte Haushalts- und Wirtschaftsführung aus den vorhandenen Einnahmen sowie eine gemeinsame Planung und Gestaltung der Lebensführung angesehen (vgl. z. B. Knopp/Fichtner § 122 Rz 2; noch weitergehend OVG Berlin FEVS 31, 358: Leben Frau und Mann über einen längeren Zeitraum in einer Wohn- und Geschlechtsgemeinschaft, soll es genügen, daß ein künftiges finanzielles ,,Füreinander Einstehen“ in Notlagen erwartet werden kann; ähnlich VG Schleswig FamRZ 1985, 185). Hinzu kommt, daß es nach h. M. auf innere Bindungen und Verbundenheit durch geschlechtliche Beziehungen **nicht** ankommt (ihr Vorliegen soll andererseits ein gewichtiges Indiz für das Vorliegen einer eheähnlichen Gemeinschaft i. S. d. § 122 sein; vgl. OVG Lüneburg FEVS 29, 369; OVG Berlin aaO).

Bei der Feststellung, ob eine Wohn- oder Wirtschaftsgemeinschaft vorliegt (zur Beweislast s. Erl. 3), geht die Praxis recht weit. So soll z. B. nach BVerwGE 70, 278 eine Wohn- und Wirtschaftsgemeinschaft zwischen einem Mann und einer Frau, die nicht Ehegatten sind, auch dann eine eheähnliche Gemeinschaft i. S. d. § 122 S. 1 sein, wenn der eine Partner pflegebedürftig i. S. d. § 69 Abs. 3 S. 1 ist, der andere Partner die erforderliche häusliche Wartung und Pflege übernimmt und diese Umstände das Zusammenleben der Partner prägen; zw., da infolge der Pflegebedürftigkeit eine „Hilfsgemeinschaft" bestehen kann, die im öffentlichen Interesse liegt (vgl. § 69 Abs. 2 S. 1) und die „Eheähnlichkeit" des Zusammenlebens überlagert und verdrängt; differenzierter auch z. B. VG Berlin ZfF 1983, 134.

Das Vorliegen einer Wirtschaftsgemeinschaft wird nur **verneint,** wenn offenkundig nicht „aus einem Topf" gewirtschaftet wird (vgl. z. B. OVG Bremen FEVS 24, 71: Vermieterin verköstigt aus Mitleid ihren mittellosen Untermieter; OVG Lüneburg FEVS 26, 455: keine Wirtschaftsgemeinschaft in nennenswertem Umfang zwischen einer Frau und einem häufig abwesenden Fernfahrer).

Zur Problematik einer solchen extensiven Auslegung des Begriffs „eheähnliche Gemeinschaft" vgl. Schulte/Trenk-Hinterberger 1986, 190; Münder ZfSH/SG 1986, 193. Offensichtlich geht es der h. M. im wesentlichen darum, die (zweifelsohne beträchtlichen) Beweisschwierigkeiten der SHTr. zu reduzieren (s. auch Erl. 3), die Vorschrift für die Praxis handhabbar zu machen und in einem gewissen Maße auch „Schnüffelei" im Privatleben Betroffener (z. B. durch Nachprüfung des Vorliegens intimer Beziehungen) überflüssig zu machen. Rechtsdogmatisch bleibt allerdings die Frage, ob sich diese Auslegung nicht von dem Merkmal der „Eheähnlichkeit" entfernt, welches ja – geht man vom Leitbild der Ehe aus – mehr erfordert als das bloße „Wirtschaften aus einem Topf" oder das „Für-einander-einstehen". De lege ferenda ist eine Neufassung der Vorschrift angebracht.

Das Vorliegen einer Wohn- und Wirtschaftsgemeinschaft wird in der Alltagspraxis i. d. R (aus konkretem Anlaß) durch Hausbesuch des Sozialen Dienstes ermittelt (zum Hausbesuch s. Anhang 2 I. 3.); der Hilfesuchende ist insofern mitwirkungspflichtig (vgl. § 60 SGB I).

3. Die **Beweislast** für das Vorliegen einer eheähnlichen Gemeinschaft obliegt nach allgemeinen Grundsätzen dem SHTr. Allerdings tendiert die Rspr. zu einer Art Vermutungsregel mit Beweislastumkehr: Bei gemeinsamem Wohnen obliegt es im Ergebnis dem Hilfesuchenden, das Nichtvorliegen einer Wirtschaftsgemeinschaft zu beweisen (gelegentlich verweist die Rspr. zusätzlich darauf, daß die Betroffenen im Laufe eines Verfahrens mehr und mehr lernen, worauf es ankommt, um die Voraussetzungen für die Annahme einer Wirtschaftsgemeinschaft auszuschließen, und geneigt sind, ihre Erklärungen entsprechend einzurichten; vgl. z. B. BVerwGE 52, 11; OVG Berlin ZfSH 1982, 318). Den Nachteil der Unerweislichkeit trägt bei einer solchen Beweislastumkehr aber letztlich der Hilfesuchende (zw., weil das BSHG bislang eine dem § 18 Abs. 2 Nr. 2, 2. HS WoGG ver-

gleichbare positivrechtliche Regel nicht kennt, wonach das Bestehen einer Wirtschaftsgemeinschaft bei gemeinsamem Bewohnen von Wohnraum vermutet wird).

4. Das **Verbot der Besserstellung** nach **Satz 1** führt dazu, daß bei der Beantwortung der Frage, ob und in welchem Umfang ein Hilfesuchender, der in einer eheähnlichen Gemeinschaft lebt, **Hilfe zum Lebensunterhalt** erhält, entsprechend der Regelung in § 11 Abs. 1 S. 2 auch **Einkommen und Vermögen des Partners** zu berücksichtigen sind (vgl. OVG Lüneburg FEVS 34, 464).

Beispiel: Zieht ein Mann, der ein monatliches (bereinigtes) Einkommen von 3000 DM hat, zu einer alleinstehenden Sozialhilfeempfängerin und wirtschaften beide nunmehr „aus einem Topf", dann kommt für die Frau Hilfe zum Lebensunterhalt nicht mehr in Betracht. Läßt der Mann aber der Frau nichts oder nicht genügend zukommen, so daß diese Not leidet, so muß der SHTr. die Möglichkeit erweiterter Hilfe nach § 11 Abs. 2 S. 1 prüfen (vgl. OVG Lüneburg FEVS 34, 464).

Hat die Frau im obigen Beispiel ein Kind, wird dieses im Verhältnis zu dem Mann bei der Hilfe zum Lebensunterhalt wie ein einer Verwandtengemeinschaft (entspr. § 16 S. 1) behandelt (s. Erl. 5).

Trägt keiner der Partner einer eheähnlichen Gemeinschaft die Generalunkosten des Haushalts allein und läßt sich auch kein bestimmtes Beteiligungsverhältnis an diesen Unkosten feststellen, so ist – bei Hilfsbedürftigkeit beider Partner – bei jedem Partner die Hälfte der Differenz zwischen dem Regelsatz für einen Haushaltsangehörigen und demjenigen für einen Haushaltsvorstand als Bedarf anzusetzen (entspr. der Verfahrensweise bei Ehegatten). Nach OVG Lüneburg (FEVS 33, 373) gilt dies auch dann, wenn der eine Partner keine Hilfe zum Lebensunterhalt erhält, weil er nach dem BAföG gefördert wird.

Bei der Hilfe in besonderen Lebenslagen ist – entspr. der in § 28 getroffenen Regelung – auch bei einer eheähnlichen Gemeinschaft zu prüfen, ob die Aufbringung der Mittel auch aus dem Einkommen und Vermögen des Partners des Hilfesuchenden zumutbar ist (vgl. z. B. BVerwGE 70, 278 für die Hilfe zur häuslichen Pflege).

Besonders schwer tun sich die SHTr. bei Bewilligung von **Krankenhilfe** an den Hilfesuchenden aus einer eheähnlichen Gemeinschaft (z. B. die Frau), wenn der andere Partner (z. B. der Mann) über ein Einkommen verfügt, das für einen Beitrag zu den Krankheitskosten (der Frau) ausreicht. Hier ist allerdings folgendes zu beachten: Wären die Partner verheiratet, müßte grundsätzlich die gesetzliche Krankenversicherung des Mannes, deren Pflichtmitglied er z. B. als Arbeiter ist, nach § 205 RVO auch für die Frau die gesetzlich vorgesehenen Leistungen erbringen (ohne daß der Mann einen höheren Versicherungsbeitrag zahlen müßte). Der (Ehe-) Mann hätte in diesem Fall nur den (gleichhohen, ohnehin zu zahlenden) Versicherungsbeitrag aufzuwenden, nicht aber die Krankheitskosten. Dann kann jedoch vom Mann als Partner einer eheähnlichen Gemeinschaft grundsätzlich auch kein Beitrag zu den Krankeitskosten der Frau verlangt werden, weil ansonsten die eheähnliche Gemeinschaft schlechter als Ehegatten gestellt würde (so zurecht VGH Bad.-Württ. FEVS 35, 108 u. ZfF 1987, 87; anders aber, wenn die sog. Familienversicherung des § 205 RVO auch bei Vorliegen einer Ehe der beiden Partner nicht in Betracht käme).

5. **Satz 2** will lediglich erreichen, daß die Verwandten (nicht auch die Verschwägerten) des Partners der eheähnlichen Gemeinschaft, die mit in der Haushaltsgemeinschaft leben (z. B. Kinder der hilfesuchenden Frau) ebenso zu behandeln sind wie die Verwandten eines Ehegatten (vgl. BVerwG 14. 6. 1967 – V CB 216.66; OVG Lüneburg FEVS 34, 464; s. auch Erl. 4). Nicht wird hingegen die Geltung des § 16 unmittelbar zwischen den Partnern der eheähnlichen Gemeinschaft selbst angeordnet, weil dies zu einer Besserstellung im Vergleich zu Eheleuten führen würde, die i. d. R. ihr Einkommen und Vermögen voll einsetzen müssen (OVG Lüneburg aaO). Schließlich ist auch § 16 S. 2 nicht entsprechend anzuwenden (OVG Lüneburg aaO, str., a. A. z. B. LPK-BSHG § 122 Rz 10; Schellhorn/Jirasek/Seipp § 122 Rz 9).

Abschnitt 12. Sonderbestimmungen zur Sicherung der Eingliederung Behinderter

Allgemeines

123 **Bis zu einer anderweitigen gesetzlichen Regelung gelten zur Sicherung der Eingliederung Behinderter die §§ 124 bis 126b. Sie gelten nicht für Personen, die für sich oder ihre Familienangehörigen Leistungen von der gesetzlichen Krankenversicherung erhalten oder die wegen ihrer Behinderung Leistungen zur Rehabilitation von der gesetzlichen Unfallversicherung oder der gesetzlichen Rentenversicherung oder als Beschädigte nach dem Bundesversorgungsgesetz oder nach Gesetzen, die das Bundesversorgungsgesetz für anwendbar erklären, Entschädigungsleistungen erhalten. Den Behinderten im Sinne der §§ 124 bis 126b stehen die von einer Behinderung Bedrohten gleich.**

1. Die Formulierung in **Satz 1** ,,bis zu einer anderweitigen gesetzlichen Regelung", die etwa in einem ,,Bundesgesundheitsgesetz" – so Schellhorn/Jirasek/Seipp § 123 Rz 1 – erfolgen könnte, bringt zum Ausdruck, daß die Vorschriften des gesamten Abschnitts 12 an sich nicht in das BSHG gehören. Die §§ 123–126b haben gleichwohl Aufnahme gefunden, weil sonst nach Aufhebung des Gesetzes über die Fürsorge für Körperbehinderte und von einer Körperbehinderung bedrohte Personen (Körperbehindertengesetz – KBG), das entsprechende Bestimmungen enthielt, die hierin enthaltenen Verpflichtungen ersatzlos weggefallen wären.

2. **Satz 2** ist durch § 35 RehaAnglG neu gefaßt worden und schränkt den **Anwendungsbereich** der §§ 123–126 b ein. Allerdings sind auch nur die hierfür aufgeführten Personen vom personellen Anwendungsbereich dieser Bestimmung ausgenommen. Deshalb werden z. B. nicht nur Empfänger von Leistungen nach dem BSHG und anderen, hier nicht erwähnten Leistungsgesetzen, sondern auch privat Versicherte oder „Selbstzahler" erfaßt, d. h. Behinderte, die keine Sozialhilfe erhalten.

3. Das Bundesversorgungsgesetz wird im Soldatenversorgungsgesetz, Zivildienstgesetz, Bundesgrenzschutzgesetz, Bundesseuchengesetz, Häftlingshilfegesetz, Gesetz über die Entschädigung für Opfer von Gewalttaten für anwendbar erklärt.

Sicherung der Beratung Behinderter

124 (1) **Eltern und Vormünder, die bei einer ihrer Personensorge anvertrauten Person eine Behinderung wahrnehmen oder durch die in Absatz 2 genannten Personen hierauf hingewiesen werden, haben den Behinderten unverzüglich dem Gesundheitsamt oder einem Arzt zur Beratung über die geeigneten Eingliederungsmaßnahmen vorzustellen.**

(2) **Hebammen, Medizinalpersonen außer Ärzten, Lehrer, Sozialarbeiter (Wohlfahrtspfleger), Jugendleiterinnen, Kindergärtnerinnen, Hortnerinnen und Heimerzieher, die bei Ausübung ihres Berufs bei den in Absatz 1 genannten Behinderten eine Behinderung wahrnehmen, haben die Personensorgeberechtigten auf die Behinderung und auf ihre Verpflichtung nach Absatz 1 hinzuweisen. Stellen die Personensorgeberechtigten auch nach wiederholtem Hinweis auf ihre Verpflichtung den Behinderten nicht dem Gesundheitsamt oder einen Arzt zur Beratung vor, haben die in Satz 1 genannten Personen das Gesundheitsamt zu benachrichtigen.**

(3) **Nehmen Medizinalpersonen außer Ärzten und Sozialarbeiter (Wohlfahrtspfleger) bei Ausübung ihres Berufs eine Behinderung bei volljährigen Personen wahr, die nicht unter Vormundschaft stehen, so haben sie diesen Personen anzuraten, das Gesundheitsamt oder einen Arzt zur Beratung über die geeigneten Eingliederungsmaßnahmen aufzusuchen. Mit ausdrücklicher Zustimmung dieser Personen haben sie das Gesundheitsamt und, wenn berufliche Eingliederungsmaßnahmen in Betracht kommen, das Arbeitsamt zu benachrichtigen.**

(4) **Behinderungen im Sinne der Absätze 1 bis 3 sind**

1. eine nicht nur vorübergehende erhebliche Beeinträchtigung der

Bewegungsfähigkeit, die auf dem Fehlen oder auf Funktionsstörungen von Gliedmaßen oder auf anderen Ursachen beruht,

2. Mißbildungen, Entstellungen und Rückgratverkrümmungen, wenn die Behinderungen erheblich sind,

3. eine nicht nur vorübergehende erhebliche Beeinträchtigung der Seh-, Hör- und Sprachfähigkeit,

4. eine erhebliche Beeinträchtigung der geistigen oder seelischen Kräfte

oder drohende Behinderungen dieser Art.

Die Vorschrift will gewährleisten, daß bei Vorliegen oder bei drohendem Eintritt einer Behinderung **Beratung durch das Gesundheitsamt oder durch einen Arzt** erfolgt. Die zur Erreichung dieses Ziels ausgesprochenen Verpflichtungen gelten für bestimmte, in Absatz 4 spezifizierte (und mit § 39 Abs. 1 u. 2 nicht identische) Behinderungen.

Aufgaben der Ärzte

125 **(1) Ärzte haben die in § 124 Abs. 1 genannten Personensorgeberechtigten sowie die in § 124 Abs. 3 genannten Behinderten über die nach Art und Schwere der Behinderung geeigneten ärztlichen und sonstigen Eingliederungsmaßnahmen zu beraten oder sie auf die Möglichkeit der Beratung durch das Gesundheitsamt und, wenn berufliche Eingliederungsmaßnahmen in Betracht kommen, durch das Arbeitsamt hinzuweisen; sie haben ihnen ein amtliches Merkblatt auszuhändigen, das über die Möglichkeiten gesetzlicher Hilfe einschließlich der Berufsberatung und über die Durchführung von Eingliederungsmaßnahmen, insbesondere ärztlicher, schulischer und beruflicher Art, unterrichtet.**

(2) Zur Sicherung der in § 126 Nr. 3 genannten Zwecke haben die Ärzte die ihnen nach Absatz 1 bekannt werdenden Behinderungen und wesentliche Angaben zur Person des Behinderten alsbald dem Gesundheitsamt mitzuteilen; dabei sind die Namen der Behinderten und der Personensorgeberechtigten nicht anzugeben.

(3) Läßt ein Personensorgeberechtigter trotz wiederholter Aufforderung durch den Arzt die zur Eingliederung erforderlichen ärztlichen Maßnahmen nicht durchführen oder vernachlässigt er sie, so hat der Arzt das Gesundheitsamt alsbald zu benachrichtigen; er kann das Gesundheitsamt benachrichtigen, wenn ein Personensorgeberechtigter zur Eingliederung erforderliche sonstige Maßnahmen nicht durchführen läßt oder vernachlässigt.

(4) **Der Bundesminister für Jugend, Familie, Frauen und Gesundheit erläßt im Einvernehmen mit dem Bundesminister für Arbeit und Sozialordnung sowie mit Zustimmung des Bundesrates Verwaltungsvorschriften zur Durchführung der Absätze 1 und 2.**

1. Die Vorschrift knüpft an § 124 an. **Ärzten** obliegt gegenüber den Personensorgeberechtigten i. S. des § 124 Abs. 1 eine **umfassende,** nicht auf ärztliche Maßnahmen beschränkte **Beratungspflicht.** Die Ärzte haben ferner an **andere zuständige Stellen** – Gesundheitsamt, Arbeitsamt – zu **verweisen** und ggf. das Gesundheitsamt zu benachrichtigen, um eine Beratung auch durch diese Behörde herbeizuführen.

2. Zu **Absatz 4** vgl. die Allgemeine Verwaltungsvorschrift des Bundesministers für Jugend, Familie und Gesundheit zu § 125 Abs. 1 und 2. v. 21. 7. 1970 (GMBl. 1970 S. 364).

Aufgaben des Gesundheitsamtes

126 **Das Gesundheitsamt hat die Aufgabe,**

1. Behinderte oder Personenberechtigte über die nach Art und Schwere der Behinderung geeigneten ärztlichen und sonstigen Eingliederungsmaßnahmen im Benehmen mit dem behandelnden Arzt auch während und nach der Durchführung von Heil- und Eingliederungsmaßnahmen zu beraten; die Beratung ist mit Zustimmung des Behinderten oder des Personensorgeberechtigten im Benehmen mit dem an der Durchführung der Eingliederungsmaßnahmen beteiligten Stellen oder Personen vorzunehmen. Steht der Behinderte schon in ärztlicher Behandlung, setzt sich das Gesundheitsamt mit dem behandelnden Arzt in Verbindung. Bei der Beratung ist ein amtliches Merkblatt (§ 125 Abs. 1 Halbsatz 2) auszuhändigen. Für die Beratung sind im Benehmen mit den Landesärzten die erforderlichen Sprechtage durchzuführen;

2. zur Einleitung der erforderlichen Eingliederungsmaßnahmen den zuständigen Sozialleistungsträger und, wenn berufliche Eingliederungsmaßnahmen in Betracht kommen, auch die Bundesanstalt für Arbeit mit Zustimmung des Behinderten oder des Personensorgeberechtigten zu verständigen;

3. die Unterlagen auszuwerten und sie zur Planung der erforderlichen Einrichtungen und zur wissenschaftlichen Auswertung nach näherer Bestimmung der zuständigen obersten Landesbehörden weiterzuleiten. Bei der Weiterleitung der Unterlagen sind die Namen der Behinderten und der Personensorgeberechtigten nicht anzugeben.

Nach dieser Vorschrift hat das Gesundheitsamt Behinderte oder ihre Personensorgeberechtigten i. S. des § 124 umfassend zu beraten und, allerdings nur mit Zustimmung des Behinderten oder seines Personensorgeberechtigten, auch den für Eingliederungsmaßnahmen zuständigen Leistungsträger zu verständigen.

Landesärzte

126 a (1) **In den Ländern sind Landesärzte zu bestellen, die über besondere Erfahrungen in der Hilfe für Behinderte verfügen.**

(2) **Die Landesärzte haben vor allem die Aufgabe,**

1. **die Gesundheitsämter bei der Einrichtung und Durchführung der erforderlichen Sprechtage zur Beratung Behinderter und Personensorgeberechtigter zu unterstützen und sich an den Sprechtagen zu beteiligen,**
2. **Gutachten für die Landesbehörden, die für das Gesundheitswesen und die Sozialhilfe zuständig sind, sowie für die zuständigen Sozialleistungsträger zu erstatten,**
3. **die für das Gesundheitswesen zuständigen Landesbehörden über den Erfolg der Erfassungs-, Vorbeugungs- und Bekämpfungsmaßnahmen in der Hilfe für Behinderte regelmäßig zu unterrichten.**

1. Die Bestellung der Landesärzte obliegt den **Ländern,** die darüber in den einschlägigen landesrechtlichen Vorschriften – z. T. unmittelbar in den Ausführungsgesetzen zum BSHG – Regelungen getroffen haben.

2. Angesichts der vielfältigen Formen von Behinderungen und der Zuständigkeit des Landesarztes für alle Arten von Behinderten ist in der Regel die Bestellung mehrerer, fachlich unterschiedlich orientierter und erfahrener Ärzte zu Landesärzten geboten.

3. Neben den Aufgaben nach **Absatz 2** hat der Landesarzt auch eine Funktion im Rahmen des § 46 Abs. 2. Wie sich aus der Formulierung „vor allem“ ergibt, können den Landesärzten darüber hinaus weitere Aufgaben übertragen werden.

Unterrichtung der Bevölkerung

126 b Die Bevölkerung ist über die Möglichkeit der Eingliederung von Behinderten und über die nach diesem Abschnitt bestehenden Verpflichtungen in geeigneter Weise regelmäßig zu unterrichten.

Die Vorschrift ist eine Sonderregelung zu der allgemeinen Bestimmung des § 13 SGB I, welcher die Aufklärung der Bevölkerung zu einer allgemeinen Verpflichtung der Leistungsträger i. S. des SGB erhebt (vgl. Burdenski/von Maydell/Schellhorn Rz 35 zu § 13 SGB). Sie ergänzt die §§ 124, 125; die Adressaten der Aufklärungspflicht nennt die Bestimmung nicht. Neben den Trägern der einzelnen Rehabilitationsmaßnahmen sind insbesondere Bundesregierung und Länderregierungen bzw. ihre jeweils zuständigen Ministerien angesprochen (vgl. Schellhorn/Jirasek/Seipp § 126b Rz 3).

126 c **(weggefallen)**

Abschnitt 13

(weggefallen)

Die §§ 127–138 (Tuberkulosebekämpfung außerhalb der Sozialhilfe) wurden durch das Zweite Rechtsbereinigungsgesetz v. 16. 12. 1986 (s. S. 147) gestrichen, weil für sie ein praktisches Bedürfnis nicht mehr bestand (vgl. BT-Dr. 10/5532, 28).

Abschnitt 14. Übergangs- und Schlußbestimmungen

Bestimmungen und Bezeichnungen in anderen Vorschriften

139 (1) **Soweit in anderen Vorschriften auf Bestimmungen verwiesen wird oder die Bezeichnungen verwendet werden, die durch dieses Gesetz aufgehoben oder geändert werden, treten an ihre Stelle die entsprechenden Bestimmungen und Bezeichnungen dieses Gesetzes.**

(2) **Soweit nach anderen Vorschriften die Fürsorgeverbände Aufgaben durchzuführen haben, treten an ihre Stelle die Träger der Sozialhilfe.**

Die Vorschrift stellt die (inzwischen durchweg erfolgte) Anpassung von Regelungen außerhalb des BSHG sicher.

Ersatzansprüche der Träger der Sozialhilfe nach sonstigen Vorschriften

140 **Bestimmt sich das Recht des Trägers der Sozialhilfe, Ersatz seiner Aufwendungen von einem anderen zu verlangen, gegen den der Empfänger von Sozialhilfe einen Anspruch hat, nach sonstigen gesetzlichen Vorschriften, die dem § 90 vorgehen, so gelten als Aufwendungen außer den Kosten der Hilfe für denjenigen, der den Anspruch gegen den anderen hat, auch die Kosten der gleichzeitig mit dieser Hilfe seinem nicht getrennt lebenden Ehegatten und seinen minderjährigen unverheirateten Kindern gewährten Hilfe zum Lebensunterhalt.**

§ 140 ermöglicht, daß der Sozialhilfeträger Ersatz seiner Aufwendungen nach sondergesetzlichen Bestimmungen, die dem § 90 vorgehen (z. B. §§ 115, 116 SGB X; nicht aber §§ 102 ff. SGB X, s. § 90 Abs. 1 S. 1) beanspruchen kann, die er sowohl für den Sozialhilfeempfänger selbst als auch für die in der Vorschrift genannten Personen erbracht hat. Für Ersatzansprüche des Sozialhilfeträgers gilt also eine einheitliche Betrachtung der Familiengemeinschaft (BSGE 33, 222).

141 bis **143** (weggefallen)

Die durch das Zweite Rechtsbereinigungsgesetz v. 16. 12. 1986 (s. Einf. II. 11.) gestrichenen Vorschriften (Übergangsregelungen) waren durch Zeitablauf gegenstandslos geworden (vgl. BT-Dr. 10/5532, 28).

Übergangsregelung für die Kostenerstattung

144 **Auf die Kostenerstattung zwischen den Trägern der Sozialhilfe sind die bei Inkrafttreten dieses Gesetzes geltenden Regelungen weiter anzuwenden**

1. bei allen Leistungen, die für eine vor dem Inkrafttreten dieses Gesetzes liegende Zeit gewährt worden sind,

2. in den Fällen, in denen vor Inkrafttreten dieses Gesetzes die Pflicht zur Kostenerstattung durch Anerkennung oder rechtskräftige Entscheidung festgestellt worden ist.

Für die in der Vorschrift genannten (heute weitgehend erledigten, v. a. Heiminsassen betreffenden) Fälle gelten die früheren Regelungen der Kostenerstattung weiter (u. a. §§ 14 ff. RFV); sie gehen der allgemeinen Regelung der §§ 103–113 vor.

Kostenerstattung bei Evakuierten

145 **Wird ein Evakuierter im Sinne des § 1 des Bundesevakuiertengesetzes in der im Bundesgesetzblatt Teil III, Gliederungsnummer 241–1 veröffentlichten bereinigten Fassung, zuletzt geändert durch Artikel 90 des Gesetzes vom 2. März 1974 (BGBl. I S. 469), an den Ausgangsort rückgeführt oder kehrt er an den Ausgangsort zurück, wird hierdurch eine Kostenerstattungspflicht nach den §§ 103 bis 105 nicht begründet.**

Die Vorschrift soll den Sozialhilfeträger des Zufluchtsorts eines (aus kriegsbedingten Gründen) Evakuierten vor Erstattungsansprüchen des Sozialhilfeträgers des Ausgangsorts der Evakuierung schützen (heute ohne praktische Bedeutung).

Zuständigkeit auf Grund der deutsch-schweizerischen Fürsorgevereinbarung

146 **Die in der Erklärung der Bevollmächtigten der Regierung der Bundesrepublik zum Schlußprotokoll zur Vereinbarung zwischen der Bundesrepublik Deutschland und der Schweizerischen Eidgenossenschaft über die Fürsorge für Hilfsbedürftige vom 14. Juli 1952 (BGBl. 1953 II S. 31) genannten deutschen Fürsorgestellen sind die überörtlichen Träger der Sozialhilfe, die für die Gewährung von Sozialhilfe für Deutsche im Ausland nach § 119 Abs. 5 örtlich zuständig wären.**

Mit § 146 wird die in der Vorschrift genannte Vereinbarung dem BSHG angepaßt: Die überörtlichen Träger der Sozialhilfe (s. § 96 Abs. 2) sind für die Erstattung der schweizerischen Fürsorgeaufwendungen zuständig (die Erstattung wird zentral über den Landeswohlfahrtsverband Baden in Karlsruhe abgewickelt).

Übergangsregelung bei Nichtbestehen der Schiedsstelle

147 **Solange die Schiedsstelle nach § 108 Abs. 2 nicht gebildet ist, nimmt der Bundesminister für Jugend, Familie, Frauen und Gesundheit oder die von ihm beauftragte Stelle die Aufgabe der Schiedsstelle wahr.**

Die Funktion der Schiedsstelle, die bislang nicht gebildet wurde, nimmt gegenwärtig das **Bundesverwaltungsamt** wahr (vgl. Anordnung des Bundesministers des Innern über die Wahrnehmung von Zuständigkeiten auf dem Gebiet der Sozialhilfe durch das Bundesverwaltungsamt vom 22. 6. 1962, GMBl. S. 236).

Übergangsregelung aus Anlaß des Zweiten Rechtsbereinigungsgesetzes

147a **(1) Erhalten am 31. Dezember 1986 Tuberkulosekranke, von Tuberkulose Bedrohte oder von Tuberkulose Genesene laufende Leistungen nach Vorschriften, die durch das Zweite Rechtsbereinigungsgesetz außer Kraft treten, sind die Leistungen nach den bisher maßgebenden Vorschriften weiterzugewähren, längstens jedoch bis zum 31. Dezember 1987. Sachlich zuständig bleibt der überörtliche Träger der Sozialhilfe, soweit nicht nach Landesrecht der örtliche Träger zuständig ist.**

(2) Die Länder können für die Verwaltung der im Rahmen der bisherigen Tuberkulosehilfe gewährten Darlehen andere Behörden bestimmen.

Die Übergangsvorschrift soll sicherstellen, daß laufende Leistungen der Tuberkulosehilfe (vgl. §§ 48 bis 64, die durch das Zweite Rechtsbereinigungsgesetz v. 16. 12. 1986 – s. Einf. II. 11. und S. 147 – gestrichen wurden) auch nach Streichung dieser Hilfe nach bisherigem Recht und vom bisher zuständigen SHTr. zu Ende geführt werden (jedoch nicht über den 31. 12. 1987 hinaus). Kostenersatz nach § 92a kann für diese (übergangsweise gewährten) Leistungen nicht verlangt werden. Die Bestimmung der Behörden, die für die Verwaltung der im Rahmen der bisherigen Tuberkulosehilfe gewährten Darlehen zuständig sein sollen, wird den Ländern überlassen (zum Ganzen Nees ZfSH/SGB 1987, 113).

148 bis **150** **(Änderung von Gesetzen)**

Behördenbestimmung und Stadtstaaten-Klausel

151 **(1) Welche Stellen zuständige Behörden im Sinne dieses Gesetzes sind, bestimmt, soweit eine landesrechtliche Regelung nicht besteht, die Landesregierung.**

(2) Die Senate der Länder Berlin, Bremen und Hamburg werden ermächtigt, die Vorschriften dieses Gesetzes über die Zuständigkeit von Behörden dem besonderen Verwaltungsaufbau ihrer Länder anzupassen.

Absatz 1 bezieht sich auf die zuständigen (Landes-) **Behörden** i. S. der §§ 21 Abs. 3 S. 3, 22 Abs. 3, 112 S. 3, 126 Nr. 3, 5 Abs. 1 S. 1 der VO zu § 76; sie werden durch die Länder bestimmt (so z. B. §§ 1, 2 und 5 der VO über die Zuständigkeit nach dem BSHG vom 10. 3. 1975 in Nordrhein-Westfalen: zuständige Landesbehörde i. S. der §§ 21 Abs. 3 S. 3, 22 Abs. 3, 5 Abs. 1 S. 1 der VO zu § 76 ist der Minister für Arbeit, Gesundheit und Soziales).

Die Bestimmung der **Dienststelle,** die bei den kreisfreien Städten und Landkreisen die Aufgaben der Sozialhilfe wahrzunehmen hat (i. d. R. das **Sozialamt**), unterliegt der Organisationsgewalt der Kommunen (s. § 96 Erl. 1).

Absatz 2 ermächtigt die Stadtstaaten, die durchweg keine Mittelinstanzen haben, zu Anpassungsregelungen (so z. B. § 1 des Berliner AGBSHG, wonach örtlicher und überörtlicher Träger der Sozialhilfe das Land Berlin ist).

Berlin-Klausel

152 **Dieses Gesetz gilt nach Maßgabe des § 13 Abs. 1 des Dritten Überleitungsgesetzes auch im Land Berlin. Rechtsverordnungen, die auf Grund dieses Gesetzes erlassen werden, gelten im Land Berlin nach § 14 des Dritten Überleitungsgesetzes.**

In Berlin wurde das BSHG durch Gesetz vom 7. 7. 1961 übernommen (GVBl. S. 888); die Neufassung des BSHG v. 20. 1. 1987 wurde in Berlin durch Bekanntmachung vom 2. 2. 1987 veröffentlicht (GVBl. S. 538).

Anhang 1

Warenkorb 1985

Für Alleinstehende und Haushaltsvorstände

Ware, Leistung	Bedarfsmenge
Getreideerzeugnisse	
Ortsübliches Roggenbrot	250 g
Helles Mischbrot	1000 g
Weißbrot	500 g
Dunkles Mischbrot	1000 g
Brötchen, Semmel (nur Wasserware)	480 g
Einfaches Hefegebäck (Hörnchen, Wickelchen u. dgl.)	400 g
Sandkuchen in Kastenform ohne Schokoladenguß, etwa 500 g	500 g
Weizenmehl, Type 405, in Packungen zu 1 kg	250 g

Ware, Leistung	Bedarfsmenge
Frischei-Nudeln, in Packungen zu 250 g, Markenware	250 g
Langkornreis, Spitzenreis, glasiert, in Packungen zu 500 g	125 g
Haferflocken, I. Sorte, in Packungen zu etwa 500 g, Markenware	125 g
Puddingpulver zum Kochen, Vanillegeschmack, in Beuteln für ½ l Milch, in Packungen zu 3 oder 5 Stück, Markenware, 15 Btl.	76 g
Fertige Suppen, in Beuteln, z. B. Rindfleischsuppe, Beutel für 4 Teller	80 g
Suppen in Dosen, gute Qualität, z. B. Ochsenschwanzsuppe, Dose zu etwa 400 g Inhalt	400 g
Eier-Ravioli mit Pastetenfüllung in Tomatensoße	200 g
Gemüse und Gemüsekonserven	
Linsen, mittlere Größe, in Packungen zu 500 g	50 g
Speiseerbsen, trocken, gelb oder grün, ungeschält, in Packungen zu 500 g	50 g
Kartoffeln in 2½ kg-Packungen (vorwiegend festkochend oder mehlig festkochend, keine Salatware), Handelsklasse I	6000 g
Kartoffelpüree, vorgefertigt, in Packungen zu etwa 250 g	200 g
Weißkohl, Handelsklasse II	200 g
Wirsingkohl, Handelsklasse II	200 g
Blumenkohl, 15–20 cm Auflagedurchmesser, Handelsklasse II	200 g
Rotkohl (Blaukraut), Handelsklasse II	300 g
Mohrrüben (Speisemöhren, gelbe Rüben, Wurzeln), Handelsklasse II	250 g
Kopfsalat, Handelsklasse II	200 g
Lauch (Porree), Handelsklasse II	350 g
Zwiebeln, Handelsklasse II	500 g
Tomaten, Handelsklasse II	400 g
Salatgurken, Handelsklasse II	250 g
Grüne Paprikaschoten, Handelsklasse II	100 g
Junge Erbsen, sehr fein, in Dosen, EG-Norm, 1/1-Dose, Einwaage = 560 g	500 g
Grüne Bohnen (Brechbohnen), in Dosen, EG-Norm, 1/1-Dose, Einwaage = 480 g	700 g
Stangenspargel, Importware, in Dosen, 1/1-Dose, Einwaage = 500 g	150 g
Spinat, in Packungen zu etwa 450 g	250 g
Erbsen mit Karotten (Möhren), in Dosen, 1/1-Dose, Einwaage = 530 g	150 g

Ware, Leistung	Bedarfsmenge
Champignons in Dosen, im Stück, I. Wahl, 1/2-Dose, Einwaage = 460 g	100 g
Delikateßgurken (nicht in Scheiben), in Gläsern, Einwaage = 450 g	150 g
Sauerkraut, in Dosen, Markenware, 1/1-Dose, Einwaage = 810 g	150 g
Tomatenmark, dreifach konzentriert, in Tuben zu etwa 100 g	100 g
Tomatenketchup, in Flaschen zu 340 g	50 g
Obst und Obsterzeugnisse	
Tafeläpfel, Handelsklasse I	3000 g
Weintrauben, Handelsklasse II	250 g
Zitronen, Handelsklasse II	250 g
Apfelsinen (Orangen), Handelsklasse II	2250 g
Bananen, Markenware	1400 g
Tafelbirnen, Handelsklasse I	200 g
Grapefruits	150 g
Sultaninen, in Beuteln zu etwa 250 g, mittlere Sorte	25 g
Apfelmus, in Gläsern zu etwa 700 g, I. Qualität, 1/1-Glas, Einwaage = 710 g	150 g
Pfirsiche, halbe Frucht, geschält, in Dosen, 1/1-Dose = 850 ml, Einwaage = 500 g	200 g
Ananas, in Scheiben, in Dosen, 1/1-Dose, Einwaage = 490 g	150 g
Erdnüsse, geröstet, gesalzen, in Beuteln zu etwa 60 g	60 g
Zucker und zuckerreiche Erzeugnisse	
Zucker, Kristallraffinade, in Packungen zu 1 kg, EG-Kategorie I	800 g
Erdbeer-Konfitüre, Früchte, in Gläsern zu 450 g	250 g
Ausländischer Bienenhonig, in Gläsern zu etwa 500 g, mittlere Qualität	225 g
Vollmilch-Schokolade, in Tafeln, ungefüllt, Markenware	100 g
Kakao, schwach entölt, in Packungen zu etwa 125 g	50 g
Eiscreme, Fürst-Pückler-Art, Haushaltspackung zu etwa 500 ml	100 g
Pralinen, in Packungen zu etwa 200–250 g, Markenware	100 g
Fleisch und Fleischwaren	
Rindfleisch zum Kochen, von der Querrippe, wie gewachsen	400 g

Ware, Leistung	Bedarfsmenge
Rindfleisch zum Schmoren bzw. Braten, aus der Keule ohne Knochen	600 g
Schweinebraten, frisch, Schulter mit Knochen und Fett	400 g
Schweinefleisch, Kotelett ohne Filet	450 g
Rinderhackfleisch (nicht mehr als 30 % Fettgehalt)	200 g
Rinderleber, frisch	180 g
Schweinebauchfleisch, frisch, wie gewachsen	200 g
Brathähnchen, bratfertig, Handelsklasse A	800 g
Bauchspeck (Dörrfleisch), geräuchert, mager	50 g
Gekochter Schinken (Hinterschinken)	70 g
Rindsgulasch, in Dosen zu etwa 400 g Fleischeinwaage	100 g
Schinkenspeck, mager	100 g
Feine Leberwurst, gute Qualität	350 g
Jagdwurst, mittlere Qualität	300 g
Streichmettwurst (Braunschweiger Art)	100 g
Salami, inländischer Herkunft, ungarische Art, Ia	150 g
Fleischwurst (Brühwurst), mittlere Qualität	100 g
Cervelatwurst, Ia bzw. fein	50 g
Bockwurst, in Dosen oder Gläsern zu etwa 360 g Wursteinwaage	200 g
Fische und Fischwaren	
Seefisch, Kabeljau (Dorsch), im Anschnitt (kein Filet), frisch (nicht seegefrostet)	200 g
Heringe in Tomatensoße, in Dosen zu je 190–200 g	200 g
Rollmops, in Gläsern zu etwa 250 g Fischeinwaage	125 g
Eier, Milch und Milcherzeugnisse	
Deutsche Eier, Güteklasse A, Gewichtsklasse 3, in Packungen zu 10 Stück (Mittelgewicht 62,5 g)	855 g
Frische Vollmilch, in standfesten Packungen, 3,5 % Fettgehalt	5000 g
Kondensierte Milch, ungezuckert, 7,5 % Fettgehalt, in Dosen zu etwa 170 g	680 g
Joghurt ohne Fruchtzusätze, in Plastikbechern zu etwa 150 oder 175 g, 3,5 % Fettgehalt	450 g
Joghurt mit Fruchtzusätzen, in Plastikbechern zu etwa 150 oder 175 g, fettarm	1050 g
Sahne, süß, in Plastikbechern zu 200 g, mindestens 30 % Fettgehalt	200 g
Speisequark, Magerstufe (mit weniger als 10 % Fettgehalt i. Tr.), in Packungen zu 250 g	500 g

Ware, Leistung	Bedarfsmenge
H-Milch, in standfesten Packungen, 1,5% Fettgehalt	1000 g
Harzer/Mainzer Käse/Handkäse (Sauermilchkäse)	100 g
Edamer oder Gouda, 40–43% Fett i. Tr., im Anschnitt oder im Stück abgepackt	100 g
Camembert, inländischer Herkunft, 45% Fett i. Tr., in Schachteln zu 125 g	100 g
Tilsiter, 45% Fett i. Tr., im Anschnitt oder im Stück abgepackt	100 g
Emmentaler, 45% Fett i. Tr., im Anschnitt oder im Stück abgepackt	100 g
Fette und Öle	
Deutsche Markenbutter, in Packungen zu 250 g	400 g
Margarine, Pflanzen-Margarine, in Packungen zu 250 g	500 g
Pflanzenfett zum Braten und Backen, in Packungen zu 250 g, Markenware	125 g
Pflanzenöl (kein Olivenöl), in Dosen oder Flaschen, mittlere Qualität	250 g
Mayonnaise, 80% Fettgehalt, in Gläsern zu 250 g	50 g
Alkoholfreie Getränke	
Apfelsaft, in 0,7- oder 1-l-Einwegflaschen (sonst ohne Flaschenpfand), oder in standfesten Packungen, mittlere Qualität	1000 g
Orangensaft, 1-l-Einwegflaschen (sonst ohne Flaschenpfand), oder in standfesten Packungen, keine Reformhausware	1000 g
Erfrischungsgetränk, mit Fruchzusätzen, kohlensäurehaltig, in 0,7-l-Flaschen, ohne Flaschenpfand	700 g
Erfrischungsgetränk, koffeinhaltig (ohne Fruchtzusätze), in 1-l-Flaschen, ohne Flaschenpfand	500 g
Einfaches Tafelwasser, ohne Geschmack (kein Kurbrunnen), in 0,7-l-Flaschen, ohne Flaschenpfand	1400 g
Bohnenkaffee, geröstet, ungemahlen, in Packungen zu 250 g, mittlere Qualität	150 g
Alkoholische Getränke	
Flaschenbier, gängige Sorte, 11–14% Stammwürzegehalt, in 0,5-l-Flaschen, ohne Flaschenpfand	500 g
Weißwein, inländisch, Qualitätswein mit amtlicher Prüfnummer (QbA-Wein), in 0,7-l-Flaschen, letzter Jahrgang	350 g

Ware, Leistung	Bedarfsmenge
Haushaltsenergie	
Grundgebühren, 3 Tarifräume	mtl. 135 kWh
Beschaffung von Hausrat von geringem Anschaffungswert sowie kleineren Instandsetzungen von Hausrat	
Glühlampe 100 Watt	1 St
Porzellantasse mit Untertasse	1 St
Reinigung von Wohnung, Hausrat und Wäsche	
Waschpulver grob	0,5 kg
Waschpulver fein	0,065 kg
Geschirrspülmittel	0,4 l
Stubenbesen	0,2 St
Toilettenpapier (Packung mit 2 Rollen)	1 St
Instandhaltung von Schuhen, Kleidung und Wäsche	
Änderungsschneiderarbeit	
männlich	0,5 mal
weiblich	0,5 mal
Neubeschaffung von Wäsche von geringem Anschaffungswert	
männlich	
Herrensocken, kurz	1 Paar
weiblich	
Damen-Strumpfhose	1 St
Körperpflege männlich	
Feinseife	100 g
Feindesinfektionsmittel	100 ml
Rasiercreme	50 ml
Rasierklingen	5 St
Zahncreme	100 ml
Shampoo mit Ei	25 ml
Friseurleistung f. Herren (nur Haarschneiden/Fassonschnitt)	1 mal
Hautcreme	50 ml
Papiertaschentücher	30 St
Wundpflaster	0,10 m
Vitamin-C-Brausetabletten, in Packungen zu 10 Tabletten	15 St

Ware, Leistung	Bedarfsmenge
Körperpflege weiblich	
Feinseife	100 g
Feindesinfektionsmittel	100 ml
Zahncreme	100 ml
Shampoo mit Ei	25 ml
Friseurleistung f. Damen (nur Waschen, Legen ohne Festiger und ohne Haarspray)	1 mal
Hautcreme	50 ml
Papiertaschentücher	30 St
Wundpflaster	0,10 m
Vitamin-C-Brausetabletten in Packungen zu 10 Tabletten	15 St
Reinigung	
Schuhcreme	25 ml
Chemische Reinigung	0,35 mal
Teilnahme am kulturellen Leben und Beziehungen zur Umwelt	
DBP Gelddienst, Inland, Postanweisung DM 30,–	1 mal
DBP Fernsprechdienst, Ortsgepräch	10 mal
DBP Postdienst Inland, Standardbrief	4 Briefe
DBP Schienenverkehr, Hin- und Rückfahrt, 2. Klasse	30 km
Straßenbahn, Einzelfahrt	12 Fahrten
Tageszeitung, Abonnement	1 Monatsbezug
Kino-Eintrittskarte	1 Karte
Eintrittskarte ins Hallenbad	2 Besuche
Sonstige persönliche Bedürfnisse	
Bohnenkaffee	100 g
Schwarzer Ceylon-Tee	50 g

Zur jüngsten „Warenkorb"-Reform vgl. Tschoepe, NDV 1987, 433ff.

Anhang 2

Hinweise zum Verwaltungsverfahren und zum Rechtsschutz

Die folgende Darstellung beschränkt sich auf Hinweise zu grundlegenden Vorschriften und Problemen, die aus der Sicht der Sozialhilfe besonders relevant sind.

I. Verwaltungsverfahren

1. **Antragstellung:** Sozialhilfe wird zwar von Amts wegen, also ohne förmliche Antragstellung, gewährt (s. § 5 Erl. 1). Der Hilfegewährung geht aber i. d. R. ein **Antrag** voraus, der – auf der Grundlage von Antragsformularen – der Ermittlung der rechtserheblichen Tatsachen dient (krit. Schoch ZfS 1987, 65). Angaben in solchen Anträgen können Minderjährige selbständig schon ab Vollendung des 15. Lebensjahres machen (§ 36 SGB I, allerdings mit Einschränkungsbefugnissen des gesetzlichen Vertreters; vgl. Coester FamRZ 1985, 982); im übrigen handelt für sie der gesetzliche Vertreter (Eltern, Vormund; vgl. auch § 15 SGB X zur Bestellung eines Vertreters von Amts wegen, z. B. für geistig Behinderte).

Anträge, die auch von einer unzuständigen Stelle entgegengenommen werden (§ 16 Abs. 1 S. 2 SGB I), sind unverzüglich an den zuständigen Leistungsträger weiterzuleiten (§ 16 Abs. 2 S. 1 SGB X). Es empfiehlt sich allerdings, Anträge auf Sozialhilfe stets beim zuständigen SHTr. zu stellen: Denn die Regelung des § 16 Abs. 2 S. 2 SGB I, wonach ein beim unzuständigen Träger abgegebener Antrag (bei **antragsabhängigen** Leistungen) schon zu dem Zeitpunkt als gestellt gilt, in dem er bei der unzuständigen Stelle eingegangen ist, gilt nach h. M. nicht im – **antragsunabhängigen** – Sozialhilferecht (vgl. z. B. BVerwGE 69, 5: Der zunächst beim unzuständigen überörtlichen SHTr. gestellte Antrag wurde erst ca. 3 Monate später dem zuständigen überörtlichen SHTr. bekannt; Anspruch auf Sozialhilfe erst ab Kenntnis dieses überörtlichen Trägers. Anderes soll nur bei (echt) antragsabhängigen Leistungen gelten, vgl. VG Arnsberg ZfF 1987, 255 für den Antrag des Nothelfers auf Erstattung seiner Aufwendungen (s. § 121 mit Erl. Zum Ganzen krit. Schulte/Trenk-Hinterberger 1986, 360; Mrozynski ZfS 1986, 298; s. auch § 5 Erl. 4).

2. **Beratung, Auskunft, Aufklärung** (vgl. von Maydell ZfSH/SGB 1986, 381): Gegenüber dem zuständigen SHTr. besteht ein am Einzelfall orientierter Anspruch auf Beratung über die konkreten Rechte und Pflichten (§§ 14 SGB I, 8 Abs. 2) einschließlich der Hilfe bei Anträgen und Schriftsätzen (vgl. OVG Lüneburg FEVS 11, 14), der Information über Rechtsmittel sowie der Beratung in sonstigen sozialen Angelegenheiten (s. auch Erl. 1. zu § 8 Abs. 2). Das individuelle Recht auf

Auskunft regelt § 15 SGB I, das (nur durch die Aufsichtsbehörden kontrollierbare) Recht auf Aufklärung – z. B. durch Broschüren – normiert § 13 SGB I.

3. **Ermittlung von Tatsachen:** Der SHTr. ermittelt den Sachverhalt von Amts wegen; dabei bedient er sich der Beweismittel, die er nach pflichtgemäßem Ermessen für erforderlich hält (§§ 20, 21 SGB X; z. B. Auskünfte des Hilfesuchenden anhand eines Antragsformulars, Auskünfte der in § 116 genannten Personen, Gutachten von Ärzten und anderen Sachverständigen).

Die Einnahme des Augenscheins erfolgt i. d. R. durch **Hausbesuch** (v. a. des Sozialen Dienstes, z. B. vor Bewilligung einmaliger Beihilfen). Der Hausbesuch ist allerdings nur aus konkretem Anlaß, bei begründeten Zweifeln, in angemessenem Umfang und zu angemessener Zeit zulässig (dazu VG Braunschweig u. VG Frankfurt info also, Heft 2, 53 u. 60; Hess. VGH info also 1986, 34; ferner DV, Gutachten, NDV 1986, 332). Bleiben trotz aller behördenmöglichen Ermittlung entscheidungserhebliche Umstände **ungewiß** und ist **nicht feststellbar,** ob tatsächliche Bedürftigkeit vorliegt, kann Sozialhilfe abgelehnt werden (vgl. BVerwG FEVS 13, 1: nur wirklichen, nicht aber möglichen Notständen hat der SHTr. abzuhelfen).

4. **Mitwirkung des Hilfesuchenden:** Bei Antragstellung und Bezug von Sozialhilfeleistungen müssen die dafür notwendigen Informationen erteilt werden (§§ 60, 61 SGB I; z. B. Mitteilung über bestehende bzw. veränderte Einkommensverhältnisse, Vorlegen von Beweisurkunden, persönliches Erscheinen mit Anspruch auf Aufwendungsersatz gem. § 65 a SGB I; vgl. auch VG Oldenburg ZfF 1986, 133 zum Ausfüllen der entspr. Antragsformulare und Fragebögen). Ferner hat sich der Hilfesuchende – soweit erforderlich bzw. dienlich – ärztlichen und psychologischen Untersuchungen zu unterziehen (mit Anspruch auf Aufwendungsersatz gem. § 65 a SGB I) sowie an berufsfördernden Maßnahmen zu beteiligen (§§ 62, 63, 64 SGB I).

Die **Grenzen** der genannten Mitwirkungspflichten regelt § 65 SGB I, dessen Inhalt man mit den Stichworten Verhältnismäßigkeit, Zumutbarkeit und Angemessenheit (Abs. 1) sowie mit unzulässigen Behandlungen und Untersuchungen (Abs. 2) umschreiben kann. Unverhältnismäßig ist z. B. die (in Antragsformularen immer noch vorzufindende) pauschale Entbindung aller Ärzte von der Schweigepflicht oder die generelle Ermächtigung zur Auskunfteinholung bei jedem Geldinstitut (vgl. Wendt 1985 mit weiteren Beispielen). Unzumutbar kann die Mitwirkung z. B. wegen hohen Alters sein. Ein Recht zur Auskunftsverweigerung sieht § 65 Abs. 3 SGB I vor (vergleichbar mit § 116 Abs. 3).

Die **Folgen fehlender Mitwirkung** normiert § 66 SGB I (vollständige bzw. teilweise Versagung oder Entziehung der Hilfe), allerdings modifiziert durch den Rechtsgedanken des § 25 Abs. 2 (zu Ermessensfehlern bei Entziehung der Hilfe vgl. z. B. OVG Berlin FEVS 26, 424). Versagung oder Entziehung sind aber nur zulässig, nachdem der Hilfebedürftige auf diese Folge **schriftlich** hingewiesen worden ist und seiner Mitwirkungspflicht nicht innerhalb einer ihm gesetzten angemessenen Frist **nachgekommen** ist (§ 69 Abs. 3 SGB I; vgl. auch VG Hannover ZfF 1979, 111 zur Angemessenheit der Frist). Dem Hilfesuchenden muß allerdings genau und konkret mitgeteilt werden, welche Mitwirkungspflichten zur Bewilligung seines Hilfebegehrens (noch) erforderlich sind. Eine **Nachholung der Mitwirkung** (§ 67 SGB I) mit der Folge rückwirkender Leistungserbringung kommt im Sozialhilferecht i. d. R. nicht in Betracht (keine Behebung vergangener Notlagen; vgl. Bay. VGH FEVS 28, 260).

5. **Sozialdatenschutz:** Nach § 35 Abs. 1 S. 1 SGB I hat jeder Anspruch darauf, daß Einzelangaben über seine persönlichen und sachlichen Verhältnisse („personenbezogene Daten“, z. B. Einkommen, Vermögen, Gesundheitszustand) vom SHTr. (i. S. d. kleinsten Einheit der funktional mit der Aufgabenerfüllung betrauten Stelle) als Sozialgeheimnis gewahrt und nicht unbefugt offenbart werden. Nach § 35 Abs. 2 SGB I ist eine Offenbarung personenbezogener Daten nur unter den Voraussetzungen der §§ 67 bis 77 SGB I zulässig. In der Praixs bestehen zu Einzelfragen beträchtliche Unsicherheiten, auf die hier nicht eingegangen werden kann (dazu Wendt 1985, Kunkel ZfSH/SGB 1985, 49; DV 1985 u. Grundsatzthesen des DV, NDV 1986, 227).

6. **Bevollmächtigte und Beistände:** Der Hilfesuchende kann sich als **Beteiligter** (§ 12 SGB X) durch einen **Bevollmächtigten** vertreten lassen, der auf Verlangen des SHTr. seine Vollmacht schriftlich nachweisen muß (§ 13 Abs. 1 S. 1 u. 3 SGB X); zum Verkehr des SHTr. mit dem Bevollmächtigten und dem Hilfesuchenden vgl. § 13 Abs. 2 SGB X. Der Hilfesuchende kann zu Verhandlungen und Besprechungen mit dem SHTr. mit einem **Beistand** (z. B. mit einem im Sozialhilferecht bewanderten Freund) erscheinen. Das vom Beistand Vorgetragene gilt als vom Hilfesuchenden vorgebracht, soweit dieser nicht unverzüglich widerspricht (§ 13 Abs. 4 SGB X). Zur Zurückweisung von Bevollmächtigten und Beiständen (z. B. wenn sie unbefugt geschäftsmäßig fremde Rechtsangelegenheiten besorgen) vgl. § 13 Abs. 6 SGB X.

7. **Anhörung Beteiligter:** Nach § 24 Abs. 1 SGB X hat eine Anhörung zu erfolgen, bevor ein Verwaltungsakt ergeht, der in die Rechte eines Beteiligten eingreift. Die wohl h. M. hält eine Anhörung nicht für erforderlich, wenn ein Antrag auf **Gewährung** einer Sozialleistung (in Form eines begünstigenden Verwaltungsakts) **abgelehnt** werden soll (so z. B. Hauck/Haines § 24 Rz 5; BSG SozR 1200 § 34 SGB I Nr. 8; a. A. zurecht Giese § 24 SGB X Rz 3; Zeitler § 24 Rz 3: Anhö-

rung bei allen Ablehnungsbescheiden und Bewilligungsbescheiden über eine Teilleistung). Auch vor **Einstellung** der Sozialhilfegewährung (Nichtweitergewährung) soll nach h. M. keine Anhörung gem. § 24 Abs. 1 SGB X erforderlich sein (so z. B OVG Münster FEVS 31, 239; a. A. zurecht Zeitler § 24 Rz 3; Mrozynski ZfS 1987, 298: auch bei Einstellung der Hilfegewährung).

„Anhörung" bedeutet, daß der Leistungsträger dem Betroffenen Gelegenheit zur Äußerung in den beabsichtigten Eingriff in seine Rechte gibt, d. h. ihm innerhalb einer angemessenen Frist die Möglichkeit zur Stellungnahme einräumt und dann das, was der Betroffene vorbringt, bei seiner Entscheidung ernsthaft in Erwägung zieht. Bei einer Fristsetzung und einer Überschreitung dieser Frist muß eine Äußerung allerdings nicht abgewartet werden (Zeitler § 24 Rz 5). Ist eine notwendige Anhörung unterblieben, kann sie bis zum Abschluß des Widerspruchsverfahrens **nachgeholt** werden (§ 40 Abs. 1 Nr. 3 u. Abs. 2 SGB X; OVG NRW ZfS 1987, 17); andernfalls ist die Entscheidung im verwaltungsgerichtlichen Verfahren aufzuheben.

8. **Akteneinsicht:** Der SHTr. hat dem Hilfesuchenden Einsicht in die das Verfahren betreffenden Akten zu gestatten, soweit deren Kenntnis zur Geltendmachung oder Verteidigung seiner rechtlichen Interessen erforderlich ist (§ 25 Abs. 1 S. 1 SGB X). Ein rechtliches Interesse wird z. B. berührt, wenn der Hilfesuchende eine Unsicherheit über die Berechnung der Hilfe zum Lebensunterhalt klären will. Das Recht zur Akteneinsicht umfaßt auch die Befugnis zur Einsicht in die **Verwaltungsvorschriften,** die dem Vorgang zugrundeliegen; ein allgemeiner Anspruch auf Einsicht in die Verwaltungsvorschriften (z. B. SHR) besteht jedoch nicht (vgl. BVerwGE 69, 278: auch nicht für Rechtsanwälte).

Der Begriff der ,,Akten" umfaßt neben den von der Behörde bzw. dem Betroffenen verfaßten Schriftstücken auch beigezogene Aktenstücke anderer Behörden einschließlich Abschriften und Ablichtungen, sowie Gutachten, Fotos, Pläne, Tonbänder etc.

Die Behörde kann gem. § 25 Abs. 5 SGB X für die Anfertigung von **Ablichtungen** oder **Abschriften** aus Akten den Ersatz der Aufwendungen verlangen, allerdings nur ,,in angemessenem Umfang"; diese Angemessenheit des Aufwendungsersatzes richtet sich nach den persönlichen Verhältnissen des Betroffenen (vgl. § 33 SGB I), muß also bei Sozialhilfeempfängern sowie bei anderen Sozialleistungsbeziehern mit geringem Einkommen deren beengten wirtschaftlichen Verhältnissen Rechnung tragen mit der Folge, daß ggf. auch vom Aufwendungsersatz abzusehen ist (vgl. Giese § 25 SGB X Erl. 11). Zum **Ausschluß** der Akteneinsicht vgl. § 25 Abs. 2 u. 3 SGB X.

Die **Versagung** – oder **Begrenzung** – der Akteneinsicht ist ein Verwaltungsakt, der allerdings nur zugleich mit einem Rechtsbehelf gegen die Sachentscheidung angegriffen werden kann (vgl. § 44a VwGO; BVerwG NJW 1979, 177).

9. Zu **Vorschüssen, Verzinsung, Verjährung, Auszahlung, Pfändung** und **Aufrechnung** s. § 8 Erl. 5.

10. **Sozialhilfebescheid:** Bewilligung, Ablehnung, Einstellung und Änderung von Sozialhilfeleistungen erfolgt durch **Verwaltungsakt** (§ 31 SGB X). Ein mündlicher Sozialhilfebescheid ist schriftlich zu bestätigen, wenn hieran ein berechtigtes Interesse besteht und der Betroffene dies unverzüglich verlangt (§ 33 Abs. 2 S. 2 SGB X; empfehlenswert bei Antragstellung ist deshalb der Zusatz: ,,Ich bitte um schriftlichen Bescheid.").

Ein schriftlicher oder schriftlich bestätigter Verwaltungsakt ist **schriftlich zu begründen** (§ 35 Abs. 1 S. 1 SGB X, Ausnahmen in Abs. 2 i. V. m. Abs. 3). In der Begründung sind die wesentlichen tatsächlichen und rechtlichen Gründe mitzuteilen, die die Behörde zu ihrer Entscheidung bewogen haben; die Begründung von Ermessensentscheidungen muß auch die Gesichtspunkte erkennen lassen, von denen die Behörde bei der Ausübung des Ermessens ausgegangen ist (§ 35 Abs. 1 S. 2 u. 3 SGB X). Auch ein durch elektronische Datenverarbeitung gefertigter Bescheid muß diesen Anforderungen genügen und hinreichend bestimmt sein (VG Arnsberg ZfF 1982, 251).

§ 36 SGB X schreibt (auch für SHTr.) vor, schriftliche Verwaltungsakte, die den Betroffenen beschweren, mit einer **Rechtsbehelfsbelehrung** zu versehen. Nicht vorgeschrieben, aber gleichwohl zweckmäßig ist die Anfügung einer derartigen Belehrung auch bei Verwaltungsakten, die den Beteiligten (vgl. § 12 SGB X) nicht beschweren, nicht zuletzt deshalb, weil die Frage, wann eine ,,Beschwer" vorliegt, nicht immer von vornherein klar feststeht und eine derartige Vorgehensweise auch verwaltungstechnisch einfacher ist (vgl. Zeitler § 37 Erl. 1).

Die **Bekanntgabe** des Bescheids muß gegenüber demjenigen Beteiligten erfolgen, für den er bestimmt oder der von ihm betroffen ist; ist ein Bevollmächtigter bestellt, kann die Bekanntgabe ihm gegenüber vorgenommen werden (§ 37 Abs. 1 SGB X; zur Übermittlung mit der Post vgl. § 37 Abs. 2 SGB X). Die Bekanntgabe an einen Beteiligten setzt voraus, daß dieser verfahrenshandlungsfähig ist (vgl. § 11 SGB X). Bei nicht voll geschäftsfähigen Beteiligten hat die Bekanntgabe deshalb an den (bürgerlich-rechtlichen) gesetzlichen Vertreter oder ggf. einen bestellten Vertreter (vgl. § 15 SGB X) zu erfolgen. Ist ein Verwaltungsakt für mehrere Personen bestimmt oder werden mehrere Personen von ihm betroffen, so muß er jedem der Beteiligten bekanntgegeben werden; unterbleibt die Bekanntgabe einem Beteiligten gegenüber, so wird der Verwaltungsakt diesem gegenüber nicht wirksam.

Mit der Bekanntgabe wird der Bescheid **wirksam,** es sei denn er ist nichtig (§§ 39 Abs. 1 u. 3, 40 SGB X). Wegen des das Sozialhilferecht prägenden **Bedarfsdeckungsprinzips** (Einf. III.), welches der Sozialhilfe die Funktion zuweist, in einer gegenwärtigen konkreten Notlage Hilfe zu gewähren, folgt, daß Verwaltungsakten im Sozialhilferecht eine zeitlich beschränkte Wirksamkeit innewohnt. Bei Wegfall der Voraussetzungen für die Gewährung einer laufenden Sozialhilfeleistung wird deshalb eine Erledigung „auf andere Weise" angenommen, ohne daß der Träger der Sozialhilfe den Verwaltungsakt ausdrücklich aufheben muß. In der Praxis werden laufende Leistungen in der Regel monatsweise gewährt. Die stillschweigende Fortsetzung der Zahlung von Monat zu Monat wird als stillschweigende Weiterbewilligung aufgefaßt. Stellt der SHTr. die Hilfegewährung zum Ende eines Bewilligungsabschnittes ein, so liegt darin **kein Widerruf eines begünstigenden Verwaltungsaktes,** da die Sozialhilfeleistung keine „rentengleiche wirtschaftliche Dauerleistung mit Versorgungscharakter" ist, auch wenn sie über längere Zeit hinweg (z. B. bei einem pflegebedürftigen Hilfesuchenden) gewährt wird. Die Nicht-Weiterbewilligung ist vielmehr als **Ablehnung des Erlasses eines begünstigenden Verwaltungsaktes** anzusehen mit der Folge, daß der Hilfesuchende dagegen mit einer **Verpflichtungsklage** vorgehen muß und eine vorläufige Fortgewähr der Leistung nur im Wege einer einstweiligen Anordnung gem. § 123 VwGO erreichen kann; Entsprechendes gilt für die Kürzung der laufenden Hilfe (vgl. BVerwGE 28, 216; 57, 237, st. Rspr.; s. auch unten II. 5., 10.). Was die Form der Einstellung laufender Hilfe angeht, so wird aus Gründen der Rechtsstaatlichkeit und insbesondere der Rechtsklarheit i. d. R. ein schriftlicher Bescheid verlangt, jedenfalls in den Fällen, in denen der Hilfesuchende die Gründe für die Einstellung der Hilfegewährung nicht kennt oder er nicht unbedingt mit der Einstellung der Hilfe rechnen mußte (vgl. Gottschick/Giese § 4 Rz 8.3. u. 8.4.).

Die Zulässigkeit von **Nebenbestimmungen** zum Sozialhilfebescheid regelt § 32 SGB X. Im Sozialhilferecht sind insbesondere die Befristung der Leistung sowie die Auflage, jede Änderung in den persönlichen oder wirtschaftlichen Verhältnissen mitzuteilen oder die ordnungsgemäße Verwendung der Sozialhilfe nachzuweisen, von Bedeutung.

Anstelle eines Sozialhilfebescheids kann der SHTr. mit dem Betroffenen einen (schriftlichen) **öffentlich-rechtlichen Vertrag** schließen, soweit die Erbringung der Leistung in seinem **Ermessen** steht (§§ 53 Abs. 1 S. 2, Abs. 2, 56 SGB X). Ein **koordinationsrechtlicher Vertrag** liegt vor, wenn die Vertragspartner gleichgeordnet sind, d.h. wenn die Behörde nicht die rechtliche Möglichkeit hat, den Gegenstand des Vertrages gegenüber dem Vertragspartner durch Verwaltungsakt zu regeln (z.B. die Fürsorgerechtsvereinbarung v. 26. 5.

1965, vgl. NDV 1965, 326, die zwischen den SHTr. bzw. den Trägern der öffentlichen Jungendhilfe über gegenseitige Kostenerstattungsansprüche abgeschlossen worden ist; auch Verträge zwischen SHTr. und Krankenkassen über die Erbringung von Leistungen an Sozialhilfeempfänger (dazu Marburger ZfSH 1982, 207) sind in diesem Zusammenhang von Bedeutung (s. auch § 93 Erl. 5). Ein **subordinationsrechtlicher Vertrag** liegt vor, wenn die Behörde auch einen Verwaltungsakt erlassen könnte, statt einen Vertrag abzuschließen (vgl. z. B. §§ 15 a, 15 b, 30 mit Erl.).

11. Für das Verwaltungsverfahren werden **keine Gebühren** und **Auslagen** erhoben (§ 64 SGB X; zum Anspruch der Behörde auf Aufwendungsersatz vgl. z. B. §§ 19 Abs. 2 S. 3, 25 Abs. 5 SGB X). Zur Erstattung der Kosten bei erfolgreichem Widerspruch vgl. § 63 SGB X und unten Erl. II. 4.

Wird der Hilfesuchende im Verwaltungsverfahren von einem **Rechtsanwalt** beraten und vertreten, steht dem Anwalt ein Vergütungsanspruch gegen die Landeskasse zu, wenn die Voraussetzungen der §§ 1 ff. **BerHG** erfüllt sind; das BerHG gilt auch in Angelegenheiten des Sozialhilferechts (ganz h. M., vgl. Lindemann/Trenk-Hinterberger § 2 Rz 13 m. w. N.; die vom Hilfesuchenden nach § 8 BerHG dem Anwalt zu zahlende Schutzgebühr von 20 DM sollte dieser i. d. R. erlassen).

12. Die **Rücknahme** eines **rechtswidrigen begünstigenden** Sozialhilfebescheids ist (durch **Rücknahmebescheid)** unter den Voraussetzungen des § 45 SGB X möglich (z. B. bei vorsätzlich oder grob fahrlässig gemachten unrichtigen Angaben über die Einkommensverhältnisse). Da das Sozialhilferecht einen Verwaltungsakt mit Dauerwirkung grundsätzlich nicht kennt (s. Erl. 10), findet § 45 Abs. 3 SGB X hinsichtlich der Rücknahme für die Zukunft keine Anwendung. Bereits erbrachte Leistungen sind nach Maßgabe des § 50 SGB X zu **erstatten** (vgl. auch Bay. VGH FEVS 36, 51 zur Zulässigkeit der Anordnung der sofortigen Vollziehung eines entspr. **Erstattungsbescheids).**

Machen **gesetzliche Vertreter** (z. B. Eltern) gegenüber dem Sozialhilfeträger falsche Angaben und führt dies zu Unrecht zu Sozialhilfeleistungen an einen Minderjährigen, können diese nach § 50 SGB X nur von dem Minderjährigen zurückgefordert werden. Auch wenn die falschen Angaben sich auf das Vermögen des Vertreters bezogen, gibt § 50 SGB X ihm gegenüber keinen Rückforderungsanspruch. Hat der Minderjährige die Sozialhilfeleistungen an den gesetzlichen Vertreter weitergegeben, muß dieser sie nicht nach § 822 BGB erstatten, da § 50 SGB X die Erstattungsansprüche abschließend regelt (vgl. OVG Lüneburg FEVS 36, 16; VG Braunschweig ZfF 1986, 108; a. A. OVG Berlin FamRZ 1985, 103, gestützt auf allgemeine Grundsätze des Vertretungsrechts; DV, Gutachten, 1986, 104). **Der Schadensersatzanspruch** des SHTr. gegen den gesetzlichen Vertreter gem. §§ 823 Abs. 2 i. V. m. einem Schutzgesetz, 826 BGB bleibt unberührt; er kann allerdings nicht durch Verwaltungsakt geltend gemacht werden.

13. **Kein Widerruf** eines **begünstigenden (rechtmäßigen)** Verwaltungsakts ist die „Einstellung" von Sozialhilfeleistungen (s. oben Erl. 10); § 47 SGB X ist deshalb für das Leistungsrecht des BSHG nicht anwendbar.

14. Die **Rücknahme** eines **rechtswidrigen nicht begünstigenden** (belastenden) Verwaltungsakts regelt § 44 SGB X: Danach ist ein Verwaltungsakt, auch nachdem er unanfechtbar geworden ist, mit Wirkung für die Vergangenheit zurückzunehmen, wenn das Recht unrichtig angewandt oder von einem Sachverhalt ausgegangen worden ist, der sich als unrichtig erweist (§ 44 Abs. 1 S. 1 SGB X); in diesem Falle sind Sozialleistungen längstens für einen Zeitraum von vier Jahren rückwirkend zu erbringen (§ 44 Abs. 4 SGB X).

Nach h. M. ist die Regelung des § 44 SGB X im **Sozialhilferecht** (z. B. bei rechtswidriger Ablehnung von Hilfe zur Pflege) **nicht anwendbar;** begründet wird diese Ansicht mit den abweichenden Strukturprinzipien des Sozialhilferechts i. V. m. § 37 SGB I (vgl. z. B. BVerwGE 68, 285; Schellhorn/Jirasek/Seipp § 4 Rz 34: keine Sozialhilfe für die Vergangenheit; offengelassen von OVG NRW FEVS 35, 64; krit. Mrozynski ZfS 1987, 298). Die h. M. lehnt es insbesondere ab, daß ein **säumiges Verhalten** der Behörde ein Gesichtspunkt sein könnte, mit dem die Anwendung des § 44 SGB X im Sozialhilferecht zu begründen sei (BVerwG aaO: Bei säumigem Verhalten des SHTr. fehle es gerade an einem mit Wirkung für die Vergangenheit zurückzunehmenden Verwaltungsakt; zudem sei der SHTr. nicht schon dann säumig, wenn er in Verkennung der Rechtslage Sozialhilfe abgelehnt habe, sondern erst dann, wenn er einen gerichtlich zuerkannten Anspruch nicht befriedige. Krit. dazu Willburger/Jüttner ZfSH/SGB 1985, 215; Schulte/Trenk-Hinterberger 1986, 129).

Die Regelung des § 44 SGB X kann aber für Kostenbescheide des SHTr. von Bedeutung sein.

15. Der **Widerruf** eines **rechtmäßigen nicht begünstigenden** (belastenden) Verwaltungsakts wird in § 46 SGB X geregelt. Diese Vorschrift ist auch im Sozialhilferecht anwendbar (z. B. auf einen Bescheid über Kostenersatz gem. § 92a oder auf die Überleitung eines Unterhaltsanspruchs nach §§ 90, 91).

II. Rechtsschutz

1. **Förmliche und formlose Rechtsbehelfe:** Für **förmliche** Rechtsbehelfe gegen Verwaltungsakte gelten die Verwaltungsgerichtsordnung (VwGO) und die zu ihrer Ausführung ergangenen Rechtsvor-

schriften (§ 62 SGB X; s. unten 2.–10.). **Formlose** Rechtsbehelfe sind die **Aufsichtsbeschwerde** (zur Überprüfung einer Sachentscheidung durch einen Vorgesetzten) und die **Dienstaufsichtsbeschwerde** (zur Rüge des dienstlichen Verhaltens eines Bediensteten); diese Rechtsbehelfe sind weder an Fristen noch an Formen gebunden. Dem Hilfesuchenden steht ferner gem. Art. 17 GG die Möglichkeit einer schriftlichen (d. h. eigenhändig unterschriebenen), an keine Frist gebundene **Petition** an die Volksvertretung zu (in Bund und Ländern; str. für die kommunale Ebene, vgl. OVG NRW NJW 1979, 281).

2. **Widerspruch allgemein:** Gegen einen beschwerenden (belastenden) Verwaltungsakt (z. B. Ablehnung der Sozialhilfe, Heranziehung zu Kosten der Sozialhilfe) kann Widerspruch erhoben werden. Der Widerspruch ist ein außergerichtlicher Rechtsbehelf zur Nachprüfung eines Verwaltungsakts auf Rechtmäßigkeit und Zweckmäßigkeit. Damit dient der Widerspruch zugleich der Selbstkontrolle der Verwaltung und der Entlastung der Gerichte. In Angelegenheiten der Sozialhilfe muß das Widerspruchsverfahren vor Erhebung von Anfechtungs- bzw. Verpflichtungsklage (unten 5.) durchgeführt werden (sog. **Vorverfahren** gem. §§ 68–73 VwGO); ohne Vorverfahren ist die Klage i. d. R. unzulässig (Ausnahme: Die Behörde bleibt untätig, dann sog. Untätigkeitsklage; s. unten 6.).

Der Widerspruch ist innerhalb **eines Monats** nach **Bekanntgabe** an den Beschwerten **schriftlich** (d. h. eigenhändig unterschrieben) oder **zur Niederschrift** (Protokoll) bei der Behörde zu erheben, die den Verwaltungsakt erlassen hat (§ 70 Abs. 1 S. 1 VwGO), also beim Sozialamt bzw. der entspr. Verwaltungsstelle des überörtlichen SHTr. (zu den Fristen vgl. auch §§ 57, 58 VwGO). Entscheidend ist, daß der Widerspruch spätestens am letzten Tage der Frist bei den genannten Verwaltungsstellen eingegangen bzw. erhoben sein muß (zur Wiedereinsetzung in den vorigen Stand vgl. § 60 VwGO). Die Begründung des Widerspruchs ist zweckmäßig, aber nicht notwendig.

Nach Erhebung des Widerspruchs muß die angerufene Verwaltungsstelle prüfen, ob sie dem Widerspruch **abhelfen** kann. Ist dies nicht der Fall, erfolgt eine Abgabe des Vorgangs an die **Widerspruchsbehörde,** die über den Rechtsbehelf entscheidet (§ 73 Abs. 1 VwGO; zur Beteiligung sozial erfahrener Personen vgl. § 114 Abs. 2 mit Erl.).

Der **Widerspruchsbescheid,** der dem Rechtsbehelf stattgibt oder ihn zurückweist, ist zu begründen, mit einer Rechtsmittelbelehrung zu versehen und zuzustellen; der Widerspruchsbescheid bestimmt auch, wer die Kosten trägt (§ 73 Abs. 3 VwGO). Für das Widerspruchsverfahren in Angelegenheiten des Sozialhilferechts werden allerdings **keine Gebühren und Auslagen** erhoben (vgl. § 64 Abs. 1 SGB X; insofern ergeht die Entscheidung „kostenfrei"). Nach h. M. ist eine **Abänderung** des Sozialhilfebescheids im Widerspruchsverfahren **zu Un-**

gunsten des Hilfesuchenden (sog. reformatio in peius) zulässig (vgl. z. B. BVerwGE 14, 175; 21, 142).

3. **Wirkung des Widerspruchs:** Der Widerspruch hat grundsätzlich aufschiebende Wirkung (§ 80 Abs. 1 S. 1 VwGO): Der Verwaltungsakt (z. B. Bescheid über Rückzahlung zu Unrecht geleisteter Sozialhilfe) kann also vor Erledigung des Widerspruchs nicht vollzogen werden. Im Bereich des **Sozialhilferechts** hat der Widerspruch aber **keine** aufschiebende Wirkung v. a. im Fall des § 90 Abs. 3, ferner bei **Einstellung** und **Kürzung** von Sozialhilfeleistungen: Da der Sozialhilfefall „gleichsam täglich neu regelungsbedürftig ist" (so BVerwGE 25, 307, 309), sind Einstellung bzw. Kürzung der Sozialhilfe nicht Rücknahme eines begünstigenden Verwaltungsakts (bei der ein Widerspruch aufschiebende Wirkung hätte), sondern Ablehnung des Erlasses eines begünstigenden Verwaltungsakts (s. auch oben I. 10.).

Neben der Möglichkeit des Widerspruchs bleibt es dem Hilfesuchenden unbenommen, bei Ablehnung von Sozialhilfe (auch wenn sie bestandskräftig ist), für die Zukunft **erneut** Sozialhilfe zu beantragen (z. B. wenn sich die Einkommensverhältnisse entspr. verändert haben).

4. **Kosten:** Soweit der Widerspruch erfolgreich ist, hat der SHTr. dem Widerspruchsführer die zur zweckentsprechenden Rechtsverfolgung oder Rechtsverteidigung notwendigen **Aufwendungen** zu erstatten und auf Antrag festzusetzen (§ 63 Abs. 1 S. 1, Abs. 3 S. 1 SGB X: z. B. Fahrt- und Portokosten). Die Gebühren und Auslagen eines Rechtsanwalts im Vorverfahren sind erstattungsfähig, wenn die Zuziehung notwendig war; über die Notwendigkeit ist in der Kostenentscheidung zu bestimmten (§ 63 Abs. 2, Abs. 3 S. 2 SGB X).

Nach OVG Rh.-Pf. (FEVS 32, 426) kann von einem Empfänger öffentlicher Leistungen erwartet werden, daß er nach dem Erhalt eines negativen Bescheids den persönlichen Kontakt zur Behörde nicht sofort aufgibt, sondern – wenn der Bescheid aus sich selbst nicht verständlich sein sollte – zunächst bei der Behörde deren Aufklärungsmöglichkeiten ausschöpft und sich nicht sofort eines Rechtsanwalts bedient (zw., weil unklar bleibt, wann die Aufklärungsmöglichkeit und -bereitschaft der Behörde ausgeschöpft sind bzw. ausreichen). Nach zutreffender Ansicht des Hess. VGH (NDV 1986, 408) ist die Zuziehung eines Rechtsanwalts aber notwendig, wenn ein SHTr. seine Entscheidung gegenüber dem rechtsunkundigen Bürger (in casu: Ablehnung einer Beihilfe zur Anschaffung einer Waschmaschine) unter Hinweis auf die einschlägige Rechtsprechung gestützt hat, ohne diese Rechtsprechung inhaltlich wiederzugeben.

Die Einschaltung eines Anwalts unter den Voraussetzungen des **BerHG** bleibt dem Hilfesuchenden unbenommen (s. oben I. 11.). Ein Erstattungsanspruch des Hilfesuchenden nach § 63 Abs. 2 SGB X geht dann auf den Rechtsanwalt über; entspr. Zahlungen werden auf die Beratungshilfevergütung angerechnet (vgl. § 9 BerHG u. Lindemann/Trenk-Hinterberger § 9 Erl. 4).

5. **Klage allgemein:** Innerhalb **eines Monats** nach **Zustellung** des Widerspruchsbescheids kann **schriftlich** (d.h. eigenhändig unterschrieben) oder **zur Niederschrift** (Protokoll) des Urkundsbeamten der Geschäftsstelle Anfechtungs- oder Verpflichtungsklage beim zuständigen Verwaltungsgericht erhoben werden (§§ 40, 45, 52, 74, 81 VwGO). Mit der **Anfechtungsklage** wird die Aufhebung eines (beschwerenden) Bescheids begehrt (z.B. eines Bescheids über Rückzahlung zu Unrecht geleisteter Sozialhilfe); die Anfechtungsklage hat aufschiebende Wirkung (§ 80 Abs. 1 S. 1 VwGO; Ausnahme § 90 Abs. 3, s. auch oben 3.). Mit der **Verpflichtungsklage** (sie ist in Sozialhilfeangelegenheiten der Regelfall) wird der Erlaß eines abgelehnten oder unterlassenen Bescheids angestrebt (s. auch oben I. 10.).

Die **Klage** muß den Kläger, den Beklagten (örtlicher bzw. überörtlicher SHTr., z.B. Stadt Köln, Landkreis Kassel bzw. Land Berlin, Landeswohlfahrtsverband Hessen) und den Streitgegenstand bezeichnen; sie soll ferner einen bestimmten Antrag enthalten, die zur Begründung dienenden Tatsachen und Beweismittel sollen angegeben, der angefochtene Bescheid sowie der Widerspruchsbescheid beigefügt werden (§ 82 Abs. 1 VwGO, zur Zustellung vgl. § 85 VwGO). Über die Klage (mit Ausnahme der nicht erledigten oder Fortsetzungsfeststellungsklage, s. unten 7.) entscheidet das Gericht i.d.R. aufgrund **mündlicher Verhandlung** (§ 101 VwGO; s. aber unten 8.).

Nach st. Rspr. des BVerwG (seit E 25, 307; vgl. z.B. NDV 1986, 291) kann der Anspruch auf Leistungen der Sozialhilfe grundsätzlich nur in dem **zeitlichen Umfang** in zulässiger Weise zum Gegenstand der verwaltungsgerichtlichen Kontrolle gemacht werden, in dem der **Träger der Sozialhilfe** den Hilfefall geregelt hat: Zum einen sei die Sozialhilfe keine rentengleiche wirtschaftliche Dauerleistung mit Versorgungscharakter, sondern diene vielmehr (im Regelfall) dazu, eine gegenwärtige Notlage zu beheben; es sei nicht Sache des Verwaltungsgerichts, den Hilfefall unter Kontrolle zu halten. Zum anderen fehle es für die Zeit nach dem letzten behördlichen Bescheid bei Ablehnung der Sozialhilfe oder Streit über deren Art und Höhe am zwingend erforderlichen Vorverfahren unter Beteiligung der sozial erfahrenen Personen (§§ 68ff. VwGO, § 114 Abs. 2); eine entspr. Klage für diesen Zeitraum sei deshalb grundsätzlich als unzulässig abzuweisen. Eine **Ausnahme** von diesem Grundsatz soll z.B. an die Voraussetzung geknüpft sein, daß die Behörde den Sozialhilfefall statt für den dem Bescheid nächstliegenden Zahlungszeitpunkt für einen längeren Zeitraum geregelt hat (was aber voraussetze, daß sich der Hilfefall in die Zukunft hinein regeln läßt, weil abzusehen ist, daß sich der Sachverhalt nicht ändern wird, oder weil in der Zukunft eintretende Änderungen bereits bekannt sind). Eine zeitliche Erstreckung über den Zeitraum des letzten behördlichen Bescheids (Widerspruchsbescheid) soll auch möglich sein, wenn die Behörde im Verlauf des gerichtlichen Verfahrens ihre Bescheide erkennbar verfahrensbegleitend an die jeweilige Situation anpaßt (BVerwGE 39, 262; Rotter ZfSH/SGB 1983, 209). **Praktisch** bedeutet diese Rspr. des BVerwG, daß i. d. R. für künftige Zeiträume **keine (vorsorgliche) Entscheidung** erwirkt werden kann und eine Verpflichtung zu Sozialhilfeleistungen nur bis einschließlich des Monats möglich ist, in dem der Widerspruchsbescheid erging.

6. **Untätigkeitsklage:** Ist über einen Widerspruch oder über einen Antrag auf Sozialhilfe ohne zureichenden Grund innerhalb von **drei Monaten** sachlich nicht entschieden worden, kann auch ohne Widerspruchsverfahren bzw. Widerspruchsbescheid eine Untätigkeitsklage erhoben werden; wegen besonderer Umstände des Falles kann auch eine kürzere Frist geboten sein (§ 75 S. 1 u. 2 VwGO). Gibt die Behörde für ihr Verhalten einen zureichenden Grund an, setzt das Gericht das Verfahren bis zum Ablauf einer von ihm bestimmten Frist, die verlängert werden kann, aus (§ 75 S. 3 VwGO; vgl. auch BVerwGE 42, 108; 66, 342 zum Ablehnungsbescheid bei nicht ausgesetztem Verfahren). Das Gericht entscheidet auf die Untätigkeitsklage nicht über die Sache selbst; es kann nur **zur Bescheidung verurteilen.** Der Untätigkeitsklage (zur Klageerhebung s. oben 3.) sollte eine Kopie des Antrags und eines evtl. Mahnschreibens beigefügt werden, damit das Gericht den Ablauf der Dreimonatsfrist überprüfen kann.

7. Eine **(reine) Leistungsklage,** die **kein Vorverfahren** voraussetzt, kann erhoben werden, wenn der SHTr. nicht zum Erlaß eines Verwaltungsakts, sondern zu einem sonstigen Tun, Dulden oder Unterlassen verurteilt werden soll (z. B. Zahlung von Zinsen gem. § 44 SGB I, vgl. BVerwGE 66, 90; Unterlassung von unbefugter Offenbarung geschützter Daten).

Zur **Erledigung der Hauptsache** (z. B. wenn der SHTr. die beantragte Leistung doch bewilligt) vgl. § 75 S. 4 VwGO; zur **Fortsetzungsfeststellungsklage** nach Erledigung vgl. § 113 Abs. 1 S. 4 VwGO (ein berechtigtes Interesse an der Feststellung, daß der Verwaltungsakt rechtswidrig war, wird von der h. M. aber verneint, falls keine Widerholungsgefahr besteht oder die Gewährung bzw. Versagung von Leistungen vom Sachverhalt und der Rechtslage im Zeitpunkt der erneuten Feststellung abhängt, vgl. BVerwG NDV 1977, 231).

8. **Entscheidung des Gerichts:** Eine unzulässige oder offenbar unbegründete Klage kann das Gericht bis zur Anberaumung der mündlichen Verhandlung durch einen **Vorbescheid** mit Gründen abweisen;

der Vorbescheid wirkt wie ein rechtskräftiges Urteil, wenn die Beteiligten nicht binnen eines Monats nach seiner Zustellung mündliche Verhandlung beantragen (§ 84 VwGO). Das Gericht kann nach Anhörung der Beteiligten über eine Klage ohne mündliche Verhandlung auch durch **Gerichtsbescheid** entscheiden, wenn es einstimmig der Auffassung ist, daß die Sache keine besonderen Schwierigkeiten aufweist und der Sachverhalt geklärt ist (§ 1 des Gesetzes zur Entlastung der Gerichte in der Verwaltungs- und Finanzgerichtsbarkeit v. 31. 3. 1978, BGBl. I S. 446). Der Gerichtsbescheid hat die Wirkung eines Urteils.

Im übrigen wird über die Klage durch **Urteil** entschieden (§ 197) VwGO). Die **Verpflichtung** des SHTr., die beantragte Sozialhilfeleistung zu gewähren, kann das Gericht allerdings nur aussprechen, wenn die Sache **spruchreif** ist (d. h. alle Voraussetzungen für den Erlaß des Bescheids gegeben sind, vgl. § 113 Abs. 4 S. 1 VwGO). Bei der laufenden Hilfe zum Lebensunterhalt genügt im Urteil die Angabe, nach welchen Berechnungsmerkmalen die Hilfe zu gewähren ist (vgl. BVerwG NDV 1980, 321: konkreter Betrag muß nicht errechnet werden). Bei Leistungen, die im **Ermessen** des SHTr. liegen (zur Überprüfung vgl. § 114 VwGO), ist die Sache i. d. R. nicht spruchreif, weil das Gericht der Ermessensbetätigung der Behörde nicht vorgreifen darf; nur wenn nach Lage des Falles der Erlaß des beantragten Bescheids die einzige fehlerfreie Betätigung des Ermessens darstellt, ist die Sache entsprechend spruchreif.

9. Zur **Berufung** (zum Oberverwaltungsgericht, in Bad.-Württ., Bayern und Hessen: Verwaltungsgerichtshof) vgl. §§ 124ff. VwGO; zur **Revision** zum Bundesverwaltungsgericht vgl. §§ 132ff. VwGO (nur bei Zulassung durch OVG bzw. VGH oder bei wesentlichen Verfahrensmängeln; zur **Sprungrevision** vgl. § 134 VwGO).

10. **Einstweilige Anordnung allgemein:** Da Widerspruch und (Verpflichtungs-) Klage im Verfahren auf (Weiter-) Gewährung von Sozialhilfeleistungen keine aufschiebende Wirkung haben (s. oben 3.), kann die vorläufige (Weiter-) Gewährung von Sozialhilfe nicht nach § 80 Abs. 5 VwGO; sondern nur im Wege der einstweiligen Anordnung nach § 123 Abs. 1 S. 1 VwGO erreicht werden (vgl. VGH Bad.-Württ. FEVS 19, 271). Infolge der langen Dauer der Klageverfahren ist die einstweilige Anordnung zu einem wichtigen Instrument geworden, mit dem der Hilfesuchende (vorläufig) dringend benötigte Sozialhilfeleistungen erlangen kann. Vor allem bei der Hilfe zum Lebensunterhalt (im Zusammenhang mit Arbeitseinsatz, Kürzung und Streichung) spielt die einstweilige Anordnung eine große Rolle.

Der **Antrag** auf Erlaß einer einstweiligen Anordnung ist **schriftlich** (d. h. eigenhändig unterschrieben) oder mündlich **zur Niederschrift** (Protokoll) der Geschäftsstelle zu stellen. Im Antrag müssen der Antragsteller und der Antragsgegner benannt, der Sachverhalt dargestellt und die Erforderlichkeit einer vorläufigen Regelung wegen einer akuten Notlage (sog. **Anordnungsgrund)** sowie das Bestehen eines Rechts oder rechtlich geschützten Interesses (sog. **Anordnungsanspruch)** glaubhaft gemacht werden (§ 123 Abs. 1 u. 3 VwGO, § 920 ZPO). Die **Glaubhaftmachung** kann z. B. durch Urkunden oder eidesstattliche Versicherung des Antragstellers erfolgen. Über den Antrag wird i. d. R. ohne mündliche Verhandlung durch **Beschluß** entschieden (§§ 123 Abs. 3 VwGO, 921, 922 Abs. 1 ZPO). Zum Rechtsmittel der **Beschwerde** vgl. §§ 146 ff. VwGO.

11. An **Besonderheiten** im Verfahren der einstweiligen Anordnung bei Sozialhilfeangelegenheiten sind namentlich hervorzuheben:

- Eine **akute Notlage** besteht grundsätzlich dann, wenn der Antragsteller einen Anspruch auf Gewährung von Sozialhilfe glaubhaft machen kann und auf alsbaldige Hilfe zur Sicherung der wirtschaftlichen und sozialen Existenz angewiesen ist (vgl. BVerwGE 64, 322). Eine besondere Dringlichkeit wird **nicht** schon dadurch **ausgeschlossen,** daß der Antragsteller die Ableistung gemeinnütziger und zusätzlicher Arbeit (vgl. § 19 Abs. 2) verweigert, die Behörde die Hilfe deshalb nicht (weiter-) gewährt und so Zwang auf den Hilfesuchenden ausüben will (vgl. z. B. OVG Hamburg NVwZ 1982, 520; OVG Lüneburg FEVS 33, 70; a. A. etwa Hess. VGH FEVS 32, 466; OVG Bremen FEVS 34, 322). An einer besonderen Dringlichkeit **fehlt** es, wenn dem Antragsteller zuzumuten ist, den Bedarf vorläufig anderweitig zu decken (z. B. durch Verwertung von Schonvermögen gem. § 88 Abs. 2, vgl. Hess. VGH FEVS 19, 302; nicht aber durch Leistungen nach dem BAföG seines Ehegatten, vgl. VGH Bad.-Württ. FEVS 26, 196). Der Antragsteller darf aber nicht auf eine Hilfe verwiesen werden, die ihm Dritte ohne rechtliche Verpflichtung (aus ideellen Gründen) notgedrungen so lange gewähren, bis er Sozialhilfe erhält (OVG Lüneburg FEVS 32, 282).
- Ob die Voraussetzungen für den Erlaß einer einstweiligen Anordnung gegeben sind, beurteilt die Rspr. nach dem im Zeitpunkt der letzten **gerichtlichen Entscheidung** bestehenden tatsächlichen und rechtlichen Verhältnissen (vgl. z. B. VGH Bad.-Württ. FEVS 33, 74; Hess. VGH FEVS 33, 189; differenzierter Rotter NVwZ 1983, 728; Philipp NVwZ 1984, 499).
- Ein stattgebender Beschluß hat sich wegen der Vorläufigkeit des Verfahrens auf die Beseitigung der gegenwärtigen Notlage zu beschränken, darf aber grundsätzlich **nicht** Leistungen zusprechen, die in der **Vergangenheit** lebensnotwendig waren, selbst wenn diese vom SHTr. rechtswidrig nicht bewilligt worden sind (VGH Bad.-Württ. FEVS 22, 196). Laufende Hilfe wird deshalb grundsätzlich von der **Antragstellung bei Gericht** (so z. B. OVG Bremen FEVS

33, 144 u. 35, 193; Hess. VGH FEVS 33, 108) oder vom **Erlaß der jeweiligen gerichtlichen Entscheidung** an gewährt (so zurecht OVG Lüneburg FEVS 33, 25, 149 u. 275; Finkelnburg/Jank Rz 1078); in Ausnahmefällen auch für die Vergangenheit (vgl. z. B. OVG Lüneburg FEVS 33, 275 für Mietrückstände bei drohender fristloser Kündigung, Zwangsvollstreckung und Obdachlosigkeit).

- Ist alsbaldige Hilfe geboten, müssen nach (zutreffender) h. M. die Leistungen gewährt werden, die das BSHG als **Regelbedarf** vorsieht (vgl. z. B. VGH Bad.-Württ. FEVS 19, 270; OVG Berlin FEVS 22, 6; OVG Lüneburg FEVS 34, 426; Finkelnburg/Jank Rz 1075; **Kürzung** nur unter den Voraussetzungen der §§ 25 Abs. 2, 120 Abs. 2). Nur vereinzelt wird in der Rspr. die (vorläufige) Hilfe auf das „zum Lebensunterhalt Unerläßliche" beschränkt und so dem Hilfesuchenden zugemutet, für die Dauer des Hauptverfahrens (also u. U. auf Jahre hinaus) unterhalb des soziokulturellen Existenzminimums des Regelbedarfs zu leben (so aber z. B. Hess. VGH FEVS 9, 132; ebenso Rotter NVwZ 1983, 727).
- Zur **Dauer** der (vorläufigen) Hilfegewährung hat sich in der Rspr. zur einstweiligen Anordnung noch keine einheitliche Praxis herausgebildet: Teilweise erfolgt keine ausdrückliche Begrenzung, so daß die Hilfe bis zum rechtskräftigen Abschluß des Hauptverfahrens zu gewähren ist (vgl. z. B. Hess. VGH FEVS 33, 108); teils wird eine Befristung ausgesprochen (vgl. z. B. OVG Berlin FEVS 33, 199 u. 35, 60; OVG Bremen FEVS 33, 144; ferner Rotter NVwZ 1983, 729; Philipp NVwZ 1984, 499 mit zutreffenden Bedenken gegen eine zu kurze Frist, etwa die von einem Monat; besser z. B.: bis zur Entscheidung über den Widerspruch: vgl. OVG Berlin FEVS 35, 343).
- Wird ein Anspruch auf Leistungsgewährung, der auf eine **Ermessensnorm** gestützt wird, im Wege der einstweiligen Anordnung verfolgt, so ist einem solchen Antrag nur dann stattzugeben, wenn es dem Antragsteller – über die Glaubhaftmachung des Anordnungsgrundes hinaus – im Rahmen der Glaubhaftmachung des Anordnungsanspruchs gelingt, neben den Tatbestandsvoraussetzungen auch darzutun, daß beim Antragsgegner eine **Ermessenreduzierung auf Null** gegeben ist (vgl. OVG NRW FEVS 35, 34).
- Bei Zweifeln darüber, welcher Träger **sachlich zuständig** ist, ist stets der örtliche SHTr. der richtige Antragsgegner (vgl. OVG Lüneburg FEVS 33, 269 u. OVG Saarlouis FEVS 33, 68, jeweils unter Hinweis auf die entspr. Vorläufigkeitsregelungen, die in § 99 Erl. 2 genannt sind).

12. **Kosten des Gerichtsverfahrens: Gerichtskosten** werden im Verfahren auf dem Gebiet der Sozialhilfe nicht erhoben (§ 188 VwGO). Soweit **außergerichtliche Kosten** anfallen (z. B. Porto-,

Fahrtkosten), trägt sie der unterliegende Teil (§ 154 Abs. 1 VwGO). Insofern ist das Kostenrisiko eines verwaltungsgerichtlichen Verfahrens für den Hilfesuchenden relativ gering. Hinzu kommt, daß zwar im Fall des Unterliegens auch die Kosten des gegnerischen Anwalts zu tragen sind; die SHTr. lassen sich aber (mit Ausnahme der Revision zum BVerwG, für die Anwaltszwang besteht) praktisch nie durch einen Rechtsanwalt vertreten.

Wird der Hilfesuchende durch einen **Anwalt** vertreten und verliert er das Verfahren, so hat er die Kosten seines Anwalts zu tragen, es sei denn, daß ihm **Prozeßkostenhilfe** bewilligt wurde (§§ 173 VwGO, 114ff. ZPO). Prozeßkostenhilfe wird (auf Antrag) gem. § 114 S. 1 ZPO nur bewilligt, wenn die beabsichtigte Rechtsverfolgung oder Rechtsverteidigung hinreichende Aussicht auf Erfolg bietet und nicht mutwillig ist **(objektive Voraussetzung),** und die Partei aufgrund ihrer persönlichen und wirtschaftlichen Verhältnisse die Kosten der Prozeßführung nicht, nur zum Teil oder nur in Raten aufbringen kann (**subjektive Voraussetzung,** die beim Hilfesuchenden i. d. R. vorliegen wird; Beispiele aus der Rspr.: Hess. VGH FEVS 35, 453; OVG Bremen FEVS 35, 22, 48, 56 u. 444; OVG Lüneburg FEVS 36, 71). Bei Bewilligung der Prozeßkostenhilfe wird dem Hilfesuchenden (unter den Voraussetzungen des § 121 Abs. 2 ZPO) ein **Rechtsanwalt beigeordnet;** dieser kann dann seinen Vergütungsanspruch nur gegen die Staatskasse geltend machen. Zur Beschwerde gegen die Ablehnung von Prozeßkostenhilfe vgl. §§ 146ff. VwGO (zu einem Beispiel OVG Bremen FEVS 33, 65; zur Prozeßkostenhilfe allgemein Dörndorfer 1986).

Hat der Hilfesuchende einen Rechtsanwalt beauftragt, wird aber Prozeßkostenhilfe **nicht** bewilligt, kann der Anwalt einen Vergütungsanspruch gegen die Landeskasse nach dem **BerHG** haben (vgl. BGH NJW 1984, 2106; Lindemann/Trenk-Hinterberger § 1 Rz 8, 11 m. w. N.).

Anhang 3

Berechnungsbeispiele

1. Berechnungsbeispiel für die Gewährung von Hilfe zum Lebensunterhalt nach den §§ 11ff. (Stand: 1. 9. 1987; als Eckregelsatz werden 410 DM zugrundegelegt = Bad.-Württ.)

Fall: Frau S hat drei Kinder im Alter von 6, 10 und 14 Jahren. An Einkommen sind lediglich vorhanden (jeweils monatlich): Kindergeld 370 DM, Kindergeldzuschlag 137 DM, Wohngeld 130 DM (Unterhaltsansprüche gegen den geschiedenen Ehemann, dessen Aufenthalt unbekannt ist, können nicht realisiert werden). Frau S geht zweimal in der Woche putzen (für 200 DM monatlich); die notwendigen Fahrtkosten zur Putzstelle (mit der Straßenbahn) betragen (monatlich) 20 DM. Die Kinder haben kein eigenes Einkommen. An Kosten der Unterkunft fallen monatlich an: Kalt-Miete (300 DM), Mietnebenkosten (Müllabfuhr usw.: 20 DM), Pauschale für Sammelversorgung mit Heizung und Warmwasser (40 DM). Ferner sind monatlich zu zahlen: für Hausratsversicherung 8,75 DM, für Familienhaftpflichtversicherung 8,80 DM, für Rundfunk- und Fernsehgebühren 13 DM sowie für die Gewerkschaft ÖTV (deren Mitglied Frau S ist) 6 DM. Das Sparkonto von Frau S weist einen Kontostand von 3000 DM auf.

a) Zunächst ist der **Bedarf** von Frau S und ihren drei Kindern (i. S. d. sog. Bedarfsgemeinschaft) zu ermitteln:

Bedarf	DM	**Rechtsgrundlage**
– Regelsatz für Frau S	410,—	§ 22 i. V. m. § 2
– Regelsatz für Kind 1 (6 J.)	185,—	Abs. 3 der VO zu
– Regelsatz für Kind 2 (10 J.)	267,—	§ 22
– Regelsatz für Kind 3 (14 J.)	308,—	
– Mehrbedarf für Frau S	82,—	§ 23 Abs. 2
– „Angemessener" Mehrbedarf, weil Frau S erwerbstätig ist[1]	152,50	§ 23 Abs. 4 Nr. 1
– Miete	300,—	§ 22 i. V. m. § 3
– Nebenkosten	20,—	Abs. 1 und 2 der
– Heizungskosten[2]	32,—	VO zu § 22
insgesamt	1756,50	

b) Nach der Ermittlung dieses Bedarfs, den das BSHG Frau S und ihren beiden Kindern zugesteht, sind die **Eigenmittel** festzustellen:

Einkommen	DM	**Rechtsgrundlage**
Einkommen aus Putztätigkeit	200,—	§ 76 Abs. 1
Kindergeld	370,—	§ 76 Abs. 1
Kindergeldzuschlag	137,—	§ 76 Abs. 1
Wohngeld	130,—	§ 76 Abs. 1
insgesamt	837,—	
Von der Summe des Einkommens sind **abzuziehen:**		
Hausratversicherung	8,75	§ 76 Abs. 2 Nr. 3
Familienhaftpflichtversicherung	8,80	§ 76 Abs. 2 Nr. 3
Gewerkschaftsbeitrag	6,—	§ 3 Abs. 4 Nr. 3 der VO zu § 76
Fahrtkosten zur Putzstelle	20,—	§ 3 Abs. 4 Nr. 2 der VO zu § 76
Arbeitsmittelpauschale	10,—	§ 3 Abs. 5 der VO zu § 76
insgesamt	53,55	

Es verbleibt somit ein (bereinigtes) Einkommen von 837 DM minus 53,55 DM = 783,45 DM.

An **Vermögen** ist nur das Sparguthaben über 3000 DM vorhanden. Nach § 88 Abs. 2 Nr. 8 i. V. m. der VO zu § 88 Abs. 2 Nr. 8 beträgt der Schonbetrag insgesamt 4000 (2500 DM für Frau S sowie 500 DM für jedes Kind; s. Erl. 9 zu § 88). Das Sparguthaben liegt unter diesem Schonbetrag; es muß deshalb **nicht** eingesetzt werden.

Die **Rundfunk- und Fernsehgebühren** können nach gängiger Praxis nicht vom Einkommen abgezogen werden; man geht nämlich davon aus, daß sie mit dem Regelsatz abgegolten sind. Frau S kann aber Antrag auf Gebührenbefreiung an die zuständige Rundfunkanstalt stellen (über das Sozialamt).

c) Schließlich sind **Bedarf** und **Eigenmittel gegenüberzustellen:**

Bedarf	1756,50 DM
Einkommen	783,45 DM
verbleibender Bedarf	973,05 DM

Vom Bedarf bleiben also 973,05 DM ungedeckt; die **laufende Hilfe zum Lebensunterhalt** beträgt mithin **973,05 DM** monatlich. Daneben haben Frau S und ihre Kinder Anspruch auf **einmalige Beihilfen** (z. B. für Kleidung und Hausrat).

d) **Anm. 1:** Der ,,angemessene" Mehrbedarf für Erwerbstätige nach § 23 Abs. 4 Nr. 1 ist hier berechnet nach den SHR B.-W. 23.25 (s. auch § 23 Erl. 11 für Bayern). Dieser Mehrbedarf setzt sich zusammen aus

- einem Drittel des Regelsatzes eines Haushaltsvorstands (410 DM), hier also 136,70 DM
- zuzüglich 25% des Nettoerwerbseinkommens (bereinigt nach § 76 Abs. 2 Nr. 1 u. 2), das ein Drittel des Regelsatzes eines Haushaltsvorstands übersteigt; das sind hier 15,80 DM (Berechnung: Das Nettoerwerbseinkommen beträgt 200 DM, da Abzüge gem. § 76 Abs. 2 Nr. 1 u. 2 nicht in Betracht kommen; dieses Einkommen übersteigt ein Drittel des Regelsatzes eines Haushaltsvorstands – d. h. 136,70 DM – um 63,80 DM; 25% von 63,30 DM sind 15,80 DM).

Insgesamt beträgt also der Mehrbedarf gem. § 23 Abs. 4 Nr. 1 136,70 DM plus 15,80 DM = 152,50 DM.

Anm. 2: Wird bei Heizungs- und Warmwasserkosten eine einheitliche Pauschale erhoben, so wird in der Praxis davon ausgegangen, daß der **Regelsatz** die Energiekosten für die **Warmwasserversorgung** bereits abdeckt; dementsprechend wird dann von der Pauschale der Betrag für die Warmwasserversorgung abgezogen (hier werden der Einfachheit halber 20% der Heizungskosten, also 8 DM, angesetzt; vgl. aber § 22 Erl. 4 für die SHR B.-W.).

2. Berechnungsbeispiel für die Hilfe in besonderen Lebenslagen (Stand: 1. 9. 1987; Eckregelsatz: 410 DM)

Fall: Frau E ist wegen Muskelschwund ständig in erheblichem (nicht außergewöhnlichem) Umfang auf Hilfe bei personenbezogenen Verrichtungen des täglichen Lebens (Aufstehen, Anziehen, Waschen usw.) angewiesen; ihr Ehemann hat bei einem selbst verschuldeten Verkehrsunfall beide Arme verloren. Die Pflege wird von einer in der Nachbarschaft wohnenden Tochter der Eheleute E durchgeführt. Das Einkommen des Ehepaares beträgt 2900 DM; an Hausratsversicherung sind 9 DM, an Abzahlung für die notwendig gewordene Anschaffung eines Elektroherdes 50 DM im Monat zu zahlen. Die monatlichen (angemessenen) Kosten der Unterkunft betragen 400 DM (= Kalt-Miete, die allein angesetzt werden kann; s. § 79 Erl. 3b). Die Eheleute beantragen Pflegegeld.

a) Zunächst sind die **sachlichen** Voraussetzungen der Hilfe zu prüfen (s. Erl. 3 zu § 27).

Frau und Herr E sind aufgrund von Krankheit bzw. Behinderung so hilflos, daß sie für die gewöhnlichen und regelmäßig wiederkehrenden Verrichtungen im Ablauf des täglichen Lebens in erheblichem Umfang der Wartung und Pflege dauernd bedürfen (s. §§ 68 Abs. 1, 69 Abs. 3 S. 1, 69 Abs. 4 S. 2).

b) Danach ist der in Betracht kommende **Bedarf** zu ermitteln:

Es kommt ein Bedarf nach **Pflegegeld** in Betracht (s. § 69 Abs. 3 S. 1), und zwar in Höhe von 299 DM für Frau E (s. § 69 Abs. 4 S. 1, Halbsatz 1) sowie in Höhe von 812 DM für Herrn H (s. § 69 Abs. 4 S. 2 i. V. m. § 24 Abs. 2 und § 1 S. 1 Nr. 2 der VO zu § 24 Abs. 2).

c) Schließlich sind die **wirtschaftlichen** Voraussetzungen der Hilfe zu prüfen (s. Erl. 3 zu § 27):

Im vorliegenden Fall liegt ein **mehrfacher Bedarf** vor (zum einen für Frau E und zum anderen für Herrn E), wobei für die Bedarfsfälle unterschiedliche Einkommensgrenzen gelten (für das Pflegegeld von Frau E § 81 Abs. 1 Nr. 5, für das Pflegegeld von Herrn E § 81 Abs. 2). Für die Prüfung der wirtschaftlichen Voraussetzungen ist daher die Reihenfolge des **§ 87 Abs. 2** maßgebend: Zunächst ist also über die Hilfe zur Pflege für Frau E zu entscheiden.

aa) Ermittlung des zumutbaren Einkommenseinsatzes bei **Frau E:**

Einkommensgrenze	DM	**Rechtsgrundlage**
Grundbetrag	1179	§ 79 Abs. 1 i. V. m. § 81 Abs. 1 Nr. 5
Kosten der Unterkunft	400	§ 79 Abs. 1 Nr. 2
Familienzuschlag für Herrn E	328	§ 79 Abs. 1 Nr. 3
insgesamt	1907	

Das **bereinigte Einkommen** beträgt 2891 DM (2900 DM minus 9 DM für Hausratsversicherung). Damit liegt das Einkommen um 984 DM **über** der maßgeblichen Einkommensgrenze. Nach § 84 Abs. 1 S. 1 ist das die Einkommensgrenze übersteigende Einkommen in angemessenem Umfang einzusetzen. Berücksichtigt man die besondere Belastung (Abzahlungskauf in Höhe von 50 DM monatlich; s. Erl. 1 a zu § 84) und sieht man einen Einkommenseinsatz in Höhe von 90% des Einkommens über der Einkommensgrenze als angemessen an (s. Erl. 1 c zu § 84), so könnte von den Eheleuten E eine **Eigenleistung** in Höhe von 841 DM gefordert werden. Diese zumutbare Eigenleistung übersteigt aber den Bedarf von Frau E (299 DM Pflegegeld) bei weitem. Ein Pflegegeld kann somit **für Frau E nicht** gewährt werden.

bb) Ermittlung des zumutbaren Einkommenseinsatzes für **Herrn E:** Den Eheleuten E wird zugemutet, den Bedarf an Pflegegeld für **Frau E** aus ihrem Einkommen zu decken; dieser Teil des Einkommens (in Höhe von 299 DM) steht nach **§ 87 Abs. 1** für die Berechnung bei Herrn E nicht mehr zur Verfügung. Bei Herrn E ist deshalb von einem Einkommen von 2592 DM auszugehen (nämlich bereinigtes Einkommen von 2891 DM minus 299 DM an selbst zu deckendem Pflegebedarf der Frau E).

Einkommensgrenze	DM	**Rechtsgrundlage**
Grundbetrag	2358	§ 79 Abs. 1 i. V. m. § 81 Abs. 2
Kosten der Unterkunft	400	§ 79 Abs. 1 Nr. 2
Familienzuschlag für Frau E	328	§ 79 Abs. 1 Nr. 3
insgesamt	3086	

Damit ist ein Einkommen über der Einkommensgrenze nicht vorhanden (denn das Einkommen liegt um 195 DM **unter** der Einkommensgrenze); ein Einsatz des unter der Einkommensgrenze liegenden Einkommens nach § 85 kommt nicht in Betracht. Herrn E ist also Hilfe in **vollem Umfang,** also ein Pflegegeld in Höhe von 812 DM monatlich zu gewähren.

3. Berechnungsbeispiel zur Heranziehung Unterhaltspflichtiger nach §§ 90, 91 (Stand 1. 9. 1987; Eckregelsatz: 410 DM)

Fall: Der seit dem 1. 5. 1987 aus der ehelichen Wohnung ausgezogene Lagerarbeiter H leistet keinen Unterhalt an seine mittellose Ehefrau und an seine gleichfalls mittellose 14jährige Tochter; Ehefrau und Tochter erhalten deshalb seit dem 1. 6. 1987 Hilfe zum Lebensunterhalt. Herr H hat ein Nettoeinkommen von 1520 DM; an monatlichen Ausgaben weist er nach: 250 DM Miete (inklusive Heizung und Nebenkosten), ferner 14,20 DM für eine Hausrats- und Haftpflichtversicherung sowie 60 DM an notwendigen Fahrkosten zur Arbeitsstelle (mit öffentlichen Verkehrsmitteln). Das Kindergeld für die Tochter wird an die Mutter gezahlt. Herr H soll nach §§ 90, 91 herangezogen werden. Wie hoch ist der ihm zustehende Garantiebetrag (Mindestselbstbehalt)?

a) Zunächst ist die **Unterhaltspflicht** festzustellen und der **Eigenbedarf** des Herrn H zu ermitteln:

aa) Herr H ist gegenüber seiner getrennt lebenden Ehefrau und seiner minderjährigen Tochter **gesteigert unterhaltspflichtig** (s. Erl. 5a zu § 91).

bb) Der **Eigenbedarf** für Herrn H setzt sich zusammen aus (s. Erl. 5b zu § 91):

Eigenbedarf	DM
125% des Regelsatzes eines Haushaltsvorstands	512,50
„angemessener" Mehrbedarf nach § 23 Abs. 4 Nr. 1 (s. Erl. 11 zu § 23 und Berechnungsbeispiel 1)	210,—
Kosten der Unterkunft	250,—
insgesamt	972,50

b) Danach ist das **bereinigte Einkommen** von Herrn H zu ermitteln:

Einkommen	DM	**Rechtsgrundlage**
Lohn (netto)	1520,—	§ 76 Abs. 1 u. Abs. 2 Nr. 1 u. 2
davon **abzuziehen** sind:		
Hausrat- und Haftpflichtversicherung	14,20	§ 76 Abs. 2 Nr. 3
Fahrtkosten zum Arbeitsplatz	60,—	§ 3 Abs. 4 Nr. 2 der VO zu § 76
Arbeitsmittelpauschale	10,—	§ 3 Abs. 5 der VO zu § 76
bereinigtes Einkommen	1435,80	

c) Stellt man das **bereinigte Einkommen** und den **Eigenbedarf gegenüber,** so müßte Herr H mit einem **Unterhaltsbeitrag** in Höhe von 463,30 DM herangezogen werden. Der übergeleitete Unterhaltsanspruch wäre in dieser Höhe vom Sozialhilfeträger notfalls im **Zivilrechtsweg** durchzusetzen.

Die obige Berechnung entspricht den Empfehlungen des **DV** von **1978** (s. § 91 Erl. 5b, aa). Würde man in unserem Beispiel nach den Empfehlungen des **DV** von **1987** verfahren (s. § 91 Erl. 5b, bb), müßte auf die Beträge der „Düsseldorfer Tabelle" abgestellt werden; den dort festgelegten Mindestselbstbehalt müßte man aber dann einer „sozialhilferechtlichen Gegenprobe" unterziehen (wobei diese Gegenprobe der obigen Berechnung entsprechen würde). Der sozialhilferechtliche Garantiebetrag müßte dem H (jedenfalls nach den Empfehlungen des DV von 1987) unbeschadet eines evtl. geringeren Selbstbehalts nach der „Düsseldorfer Tabelle" auf jeden Fall verbleiben (damit er nicht seinerseits sozialhilfebedürftig wird; z. Z. beträgt allerdings der Mindestselbstbehalt für den berufstätigen H nach der „Düsseldorfer Tabelle" monatlich 990 DM).

Literaturverzeichnis

Aufgenommen sind nur Bücher; Zeitschriftenartikel und Buchbeiträge werden unmittelbar im Text der Erläuterungen zitiert (mit Fundstelle, ohne Titel).

Arbeiterkammer des Saarlandes, (Hg.), Sozialhilfe, 2. A., Saarbrücken 1987

Bialluch/Gunkel/Westerhelweg, Sozial- und Jugendhilferecht. Theoretische Darstellung und 150 praktische Übungen mit Lösungen, 5. A., Witten 1987

dies., Methodik und Technik für Leistungsnachweise im Sozial- und Jugendhilferecht, Witten 1985

Bley, Sozialrecht, 5. A. Frankfurt/M. 1986

Brühl, Mein Recht auf Sozialhilfe, 4. A., München 1987

ders., Sozialhilfe für Studierende, 1986

Bujard/Lange, Armut im Alter. Ursachen, Erscheinungsformen, politisch-administrative Reaktionen, Weinheim u. a. 1978

Bundessozialhilfegesetz mit Ausführungsgesetzen der Länder und anderen ergänzenden Vorschriften, 21. A., München 1987

Bundessozialhilfegesetz – Lehr- und Praxiskommentar (LPK-BSHG), Weinheim 1985

Burdenski/von Maydell/Schellhorn, Kommentar zum Sozialgesetzbuch – Allgemeiner Teil (GK-SGB I), 2. A., Neuwied 1981

Busch, Der Begriff der Arbeitskraft in § 18 Abs. 1 BSHG, sein Inhalt und seine Bedeutung für die Gewährung der Hilfe zum Lebensunterhalt, Diss. jur. Mainz 1973

Crefeld/Schulte, Das Recht der Hilfen und Zwangsmaßnahmen für psychisch Kranke, Bonn 1987

Dahlem/Giese, Das Heimgesetz. Kommentar, Köln 1980ff.

Dendorfer, Hilfe zur Pflege nach dem Bundessozialhilfegesetz und ergänzende Hilfen und Vergünstigungen, 2. A., Bonn 1983

Desch, Subsidiaritätsprinzip und Sozialhilferecht, Diss. jur. Würzburg 1965

Deutscher Verein für öffentliche und private Fürsorge (im Folgenden abgekürzt: DV). Veröffentlichungen des DV zum Sozialhilferecht:

- DV (Hg.), Gutachten zum Sozial- und Jugendhilferecht, Bd. I–VI, Frankfurt/M. 1966ff.
- DV (Hg.), Kostenerstattung zwischen den Trägern der Sozialhilfe, 2. A., Frankfurt/M. 1971
- DV (Hg.), Empfehlungen für den Einsatz des Vermögens in der Sozialhilfe und der öffentlichen Jugendhilfe, Frankfurt/M. 1971
- DV (Hg.), Die Regelsätze nach den BSHG – Ihre Bedeutung, Bemessung und Festsetzung, Frankfurt/M. 1972
- DV (Hg.), Rechtsprechung des Bundesverwaltungsgerichts in Sozialhilfesachen, Bd. I–IV, Frankfurt/M. 1973ff.
- DV (Hg.), Empfehlungen für die Gewährung von Taschengeld nach dem Bundessozialhilfegesetz, Frankfurt/M. 1973
- DV (Hg.), Empfehlungen für die Gewährung von Krankenkostzulagen in der Sozialhilfe, Frankfurt/M. 1974
- DV (Hg.), Die Hilfe zur Überwindung besonderer sozialer Schwierigkeiten nach § 72 des Bundessozialhilfegesetzes, Frankfurt/M. 1975

– DV (Hg.), Die Altenhilfe nach dem Bundessozialhilfegesetz, 3. A., Frankfurt/M. 1975
– DV (Hg.), Empfehlungen für die Anwendung der §§ 84ff. BSHG, 3. A., Frankfurt/M. 1975
– DV (Hg.), Vorschläge zur Weiterentwicklung der Sozialhilfe, Frankfurt/M. 1976
– DV (Hg.), Inhalt und Bemessung des gesetzlichen Mehrbedarfs nach dem Bundessozialhilfegesetz. Dargestellt unter Berücksichtigung der besonderen Ernährungszulagen in der Tuberkulosehilfe, Frankfurt/M. 1976
– DV (Hg.), Bekleidungs- und Heizungshilfen sowie Weihnachtsbeihilfen. Empfehlungen zu Voraussetzungen und Maß auch weiterer einmaliger Leistungen zum Lebensunterhalt, Frankfurt/M. 1977
– DV (Hg.), Die Eingliederungshilfe für Behinderte, 2. A., Frankfurt/M. 1978
– DV (Hg.), Empfehlungen zur Abgrenzung von Arten der Sozialhilfe untereinander, 2. A., Frankfurt/M. 1978
– DV (Hg.), Empfehlungen für die Heranziehung Unterhaltspflichtiger, 2. A., Frankfurt/M. 1978
– DV (Hg.), Rechtsprechung des Bundessozialgerichts und des Bundesverwaltungsgerichts zur Rehabilitation, Frankfurt/M. 1981
– DV (Hg.), Datenschutz im sozialen Bereich – Beiträge und Materialien, Frankfurt/M. 1981
– DV (Hg.), Fachtagung „Gemeinnützige und zusätzliche Arbeit" des Deutschen Vereins für öffentliche und private Fürsorge, Frankfurt/M. 1984
– DV (Hg.), § 72 BSHG – Ansätze und Entwicklungen der Hilfe zur Überwindung besonderer sozialer Schwierigkeiten, Frankfurt/M. 1984
– DV (Hg.), Sozialdatenschutz – Positionen, Diskussionen, Resultate, Frankfurt/M. 1985
– DV (Hg.), Fachlexikon der sozialen Arbeit, 2. A., Frankfurt/M. 1986
– DV (Hg.), Hilfe zur Arbeit im Spannungsfeld von Sozialhilfe und lokaler Beschäftigungsinitiative, Frankfurt/M. 1988
– DV (Hg.), Empfehlungen für die Heranziehung Unterhaltspflichtiger, 3. A., Frankfurt/M. 1988

Dörndorfer, Prozeßkostenhilfe für Anfänger, München 1986

Eichhorn/Fergen, Praktische Sozialhilfe, Mayen 1986

Finkelnburg/Jank, Vorläufiger Rechtsschutz im Verwaltungsstreitverfahren, 3. A., München 1986

Frank, Sozialhilfe und Kriegsopferfürsorge, 3. A., Stuttgart 1983

Freudenthal, Sozialhilferecht und wirtschaftliche Jugendhilfe im Sozialleistungsbereich, 4. A., Herford 1985 (mit Beiheft zu Übungsaufgaben)

Giese, Sozialgesetzbuch – Allgemeiner Teil und Verfahrensrecht (SGB I und X), 2. A., Köln 1984ff.

Gitter, Sozialrecht, 2. A., München 1986

Gottschick/Giese, Das Bundessozialhilfegesetz. Kommentar, 9. A., Köln 1985

Hailbronner, Ausländerrecht. Ein Handbuch, Heidelberg 1984

Hartmann, Sozialhilfebedürftigkeit und „Dunkelziffer der Armut", Stuttgart 1981

ders., Die Praxis der Hilfe zur Arbeit nach dem Bundessozialhilfegesetz, Düsseldorf 1985

Hauck/Haines, Sozialgesetzbuch (SGB I), Allgemeiner Teil, Berlin 1976ff.
dies., Sozialgesetzbuch (SGB IV/1), Gemeinsame Vorschriften für die Sozialversicherung, Berlin 1977ff.
dies., Sozialgesetzbuch (SGB X 1, 2), Verwaltungsverfahren, Berlin 1981ff.
Hauser/Cremer-Schäfer/Nouvertné, Armut, Niedrigeinkommen und Unterversorgung in der Bundesrepublik Deutschland. Bestandsaufnahme und sozialpolitische Perspektiven, Frankfurt/M. 1981
von Hippel, Grundfragen der Sozialen Sicherheit, Tübingen 1979
Igl, Kindergeld und Erziehungsgeld. Bundeskindergeldgesetz. Bundeserziehungsgeldgesetz, München 1986
ders., Pflegebedürftigkeit und Behinderung im Recht der sozialen Sicherheit, Baden-Baden 1987
Institut „Finanzen und Steuern" e. V., Sozialhilfe – Leistungsniveau, Leistungssystem, Entlastungsvorschläge –, Bonn 1984
Institut für Sozialforschung und Gesellschaftspolitik (ISG), Regelsatz und Warenkorb in der Sozialhilfe, Stuttgart u. a. 1985
Jehle/Schmitt, Sozialhilferecht. Kommentar zum Bundessozialhilfegesetz und seinen Rechtsverordnungen mit einschlägigen Nebengesetzen, Fürsorgerechtsvereinbarung und Bayerische Verwaltungsvorschriften, 4. A., München 1981 ff.
Knopp/Fichtner, Bundessozialhilfegesetz. Kommentar, 5. A., München 1983
Krause/von Maydell/Merten/Meydam, Gemeinschaftskommentar zum Sozialgesetzbuch – Gemeinsame Vorschriften für die Sozialversicherung (GK – SGB IV), Neuwied 1978
Krause (Hg.), Sozialgesetze, 3. A., Neuwied 1987
Krüger, Einschränkungen des Individualprinzips im Bundessozialhilfegesetz, Diss. jur. Würzburg 1965
Lachwitz/Wendt, Hilfen für geistig behinderte Menschen im Bundessozialhilfegesetz. Bestandsaufnahme, Perspektiven, Freiburg 1985
Lampert, Sozialpolitik, Berlin 1980
Lampert, Lehrbuch der Sozialpolitik, Berlin 1985
Leibfried/Tennstedt, (Hg.), Politik der Armut oder Die Spaltung des Sozialstaats, Frankfurt/M. 1985
Lenhard, Wohngeldgesetz, 2. A., München 1986
Lindemann/Trenk-Hinterberger, Beratungshilfegesetz. Kommentar, München 1987
Meier, H., Die Mitwirkungspflichten des Sozialhilfeempfängers, Diss. jur. Bochum 1976
Mergler/Zink, Bundessozialhilfegesetz. Kommentar, 4. A., Stuttgart u. a. 1984f.
Mertens, Die Zulässigkeit von Arbeitszwang und Zwangsarbeit nach dem Grundgesetz und der Europäischen Konvention für Menschenrechte und Grundfreiheiten, Diss. jur. Köln 1964
Mrozynski, Jugendhilfe und Jugendstrafrecht, München 1980
ders., Rehabilitationsrecht, 2. A., München 1986
Münder/Birk, Sozialhilfe und Arbeitslosigkeit. Möglichkeiten der Ämter – Gegenwehr der Betroffenen, 2. A., Neuwied 1985
Nees/Neubig/Zuodar, Sozialhilfe. Leistungs- und Verfahrensrecht, Frankfurt/M. 1986
Niemann/Renn, Der Barbetrag zur persönlichen Verfügung (Taschengeld), Münster 1987

Oestreicher, Bundessozialhilfegesetz mit Recht der Kriegsopferfürsorge. Kommentar, München, Stand: April 1987

Orthbandt, Der Deutsche Verein in der Geschichte der deutschen Fürsorge 1880–1980, Frankfurt/M. 1980

Pickel, Lehrbuch des sozialrechtlichen Verwaltungsverfahrens, 2. A., Wiesbaden 1985

Ramsauer/Stallbaum, Bundesausbildungsförderungsgesetz (BAföG), München 1984

Rüfner, Einführung in das Sozialrecht, München 1977

Ruland, Sozialrecht, in: von Münch (Hg.), Besonderes Verwaltungsrecht, 7. Aufl., Berlin 1984, S. 329ff.

ders., Das Verhältnis von öffentlicher und privater Wohlfahrt im Bereich der stationären Betreuung von Hilfeempfängern, Sankt Augustin 1985

Sachße/Tennstedt, Geschichte der Armenfürsorge in Deutschland – Vom Spätmittelalter bis zum 1. Weltkrieg, Stuttgart 1980

Schäfer, Die Rolle der Fürsorge im System sozialer Sicherung, Frankfurt/M. 1966

ders., Leitgedanken zum Gesamtthema des Deutschen Fürsorgetags 1976, in: Selbsthilfe und ihre Aktivierung durch die soziale Arbeit. Gesamtbericht über den 68. Deutschen Fürsorgetag 1976 in Dortmund, 10.–12. November 1976, Frankfurt/M. 1977, XIV ff.

Schellhorn/Jirasek, Praktische Sozialhilfe (PSH), 3. A., Neuwied 1979ff.

Schellhorn/Jirasek/Seipp, Das Bundessozialhilfegesetz. Kommentar, 12. A., Neuwied, u. a. 1985

Schellhorn (Hg.), Sammlung sozialhilferechtlicher Entscheidungen (SsE), Neuwied, Stand: Juni 1987

Schmitt, Bundessozialhilfegesetz. Kommentar, München, Stand: Juli 1985

Scholler/Hauser, Die Neukonzeption des Sozialhilferechts und die Situation blinder Menschen, München 1978

Schoreit/Dehn, Kommentar zum Beratungshilfe- und Prozeßkostenhilfegesetz, 3. A., Heidelberg 1987

Schulin, Sozialversicherungsrecht, 2. A., Düsseldorf 1986

ders., Der rechtliche Schutz des Anspruchs der Behinderten auf Arbeitsentgelt in Werkstätten für Behinderte, Konstanz 1986

Schulte/Trenk-Hinterberger, Legasthenie und Sozialrecht, Bonn 1982

dies., Sozialhilfe. Eine Einführung, 2. A., Heidelberg 1986

Simons, Verfahren und verfahrensäquivalente Rechtsformen im Sozialrecht, Baden-Baden 1985

Sozialenquête. Soziale Sicherung in der Bundesrepublik Deutschland, Bericht der Sozialenquête-Kommission, Stuttgart u. a. 1966

Sozialhilferecht in Bayern (Hg.: Bayerischer Städtetag/Landkreisverband Bayern), München, Stand: Januar 1987

Sozialhilferichtlinien Baden-Württemberg (Hg.: Landkreistag Baden-Württemberg/Städtetag Baden-Württemberg), 2. A., Stuttgart, Stand: 1. 1. 1987

Sozialhilferichtlinien Rheinland-Pfalz (SHR-RP) (Hg.: Gemeinde- und Städtebund Rheinland-Pfalz/Landkreistag Rheinland-Pfalz/Städteverband Rheinland-Pfalz), Stuttgart, Stand: März 1987

dies., Ausgabe Saarland (SHR-RP/S), Stuttgart, Stand: März 1987

Stober, Verfassungsrechtlicher Eigentumsschutz sozialer Rechtspositionen, in: Verfassungsrechtlicher Eigentumsschutz sozialer Rechtspositionen, 2. Sozialrechtslehrertagung, Schriftenreihe des Deutschen Sozialrechtsverbandes, Bd. XXIII, Wiesbaden 1982, S. 12ff.

Stolleis, Möglichkeiten der Fortentwicklung des Rechts der Sozialen Sicherheit zwischen Anpassungszwang und Bestandschutz, in: Deutscher Juristentag, Sitzungsbericht N zum 55. Deutschen Juristentag, München 1984, 9ff.

Strang, Erscheinungsformen der Sozialhilfebedürftigkeit, Stuttgart 1970

Tiesler, Sozialhilfe 1. Eine praxisorientierte Einführung in die Grundlagen des Bundessozialhilferechts, 2. A., Heidelberg 1980

ders., Sozialhilfe 2. Eine praxisorientierte Vertiefung des Bundessozialhilferechts und damit verbundener Rechtsgebiete, 2. A., Heidelberg 1985

Vogel, Die kommunale Apparatur der öffentlichen Hilfe, Stuttgart 1966

Wahlfach Sozialrecht – Einführung mit Examinatorium, (Hg.: Zacher), 2. A., Heidelberg 1981

Wendt, Die Heranziehung unterhaltspflichtiger Eltern für die Kosten der Hilfe zur Pflege und Eingliederungshilfe nach dem BSHG, 3. A., Marburg 1987

Wendt (Hg.), Der Datenschutz und seine Bedeutung für die Beantragung von Sozialleistungen, Marburg 1985

Wenzel/Leibfried, Armut und Sozialhilfe, Weinheim 1985

Wolff/Bachhof, Verwaltungsrecht III, 4. Aufl., München 1978

Zacher, Sozialrecht, aus: Jurisprudenz. Die Rechtsdisziplinen in Einzeldarstellungen (Hg.: Weber-Fas), Stuttgart 1978

ders., Einführung in das Sozialrecht der Bundesrepublik Deutschland, 3. A., Heidelberg 1985

ders., Freiheit und Gleichheit in der Wohlfahrtspflege, Köln 1964

ders., Materialien zum Sozialgesetzbuch, Percha 1974ff.

Zeitler, Sozialgesetzbuch X für die Praxis der Sozialhilfe und Jugendhilfe, 3. A., Köln 1985

Zuleeg, Arbeitseinsatz von Asylbewerbern, Freiburg (Hg.: Deutscher Caritasverband) 1982

Stichwortverzeichnis

Zitierweise: Die römischen und arabischen Zahlen nach **Einf.** und **Anh.** beziehen sich auf die Gliederung der Einführung/des **Anhangs 2.** Die halbfett gedruckten Zahlen bezeichnen die Paragraphen des Bundessozialhilfegesetzes, die nachfolgenden Zahlen beziehen sich auf die Erläuterungen.

Beispiele:

Einf. V 2 verweist auf den Gliederungspunkt V 2 der Einführung, **22** 4 verweist auf die Erläuterung Nr. 4 zu § 22 BSHG

Buchanzeigen